2017

经济社会蓝皮书

2017

经济社会蓝皮书

天津市经济社会形势分析与预测

（上）

王立国　主编

图书在版编目（CIP）数据

天津市经济社会形势分析与预测：2017 年经济社会蓝皮书：全 2 册 / 王立国主编 . 一天津：天津社会科学院出版社，2017.6

ISBN 978-7-5563-0379-3

Ⅰ. ①天… Ⅱ. ①王… Ⅲ. ①区域经济-经济分析-天津市-2017②区域经济-经济预测-天津市-2017③社会分析-天津市-2017④社会预测-天津市-2017 Ⅳ. ①F127.21

中国版本图书馆 CIP 数据核字（2017）第 152511 号

出版发行：天津社会科学院出版社
出 版 人：钟会兵
地　　址：天津市南开区迎水道 7 号
邮　　编：300191
电话/传真：（022）23360165（总编室）
（022）23075303（发行科）
网　　址：www. tass-tj. org cn
印　　刷：天津午阳印刷有限公司

开　　本：787×1092 毫米　1/16
印　　张：44.25
字　　数：770 千字
版　　次：2017 年 6 月第 1 版　2017 年 6 月第 1 次印刷
定　　价：180.00 元

课 题 组

组　　长　王立国

副 组 长　张　强　宋岗新

主要成员　（按姓氏笔画为序）

王来华　方学敏　卢　卫　李同柏

武晓庆　黄　瑛　黄凤羽　雷　鸣

潘允康

主　　编　王立国

副 主 编　潘允康　张　强　黄凤羽

杨金星　王来华　卢　卫

目 录

综 合 篇

滨海新区篇

部　门　篇

专　题　篇

导　　言

对天津市老百姓来说,2016 年仍然是不平凡的一年,它既是十三五规划的起步之年,而且也是全面深化改革,继续在适应、把握、引领经济发展新常态道路上大有作为的一年。纵观全年发展情况,成绩使人振奋,亮点可圈可点,经验丰富宝贵,前景鼓舞人心。

全年经济社会发展呈现以下特点:

——经济发展稳中有升升中向好。从全年进展情况看,全市主动适应经济发展新常态,积极融入京津冀协同发展,深入推进供给侧结构性改革,适度调整和分时段发力,通过全面落实稳增长、促改革、调结构、惠民生、防风险的各项措施,保证全市经济呈现出稳中有升、生中向好的趋势。全年实现地区生产总值 17885 亿元,增长 9%,全社会固定资产投资超过 14629 亿元,增长 12%,一般公共预算收入 2724 亿元,按照可比口径计算,增长 10%,其中税收完成 1624 亿元,增长 12.1%,社会消费品零售总额增长 7% 以上,城镇登记失业率为 3.5%,城乡居民人均可支配收入增长 9%,居民消费价格涨幅 2.1%,节能减排任务顺利完成,可以说,比较圆满完成了年初制定的发展计划,很好完成了天津市人大十六届四次会议确定的目标,实现了"十三五"规划的良好开局。

——供给侧结构性改革取得新成效。我市在落实供给侧结构性改革进程中,2016 年继续取得新成效。按照"三去一降一补"的要求,出台了《天津市人民政府关于推进供给侧结构性改革加快建设全国先进制造研发基地的实施意见》(津政发〔2016〕14 号),全市压减粗钢产能 370 万吨,房地产"去库存"成效明显,盘活空置楼宇 440 万平方米,收税超亿元的楼宇达到 200 座。为企业减负 600 亿元。全市民营经济发展步伐再次加快,目前民营经济占全市经济比重已经达到 48%。全市国有企业改革在混合所有制方面深入推进,全市以出清出让,上市等形式完成的改革企业达到 482 家。金融领域“去杠杆”收到实效,直接融资占社会融资规模比重达到30%以上。“降成本”工作扎实开展,推出两批共40项“降成本”举措,减轻企业负担近600亿元,投资领域“补短板”力度加大,科研技术服务、租赁和商务服务、农林牧渔和文化体育娱乐方面投资分别增长1.1倍、58.5%、22.4%和25.1%。

——经济结构调整步伐加快效果突出。经济结构调整是长期任务,天津市作为一个传统工业发达的中心城市,结构调整和企业改革任务并行,规模增长和效应提升并重,难度不小。2016年,全市在原有基础上着重调整完善装备制造业,使结构调整更加突出城市特点和“一个基地三区”的城市定位。“两车”“两化”等十大项目开工后,反映时代要求的高端装备、航空航天、新一代信息技术等十大产业集群逐步形成。同时,工业化和信息化深度融合,全市重点企业计算机辅助设计应用率达到95%以上,大型装备制造业企业基本可以实现内部协同设计制造。通过继续推动万企转型升级,3936家企业实施4167个转型升级项目,累计有15502家企业实施15893个转型升级项目。结构调整也反映在老企业的改造上。冶金、石化、轻纺等传统工业通过调整升级,一些传统品牌例如飞鸽自行车、海鸥手表等再度焕发活力。

——创新驱动战略扎实推进成效显见。按照我市十三五规划确定的目标,创新将是今后天津市发展的基础和核心动力,2016年我市大力培育科技型中小企业,新增科技型企业1.47万家、小巨人企业456家、国家高新技术企业957家,累计分别达到8.8万家、3902家、3265家,培育科技领军企业创新联盟30个。全面加快国家自主创新示范区建设步伐,新注册企业超过2万家,科技型企业占全市同类企业比重超过31%。从产业项目看,津产长征五号、七号火箭上天,全国首款亿级并发云服务器系统达到量产,液压促动器成为“中国天眼”望远镜的核心设备,世界首套在轨脑机交互及脑力负荷测试系统应用于“天宫二号”,都标志着我市创新驱动战略取得了实质性的长足发展。从营造创新发展环境看,在持续推进大众创业、万众创新进程中,全市建成运营市级众创空间139个,入驻创客团队4000多个、注册初创企业2300多家;各区设立众创空间种子基金91支,总规模超过2.7亿元;市科技型企业天使引导基金参股天使基金、创业投资引导基金参股创投基金各7支,总规模分别超过2.7亿元和14.5亿元。全社会研发经费占生产总值比重超过3.1%,万人拥有发明专利14.4件,全市拥有有效专利12.5万件,增长20.2%。

——京津冀协同发展取得新进展。京津冀协同发展作为国家战略在我市得到认真积极落实,按照协同发展规划确定的方向和部署,我市加快制定四个专项实施意见,积极推动宁河京津合作示范区、宝坻京津中关村科技城等衔接地的建设随着三地相互合作的进一步加深,津冀协同发展示范区、津冀循环经济产业示范区、国家大学创新园工作正如火如荼铺开,滨海——中关村科技园已经揭牌。据统计,全年引进北京和河北省投资项目达到2701个,到位资金1994亿元,占全市引进内资的44%。同样,我市也积极融进北京、河北发展,全市到河北省投资项目793个,投资金额521亿元。为了推动京津冀协同向纵深发展,三地还设立了京津冀产业结构调整基金,推动三地产业结构调整和升级改造。在落实京津冀协同发展过程中,通关一体化成为亮点和焦点。三地积极配合认真落实改革举措,整体通关物流成本累计降低30%。在三地基础设施建设一体化方面,京滨铁路、京唐铁路成功在国家发改委获批,先期工程已经开工,津保铁路等顺利运营。三地在大气污染的联防联控方面取得新进展,启动联合环境执法督察,协同惩治跨界污染行为。

——重点领域和关键环节改革成就突出。作为天津市面临的五大战略机遇之一,自贸区改革试验得到社会各界广泛关注,据统计,截止2016年,自由贸易试验区总体方案90项改革任务已经完成80%以上,175项制度创新举措完成90%以上。通过改革,投资贸易便利化程度显著提高。设立自由贸易试验区以来,新登记市场主体2.78万家,注册资本9619亿元,其中新设外商投资企业1547家,注册资本3075亿元。改革取得新成效的另一标志是行政管理体制“放管服”改革有了新进展。发布实施《天津市行政许可事项目录(2016年版)》,市级行政许可事项由282项减少到274项,向滨海新区下放事项权限和延伸窗口办理事项32项,在全国首创构建起全事项、全过程、全环节的行政审批标准体系。企业设立商事登记改革实现“五证合一、一照一码、一窗登记、一号受理、一网通办”,新增市场主体16.9万户,增长23%。创新再造投资项目联合审批流程,审批环节减少65%,审批要件减少32%,审批效率进一步提高。此外,经济领域的改革进入攻坚阶段,年内出台深化市属国有企业改革的实施意见和配套文件,出清出让、混改、上市企业482家。落实民营经济发展政策措施,民营市场主体达到78万家,民营经济增加值占全市比重达到48%。深入开展金融改革创新,“金改30条”近70%的措施已落地,金融服务实体经济的能力明显增强。社会领域的改革不断深入,出台了教育综合改革方案和考试招生制度改革实施方案,与教育部共建国家现代职业教育改革创新示范区各项任务得到落实。

继续深化医药卫生体制改革,出台综合改革方案,所有二级以上公立医院药品加成全面取消,医疗服务价格体系进一步理顺,“三区两院”综合改革试点启动。

——城市基础设施和交通通讯网络进一步完善。天津港新港北铁路集装箱中心站投入运营,南疆 27 号通用码头加快建设,完成货物吞吐量 5.5 亿吨,增长 1.9%;完成集装箱吞吐量 1452 万标准箱,增长 2.9%。天津机场开通至伦敦等洲际航线,新增通航城市 21 个、新增加密航线 87 条,完成旅客吞吐量 1687 万人次、货邮吞吐量 23.7 万吨,分别增长 17.9%、9.1%。地铁 6 号线首开段通车试运营,4、5、10 号线和 1 号线东延按计划抓紧施工,7、11 号线和轨道交通 B1、Z4 线前期工作加快推进。城市路网建设进度加快,外环线改造道路工程基本完成,快速路洞庭路、津汉立交等 7 个重要节点立交主体结构加紧施工。新开调整公交线路 95 条,新增更新公交运营车辆 1084 部。“智慧天津”建设成效显著,互联网出口带宽 6100Gbps(吉比特每秒),带宽接入能力 100Mbps(兆比特每秒),光纤入户能力 818 万户,成为国内首个实现全光网络的城市。

——民生保障改善工作换挡提速。天津市人均可支配收入已经达到 3.4万元,位列全国第四位。经济增长的同时,民生改善成为落实五大发展理念的重点之一,让老百姓充分体会和享受改革发展的成果正在成为政府的重要工作成功标准。2016 年,全市最低工资标准提高至 1950 元,城乡低保标准分别提高至每人每月 780 元、700 元,城镇和农村常住居民人均可支配收入分别增长 8.8%、8.6%。健康天津建设启动之后,市区的棚户区改造提速,全年共改造安置房 5.04 万套,基本建成 5.5 万套。改造农村危旧房 5200 户。开工小城镇安置住宅 150 万平米,竣工 302 万平米。张家窝镇和大邱庄镇被列为全国第三批新型城镇化综合试点。2016 年全市促保就业积极稳妥,新增就业 48.9 万人,帮助 3.9 万就业困难人员实现就业,城镇登记失业率为 3.5%。落实政府工作目标,全市城镇和农村常住居民人均可支配收入分别增长 8.8% 和 8.6%,虽然未能实现和经济增长 9% 指标同步,但是,差距正不断缩小。全市最低工资标准提高到 1950 元,城乡低保标准分别提高到每人每月 780 元和 700 元,保证了最需要关注人口的生活质量不断提高。全市社会保障水平也进一步提高,基本养老、医疗保险参保人数分别达到 773.5 万人和 1066.8 万人。全市结对帮扶困难村和联系社区工作也取得了显著效果,从总体上为 2020 年消除贫困实现共同富裕目标的顺利完成奠定了良好基础。

——生态环境持续改善效果喜人。接续2015年对生态环境不断加大改造力度的步伐,2016年全市启动实施“水十条”,综合治理河道13天,完成55座污水处理设施的提标改造,新建扩建污水处理厂3个,是地表水劣五类水质断面比例下降15个百分点。大气污染治理方面,随着全市超额完成燃煤削减任务和农村散煤治理工作,注销淘汰老旧车16.5万辆,加上天津港散货物流中心搬迁,改燃并网锅炉366座及单机30千瓦以上煤电机组全部实现煤炭清洁化利用,全市空气质量达标天数为226天,较上年增加6天,细颗粒物(PM2.5)、可吸入颗粒物(PM10)年均浓度分别下降1.4%、11.2%。在土壤污染治理方面,开展了污染场地调查评估和修复工作,而且全面管控危险废物和辐射物,编制完成全市土壤污染防治工作方案。城市绿化方面,渐渐提升各类绿地2250万平方米,植树造林55.4万亩,城市绿化覆盖率达到37.5%。城市垃圾无害化处理率达到92%以上。市容环境不断改善的同时,农村生态环境也迅速改变,全年新增美丽村庄154个。

——社会文化事业继续喜获佳绩。教育方面,全年新建改造幼儿园160所。第三轮义务教育学校现代化标准建设顺利实施,212所学校通过验收。首批高中特色校通过验收。中德应用技术大学挂牌成立,中医药大学、医科大学、体育学院新校区加快建设,团泊健康产业园区基本完成,医疗卫生方面,中医药大学将整体搬迁。中医二附院竣工,医大代谢病医院主体完工,医大肿瘤医院二期、第一中心医院新址扩建项目正在加紧建设。公共文化服务方面,现代公共文化服务体系建设进展较快,文学馆书画院配套工程基本建成,国家海洋博物馆进入内部装修阶段,天津歌舞剧院、天津交响乐团迁址扩建工程积极推进,成功举办首届天津市民艺术节,发行文化惠民卡10万张。京剧《康熙大帝》荣获文华大奖,影视作品《战狼》《寻路》《五大道》荣获中国广播影视“华表奖”“飞天奖”“星光奖”三项大奖。旅游发展迅速,全年接待旅游总人数1.91亿人次、旅游总收入3100亿元,分别增长10%、10.9%。邮轮旅游快速升温,接待邮轮142艘次、旅客71.5万人次,分别增长47.9%和65.7%。特别是邮轮旅游发展更加体现天津城市特色,而且正在成为中国北方最具吸引力的邮轮母港始发地。体育方面,迎战第十三届全运会各项筹备准备工作有条不紊,基本完成36座新建和改造体育场馆的任务,整个全运村住宅进入内部精装修阶段。养老事业持续发展,居家养老标准和设施不断完善,居家养老服务专网已经开通上线,同时,新建了一批社区老年日间照料中心,使居家养老有了新的物质保障。

——党风廉政建设政府效能提高进入新阶段。随着《关于新形势下党内政治生活的若干准则》和《中国共产党党内监督条例》颁布,在积极落实中央八项规定和有关廉政建设的一系列指示精神进程中,全市深入开展了对“圈子文化”和“好人主义”的专项整治,认真履行主体责任和“一岗双责”,扎实开展“两学一做”活动,使党风廉政建设在原有基础上不断向纵深发展。同时,全市进一步以全面提高政府管理效能为核心,加强会议和文件管理,开展大督察和大检查活动,问责事项11个,追责问责人员44名,解决各区各个部门实际问题90项,使政府工作人员改文风、转会风、促作风工作取得新成效。主动接受人大的工作监督和政协的民主监督,主动受理和认真办理人民群众来信来访,使“依法行政、廉洁从政、勤政为民”理念得到进一步体现。

2016 年工作成绩来之不易,2017 年同样令人振奋。根据十六届人大十六次会议的决定,天津市在 2017 年将继承全面贯彻党的十八大、十八届三中四中五中六中全会精神和中央经济工作会议精神,深入贯彻习近平总书记系列重要讲话精神和治国理政新理念新思想新战略及视察天津提出的“三个着力”重要要求,认真落实中央决策部署和市委十届十次、十一次全会精神,自觉践行“四个意识”,扎实推进“五位一体”总体布局、“四个全面”战略布局在天津的实施,坚持稳中求进工作总基调,牢固树立和落实五大发展理念,主动适应经济发展新常态,以推进供给侧结构性改革为主线,“创新竞进、优化结构,以质为帅、效速兼取”,促进经济平稳健康发展和社会和谐稳定,以优异成绩迎接党的十九大胜利召开。全市经济社会发展主要预期目标是:生产总值增长8%,一般公共预算收入按可比口径增长10%,固定资产投资增长10%,社会消费品零售总额增长8%左右。城镇登记失业率控制在3.8%以内,居民人均可支配收入增长8%,居民消费价格涨幅控制在3%左右,节能减排降碳完成年度目标。按照天津市 2017 年国民经济和社会发展计划的要求,还将在“着力落实重大国家战略,谱写协同发展新篇章”等八个方面着力,保证计划目标的顺利实现。

天津市经济社会发展形势分析和趋势预测工作已经进入第二十年头,社会各领域专家学者针对 2016 年工作以前三季度数字为基础,分别从不同角度提出了自己的看法,对 2017 年各个区域和领域的发展趋势做出预测,需要强调的是,全书反映的是专家学者个人或课题组的看法,不过是一家之言,未必全面和准确,在不同文章里有些数据使用口径也未必统一,但相关分析和预测基本能够保持有事实依据、有数据分析,有理论依托、有独立见解,其咨政建言的参考价值还是显而易见的。

最后，要感谢天津市各个相关部门和单位对蓝皮书的持续关心和热情支持，感谢课题组成员的认真负责和严格把关，感谢各位作者从不同专业领域对全市经济社会发展形势分析和前景预测付出的辛勤劳动，感谢出版编校人员的专业付出和大力支持，是大家的共同努力，才使本书能够顺利付梓出版。

我们坚信，在党的十九大召开的2017年，天津市经济社会发展会取得更加辉煌的成就。

王立国

综　合　篇

2016~2017年天津市经济形势分析与预测

天津市经济发展研究院课题组

2016年,面对严峻复杂的外部环境,天津主动适应经济发展新常态,全面贯彻落实国家稳增长、促改革、调结构、惠民生、防风险各项政策措施,全力推进创新驱动发展、经济转型升级,抓住用好京津冀协同发展等战略机遇,全市经济运行保持总体平稳、稳中有进、进中提质的态势,结构调整成效进一步显现,发展质量和效益进一步提高,改革开放和创新转型积极效应加快释放,社会民生保障持续改善,实现了"十三五"规划良好开局。

一、2016年天津经济运行分析

(一)经济运行总体平稳

2016年,天津市积极应对经济下行压力,加快推进供给侧结构性改革,全市经济实现平稳较快发展,具体表现在"四稳":一是运行总体稳。前三个季度全市生产总值分别增长9.1%、9.2%、9.1%,没有出现大的起伏,始终高于全国平均水平(如图1)。二是财政收入稳。前9个月公共财政收入连续实现两位数增长,1~9月增长11%。三是就业收入稳。1~9月新增就业36.46万人,与2015年同期持平。城乡居民收入保持稳步增长,前三季度分别增长8.9%和8.6%。四是物价水平稳。CPI温和上涨,从年初的1.7%逐渐上升到前9个月的1.9%,为实施价格改革创造了有利时机。

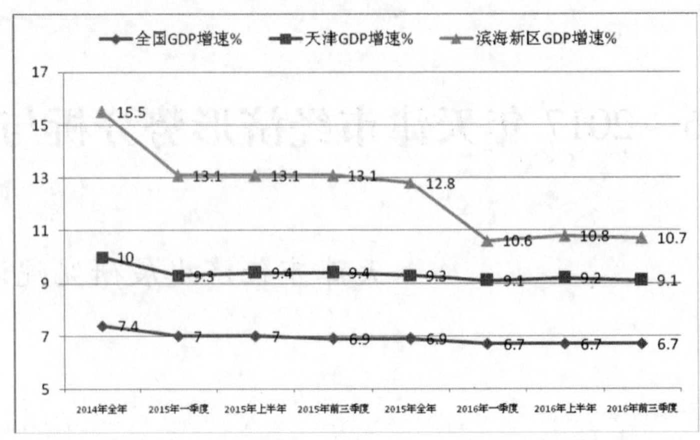

图 1　全国、天津和滨海新区 GDP 增长速度(季度同比)

(二)结构调整扎实推进

1. 产业结构——"三二一"的产业格局已经形成

表 1　2016 年前三季度天津各产业 GDP 完成情况

	GDP		第一产业		第二产业		第三产业		
	绝对值(亿元)	增速(%)	绝对值(亿元)	增速(%)	绝对值(亿元)	增速(%)	绝对值(亿元)	增速(%)	比重(%)
一季度	4039.44	9.1	25.82	2.6	1816.99	9.0	2196.63	9.3	54.4
上半年	8500.91	9.2	94.97	2.7	3811.65	8.6	4594.29	9.9	54.0
前三季度	13339.44	9.1	144.39	2.7	6017.98	8.4	7177.07	9.8	53.8

数据来源:天津统计月报

工业升级趋势明显。前三季度,规模以上工业增加值增长 8.8%。其中,航空航天、汽车、新材料和生物医药等新兴产业发展较快,四个产业增加值占全市工业比重达到 25.6%,拉动全市工业增加值增长 3.3 个百分点,同比提高 1.3 个百分点;石油化工和冶金等传统行业比重回落,两个行业增加值占全市工业增加值的 27.9%,同比回落 4.1 个百分点。天津工业发展的主要支撑,已由原油与冶金等传统行业转向以汽车制造业与电气机械和器材制造业为代表的装备制造业,产业结构的转型升级对全市工业平稳健康发展起到了至关重要的作用。

服务业支撑作用加强。1 ~9 月,服务业增加值完成 7177.07 亿元,增长 9.8%,高于全国水平 2.2 个百分点,占全市生产总值的比重达到 53.8%。

其中,金融业增加值1252.47亿元,增长8.3%;批发和零售业增加值1612.15亿元,增长5.0%;营利性服务业增加值1445.21亿元,增长16.3%。房地产市场成交活跃,1～9月,房地产业增加值为565.05亿元,增长16.4%;商品房销售面积达到1670.32万平方米,增长49.5%;商品房销售额达到2135.41亿元,增长92.2%。天津服务业规模不断扩大,对经济社会发展的支撑和拉动作用日益突出。

农业结构进一步优化。全面落实农民增收各项政策,促进农产品网上销售,加快品牌化建设,加强农村劳动力就业培训和指导,前三季度,已培训农民5万多人次,农村常住居民人均可支配收入达到15310元,同比增长8.6%。农业科技创新能力和信息化水平进一步提高,蔬菜、生猪、奶牛、水产养殖4个现代农业产业技术体系启动建设,"互联网+"现代农业扎实推进,种养殖应用示范基地达到800多个。休闲观光农业大力发展,前三季度,累计接待游客1400万人次,实现旅游及农副产品综合收入49亿元,促进农民增收6.2亿元。

2. 需求结构——投资与消费双轮驱动

投资规模继续扩大。天津注重发挥投资对稳增长的关键作用,借助自贸试验区建设、京津冀协同发展等战略加大招商引资力度,有力地助推了全市投资平稳较快增长。前三季度,全市新开工项目个数共计12480个,占全市施工项目个数的比重为89.6%,增长81.6%。全社会固定资产投资达到11658.44亿元,增长11.2%。第三产业投资达到8238.34亿元,增长12.9%,占全市投资比重为70.8%,对全市投资增长的贡献率为80.2%。其中房地产开发投资1821.95亿元,增长20.8%,占全市投资比重为15.6%。

消费升级态势明显。前三季度,全市社会消费品零售总额完成4119.78亿元,增长7.3%。居民消费新特征更加明显,文化消费、健康消费、体验式消费成为热点,前三季度,文化办公用品、中西药品和体育娱乐用品零售额分别增长11.6%、24.0%和14.7%。网络消费保持高位增长,限上批发和零售业单位网上零售额增长57.3%,占全市限额以上社会消费品零售总额的11.9%。在国家政策的拉动下,房地产市场成交活跃,与之相关的建筑及装潢材料类、家用电器和音响器材前三季度销售额分别增长46.7%和22.4%。

外贸出口面临挑战。前三季度,外贸出口总额765.60亿美元,下降11.1%,其中,进口下降10.0%,出口下降12.6%。主要出口市场不同程度下降,对美国、韩国、日本等传统市场出口分别下降 14.7%、17.9% 和 9%。值得关注的是,“一带一路”初现成效,前三季度,对部分“一带一路”沿线国家出口实现增长,其中对俄罗斯、泰国和印度尼西亚出口分别增长 1.8 倍、7.6% 和 17.9%。一般贸易占比提高,前三季度一般贸易占全市出口的比重达到 47.1%,同比提高 3.8 个百分点,高于加工贸易 1.5 个百分点。

(三)民营经济持续发力

2016 年天津民营经济发展势头迅猛,总量规模、经济社会贡献、科技创新、走出去等指标大幅超过全市平均水平。一是总量规模发展迅速。截至 9 月底,全市民营经济市场主体累计达到 75.78 万户,其中,新登记民营市场主体 12.16 万户,占全市新登记市场主体的比重达到 98%。民营经济增加值达到 6352.19 亿元,增长 13.5%,占全市生产总值比重高达 47.6%。二是经济社会贡献突出。截至 9 月底,规模以上民营工业企业总产值增长 13.2%,高于全市平均水平 9.2 个百分点;规模以上民营工业增加值增长 18.7%,高于全市平均水平 9.9 个百分点;民间投资达到 6731.74 亿元,占全社会投资的比重为 57.8%;民营企业新增就业 20.1 万人,增长 10.3%,占全市新增就业比重达 55.1%。三是科技实力明显提升。截至 9 月底,民营科技型企业达到 8.03 万家,占全市科技型中小企业比重为 95%。四是“走出去”势头强劲。前三季度全市民营企业出口 564 亿元,增长 8.1%,高于全市平均水平 20.7 个百分点。

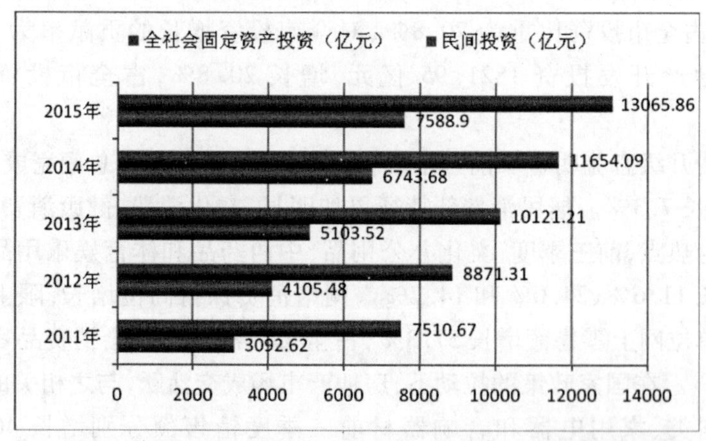

图 2　2011～2015 年天津市全社会固定资产投资和民间投资规模变化

（四）供给侧结构性改革成效显著

2016年，天津积极推进供给侧结构性改革，全面启动“三去一降一补”五大任务，取得阶段性成效。钢铁行业“去产能”完成年度压减任务，相关设备已拆除或关停退出，前三季度，全市生铁产量1202.68万吨，下降22.2%；粗钢产量1331.26万吨，下降17.1%。商务楼宇“去库存”效果显著，累计盘活空置楼宇371万平方米。金融领域“去杠杆”收到实效，9月末国有企业平均资产负债率为70.1%，比年初降低0.3个百分点。“降成本”工作扎实开展，截至9月底，已出台的两批40项降成本政策共为企业减轻负担430.36亿元，全市1～9月制造业百元主营业务收入成本同比下降0.91元。投资领域“补短板”力度加大，1～9月，科研技术服务、租赁和商务服务、农林牧渔和文化体育娱乐方面投入大幅度增加，分别增长1.1倍、45.1%、46.2%和22%。

（五）社会民生保障持续改善

天津积极完善社会保障制度体系，强化规范管理，努力实现更加公平更可持续发展。实施全民参保计划，社会保险登记纳入“五证合一”联合审批流程，简化职工参保登记缴费手续，截至9月底，全市基本养老、医疗保险参保人数分别达到765万人和1060.6万人，比2015年末增加78.7万人和6.5万人。实施“百万技能人才培训福利计划”，开发应用“职业培训包”，大力推进实训机构建设，广泛开展农民工职业技能竞赛，提升农民工职业素质和就业能力，促进农村富余劳动力转移就业，前三季度，全市共开展农民工职业技能补贴培训25.5万人。首次同步调整机关事业单位和企业退休人员基本养老金，企业退休人员基本养老金达到月人均2702元。提高最低工资标准，天津最低工资标准由每月1850元、每小时10.6元，上调为每月1950元、每小时11.2元，切实保障劳动者报酬权益。

二、2017年天津经济面临的环境分析

1. 世界经济复苏缓慢，形势更为错综复杂

世界经济复苏前景依然黯淡，2017年将延续缓慢增长态势。2016年国际货币基金组织（IMF）四次下调了经济增长预期，根据其2016年10月发布

的《世界经济展望》报告,全球经济增速 2016、2017 年预计分别为 3.1%、3.4%(见表 2)。

欧美等发达经济体政治经济变化将为全球经济带来更大风险和挑战。经过 8 年多休整,近期美国复苏态势良好,美国就业、赤字和增速三大指标都已明显改善,失业率已降至 4.6% 的健康水平,政府财政赤字占 GDP 的比重降至 3.2%,2016 年第三季度 GDP 增长率为 3.5%,美联储启动了自 2015 年起的第二次加息,强势美元将成为常态,IMF 预计美国经济 2017 年全年增长 2.2%。然而美国新任总统特朗普上台,将重振美国制造业和缩小美国贸易逆差,凸显重商主义和贸易保护主义色彩。欧洲“黑天鹅”事件频现,英国脱欧和意大利修宪公投余波未消,2017 年荷兰、法国和德国多国大选将引发更加复杂的政治格局,考验欧洲一体化,并对世界经济产生直接或间接的冲击。英国经济增长预计将从 2015 年的 2.2% 放缓到 2016、2017 年的 1.8%、1.1%。欧元区 2016、2017 年经济增速预计为 1.7%、1.5%,低于 2015 年的 2.0%。日本经济增长仍呈疲软态势,通缩压力依然存在,2016、2017 年预计仅保持 0.5% 左右的增速。欧美“逆全球化”暗流涌动,跨太平洋伙伴关系协定(TPP)面临取缔可能性,将对全球进出口贸易与经济增长产生不可低估的负面影响和巨大冲击。

另一方面,新兴经济体复苏态势不太稳固,除了印度 2016、2017 年经济将继续保持 7.6% 的快速增长之外,俄罗斯、巴西的通货膨胀虽得到一定控制,2016 年仍然为经济负增长。巴西的消费者和商业信心已出现触底反弹迹象,国际石油价格上涨趋势明显,预计 2017 年俄罗斯、巴西经济将逐步走出困境,两国经济将可能实现正增长。

表 2　2015～2017 年世界经济增长趋势

单位:%

地　　区	2015 年	2016 年(预测)	2017 年(预测)
全球	3.2	3.1	3.4
发达经济体	2.1	1.6	1.8
美国	2.6	1.6	2.2
欧元区	2.0	1.7	1.5
英国	2.2	1.8	1.1
日本	0.5	0.5	0.6
新兴经济体和发展中国家	4.0	4.2	4.6
中国	6.9	6.6	6.2
俄罗斯	-3.7	-0.8	1.1

地　区	2015年	2016年（预测）	2017年（预测）
巴西	-3.8	-3.3	0.5
印度	7.6	7.6	7.6
南非	1.3	0.1	0.8

数据来源：IMF世界经济展望2016年10月

2. 国内经济稳中求进，供给侧结构性改革更为深化

我国经济增长保持“L”型走势，虽有回稳态势，但仍面临较大下行压力。从宏观经济运行主要指标变化来看，经济逐步企稳。制造业采购经理指数与工业企业效益保持上升态势，2016年12月制造业PMI为51.4%，连续5个月高于临界值；1～11月份全国规模以上工业企业利润累计同比增长9.4%，主营业务收入增长4.4%，分别高于去年同期11.3、3.4个百分点。然而由于我国经济结构性问题和深层次矛盾并没有完全解决，2017年经济增速下行压力仍旧存在。从支出法GDP的角度来看，投资、消费、出口形势并未好转。2016年前11个月，占全部投资六成比重的民间投资增速只有3%左右；消费方面，2016年前三季度城镇和乡村居民人均可支配收入实际增速分别只有5.7%、6.5%，低于经济增速6.7%；出口方面，受逆全球化与贸易保护主义影响，我国出口1～11月累计同比下降7.9%。

我国经济运行中暴露出的风险不可忽视，住房贷款规模过快增长导致居民债务率和杠杆率快速攀升，资金脱实向虚严重。根据国家统计局与央行数据，2016年前三季度金融业和房地产业两大产业增加值占我国GDP比重已达15%左右；11月我国新增人民币贷款为7946亿元，其中，11月居民住户贷款增加6796亿元，占全部新增贷款的比重高达85.5%。我国不能重蹈20世纪90年代的日本和2008年次贷危机时的美国房地产泡沫破灭覆辙。2016年12月召开的中央经济工作会议围绕2017年深化供给侧结构性改革的主题，将“稳中求进”总基调提升到了更高层次，会议提出了深入推进“三去一降一补”、农业供给侧结构性改革、着力振兴实体经济、促进房地产市场平稳健康发展等四项内容，把防控金融风险放到更加突出的位置。房地产调控方面，我国将坚持“房子是用来住的、不是用来炒的”的定位，综合运用金融、土地、财税、投资、立法等手段，加快研究建立符合国情、适应市场规律的基础性制度和长效机制，抑制房地产泡沫，确保不发生系统性金融风险。预计2017年我国将通过更大力度地“促改革”，实现经济“稳增长”，确保达到6.5%～7%的合理区间增长目标。

3. 天津经济砥砺前行,"海河号"继续领航全国

受国内外复杂形势的影响,天津经济也不可避免的面临着一定的下行压力,内部深层次问题正在不断显露出来。一是石油和冶金等传统产业比重仍然较大,高新技术产业与战略性新兴产业比重相对较低。二是投资后续增长难度加大,尤其是工业投资、基础设施投资增速下降明显。三是国有企业活力下降,增速与效益开始下滑。四是国际市场低迷,外贸出口形势不乐观。然而,作为我国改革开放前沿的排头兵,面对京津冀协同发展与"一带一路"两大国家战略机遇和历史窗口期,天津将更加突出稳中求进中的"进"字,发挥天津自贸试验区与自创区的先行先试政策优势,着力实施创新驱动发展战略,着力振兴实体经济,着力深化供给侧结构性改革,预计 2017 年天津将继续保持全国经济增速的上游水平,为全面建成高质量小康社会,发挥好"海河号"在全国的示范引领作用而拼搏努力。

三、2017 年天津主要宏观经济指标预测

本文采用建立时间序列计量模型对 2016 年和 2017 年主要经济数据进行预测,主要利用 ARIMA 模型。ARIMA 模型全称为自回归积分滑动平均模型,是指将非平稳时间序列转化为平稳时间序列,然后将因变量仅对它的滞后值以及随机误差项的现值和滞后值进行回归所建立的模型。本次建模数据来源于《天津统计年鉴》和《新中国六十年统计资料汇编(天津卷)》相关数据,采用 Eviews7.2 统计软件作为计算工具。

(一)地区生产总值

选取 1990 ~ 2015 年的天津市地区生产总值数据,获得包含 26 个数据样本的时间序列,记为 gdp。通过取对数方法对原序列进行线性化处理,记为 lngdp。首先,通过对 lngdp 时间序列进行单位根检验,P 值为 -3.6432,结果表明该序列平稳,可进行建模。对自相关系数和偏自相关系数进行判断,AC 系数呈现拖尾特性,PAC 呈现截尾特征,因此判断该序列适用于为 ARIMA(1,0,0)建模,其结果如下:

$$lngdp_t = 16.7283 + 0.9822 lngdp_{t-1}$$

$$R^2 = 0.9972$$

运用 ARIMA(1,0,0)模型,预测 2016 年天津市名义 GDP 为 18500.69 亿元,预测 2017 年天津市名义 GDP 为 20739.94 亿元。从预测及趋势看,同

比名义增速分别为 11.8%、12.1%，天津市名义 GDP 将在 2017 年突破 2 万亿大关。

（二）社会固定资产投资

选取 1990～2015 年天津市社会固定资产投资数据，记为 TI。通过取对数方法对原序列进行线性化处理，记为 lnTI。首先，通过对 lnTI 时间序列进行单位根检验，发现该序列为非平稳时间序列，无法建立时序模型。在对该序列进行差分运算，记为 D(lnTI)，进行单位根检验，结果表明该序列平稳。对自相关系数和偏自相关系数进行判断，AC 系数呈现拖尾特性，PAC 呈现拖尾特征，因此判断该序列适用于为 ARIMA(2,1,1)建模，其结果如下：

$$D(lnTI_t) = 0.5922D(lnTI_{t-2}) + 0.9953v_t$$

$$R^2 = 0.3957$$

运用 ARIMA(2,1,1)模型，预测 2016 年天津市社会固定资产投资为 14797.95 亿元，同比名义增长 13.2%；预测 2017 年天津市社会固定资产投资为 16192.58 亿元，同比名义增长 9.42%。

（三）社会消费品零售总额

选取 1990～2015 年天津市社会消费品零售总额数据，记为 TRSOCG。通过取对数方法对原序列进行线性化处理，记为 lnTRSOCG。首先，通过对 lnTRSOCG 时间序列进行单位根检验，结果表明该序列平稳。对自相关系数和偏自相关系数进行判断，AC 系数呈现拖尾特性，PAC 呈现拖尾特征，因此判断该序列适用于为 ARIMA(1,0,0)建模，其结果如下：

$$lnTRSOCG_t = 15.1376 + 0.9826lnTRSOCG_{t-1}$$

$$R^2 = 0.9966$$

运用 ARIMA(1,0,0)模型，预测 2016 年天津市社会消费品零售总额为 5746.42 亿元，同比名义增长 9.54%；预测 2017 年天津市社会消费品零售总额为 6263.60 亿元，同比名义增长 9.01%。

（四）地方财政一般预算收入

选取 1990～2015 年天津市地方财政一般预算收入数据，记为 GRE。通过取对数方法对原序列进行线性化处理，记为 lnGRE。首先，通过对 lnGRE 和一阶差分时间序列进行单位根检验，结果表明一阶差分 D(GREt)序列平稳。对自相关系数和偏自相关系数进行判断，AC 系数呈现拖尾特性，PAC

呈现拖尾特征,因此判断该序列适用于为 ARIMA(1,1,1)建模,其结果如下:

$D(GRE_t) = 0.7915D(GRE_{t-1}) + 0.9973v_t$

$R^2 = 0.2802$

运用 ARIMA(1,1,1)模型,预测 2016 年天津市地方财政一般预算收入为 3013.70 亿元,同比名义增长 12.9%;预测 2017 年天津市地方财政一般预算收入为 3375.34 亿元,同比名义增长 12.1%。

(五)城市居民人均可支配收入

选取 1990~2015 年天津市城市居民人均可支配收入数据,记为 CI。通过取对数方法对原序列进行线性化处理,记为 lnCI。首先,通过对 CI 时间序列进行单位根检验,结果表明该序列平稳。对自相关系数和偏自相关系数进行判断,AC 系数呈现拖尾特性,PAC 呈现拖尾特征,因此判断该序列适用于为 ARIMA(1,0,0)建模,其结果如下:

$lnCI_t = 11.6839 + 0.9524lnTI_{t-1}$

$R^2 = 0.9949$

运用 ARIMA(1,0,0)模型,预测 2016 年天津市城市居民人均可支配收入为 37954.41 元,同比名义增长 11.3%;预测 2017 年天津市城市居民人均可支配收入为 41749.85 元,同比名义增长 10.1%。

表 2　2016、2017 年天津市宏观经济核心指标汇总表

指　标	单位	2016 年	2017 年
地区生产总值	亿元	18500.69	20739.94
名义增速	%	11.8	12.1
固定资产投资总额	亿元	14797.95	16192.58
名义增速	%	13.2	9.42
社会消费品零售总额	亿元	5746.42	6263.60
名义增速	%	9.54	9.01
地方财政一般预算收入	亿元	3013.70	3375.34
名义增速	%	12.9	12.1
城市居民人均可支配收入	元	37954.41	41749.85
名义增速	%	11.3	10.1

四、相关建议

2017 年我市要主动适应经济发展新常态,坚持稳中求进工作总基调,贯彻落实五大发展理念，牢牢把握供给侧结构性改革这条主线，积极推进京津冀协同发展，瞄准高端、创新、绿色，加快发展新经济，推动经济转型升级提质增效，努力提高人民群众生活质量，实现经济平稳健康发展和社会和谐稳定。

1. 全面深入推进京津冀协同发展

“十三五”时期，京津冀协同发展进入纵深推进的关键阶段。我市要扎扎实实地落实京津冀协同发展战略，抓住发展机遇的历史性窗口期，在推动京津冀协同发展中定位天津角色、展现天津作为、作出天津贡献，依靠北京、配合北京、服务北京，更加主动承接非首都功能，全方位拓展广度和深度，扩大京津同城效应，更加积极推进产业、交通、生态建设等重点领域率先突破，更加有效的推动“一基地三区”建设，全面提高天津发展的质量和效益，争取国际经济竞争与合作的主动权，增强城市的承载力、辐射力和带动力。

2. 全面深入推进新型城镇化

新型城镇化是我国扩大内需的最大潜力，是天津经济发展的新生动力。要以高端制造业、现代服务业、特色文化产业和历史经典产业为导向，聚焦智能制造、信息经济、生态农业、民俗文化、电子商务、高端旅游、健康养老等优势产业和新兴产业，加快建设一批实力小镇、特色小镇、花园小镇，加快实现人、地、钱、房各种资源要素的优化配置，全面提升全市小城镇生产生活生态功能，增强小城镇核心竞争力和人口吸附能力，促进天津城乡各类资源合理流动均衡发展，缩小城乡差异，实现城乡一体化发展。

3. 全力提升服务业发展质量和效益

天津已步入后工业化时代，服务业已成为吸纳人口就业的主要力量和经济发展质量提升的主要动力。我市要顺应互联网＋、分享经济、工业4.0等新趋势，以体制机制创新和技术模式创新为动力，积极培育新技术、新产业、新业态、新模式，推动生产性服务业与先进制造业融合互动，适应消费需求层次提升和居民个性化需求，大力发展高端服务业，全力做大电子商务等新型流通模式，努力提高生产性服务业专业化程度和生活性服务便利化水平，充分利用好闲置写字楼、商务楼宇、老厂房、老村、老轨道等存量资源发展楼宇经济，吸引外资企业和社会资本在津设立生产性服务企业、各类功能性总部和分支机构、研发中心、营运基地等。

（作者单位：天津市经济发展研究院）

2016~2017 年天津市宏观经济景气分析与预测

黄　瑛　戴　颖

2016 年,面对错综复杂的国内外经济形势,全市上下牢牢把握天津发展的历史性窗口期,积极推进京津冀协同发展,扎实推进供给侧结构性改革,我市经济保持平稳增长,"十三五"实现良好开局。但受多重因素影响,经济下行压力依然较大,宏观经济景气曲线有所波动,整体呈"回升—略有回落—趋于平稳"态势,保持在绿灯区中下部运行。随着新发展动能逐步增强,我市经济有望保持良好发展势头,预计 2017 年景气曲线将维持在绿灯区运行。

一、2016 年天津经济发展的总体判断:总体平稳,稳中有进

初步核算并经国家统计局评估审定,前三季度,全市生产总值 13339.44 亿元,按可比价格计算,同比增长 9.1%。其中,第一产业增加值 144.39 亿元,增长 2.7%;第二产业增加值 6017.98 亿元,增长 8.4%;第三产业增加值 7177.07 亿元,增长 9.8%。

宏观经济景气监测信号图显示:前 9 个月,GDP、工业、投资、消费、居民收支、消费价格等 7 个指标景气指数位于稳定的绿灯区;工业生产价格明显提高,其中 9 月份出厂价格同比指数结束了连续 57 个月的下滑趋势,由降转升,出厂价格和购进价格的景气指数均由 2015 年的浅蓝灯区进入稳定的绿灯区运行;国际市场需求疲弱态势仍未缓解,出口景气指数延续 2015 年的下行态势在偏冷的浅蓝灯区运行。

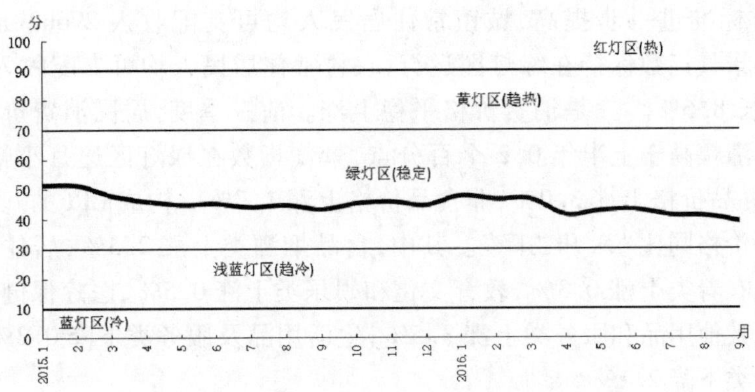

天津市宏观经济景气综合曲线图

天津市宏观经济景气监测信号图

指　标　名　称	2015 年			2016 年								
	10	11	12	1	2	3	4	5	6	7	8	9
地区生产总值	★	★	★	★	★	★	★	★	★	★	★	★
规模以上工业增加值	★	★	★	★	★	★	★	★	★	★	★	★
固定资产投资(不含农户)	★	★	★	★	★	★	★	★	★	★	★	★
社会消费品零售总额	★	★	★	★	★	★	★	★	★	★	★	★
外贸出口总额	○	○	○	○	○	○	○	○	○	○	○	○
城镇常住居民人均可支配收入	★	★	★	★	★	★	★	★	★	★	★	★
城镇常住居民人均消费性支出	★	★	★	★	★	★	★	★	★	★	★	★
居民消费价格指数	★	★	★	★	★	★	★	★	★	★	★	★
工业生产者出厂价格指数	○	○	○	★	★	★	★	★	★	★	★	★
工业生产者购进价格指数	○	○	○	★	★	★	★	★	★	★	★	★
综合分数(分)	★ 45	★ 46	★ 45	★ 48	★ 47	★ 47	★ 41	★ 43	★ 43	★ 41	★ 41	★ 39

注:●红灯(热,90－100 分);◎黄灯(趋热,70－90 分);★绿灯(稳定,30－70 分);○浅蓝灯(趋冷,10－30 分);△蓝灯(冷,0－10 分)。

二、经济运行主要特点

1.经济运行总体平稳

一是生产总值平稳增长。全市生产总值一季度增长 9.1%,上半年增长 9.2%,前三季度增长 9.1%,保持基本稳定,景气指数在绿灯区平稳运行。二是就业收入保持稳定。实施更加积极的就业政策,千方百计拓展就业渠道,改革红利的释放促进了就业,全市新增就业 36.46 万人,城镇登记失业率控制在 3.5%。企业养老金实现十二连增,最低工资标准、城乡居民基础养老金标准进一步提高,城镇常住居民人均可支配收入 29662 元,增长 8.9%,景气指数保持在绿灯区运行;农村常住居民人均可支配收入 15310 元,增长 8.6%。三是消费价格平稳上涨。前三季度,居民消费价格上涨 1.9%,涨幅高于上半年 0.2 个百分点,景气指数在绿灯区逐月小幅上涨。其中,食品价格上涨 3.0%,非食品价格上涨 1.7%。构成 CPI 的八类商品和服务价格同比"六升二降"。其中,食品烟酒类上涨 2.3%,居住类上涨 3.7%,衣着类上涨 0.3%,教育文化和娱乐类上涨 0.5%,医疗保健类上涨 5.7%,其他用品和服务类上涨 3.5%;生活用品及服务类下降 0.3%;交通和通信类下降 2.1%。

2. 质量效益稳步提升

财政收入平稳增长。前三季度,一般公共预算收入 2143.53 亿元,增长 11.0%,始终保持两位数增长。由于营改增改革带来的减税效应逐步显现,税收增速有所回落,完成税收收入 1245.20 亿元,增长 9.4%,比上半年回落 2.1 个百分点,占一般公共预算收入的 58.1%。从主体税种看,增值税增长 35.1%,其中营改增扩围带来的增值税部分增长 1.5 倍;企业所得税增长 10.8%,个人所得税增长 18.2%,营业税下降 14.7%。

工业效益稳中有进。前三季度,规模以上工业企业利润总额 2051.76 亿元,增长 2.7%,上年同期为 -0.4%;税金总额 768.48 亿元,增长 3.8%;每百元主营业务收入实现利润 6.35 元,较上半年增加 0.21 元。降低企业成本政策效果持续显现,每百元主营业务收入中的成本 86.66 元,同比减少 0.32 元;其中,制造业 86.72 元,同比减少 0.87 元。

绿色发展取得积极进展。前三季度,规模以上工业能源消费量同比下降 10.3%,其中六大高耗能行业下降 11.4%。万元工业增加值能耗下降 17.5%,39 个行业大类中,有 37 个行业呈现不同程度下降。规模以上工业煤炭消费量同比减少 296.66 万吨,天然气占一次能源消费量的 11.2%,同比提高 2.3 个百分点。

3. 产业转型不断推进

工业高端引领趋势明显。我市工业发展的主要动力,由原油与冶金等传统行业转向以汽车制造业与电气机械和器材制造业为代表的装备制造行业。前三季度,规模以上工业增加值增长 8.8%,景气指数保持在绿灯区中部运行。39 个行业大类中,35 个行业实现不同程度增长。装备制造业增加值占全市工业的 36.3%,拉动工业增长 3.8 个百分点,同比提高 1.3 个百分点。其中,汽车制造业贡献最为显著,增加值占全市工业的 8.7%,拉动工业增长1.1个百分点，同比提高0.3个百分点。航空航天、新材料、生物医药以及新能源等新兴产业发展较快，合计增加值占全市工业的18.3%，拉动全市工业增加值增长2.3个百分点。石油化工和冶金等传统行业比重回落，两个行业合计增加值占全市工业的27.9%，同比回落4.1个百分点。加快传统产业改造升级，产能过剩产品持续减产。生铁产量1202.68万吨，下降22.2%；粗钢1331.26万吨，下降17.1%；平板玻璃2320.92万重量箱，下降3.6%。

新兴服务业较快增长。前三季度，服务业增加值增长9.8%，占全市生产总值的53.8%，同比提高1.8个百分点。其中，金融业增加值1252.47亿元，增长8.3%；房地产业增加值565.05亿元，增长16.4%；批发和零售业增加值1612.15亿元，增长5.0%；营利性服务业增加值1445.21亿元，增长16.3%。规模以上营利性服务业营业收入1094.58亿元，增长27.6%。其中，租赁和商务服务业、互联网和相关服务业、软件和信息技术服务业营业收入分别增长32.7%、56.4%和12.8%。

4.需求结构持续改善

投资结构调整优化。前三季度，全社会固定资产投资11658.44亿元，增长11.2%；其中，固定资产投资（不含农户）11643.08亿元，增长11.2%，景气指数在绿灯区中部略有波动。服务业投资贡献突出，完成投资8238.34亿元，增长12.9%，对全市投资增长的贡献率达80.2%，占全市投资的70.8%。其中，租赁和商务、科技、文化等行业投资分别增长45.1%、1.1倍和22.0%。“三新”产业投资势头迅猛，高技术制造业投资364.89亿元，增长35.0%；高技术服务业投资432.18亿元，增长47.0%。实体投资保持较快增长，为实体经济发展积蓄后劲，累计投资7761.59亿元，占全市投资的比重为66.6%，增长15.3%，比上半年加快2.3个百分点。房地产市场活跃，房地产开发投资1821.95亿元，增长20.8%，比上半年加快5.2个百分点；商品房销售面积1670.32万平方米，增长49.5%。

消费升级趋势明显。前三季度，社会消费品零售总额4119.78亿元，增长7.3%，景气指数在绿灯区中部波动运行。文化、体育、娱乐等商品旺销，限额以上文化办公用品零售额增长11.6%，体育、娱乐用品增长14.7%。楼市升温带动相关商品消费较旺，建筑及装潢材料、家用电器和音像器材零售额分别增长46.7%、22.4%。汽车消费保持较快增长，零售额670.69亿元，增长15.7%，比上半年加快0.2个百分点。大众餐饮消费保持活跃，限额以下住宿餐饮业营业额493.33亿元，增长13.1%，高于全市平均增幅2.4

个百分点,占全市营业额的 81.5%。

一般贸易占比提高。前三季度,外贸进出口总额 765.60 亿美元,下降 11.1%。其中,进口 427.92 亿美元,下降 10.0%;出口 337.68 亿美元,下降 12.6%,降幅比上半年收窄 1.6 个百分点,景气指数在趋冷的浅蓝灯区波动运行。民营企业出口 86.25 亿美元,同比增长 1.5%,占全市出口的25.5%,同比提高 3.5 个百分点。从出口方式看,一般贸易占全市出口的比重为 47.1%,同比提高 3.8 个百分点,高于加工贸易 1.5 百分点。从出口市场看,对部分“一带一路”沿线国家出口增长,对俄罗斯、泰国和印度尼西亚出口分别增长 1.8 倍、7.6% 和 17.9%。

5. 新经济发展势头良好

以新产业、新技术、新商业业态、新模式、新产品、新服务为代表的新经济,保持较快增长。从新产业看,前三季度,高技术产业(制造业)增加值占全市工业的比重为 12.8%。规模以上营利性服务业中,租赁和商务服务业、互联网和相关服务业、软件和信息技术服务业营业收入分别增长 32.7%、56.4% 和 12.8%。从新业态看,网络消费保持高位增长,网上零售业271.59 亿元,增长 57.3%,占限上单位零售额的比重为 11.9%,同比提高 4.1 个百分点。网购活跃带动快递业快速发展,完成业务量 2.82 亿件,增长 64.7%。从新产品看,代表新技术发展方向的产品发展良好,生产节能与新能源汽车 3.61 万辆,增长 44.5 倍;城市轨道车辆 199 辆;工业机器人 24 套,增长 14.3%;光纤、太阳能电池产量分别增长 28.4% 和 19.1%。

6. 经济活力不断释放

一是民营经济增势良好。前三季度,民营工业增加值增长 18.7%,拉动规模以上工业增长 7.8 个百分点,比重达到 45.8%,同比提高 1.2 个百分点。民营商品销售额增长 22.4%,高于限上销售额 16.5 个百分点,比重达到 46.5%,同比提高 6.3 个百分点。二是招商引资稳定增长。实际直接利用外资 76.11 亿美元,增长 12.3%。全市共引进国内招商引资项目 6047 个,到位资金 3542.04 亿元,增长 12.1%。自贸区力促投资便利化,外商投资加速集聚,自贸试验区实际直接利用外资 19.09 亿美元,占全市利用外资总额的 25.1%。三是新注册市场主体大量涌现。新登记市场主体 12.41 万户,同比增长 18.0%,其中,民营市场主体 12.16 万户,增长 18.1%,占全市新登记市场主体的比重达到 98.0%。平均每天新登记市场主体 453 户,比上年同期增加 69 户。四是京津冀协同发展取得新进展。签署滨海—中关村科技园合作协议,北京、河北企业在津投资 1587.41 亿元,占全市实际利用内资的 44.8%，同比提高 2.1 个百分点。京津冀通关通检一体化水平不断提升，天津口岸进出口总额中，来自北京与河北的货物比重达到 32.7%。

总体来看，我市经济运行保持平稳，新经济发展势头良好，供给侧结构性改革不断推进，新旧动能转换步伐正在加快。

三、需要重点关注的问题

1. 工业生产面临较大压力

前三季度，规模以上工业增加值增速比上半年回落 0.1 个百分点。一是传统支柱行业增长乏力。受市场需求不旺和去产能政策落实影响，我市原油和冶金两大传统支柱行业产量持续下滑，对全市工业增长的拉动能力减弱。两个行业合计对全市工业增加值增长的贡献率为 7.8%，与上年同期相比，回落 23.6 个百分点。拉动全市工业增加值增长 0.7 个百分点，比上年同期回落 2.3 个百分点。二是企业投资意愿不足。工业固定资产投资增速为 4.3%，比全市平均水平（11.2%）低 6.9 个百分点。三季度景气调查结果显示，样本企业中有投资意愿的企业占比为 51.6%，比二季度下降 1.6 个百分点。从新增项目贡献看，2015 年 10 月至 2016 年 9 月，新入库企业数量减少，平均户规模下降，对全市工业产值的拉动作用比同期回落 0.6 个百分点。

2. 大宗商品销售增长乏力

一是大宗商品销售回落。受国内外经济环境影响，销售逐渐回落，对我市流通市场增长产生较大影响。前三季度，金属材料及制品、石油及制品、汽车和煤炭及制品销售额合计 17228.72 亿元，同比增长 1.9%，比上半年回落 0.6 个百分点，拉动全市限上销售额增长 1.4 个百分点，比上半年减弱了 0.4 个百分点，占限上销售额的比重为 69.9%，近年来首次跌破七成。二是企业经营面临多种困难。三季度企业景气状况调查显示，市场需求减少和订单不足、劳动力成本上涨、资金紧张等困扰企业经营。本季度盈利增加的企业占比仅为 10.5%，11.6% 的企业认为资金周转紧张，仅 2.8% 的企业认为较为宽裕，12.9% 的企业认为用工需求下降，仅 4.6% 的企业需求增加。

3. 外贸出口延续下滑态势

前三季度，我市外贸出口下降 12.6%，连续 13 个月下降。一是工业出口形势严峻。出口交货值 1946.28 亿元，同比下降 10.1%，分行业看，规模以上工业涉及出口的 31 个行业大类中，13 个行业出口交货值实现增长，合计出口交货值占全市的20.6%,而出口下滑的18个行业合计影响全市工业出口增长13.4个百分点,其中仅计算机通信和其他电子设备制造业影响工业出口9.4个百分点。二是主要出口市场不同程度下降。对美国、韩国、日本等传统市场出口分别下降14.7%、17.9%和9.0%,对东盟、巴西、南非等新兴市场出口分别下降23.2%、30.2%和14.5%。三是外商及港澳台商投资企业出口下滑明显。外商及港澳台商投资企业出口占全市的59.6%,出口下降16.7%。

四、2017 年经济形势展望及对策建议

(一)经济形势展望

展望2017年,世界经济仍处于深度调整中,全球经济增长的不确定性在加大,短期内仍将处于弱复苏状态。国内经济平稳发展的总体态势没有变,积极因素不断增加,但结构性矛盾还比较突出,需求扩张的动力仍显不足,经济企稳的基础还有待加固。我市经济面临错综复杂的国际国内环境,经济上升动力与下行压力并存。

从国际看,世界银行发布的《全球经济展望》报告指出,在去年经历后金融危机的低点之后,2017年全球经济增长预计将温和回升至2.7%。发达经济体增速预计将小幅回升至1.8%,美国在经历疲弱的2016年之后,随着制造业和投资增长重获拉动力,经济增长预计将加快至2.2%。主要经济体、尤其是美国的财政刺激有望促使全球增速高于预期,但贸易保护主义情绪上升可能带来不利影响。在大宗商品价格上升的情况下,新兴市场和发展中经济体从整体上看,2016年的增速应能从去年的3.4%回升至4.2%,中国的经济增速预计将放缓至6.5%。当前经济低速增长、低投资、低贸易增长、低全球资本流动增长、低油价、低通货膨胀的世界经济格局短期不会被打破。

从国内看,我国经济发展新常态的特征更加明显,增速换挡、动能转换、结构优化。作为世界第二大经济体,经济总量已经达到11万亿美元。从结构优化看,服务业比重逐年提高,消费贡献率占了将近2/3,高技术产业加快增长。从转方式来看,清洁能源比重上升,企业效益提高。我国经济运行处在合理区间,经济增长的质量和效益提高,新动能成长。中央对经济工作提出“稳中求进”总基调,坚持以提高发展质量和效益为中心,坚持宏观政策要

稳、产业政策要准、微观政策要活、改革政策要实、社会政策要托底的政策思路，坚持以推进供给侧结构性改革为主线，适度扩大总需求，加强预期引导，深化创新驱动。总体来看，我国经济发展长期向好的基本面没有变，经济韧性好、潜力足、回旋余地大，经济持续增长有良好的支撑基础和条件，经济结构将持续调整优化。

从我市看，面对错综复杂的国内外经济形势，我市生产总值保持 9% 增长，动能转换加快推进，双向开放取得实效，改革激发发展活力，实现"十三五"良好开局。一方面受复杂的国际国内环境、转型调整等多重因素影响，我市经济下行压力仍较大；另一方面，全面落实京津冀协同发展规划纲要，加快"一基地三区"建设，为我市带来了重要的历史性窗口期，成为未来经济发展的巨大动力。全市经济工作会议提出坚持稳中求进工作总基调，牢固树立和落实五大发展理念，主动适应经济发展新常态，以推进供给侧结构性改革为主线，"创新竞进、优化结构，以质为帅、效速兼取"，促进经济平稳健康发展。随着各项改革创新政策措施的落地显效和重点工作的大力推进，我市经济将保持平稳增长的运行趋势。综合判断，预计 2017 年我市宏观经济景气曲线保持在绿灯区稳健运行。

（二）对策建议

当前我市经济仍处于结构调整、动力转换的关键时期，经济下行压力依然较大，要落实好全市经济工作会议要求，把握重要的历史性窗口期，以推进供给侧结构性改革为主线，加快改革创新和转型升级步伐，促进经济平稳健康发展。

1. 全力推动京津冀协同发展

京津冀协同发展是天津发展的重要历史机遇和发展资源，要按照功能定位，持续深化各领域对接合作。要紧紧抓住滨海—中关村科技园建设契机，完善实施方案，明确近期、中期、长期目标，排出任务清单，确保科技园项目有力、有序推进；加强制度创新，突出政策优势，努力打造开放型、国际化的科技创新中心和产业创新中心。要进一步要全面对接首都资源，积极抢抓，加强与国家有关部门和北京市的协作，争取更多优质项目和政策支持，有效承接首都非核心功能疏解。

2. 强力推进供给侧改革

稳步去产能、去库存、去杠杆、降成本、补短板，顺应"互联网＋"的发展趋势，以信息化与工业化深度融合为主线，重点发展新一代信息技术、航空航天装备、海洋工程装备、先进轨道交通装备、节能与新能源汽车、新材料、生物医药等领域,推进智能制造、绿色制造。更大力度推进降低实体经济成本,提升实体经济发展效率。

3.培育创新发展新动力

新经济是以创新为内核的新发展模式,而科技创新和制度创新则是创新发展的"鸟之双翼""车之两轮"。一方面,以科技引领,发挥好科技创新的引擎作用,着力抓好创新平台建设,创新资源对接,产业转型升级;另一方面,以创新驱动,发挥好制度创新的发动机作用,进一步深化改革,敢于打破原有的平衡态势,在不平衡中找寻发展的新动力。

4.强化导向扩大有效投资

瞄准"补短板"和先进制造业、现代服务业等重点领域发力,加大对具有技术优势、品牌优势的优质项目招引力度,努力吸引一批位于产业链、技术链、价值链高端的项目落户。支持民间投资加快发展,进一步放开公共服务领域投资,引导和鼓励民间资本通过多种途径进入基础设施、公用事业等领域,为投资持续增长注入后劲和活力。

5.持续激发市场活力

通过商事制度改革,成功促进新设立市场主体"井喷式"增长。国际经验表明,一个地区新设立公司的便捷程度、新设立公司的数量多少,是经济繁荣的重要标志。要进一步强化对当前经济社会发展中新问题、新情况的研究力度,着重围绕新技术、新业态、新商业模式发展需求,合理适度降低市场准入门槛,持续促进大众创业、万众创新,进一步激发经济社会发展活力。

(作者单位:天津市统计局)

滨海新区篇

2016～2017 年天津滨海新区经济形势分析与预测

段吉闯

2016 年，滨海新区全面贯彻党的十八大和十八届三中、四中、五中、六中全会精神，深入学习贯彻习近平总书记系列重要讲话精神，认真落实“三个着力”重要要求，抢抓京津冀协同发展等重大战略机遇，积极应对经济下行压力和不利因素影响，加快推进供给侧结构性改革，全面推动产业转型、开放创新、环境优化、民生改善，全区经济社会总体发展平稳，实现了“十三五”良好开局。

一、2016 年滨海新区经济运行情况

1. 深入落实国家发展战略，综合实力跃上新的台阶

坚持把贯彻落实京津冀协同发展重大国家战略贯穿于开发开放全过程，1000 多个来自北京的项目签约及注册，注册资本总额超过 1300 亿元，与北京市共建天津滨海—中关村科技园，与河北省合作组建渤海津冀港口投资发展有限公司。自贸区效应释放，自贸试验区 151 项制度创新举措落地实施，三个片区新增市场主体 12159 户，注册资金 5300 亿元，增长 50% 以上。积极融入“一带一路”建设，京津冀首个海铁联运综合性集装箱铁路枢纽开通运营，25 个内陆无水港服务辐射能力显著增强。预计 2016 年，生产总值突破 1 万亿元，成为首个跨入万亿元俱乐部的国家级新区；一般公共预算收入增长 13.1%；全社会固定资产投资增长 9%；实际利用外资增长 12%；实际利用内资增长 15%；城乡居民人均可支配收入分别增长 9% 左右；新增就业 12 万人；超额完成市下达的节能减排任务。

2. 大力推进结构调整和转型升级,经济结构持续优化

工业结构调整优化,航空航天、汽车制造、生物医药等优势产业产值增长10%以上。聚焦战略性新兴产业和先进制造业,建成6个国家新型工业化产业示范基地,形成4个千亿级产业集群。服务业比重持续提高,第三产业占经济总量39.5%,比上年提高2.1个百分点。营利性服务业快速增长,营业收入增长38%。金融业增长较快,增加值增长15%左右。航运物流平稳运行,天津港货物吞吐量和集装箱吞吐量分别增长2.9%和4.1%。楼宇经济、总部经济发展迅速,新增亿元楼宇7座,总部企业达400余家。各类新型业务试点取得积极成效,融资租赁合同余额约占全国的四分之一,平行进口汽车业务约占全国的80%。

3. 全力深化改革创新,经济社会发展焕发活力

全力推进电子市民中心建设,设立"综合一窗",探索线上线下一体的"互联网+政务服务"体系。推进金融创新运营示范区建设,京津冀产业结构调整引导基金正式挂牌。天交所设立自贸创新板,为自贸区内优秀中小微企业提供综合金融服务。继续推动国企改革,重点企业改制取得实质性进展。积极推进供给侧结构性改革,创新企业分类帮扶模式,建立"全天候服务、全部门参与、全过程追溯、全覆盖帮扶"的工作体系。创新驱动发展战略深入实施,新认定市级高新技术企业676家。创新创业有序推进,建成各类众创空间48家,聚集创新创业企业1234家。启动百亿亿次超级计算机样机研制,飞腾ARM系列CPU世界领先,滨海新区制造的长征五号、七号运载火箭首发成功。

4. 统筹推进区域发展,功能区主力军作用进一步强化

开发区"两车三化一药"项目全面开工,"一区十园"发展格局不断完善,主要指标在国家级开发区中保持领先。保税区航空产业集聚优势突出,空客A330交付中心开工建设,空客A320二期合作启动,航空物流园建设加快。高新区新一代信息技术产业形成核心竞争优势,新能源汽车全产业链初步形成。东疆保税港区租赁产业优势突出,国家级进口贸易促进创新示范区和航运物流全产业链基地建设取得成效。中新生态城推进国家绿色发展示范区建设,成为全国等级最高的绿色建筑示范区。中心商务区地区生产总值翻一番,总部业态、金融机构、双创要素等企业加速聚集,获批全国首批创新创业示范基地。临港经济区高端装备制造业形成集群优势,海洋经济实力明显增强,智能制造业初具规模,中欧先进制造产业园临港核心区启动。强街强镇战略稳步实施,取得明显成效。

5. 加快建设美丽滨海,城乡环境呈现新面貌

大气环境治理成效明显,实施清新空气项目 132 个,PM2.5 下降 6.2%。水环境治理扎实推进,实施清水河道项目 240 个,城市污水处理率达到 95% 以上,饮用水源地水质达标率 100%。66 个减排项目稳步推进,推动供热无煤化,近 9 成供热网点采用清洁能源。全面推进街心公园、郊野公园建设,加强湿地和野生动物保护,新建提升绿化面积 933 万平方米,建成区绿化覆盖率达 37.3%。40 个市容环境综合整治项目全面开工。加强城市管理信息系统建设,全面提升城市管理精细化智能化网格化水平,城乡环境焕然一新。

6. 着力保障和改善民生,公共服务能力持续增强

"十大民生工程"建设取得重大进展。积极引进优质教育资源,天津一中滨海学校和南开中学生态城学校投入运营,耀华中学滨海学校前期工作加快推进。加大医疗卫生投入,妇女儿童保健中心、疾病预防控制中心投入使用,天津医科大学总医院滨海医院主体完工。大力发展社会福利事业,第一、第二老年养护院及一批民办非营利性养老机构相继建成。加快文化设施建设,文化中心、国家海洋博物馆主体完工。丰富社会文化活动,举办天津滨海艺术节、国际观鸟文化节等一系列品牌活动。城镇登记失业率控制在 3.3% 以内,城乡居民人均可支配收入保持较快增长。

二、2017 年滨海新区经济发展形势分析和预测

从国际形势看,当前国际政治、经济格局步入深度调整期,正处于巨变之中,受美元加息、英国脱欧、美德法等大国大选、意大利宪法改革公投、部分国家"逆全球化"思潮抬头、中东、东欧以及亚太地缘政治局势紧张等影响,2017 年全球经济不稳定、不确定性因素增多,仍将延续温和低速增长态势。IMF 等机构在考虑到俄罗斯、巴西等部分新兴经济体可能摆脱衰退出现恢复性增长,同时,新一轮科技革命和产业革命正在孕育成长,预测 2017 年世界经济整体趋势是"下坡路上踩刹车",预期增长 3.4%,略好于上年。

从国内形势看,国内经济"三大失衡"问题突出,"三去一降一补"任务依然繁重,民间投资活力不足,新常态的特征将更加明显。但随着新一轮改革开放红利的加速释放,传统动能和新动能的接续转换,我国经济发展效益质量正稳步提升,加上今年中央还将召开十九大。考虑这些积极因素,全国经济今年仍将保持中高速增长。

从新区层面看,天津仍将长期处于全国第一梯队,鸿忠书记用股票指数打过一个非常形象的比喻,天津当前是 1000 点,未来应该是 2500 点、5000 点,向上发展的空间还很大,正处在历史性窗口期,为新区发展提供货了难得机遇。上升为国家发展战略十年来,新区各方面基础更加坚实,积蓄潜能不断释放,发展已步入了中兴高潮期。放眼未来,新区将是天津对接服务多重国家战略,特别是京津冀协同发展战略的核心载体,各项政策措施逐步发挥效应,经济结构持续优化、重大项目持续聚集、改革开放持续深入等都为进一步发展创造了条件。但同时,产能过剩与需求结构升级矛盾仍然突出,出口依然低迷,传统产业动能减弱,投资增长难度加大,经济发展的不确定性和复杂性相互交织,2017 年发展任务仍然十分艰巨。

综合分析,预计 2017 年新区区生产总值增长 10% 左右;一般公共预算收入增长 11%;全区固定资产投资增长 9.5%;实际利用内资增长 12%;实际利用外资增长 10%;城乡居民人均可支配收入分别增长 10% 左右;新增就业 12 万人。

三、2017 年滨海新区发展的对策建议

2017 年是实施“十三五”规划承前启后的重要一年。滨海新区要适应把握引领经济发展新常态,坚持以提高发展质量和效益为中心,坚持以推进供给侧结构性改革为主线,全面做好稳增长、促改革、调结构、惠民生、防风险各项工作,努力建设京津冀协同发展示范区,打造更高能级开发开放新平台,掀起新区开发开放新高潮。

1. 推进协同发展,提升开放水平

以建设滨海—中关村科技园、未来科技城、于家堡金融创新示范区等为重点,突出对接京冀两地重点地区和先进制造、科技创新、现代金融、文化创意等重点产业,深化科技、交通、环保、通关等领域合作,加快体制机制创新,扎实推进京津冀协同发展取得新成效。推进自贸区政策服务京津冀协同发展。促进京冀无水港增量扩容,增强天津口岸对京津冀的贸易服务功能。推动建设离岸金融平台,为企业提供全方位离岸金融服务。完善国际贸易“单一窗口”服务功能和服务领域,做好跨境电子商务服务试点,打造跨境电子商务完整的产业链和生态链。加快融入“一带一路”建设,扩大海铁联运规模,推进津蒙俄国际班列常态化运营。积极“走出去”,加快苏伊士经贸合作区和印尼聚龙产业合作区建设,鼓励企业境外投资,扩大境外工程承包

规模。

2. 推进转型升级,积聚发展动能

以发展先进制造业和现代服务业为重点,促进经济结构调整和产业转型升级,完善现代产业体系。巩固提升汽车及装备制造、石油化工、电子信息、粮油轻纺等优势产业,加快发展壮大航空航天、新材料和环保、生物医药、新能源等战略性新兴产业和高端装备制造业。提升服务业能级和发展质量,持续提高服务业比重。培育金融、科技服务、信息服务等新型服务业,推进商贸流通、住宿餐饮等传统服务业转型升级。推动自贸区金融租赁登记流转平台和中国天津租赁平台建设,推动融资租赁产业发展和聚集。

3. 推进改革创新,释放发展活力

完善电子市民中心功能,打造全面深化"放管服"改革新平台,推进治理能力现代化。深化供给侧结构性改革,推进国有制造业转型升级综合改革,有效激发市场主体活力,完善促进非公经济发展的市场和政策环境。加快现代金融服务体系改革创新,发展新型金融业态。继续探索自贸区制度创新,推进投资和贸易便利化综合改革。继续实施创新驱动战略,抓好国家自主创新示范区建设,全面完成国家创新型城区试点建设任务。以航空航天科技、自主可控信息为重点,规划建设国家军民融合创新发展示范区。推动创新创业,提升众创空间专业化水平,加强创新孵化服务,优化创新创业环境。

4. 推进项目引建,增强发展实力

持续抓好招商引资,围绕新区功能定位和优势产业,积极拓展招商新渠道。打造全区一盘棋的招商服务平台,推动街镇、功能区、新区招商联动发展。紧盯非首都功能疏解,发挥自贸自创联动优势,加大国际国内推介力度,促进一批央企功能性、区域性总部落户,积极引进先进制造业和现代服务业项目。以双创示范基地建设为引领,大力引进双创企业、双创项目、双创人才,加快创新创业资源聚集。

5. 推进环境优化,完善载体功能

全面落实国家卫生区创建任务,推动新区通过国家卫生区复审更名。加强市容环境整治,实施部分道路、老旧小区整治。新建一批街心公园,新建提升绿化面积 800 万平方米以上。集中治理一批工业集聚区水污染,工业集聚区污水集中处理率达到 100% 。加快打造核心标志区,启动外滩公园改造、天碱热电厂搬迁等重点项目。推进轨道交通建设,高质量实施 B1、Z4 线,启动建设 Z2 线。完善客货分离集疏港体系,打通瓶颈节点,优化交通网络。

6.推进社会事业,改善居民生活

优先发展教育事业,加快推动耀华中学滨海学校、茱莉亚音乐学院等重点项目建设。大力发展卫生事业,加快推进中医医院、肿瘤医院建设和大港医院二期开工。高度重视养老事业,确保第三老年养护院和河西托老所主体完工,推进居家和社区养老服务改革。完善社区综合服务设施,新建和提升改造一批社区服务站。提高公共文化服务水平,确保滨海文化中心、广电大厦高水平运营,组织开展特色文化交流活动和群众文化艺术活动。强化粮食、药品和市场价格监管。加强街镇基层组织和为民服务网络建设,提高便民服务能力。

(作者单位:天津滨海综合发展研究院)

2016 ~ 2017 年天津开发区经济形势分析与预测

天津开发区政策研究室课题组

一、开发区 2016 年经济形势分析

2016 年是“十三五”规划开局之年,在以习近平同志为核心的党中央坚强领导下,全面贯彻市委市政府和区委区政府的决策部署,团结带领全区广大党员干部群众,主动适应新常态,全面落实从严治党新要求,按照“一四三三五”的工作思路,凝心聚力、攻坚克难,较好的完成了全年目标任务.

(一)区域经济总量保持提升

全区生产总值预计达到 3000 亿元,跃上新的台阶;新区口径公共财政预算收入完成 233.8 亿元,固定资产投资完成 430 亿元,实际利用外资 32.9 亿美元,新批内资企业注册资本总额 2198 亿元。在推动转型升级、创新发展的道路上迈出了坚实的步伐。

(二)经济结构持续优化

经济结构进一步优化,服务业占比达到 29%,同比提高 2.5 个百分点。规模以上工业企业主营业务利润率达到 6.8%,高于全市和滨海新区平均水平。财政收入中税收收入占 90% 以上;固定资产投资中,产业投资比重达到 73%。单位 GDP 能耗、水耗保持全国领先水平。

(三)京津冀协同发展成果丰硕

积极承接北京非首都功能疏解和产业外溢,促进京津冀经贸合作。全

年促成京津合作项目 420 余个,投资总额超过 600 亿元;引进了京滨城际铁路、京东商城、滴滴出行、中石化化工销售、国美金融总部等一批投资额超过 10 亿元的超大项目,中瑞蓝科电动汽车、中科纳泰生物等一批新兴产业项目入区发展。与河北的合作项目 100 余个,投资总额约 200 亿元。

(四)招商引资再创佳绩

以“两车三化一药”为代表的百亿级重大项目集中开工,南港工业区重大项目建设取得关键进展。一汽大众华北基地整车厂实现暖封闭,一汽丰田新一线桩基工程完工;中沙新材料园已进场做地基处理,渤化“两化”搬迁项目已完成前期手续,华电热电项目开始进场施工,中石化 LNG 码头罐区基本建成,修正制剂项目已具备生产条件;这些项目总投资超过 900 亿元,建成达产后新增产值将达到 2000 亿元以上。大众 DQ500 和 DL382、中石化原油储备库、托普索二期等项目竣工投产。招商引资项目库入库储备项目 97 个,其中重点在谈项目超过 50 个。

(五)载体建设扎实推进

东区 MSD 核心区和扩展区基本建成,周大福金融中心竖向结构封顶,九大街桥、津滨轻轨全线恢复通车,天津港“8·12”事故受损房屋整修及周边环境提升基本完工,滨海新区核心区、标志区的形象进一步凸显。西区生活配套服务功能进一步完善;南港工业区公用工程和基础设施项目稳步实施;一汽大众华北基地市政、能源、城建等配套设施建设陆续到位;北塘企业总部园区上升为滨海—中关村科技园核心区;逸仙园、微电子启动转型发展,打造创新型精品园区;中区、现代产业区和南部新兴产业区开发建设有序推进。

(六)创新驱动效果明显提升

全年新增 3 家国家级众创空间、7 家市级企业技术中心和工程中心;建成电子信息、大健康、智能无人装备、节能环保四个专业化园区;启动泰达双创示范区建设,举行各类创新活动 100 余场。新增国家级高新企业 91 家、市级高新企业 149 家;新增科技型企业 809 家,其中亿元以上企业 71 家;申请专利量超过 5000 件,创历年最高。博迈科在上交所主板成功上市,凯莱英在深交所中小板成功上市,利安隆下周将在深交所创业板挂牌上市,全年挂牌及新上市企业达到 23 家,与 2015 年前相比基本实现翻番。

二、开发区 2017 年经济形势预测与主要措施

2017 年,是深入贯彻京津冀协同发展、一带一路等重大国家战略的重要时期,是落实开发区"十三五"规划的攻坚时期。2017 年,开发区要进一步提升经济效益,密切关注经济运行和企业经营情况,加强服务和调度,实现工业增加值率、主营业务收入利润率、全员劳动生产率、单位土地产出等核心效益指标持续提升。预计 2017 年,开发区公共财政预算收入、固定资产投资、进出口等重点指标和各重点行业保持良好增长态势,生产总值增长 10%。

2017 年开发区重点围绕以下几项重点任务开展工作:

(一)深入抓好全面从严治党,做到"六个切实"

开发区要更加自觉地在思想上政治上行动上同以习近平同志为核心的党中央保持高度一致,按照市委及新区区委部署,全面落实牛鼻子"四级递进"责任体系,做到"六个切实",推动党建工作不断走向深入。切实做讲政治的"知行合一"者,切实严肃党内政治生活,切实加强干部队伍建设,切实增强基层党组织战斗力,切实推进强化党风廉洁建设,切实汇聚区域发展的强大合力。

(二)深入贯彻落实京津冀协同发展战略

深化创新协同,成为北京产业、科技、教育、文化外溢效应的承担者。积极参与滨海—中关村科技园建设,对接好中科院、国科控股等中关村优势科技资源。推动产业协同。深入贯彻落实京津冀"十三五"规划、"京津冀产业转移指南",主动对接电子信息、汽车、石化、高端装备、医药健康等重点产业,构建世界级、集群化、梯度化、链条化的系列产业基地。

(三)大力推进实体经济发展

2017 年是开发区在建重大项目最多的一年,要举全区之力推进重大项目建设;构建点线面招商体系,以项目为点,以产业为线,以国家战略为面,主动出击,逐个突破,推动项目储备入库、签约落户、开工建设、竣工投产、增资扩产等"五个一批"系统工程。推动开发区实体经济转型升级。促进优势产业向集群化、链条化、高端化发展;继续壮大先进制造业聚集高地,到"十

三五"末,要力争使百亿企业达到 50 家,亿元企业超过 1000 家,建成电子、汽车、石化三个 3000 亿级产业集群,装备制造、医药健康两个千亿级产业集群;建设战略性新兴产业示范基地,对接"中国制造 2025";打造服务业增长引擎,大力发展生产性服务业。

(四)切实推进深化改革

着力构建开放型经济新体制,聚焦投资和贸易便利化,推动跨境结算、通关模式、信用体系、市场准入、企业融资、金融创新等领域的试点改革;切实推动"一区十园"管理模式改革,扩大授权力度,理顺补贴机制,提升园区自我平衡能力;切实深化机关和企事业单位改革,强化基础领域改革创新,做好重点领域专项改革,进一步转变政府职能。

(五)着力打造创新驱动升级版

进一步深化科技体制创新,完善"1 + N"科技政策体系;加快对接首都科技资源,依托国家自主创新示范区分区、滨海—中关村科技园辐射区的功能,构建"京津互联协同创新示范基地";大力推动"众创空间"等新型孵化载体的建设,继续建设新一代信息技术、大健康、智能无人装备、节能环保等四个专业创新园区;大力聚集人才智力资源,实施"人才强区"工程,着力构建更加开放、更具吸引力的人才政策体系,面向国内外吸引领军人才、高端人才,努力打造眼界开阔、业务精通、素质过硬的企业家队伍、科学家队伍和技能人才队伍,构筑人才高地。

(六)切实改善和保障民生

切实提升城市化进程和水平,促进产城融合;切实做好生态文明建设,坚持绿色低碳循环的发展理念,积极完善绿色生态发展体系、节能管理体系、生态治理体系,建立科学长效机制;积极改善民生民计,在"衣食住行、业教保医"上狠下功夫,确保 2020 年全面建成高质量小康社会,"保证全面、不落一人";大力落实安全生产责任制和安全生产管理制度,健全安全监管的长效机制,按照"全覆盖、零容忍、严执法、重实效"的要求,深入开展安全生产隐患大检查大排查大整治,进一步加强劳动关系综合治理体系建设,有效化解劳动纠纷,构建和谐劳动关系,实现企业经营和职工权益的"双赢"。

2016～2017 年天津港保税区经济形势分析与预测

天津港保税区管委会研究室课题组

一、2016 年保税区经济运行情况

2016 年，是保税区落实“十三五”规划的开局之年。保税区坚持“依托双港、双自联动、产城融合、经济提升”总体发展思路，牢牢把握“五大发展机遇”，全面提高区域开放型经济水平，实现了“十三五”开好局、起好步。

全年完成地区生产总值 1700 亿元，增长 11%；工业产值 1755.2 亿元，增长 13.7%；区属工业产值 1390.4 亿元，增长 20.6%。一般公共预算收入 108.6 亿元；固定资产投资 335.7 亿元；限额以上商品销售总额 5677 亿元，增长 20.9%；限上社会消费品零售额 399.6 亿元，增长 16.6%。进出口总额 163 亿美元，增长 1%；其中出口 32 亿美元。新增市场主体 6146 个，增长 29%。完成新区下达年度节能降耗目标。

1. 招商引资体现新亮点

主动对接非首都功能疏解，加强与京冀地区合作，促成项目落地。以总部经济、科技创新、白领密集等产业转移为重点，实现中远海运综合物流、中铁隧成建制迁移、中航油输油管道等项目落户。继续深耕首都科技资源，引入 GE 智能制造技术中心、渤海农牧联合研究院等大院大所和企业研发机构。全年累计完成引入京冀项目 313 个。

围绕区域主导产业，锁定目标项目，实施精准招商。全年完成新项目注册 1299 个，实际利用外资 20.3 亿美元，内联引资到位 302 亿元，实现税收 12.8 亿元。新引入中远工程物流、中进汽贸和渣打银行科技运营中心等世界 500 强项目 10 个；实现紫光集团数码产品全国结算总部、首创集团系列

项目和智联招聘结算及运营中心等 124 个大项目好项目落户。新开发波音复材、新科宇航客改货和西飞波音垂尾等航空产业项目。签约京东、聚美优品和酒仙网等一批电商巨头,完成鑫晟供应链、沃领供应链和天保宏信等 55 家跨境电商企业注册。保险产业园建设加快推进,新增注册保联保险、新奥保险经纪和华保鑫诺保险销售总部等保险项目。

2. 自贸区新兴业态加快发展

强化与驻区机构合作,推动落实"自主核销""批次进出、集中申报"和"简化国内采购物料登记手续"等三批 29 项海关创新举措;开展"一次检验检疫、分批核销放行""入区检疫、出区检验"等三批 40 项检验检疫监管模式改革。推动实施金改 30 条外汇政策创新,新增民生金融租赁作为外币跨境资金池试点企业,资本金意愿结汇充分实施。企业"走出去"活跃,全年完成对外投资 95 亿美元,占天津自贸区七成。

实施"一中心、多仓库"发展模式,出台支持政策,跨境电商全年业务量突破 15 万单,交易额 2800 万元。率先开展平行车入区保税仓储业务,平行进口汽车试点继续保持全国领先地位,全年完成平行进口汽车 3.5 万辆、增长 4.8 倍。利用融资租赁方式实施制造业转型升级,推动海鸥手表、利民调料等企业开展生产设备售后回租业务,累计金额超 3 亿元。制定出台服务贸易创新发展工作意见;保税展示交易发展态势良好,欧贸中心发挥载体优势,销售额超 1.4 亿元。结合自贸区政策开展医疗健康、文化产业创新发展研究,为打造区域发展新亮点奠定基础。

3. 航空物流区等重点项目加快建设

新开工空客 A330、统一饮品和海特机库二期等 17 个项目,总建筑面积 93.6 万平米;金佰利、联通二期和特变电等新开工项目建设进展明显。菜鸟二期、西子电梯和中铁十八局建安实验楼项目当年开工、当年竣工;宜家物流、庞巴迪公务机维修和光电研究院等 20 个续建项目实现竣工,竣工面积 102 万平米。铁三院研发基地、神州通科技广场和金加利物流等 17 个跨年项目按进度推进。海空两港污水处理厂工程取得阶段性成果,完成天保大道、海滨二路和海滨三路等道路大修和市政基础设施改造。

航空物流区总体规划方案、控制性详细规划获得市、新区批复,区域基础设施建设进展迅速,新征地块内"两纵两横"道路及市政基础设施建设完工;区域绿化工程启动。圆通华北分拨中心、华宇货站二期和天域万隆二期等项目按进度推进。大通关基地设计方案获批,项目进入前期准备阶段。空港指定性口岸功能增至 3 个,进口水果口岸查验场地建设完工,进境食用水生动物指定口岸启动申报。天津第一家本土货运航空公司天津货运航空有限公司完成注册，航空物流区平台公司与天津邮政集团、海航集团战略合作持续深入。

4. 科技创新驱动发展

制定出台《关于加快落实创新驱动发展战略五年实施方案》，召开全区创新驱动发展推动大会。全年新增科技型企业 912 家，新认定 81 家市级高新技术企业、45 家国家级高新技术企业，国家级高新技术企业总数达到 171 家。完成科技型企业股份制改造 12 家，新增科技类上市公司 7 家。新申报市级重点实验室 6 家。完成专利申请 4300 件，获得市专利金奖 4 项。全年认定技术开发合同 158 份，合同成交总额 103 亿元。新引进大连化物所光谱分析仪器、中科院北京遗传所生物组织 3D 打印等产业化项目 5 个。

持续推进国际化人才特区建设，全年办理“人才绿卡”410 张，2 名外国专家荣获“海河友谊奖”。新增 2 名国务院政府特殊津贴专家，3 人荣获天津市“千人计划”项目支持，2 人获滨海新区创新创业领军人才奖，32 家企业获天津市“千企万人”项目支持，新建 4 个博士后流动工作站。成功举办天津自贸试验区第二届人才智力交流洽谈会，自贸区人才网正式上线运营。

5. 创业要素加快聚集

“一中心多平台”模式成果显著，北大创训营、南开允能众创空间、欧美同学会、科贸孵化器等社会资源平台体现综合服务效能。形成项目培育、融资和市场支持一体化创业服务闭环，全年新增入驻众创空间企业 300 家。瑞普智创谷获评国家级众创空间，创新创业中心获得市级科技企业孵化器认定，并获批中国科协“海智计划”基地工作站。成功举办天津空港第三届创新创业大赛，有效报名项目数量增长 50%。组织第五届中国创新创业大赛（天津赛区）电子信息行业决赛，第三届京津冀协同发展论坛等活动。

全年组织开展各类人才培训活动 300 多场，培训职工 1.2 万人。实现新增就业 4.1 万人，是年初目标 2.28 倍。和谐劳动关系稳步推进，350 家企业获评“劳动关系和谐企业”，劳动人事争议仲裁、劳动保障监察投诉案件办结率分别达到 92%、100%，未发生因劳动关系引发的突发性、群体性事件。

6. 企业帮扶等供给侧结构性改革效果初显

深入开展“促惠上”活动，围绕融资支持、政策兑现、人才服务、科技帮扶、审批提速、交通配套等六大类问题，聚焦重点企业实施精准帮扶。制定实施工业企业经济增长奖补方案，拉动企业收入增长近 200 亿元。多措并举降低经营成本，帮助企业节约电费支出 2000 万元。“一助两促”实现贷款

650 亿元,在新区各功能区位列第一。一企一策处置“僵尸企业”,全年盘活办公楼宇 14.6 万平米,工业厂房 17 万平米,新增入区办公人员 5879 人。助推企业品牌化发展,天保控股获得中国驰名商标认定,瑞普生物等 6 家企业获得天津市著名商标认定。海鸥手表、中交一航局荣获首届“天津质量奖”,金发科技获评滨海新区质量奖。

二、2017 年保税区经济发展形势分析与预测

2017 年全球经济仍将保持低增长和弱复苏态势,不稳定性、不确定性增加。从金融、贸易、投资三大领域来看,受美国新总统上任及美元加息等因素影响,全球金融市场短期内将仍有动荡和不确定性,新兴市场国家将再度面临货币贬值风险和资本外流隐忧。而世界贸易回暖仍然缺乏有力支撑,增速将依旧缓慢。虽然大宗商品价格的反弹或将带来部分需求回暖,但幅度料将有限,全球贸易增速低于经济增速的状况发生逆转的可能性不大。全球投资则将因美元走强、新的贸易保护主义等因素影响,整体复苏进程受阻。但第四次全球产业转移浪潮的兴起,可能带动全球投资逐步回升。

国际贸易格局继续深刻演变,全球贸易碎片化风险上升,对国际贸易和世界经济的持续稳定增长构成威胁。我区外贸传统竞争优势正在减弱,新优势正在加快培育,跨境电商、平行进口车等新的竞争优势尚未形成,正处在结构调整步伐加快、新旧动能接续转换的关键阶段。

2017 年是落实“十三五”规划承前启后的关键年,是保税区“二次创业”、接续奋斗、创新实干的重要时期。面对新形势和新要求,保税区要围绕“五位一体”总体布局和“四个全面”战略布局,以改革开放创新为根和魂,坚持创新竞进、优化结构、以质为率、效速兼取,继续坚持推进新一轮高水平对外开放,进一步提高贸易便利化水平,推动创新发展,加快新业态发展,提高服务贸易发展水平,鼓励企业积极融入全球价值链和供应链,促进保税区经济的向好发展。

2017 年,保税区经济社会发展主要预期指标:实现地区生产总值增长 11%;工业产值增长 12%。一般公共预算收入 120.6 亿元,增长 11%;税收 85 亿元;固定资产投资 150 亿元。商品销售额 6074 亿元,增长 7%;社会消费品零售总额 360 亿元,增长 6%。进出口总额 165.2 亿美元,增长 2%;其中出口 33 亿美元,增长 3%。新增市场主体增长 10%。万元生产总值能耗完成新区下达指标。

三、促进保税区经济发展的措施建议

1.把握京津冀协同发展核心任务，加大招商引资力度

搭建协同发展平台。抓住非首都功能疏解机遇，全力推进功能对接、项目对接。建立京津冀技术转移服务平台，全年对接技术转移项目4个；搭建北方贸易、跨关区合作等一批高水平承接平台。以大思维、大视野、大举措，落实京津冀协同发展战略。结合区域产业定位，创新工作措施招法，加强与京冀区市、部门和产业聚集区域交流互动。加强协同联系，坚持项目引进输出并重。扩展保税展示交易功能辐射范围，推动向京冀及周边区域延伸。

加快航空物流区建设。疏解首都航空货运资源，聚集航空物流企业。加快基础设施建设，确保顺丰天津运营基地、中外运华北综合物流中心等关键项目建成投入运营。建立口岸监管部门信息共享和协作机制，建设大通关基地。新增5项口岸功能，围绕8大口岸功能开展招商引资。上半年完成联检服务中心建设，实现报关报检"一站式"服务。做大做实平台公司，支持天津货运航空公司发展壮大，机队规模达到10架。

深耕京冀高端项目资源。梳理首都规上企业清单，聚焦在京央企、民企总部、世界500强跨国公司中国总部，深挖先进制造业项目。关注贸易金融行业领军企业，加强创新型和互联网企业开发力度，引进在京商务办公项目。深化与大院大所合作，共建一批重点实验室。全年落户京冀项目400个。

加强产业招商引资。针对海外制造业"隐形冠军"、智能装备、汽车核心零部件、快速消费品、生物医药与健康等产业，实施一企一策招商攻坚。精准策划5场以上国际国内精品招商推介会。以龙头引配套、以配套补短板，开展产业链招商。全年实现内联引资300亿元，新引进外资20亿美元；落户大项目好项目65个，民营500强重点项目20个，实体项目10个，签约重点项目240个；新增入区办公人员不少于6000人，完成新区下达项目储备任务。

2.深化自贸区制度创新，推进投资贸易便利化

持续推出创新举措。探索自贸试验区、自主创新示范区、自主改革试验区"三自联动"改革创新。推动海关、检验检疫、外汇等监管部门服务便利化，着力促进航空制造产业链向两端延伸。充分利用海关、检验检疫、外汇等制度创新举措服务高端制造、生产型服务企业发展，吸引超百亿规模贸易

型企业入区设立结算中心、销售中心。

不断壮大新型业态。搞好跨境电商产业园建设,全年年引进 20 家跨境电商龙头企业,实现业务量倍增。推动平行进口汽车试点平台和试点企业扩容,建设平行车合规整备中心,进一步保持全国领先地位。提升改造二手车交易市场,研究开发二手车互联网交易平台。推进航空维修企业利用自贸政策拓展服务。

推进外贸转型升级。鼓励企业建立海外营销公司、展示中心、"海外仓"等国际营销网络公共服务平台,支持传统外贸企业利用"互联网 + 外贸"模式加快转型,推动企业申报外贸综合服务试点,加快建设现货大宗商品交易市场。制定企业"走出去"政策,搭建企业"走出去"综合服务平台,为企业投资境外项目提供"一站式"服务。

3. 实施创新驱动发展战略,进一步增强自主创新能力

推进创新驱动发展。落实创新驱动发展战略实施方案,全年新引育科技型企业不少于 800 家,认定国家高新技术企业 40 家,加强科技型企业上市培育,推动完成股改企业 12 家。主动对接研发能力强的国内外科研院所,推动大院大所裂变发展。加快中船重工 707 所等研发基地项目落户并启动建设,加速创新成果集聚,促进 10 项科研成果转化、20 个科技前沿项目落地,新建 4 家国家级或市级研发中心。出台科研专项扶持政策和高新技术企业扶持政策,加大企业关键技术研发支持力度。开展军地资源及产品双向对接,推进军工科研院所建立研发机构,构建军民融合协同创新体系。

深入推动创新创业。完善"一中心多平台"模式,引入社会资本参与创新创业,丰富创新创业生态,打造科技孵化全产业链,全年新入驻企业不低于 200 家。出台孵化平台运行评价和激励办法,建立产业投资专项基金,放大财政资金杠杆作用。完善知识产权保护体系,建设知识产权交易平台,鼓励企业开展知识产权交易。全年申报知识产权 4000 件,发明专利 1000 件。

全力做好人才引育。完善人才政策研究,优化人才政策环境,拟定人才发展三年行动计划。启动高层次人才(国际人才)公寓建设。持续实施人才服务"绿卡",全年办理人才"绿卡"400 张。实施市场化引才,深化与国内外人力资源中介机构合作,加大高层次和紧缺型人才引进力度。加强人才培养平台建设,继续落实"千企万人"支持计划,完善人才交流服务平台建设。探索专业人才订单式培养新模式,建设天津中德应用技术大学滨海实训中心。实施百万技能人才福利培训计划,全年培训职工 1.2 万人。

4. 实施提质增效，谋划区域发展重点突破

做大做强航空产业。围绕空客项目延伸航空制造产业链，聚焦航空发动机、复合材料项目引进，确保空客A330项目9月份交付首架飞机。落实飞机改装、发动机维修等项目，建设飞机维修改装基地；推动建立北方航材进口贸易和物流配送中心；发展通用航空产业，跟进民用直升机产业链项目，吸引通用航空企业入区经营。全年引进航空产业项目10个。

做好创新园区开发。创新项目开发模式，建设中德智能制造产业园，吸引欧洲高端制造龙头项目。加快保险产业园建设，引进保险中介机构和法人金融总部等相关项目20个。对接央企贸易、租赁、保理等业务，做大做强新金融和国际贸易产业集群。实施国内医药产业创新政策，推进国际医疗健康服务贸易区建设。推动中科院生物制造创新研究院、国家合成生物创新中心等项目落户，建设合成生物产业化基地。针对国家和先进地区产业发展和创新政策开展专题研究。

加快文化产业创新。依托国家数字出版基地，探索建立版权跨境交易平台。利用海关特殊监管区域功能优势，加快文化产业跨境贸易发展。围绕“互联网＋文化”模式，推动空港文化企业集聚和发展。加强主管部门专业工作力量，开展文化产业招商，建设企业联盟。

5. 优化企业服务，深化供给侧改革

不断提升服务水平。牢固树立深度服务、粘度服务、贴心服务理念，做好企业服务顶层设计。建立联系企业家制度，增加企业家对区域的认同感。处理好“亲”和“清”的新型政商关系，开展项目储备报批、开工建设、竣工投产等服务。继续发挥海关、检验检疫、外管、公安、消防、国税、地税等驻区机构服务作用，促进企业发展。实现招商部门超前服务、职能部门全程服务、驻区机构专业服务。

持续做好企业帮扶。推动企业帮扶常态化，每季度吸纳50家限下企业进入帮扶平台。实行定制化精准帮扶。引导鼓励企业实施技术改造，支持企业延伸上下游产业链。制定“僵尸企业”一企一策实施方案，针对30家停产企业开展清理工作，做好跟踪处置。充分利用区内厂房和办公用房资源，吸引企业和人员进驻。

强化经济指标调度。瞄准区域核心产业，每月走访存量企业10家，挖掘存量企业产值增长4亿元。开展规上限上企业培育工作，全年完成40家企业目标。细化经济指标分析，做好平衡调度。盯紧总部、上市集团企业，实现统计数据及时足额归集。运用大数据分析和发掘系统，做好经济运行

跟踪调度。摸底调查注册企业纳税情况,加强税源管理。

6. 加强服务型政府建设,提升区域影响力

提高行政效能。深入推进依法行政,严格按照法定权限和程序履行职责,推进管委会权力清单制度建设,明确责任边界。创新为民服务方式,推进实体政务大厅向网上办事大厅延伸,打造政务服务"一张网",对企业和群众办事实行"一口受理"、全程服务。探索统筹全区政务信息化平台,推进部门之间信息互联互通、充分共享,实现服务优化和效能提速。加强机关固定资产管理,降低成本,创建节约型机关。进一步强化机关档案工作,推进档案信息化。

深化"放管服"改革。承接落实好下放审批权限,加强审批服务规范化、便捷化、智能化建设。完成项目联合审批流程再造,优化投资项目联审办理程序,推动"多项合一""多证合一"。进一步转变管理理念,强化"谁审批、谁监管,谁主管、谁监管"。防止审批代替监管,主动监管、认真履职,明确监管责任,把监管落到实处。加强事中事后监管,推行"双随机、一公开"、企业信用信息公示全覆盖、守信联合激励和失信联合惩戒等监管方式。探索对新产业、新业态、新模式的科学审慎监管,创新监管方式、监管办法。建设运营"企业评价体系服务平台",发挥企业信用主体评价作用。开展智能便捷、公平可及服务,以服务促进企业新旧动能接续转换。

提高宣传水平。增强新闻宣传吸引力和感染力,塑造区域立足改革开放前沿、引领时代潮流的良好形象。强化媒体联络,把握关键时点,运用多种宣传工具,提升区域对外知名度和影响力。提高区域宣传作品水平,加强官网建设,确保内容质量和更新速度。全年发稿中央主要媒体 7 篇、天津市主要媒体重要版面 30 篇,其他媒体重点报道不低于 65 次,讲好保税故事、传播保税声音。

扩大区域影响。加大财政资金支持,利用媒体、大型活动、新一代通讯平台等多种媒介加大宣传力度。举办和参与专题展会、论坛、区域产业发展关联性活动,整体宣传和推介保税区。举办保险产业论坛、跨境电商产业论坛,争取国际精密治疗会议、中科院工业生物论坛永久落户空港。筹备第四届中国天津直升机博览会。

2016～2017 年天津滨海高新技术产业开发区经济形势分析与预测

天津滨海高新技术产业开发区管委会课题组

一、2016 年高新区经济运行分析

2016 年，天津滨海高新技术产业开发区（以下简称高新区）紧紧抓住进入历史性窗口期的重大机遇，瞄准国家自主创新示范区的建设定位，在宏观经济下行压力持续加大的情况下，坚定信心，主动作为，高起点谋划，实现了“十三五”的开门红。

1. 经济运行高位增长，综合实力大步跃升

高新区积极应对经济下行带来的困难和挑战，出台预兑现、供给侧七条等政策措施，深化行政审批制度改革，开展促惠上、解敢促等企业帮扶活动，全年共投入支持资金 12 亿元，有效支撑了尚赫集团、奇思科技、力神电池、今日头条、汉柏科技等一批重点企业的倍增发展，推动了重大项目的顺利建设。滨海光热成为天津第一个也是唯一获批的国家 PPP 示范项目，国能汽车累计签署订单总金额 866 亿元，国家发改委项目核准即将完成。高新区核心区地区生产总值首次历史性地迈上 1500 亿元大关，同比增长 11.8%；完成工业总产值 1821 亿元，同比增长 15.7%；实现财政总收入 169 亿元，同比增长 39.7%，其中一般预算收入首次突破百亿元，同比增长 33%。主要经济指标增速继续位居市、区前列。

2. 重大项目加速聚集，产业生态不断完善

把项目建设始终放在首要位置，以落实京津冀协同发展国家战略为核心，以聚集龙头企业、培育产业生态为抓手，全球范围内集聚高端项目。全年新签约落地艾康尼克新能源汽车总部、欧划国际数字影业城、中金国泰等

项目 75 个。其中北京项目超过 50%,投资额超过 60%,中文在线、网易传媒等一大批北京新经济项目相继落户,中海油渤海公司及其下属企业、机构近 6000 人入驻塘沽海洋科技园。全年实际利用外资 7.62 亿美元,实际利用内资 205.5 亿元。在这些高端项目支撑下,新能源和新能源汽车、新一代信息技术、文化创意等千亿级产业链条正在加速形成,为高新区持续发展注入强劲动力。

3. 创新创业活力迸发,发展动能加速转换

深入实施"一个体系、五个突破"科技创新赶超路线图,推行"创通票"制度,出台投贷联动六条政策,与国开行、国开金融、中国银行、天津银行等签署投贷联动合作协议。全年科研经费投入 17.15 亿元,有效激发创新创业活力。创新主体迅速壮大,全年新增科技型中小企业 1687 家,科技亿元企业 70 家,高新技术企业 286 家,新三板挂牌企业 14 家,目前高企和上市企业总量分别占全市的 1/4 和 1/3。创新平台加速建设,新增市级以上众创空间 11 家,其中国家级 3 家,国家级孵化器和众创空间累计达到 15 家,居全市第一。创新能力显著提升,新增市级以上企业研发机构 10 家,新增企业有效专利 6812 件,总数达到 17886 件,人均知识产权数量走在全国前列。

4. 产城融合纵深推进,载体能力不断提高

以打造宜居和谐的产业新城为目标,协同推进四大片区的开发建设。推进华苑科技园、滨海科技园闲置土地房屋资源整合,启动了未来科技城拓展区民航大学地块和京津合作示范区的道路和市政配套设施建设,为项目尽快落地创造条件。实施了塘沽海洋科技园"三路一片区"和新河庄片区环境整治拆迁工作,塘沽海洋科技园载体功能、新河、新北街整体环境显著改善。开工建设了马术公园、天环湿地公园,完成了重点路段、重点节点的绿化和环境提升工程,全年共完成绿化面积 40 万平米,推行了一批节能减排的示范工程,美丽高新建设取得了新成效。

5. 社会事业全面进步,民计民生持续改善

坚持将发展成果惠及广大职工群众,民生投入近 9 亿元,建成了高新区第一学校小学、社区卫生医院、智能停车楼等配套设施,举办了滨海文化创意展交会、草莓音乐节、活力体育年等各类文体活动,启动了渤龙新苑还迁房、渤龙湖体育健身中心等民心工程,在全市率先推出职工重大疾病医疗救助基金,扎实推进与西藏昌都、四川广安、甘肃秦安等地区的精准扶贫工作,援藏、驻村干部认真履行职责,得到了当地党委和政府的高度肯定。

二、2017 年高新区经济发展趋势预测

当前，世界经济复苏依然脆弱，仍处于国际金融危机以来的深度调整阶段。我国经济新常态特征更加明显，国企面临新一轮改革，外资出现产业梯次转移趋势，民企投资意愿普遍不强，实体经济面临着市场、成本、融资等多方面的压力，发展不平衡、不协调、不可持续问题依然突出，其根源是重大结构性失衡，国家正在通过供给侧改革来提升整个供给体系质量，推动我国社会生产力水平实现整体跃升。

在各种风险和挑战面前，高新区作为国家自主创新示范区，在落实国家战略中肩负重大使命，面临重大机遇。习总书记在中央政治局集体学习时指出，创新驱动发展要从高新区开始。当前党和国家一系列重大战略的实施都把创新放在极为重要的位置。中央提出的五大发展理念，创新发展居首位，是引领发展的第一动力。关系中国经济未来命运的供给侧结构性改革，取得成功的关键在创新。京津冀协同发展是 21 世纪国家重大战略，其实现路径不是简单地做产业和企业的“加减法”，而是以打造创新共同体为核心的协同和可持续发展。

预计 2017 年，高新区将继续保持主要经济指标高质高位增长、新兴经济产业急速聚集、经济活力不断增强的优势，在全市和滨海新区的发展中发挥好强有力的支撑作用。

但是对照肩负的历史使命、对比兄弟地区和先进高新区的发展势头，高新区在实际经济运行中仍存在投资拉动趋势放缓、项目储备带动欠缺、商贸流通持续负增等共性问题，以及产业增速不协调、投资 GDP 占比不协调、财政 GDP 占比不协调等特殊问题，特别是创新能力、产业集聚度、龙头企业数量、科技大项目等方面还有差距。今后一个时期，高新区将着力在招商引资、产业培育、科技创新、环境营造上打破固有的思维惯性，在现有基础上实现质的飞跃，支撑具有国际竞争力的产业创新中心建设，为新区和全市的发展提供源源不断的新动能。

三、对策建议

2017 年，高新区将全面打响未来科技城拓展区和滨海互联网产业园建设两大战役，以落实“三个着力”为统领，以全面从严治党为保障，发挥好国

家自主创新示范区先行先试的优势,竞进争先,忠诚担当,保持经济领先增长势头不退缩,打造高端产业生态步伐不停顿,抢占科技创新高地目标不动摇,重点在五个方面实现新突破,争做京津冀协同发展示范区的先行区,为全市、新区发展作出更大贡献。

1. 在产业引领和集聚上实现新突破

集中优势资源,加大产业链核心项目引进力度,加快形成具有强大生命力的高端产业生态。一是进一步加大招商引资力度。紧紧围绕京津冀协同发展、“中国制造 2025”等国家战略,坚持聚焦窄化,集中有效资源,以新能源和新能源汽车、新一代信息技术“两大”产业和文化创意、大健康“两特”产业为重点,引进具有世界一流水平的科技大项目,聚集千军万马的创新型企业,构筑高新区的品牌优势和核心竞争力。加快绘制高新区招商地图,挖掘和完善由央企、跨国公司、行业领军人物、基金、中介机构等构成的项目“人脉圈”和“资源库”,形成招商资源的乘数效应。二是进一步加快项目建设运营。着力推进国能、恒天、华泰、艾康尼克等新能源汽车整车和轮毂电机、波士顿电池、力神动力电池扩产等关键零部件项目建设,尽快形成新能源汽车产业在全国的规模优势和竞争优势。高标准规划建设滨海互联网产业园,瞄准国内外互联网龙头企业,精准发力、精确制导,努力建设互联网领军者新家园。推动奇思科技天津总部基地、国家会展中心、华中科技大学半导体芯片、国防科技大学天河三号、渤龙影视基地等重大项目尽快落地、开工建设,形成新的经济增长点,实现战略性新兴产业在高新区的集聚。三是进一步做大做强龙头企业。实施千百十企业和独角兽企业培育计划,综合运用政策、基金等各种手段,通过对存量企业、价值企业的个性化支持,培育出一批百亿、十亿级的领军企业和细分领域的行业冠军,带动产业和经济加速发展。

2. 在创新能力提升上实现新突破

“高”和“新”是高新区的主要特色与核心属性,集中政策、机制、平台优势,对标国际、国内一流,加快构建充满活力的创新高地。作为国家自主创新示范区,责任和使命更重,大胆先行先试,率先践行创新驱动发展战略。一是推进产学研深度融合。落实好示范区激励政策,加快推进与华科大、北航、哈工大等高校广泛开展合作,建设一批面向企业的技术创新服务平台,组建一批产业技术创新联盟,建立以企业为主体、市场为导向、产学研深度融合的技术创新体系。二是推进重大创新平台建设。加快搭建一批包括天河三号超算中心在内的国家级新平台,在已经启动建设动力电池创新中心的基础上，申建国家级的新一代信息技术安全创新中心，建设一批国家级实验室和研发中心，用比以往更大的力度支持企业更多地承担国家及地方重大科技项目，以重大技术的突破带动关键技术与前沿领域的创新突破，引领新兴产业的发展。三是推进双创能力建设。实施雏鹰计划和瞪羚企业培育计划，确保科技型中小企业的数量和质量在全市继续保持领先位置。紧紧围绕主导产业需求，通过市场化运作，搭建一大批紧贴产业、特色鲜明的创客空间、双创基地，形成大众创业、万众创新的浓厚氛围，使高新区成为全市及至全国新产业、新动能的聚集地。

3. 在体制机制创新上实现新突破

牢牢把握改革创新这个“根”和“魂”，以制定出台《天津国家自主示范区条例》为契机，解放思想，在体制和机制上大胆先行先试，为天津和全国做出示范。一是优化财政支持。打破原来政府在资源管理和分配上的种种弊端，改进财政资金支持方式，改变由政府部门定向分配资金的做法，探索用市场规则配置政府资源，提高科学领导和驾驭发展的能力。二是推进金融创新。在更大范围内引入社会资源和第三方力量，进一步完善创通票等创新举措，加快推进投贷联动、PPP 试点，构建和完善包括未来产业基金以及天使、创投等在内的基金体系，为产业发展和科技创新提供强有力的金融保障。三是强化政策激励。制定“论功行赏、水涨船高”的支持政策，以个性化、特色化的政策支持科技创新和产业发展。把人才放在更加重要的战略位置，研究出台“政府心疼、人才心动”的人才政策，构建与国家自主创新示范区标准相适应的人才环境。四是推进国企改革。按照市委“一二三”的总体要求，支持海泰集团、推动直属国有企业加快混合所有制改革，选好试点，通过引入社会资本，一企一策、分类推进，加快形成有效制衡的公司法人治理结构、灵活高效的市场化机制，促进国有企业做大做强。

4. 在拓展新空间、加快产城融合上实现新突破

按照国际化、创新型、生态宜居的要求，坚持以城聚产、以产兴城，适应产业发展、人才集聚、百姓宜居的需要，高标准完善基础设施、生活配套，努力打造活力四射的创新社区，使高新区成为具有强大吸引力的发展高地和幸福之城。

华苑科技园结合规划升级，瞄准总部研发、科技金融、现代服务业等功能定位，以产业驱动城市功能提升、完善功能配套，实现产业和城市的融合发展。用市场化的思路加快资源整合，转型、迁移不符合功能定位的项目，腾笼换鸟，加速推进重点地块的土地利用开发，加快推进各类基础设施和配

套设施建设,为新引进的大项目好项目提供优良的城市配套功能。未来科技城核心区以活跃氛围、聚集人气、建设产城融合示范区为目标,推进渤龙湖影视基地和相关配套设施建设,实施一批民生工程,继续组织好各类品牌文化活动,不断提升区域影响力和美誉度。未来科技城拓展区在市管委会的统一领导下,开疆扩土,坚持高起点规划、高水平建设、高效能管理,以新思想、新理念、新举措,全力打造绿色之城、智慧之城。塘沽海洋科技园突出互联网、海洋和军民融合等三个产业特色,加快推进重大项目落地,强力提升适应互联网产业从业者需求的各类社会配套设施,加强与新河、新北街道融合发展,发挥各自优势,在经济互动、文明共建、环境提升上为新区做示范。

5. 在提升公共服务能力和社会管理水平上实现新突破

把加强和改进对企业的服务作为永恒主题,努力克服政府在公共服务中越位、缺位、错位和不到位的现象,建设服务型政府。一是提高公共服务能力。按照供给侧改革的要求,引入第三方力量,充分发挥财政资金的杠杆作用,把政府资源更多地向公共产品与公共服务倾斜。建立社会安全稳定一盘棋机制,形成综治、调解、信访联动的工作格局,确保不出重大的安全稳定事件。守住安全生产的红线,打造平安高新。二是建设良好营商环境。在高新区的各类经济活动当中,搭好平台、创造舞台,让企业和企业家成为真正的主角。处理好和企业家之间的“清”和“亲”的关系,形成有利于创新创业的重商文化。充分听取企业和企业家的意见,加快构建与国际接轨的配套环境、生活环境、法制环境。三是建立高效的企业服务机制。强化领导协调推动、项目首问负责和终身负责、部门联动服务、企业投诉追责、全程督查督办等制度,建立企业问题即时解决的快速通道,为企业的成长壮大提供有力保障。

2016～2017年中新天津生态城经济形势分析与预测

吴艳红

2016年，中新天津生态城（以下简称“生态城”）深入贯彻习近平总书记系列重要讲话精神，深入落实市委市政府、区委区政府的总体部署，围绕“三跨越两翻番”的奋斗目标，全力推进生态城开发建设，在区域经济、开发建设、社会事业、改革创新等方面取得了显著成绩，圆满完成各项目标任务，区域吸引力、竞争力和生命力不断提升，实现“十三五”良好开局。

一、2016年经济运行情况分析

（一）地区生产总值持续提升

2016年，生态城实现地区生产总值176.5亿元，同比增长30.6%。其中，第二产业增加值29.0亿元，同比增长6.9%；第三产业增加值147.5亿元，同比增长36.6%。第三产业在经济结构中的比重达到84%，较上年提高4个百分点，已成为推动生态城经济增长的主要动力。

（二）固定资产投资稳步增长

2016年，生态城完成固定资产投资324亿元，同比增长20%。全年新开工各类项目235万平方米，在建626万平方米；完成绿化97万平方米，在建324万平方米；建成道路24公里，在建22.9公里；销售住宅11500套，累计销售3.4万套，销售率达到94%。国家海洋博物馆、图书馆、信息大厦、北师大附校等项目封顶。甘露溪、东堤公园、遗鸥公园、季景新城等项目进展顺利。

(三)财政收入不断增长

2016 年,生态城地方一般公共预算收入 47.75 亿元,同比增长 40%。其中,税收收入完成 42.58 亿元,非税收入 5.17 亿元,在各主要税种中,企业所得税收入 6.57 亿元,同比增长 54%;营业税收入 5.86 亿元,同比下降 44%;土地增值税 11.77 亿元,同比增长 346%;增值税 7.23 万元,同比增长 87%。土地出让收入 11.45 亿元。

(四)招商引资加速推进

全年新增注册企业 1300 家,新增注册资金 320 亿元;吸引北京企业 436 家,占新增企业的 33%;累计注册企业超 4500 家,累计注册资本近 2000 亿元,形成以互联网 + 高科技为主,以文化创意和精英配套为辅的三大支柱产业。以华策影视、阿里影业等为代表的文化创意项目,以新浪、海尔有住、海量大数据等为代表的互联网 + 高科技项目加速聚集。全年游客量达到 350 万人次,获批"国家全域旅游示范区创建单位"。科技型企业累计达到 420 家,国家级孵化器 1 家、国家级众创空间 2 家,国家自主创新示范区生态城分园建设取得明显成效。

(五)社会事业全面升级

教育方面,南开中学滨海生态城学校、华夏未来小学、滨海小外小学三部及 3 所幼儿园顺利开学,目前生态城共有 9 所幼儿园,4 所小学和 2 所中学,较好地满足了快速增长的就学需求。医疗卫生方面,天津医科大学生态城医院顺利开业运营,推出医疗服务一卡通,建立了中新医院合作项目长效交流机制。社区组织方面,健身馆、全民健身中心及第一、第二社区中心投入使用,基层组织建设进一步完善,居民诚信体系启动建设,吸引汇聚 7 万多人在此工作和居住。

(六)改革创新持续深化

国家绿色发展示范区建设统筹推进,167 项支撑项目全面完成,28 项绿色发展指标基本实现。"互联网 + 政务服务"稳步推进,网上审批办理率超过 90%,电子市民中心试运行,新 OA 系统全面投入使用。在住建部的支持和协调下,互联网保险公司、文化保险试点业务、大数据交易试点、能源互联网创新示范、控规单元试点、绿色建筑标准对标等 6 项政策有望获批。

二、2017 年经济形势分析与预测

（一）主要机遇

1. 京津冀协同发展深入推进

交通方面，京滨城际已开工建设，起步新北京东站，途径滨海机场，终达滨海站，将进一步便利生态城与北京和天津市区的交通往来，加速企业导入进程。产业方面，根据《京津冀协同发展规划纲要》，部分教育、医疗、培训机构等社会公共服务功能和部分行政性、事业性服务机构和企业总部属于北京重点疏解的非首都功能，这也是生态城的需求所在，为生态城借助首都优质资源提供了战略机遇。

2. 现代服务业持续增长潜力

2016 年底，国家发改委、商务部等部门就《外商投资产业指导目录（2015）》修订版公开征求社会意见，计划进一步放宽服务业、制造业、采矿业等领域的外资准入限制。服务业重点放宽银行类金融机构、证券公司、证券投资基金管理公司、期货公司、保险机构、保险中介机构的外资准入限制，放开会计审计、建筑设计、评级服务等领域外资准入限制，推进电信、互联网、文化、教育、交通运输等领域有序开放。现代服务业外商投资范围的进一步拓展，有助于生态城拓展招商引资渠道，不断提升现代服务业发展质量和水平。

3. 房地产行业有望平稳发展

在 2016 年房价大幅上涨后，房地产调控政策收紧，对投资投机性购房严格控制，2017 年房地产市场有望回归理性，总体平稳的外部宏观形势，有利于促进生态城房地产行业持续健康发展。就生态城本身而言，位于开发开放中的天津滨海新区，人口快速流入，刚性购房需求巨大，天津生态城整体居住环境、教育配套在滨海新区均位居前列，住宅价格低于开发区等成熟区域，这些因素使生态城成为滨海新区多数职工购房的首选区域，因此，生态城 2017 年购房需求有望保持在稳定合理水平。

（二）主要挑战

1. 外部政治经济不确定性因素增加

专家预测，2017 年，全球经济增速较 2016 年将有所加快，但同时，贸易

保护主义抬头,地缘政治冲突加剧,各个国家政策协调面临较大挑战,全球进入政治经济多重风险叠加期。中国经济正处在增速换挡的拐点区域,考虑到世界经济仍存在诸多不稳定因素,预计中国宏观经济总需求的增长水平不会有明显提高。外部宏观形势不乐观,必将对生态城经济发展目标和发展方式产生决定性影响。

2. 形成坚实有劲的产业基础面临较大压力

2016 年,产业对生态城生产总值的拉动作用已达到 80%,后续招商引资力度和产业持续发展能力成为生态城可持续发展的根本动力来源。在外部经济形势不乐观的前提下,全国各地招商引资的力度进一步增强,区域竞争更加激烈。生态城初步形成了文化创意、互联网 + 高科技、精英配套等产业聚集态势,但规模体量不够大,龙头项目和实体项目不够多,增长动能不够足。因此,坚持"产业立区",继续加强招商引资、不断提升区域投资环境将是生态城面临的一场攻坚战。

3. 完成示范引领的任务艰巨繁重

到 2018 年,生态城将迎来建区十周年,届时,生态城需完成中新两国政府确定的阶段性目标任务,要在"实现人与人、人与经济活动、人与环境和谐共存,能复制、能实行、能推广"方面,在"为中国探索集约、智能、绿色、低碳的新型城镇化道路发挥示范引领作用"方面做出有说服力的回答,创新引领的任务十分艰巨。

(三)经济指标预测

根据生态城"十三五"时期总体目标,结合上述分析和生态城发展实际,预计 2017 年,主要经济指标情况如下:地区生产总值增长 30% 以上;固定资产投资增长 10% 以上;公共财政收入增长 20% 以上;内联引资增长 30% 以上;实际使用外资增长 30% 以上;新增招商引资项目 1500 个,储备项目 2000 个。

结合生态城 2017 年建设计划,预计建设投资情况如下:2017 年计划投资 400 亿元,建成和在建项目 600 个。全年计划供地 18 宗,104 公顷,实现金额 41 亿元。全年预计房屋销售 1 ~1.2 万套,销售总额 200 ~210 亿元。

三、下一步重点举措

2017 年是实施"十三五"规划的重要一年,也是中新天津生态城创新发展的关键之年。生态城正在紧紧围绕“三和三能”的核心要求，持续打造“精品工程”、“智慧工程”和“心灵工程”，着力提升区域吸引力、竞争力和生命力，加快全面建成国家绿色发展示范区。具体做好以下工作：

（一）加大招商引资力度

一是主动对接资源集中区域。紧紧抓住京津冀协同发展首都资源外溢的历史性窗口期，切实把握长三角、珠三角广大企业北上布局的潜在机遇，争取一批企业到生态城投资发展。二是主动对接行业巨头。坚决盯住、盯紧、盯牢领军企业，持续发力、久久为功。三是主动对接现代服务行业。结合国家进一步放宽外资服务业准入限制，深入研究外资来源地和重点行业，建立企业清单，分头出击，确保在引进外资方面有大的进展。四是主动对接创新创业主体。瞄准长城会、黑马营等新型创业组织，瞄准全国创新创业重要赛事，瞄准全国著名投资机构，瞄准“千人计划”，主动开展对接，不断聚集创新创业资源。

（二）提升规划建设水平

一是强化城市规划设计。坚持价值导向、问题导向、需求导向和市场导向，着力做好中部片区、生态岛片区、旅游片区城市设计，引入特色小镇和主题街区概念。二是强化重点项目建设。按照“竣工一批、在建一批、设计一批、储备一批”的思路，分门别类编制年度建设计划，全面落实“四张清单”，统筹推进项目建设。三是强化规划建设管理。树立“规划建设管理一体化”思想，针对城市管理典型问题，从规划源头想办法、出成效。四是强化平台公司作用。投资公司要继续优化城市运营服务，加快推进基础设施建设和自主项目开发，进一步发挥主力军作用。

（三）完善社会配套服务

一是巩固优势。坚持公共配套引领战略，适度超前谋划学校建设，加快社区中心、生活中心建设，推动综合医院建设重点学科，发挥社区卫生中心基层服务作用。二是补齐短板。加快补上商业配套、对外交通、能源供应、邮政通讯等短板。三是打造特色。率先实施“文明创建工程”，完善居民诚信体系，深入开展“文明家庭”评比，有效提升全社会文明水平。大力推进“心件建设工程”，加快建设绿色思想文化策源地。实施“公众参与工程”，增强居民凝聚力和归属感。

(四)优化环境景观建设

一是加强景观建设。加快建设贯穿全城的绿道系统,精心打造景观带,继续推进公园建设。加强盐碱地绿化、屋顶绿化和垂直绿化技术研究,培育选种本地适生植物,不断完善盐碱地治理成套技术体系。严格实施绿化建设和养管考核,不断提升养管水平。二是加强城市管理。全面推进"国家卫生区"创建,打造一个守规矩的城市。继续完善城市管理标准,继续提升垃圾无害化处理、资源化利用水平。三是加强环境治理。坚持严格执法、严字当头,落实大气污染网格化治理责任,不断强化污染源控制。继续完善环境监测网络,加强应急监测能力建设。严格实施绿色建筑评价标准,开展被动房、装配式住宅试点,减少温室气体排放。

(五)加大改革创新力度

一是围绕示范和引领抓改革创新。坚持边总结、边提升、边推广。围绕重点领域,形成一套基础扎实、内容详实、经验成熟的集成案例。二是围绕活力和效率抓改革创新。借鉴新加坡等国际先进经验,参照法定机构模式,探索设立有考核、有激励、有活力的新型机构。三是围绕企业和居民服务抓改革创新。建立"一站式"服务企业平台,继续开展年度投资环境调查,形成问题收集、处理、反馈机制。完善"政社互动"机制,建立"民情系统",畅通双向沟通渠道。四是围绕动力和竞争力抓国企改革。全力支持平台公司实施混合所有制改革,引进社会资本,提升企业活力。

(六)提升中新合作水平

一是落实合作计划。继续推进"中新合作三年计划",深入落实"学习新加坡经验计划",继续做好"赴新加坡专题培训计划"。二是搭建交流平台。加快建设中新联合高端智库,加快建设"新加坡研究中心"、"绿色发展研究中心",加快建设国际研修中心。三是建立对接机制。建立和完善园区对接机制、企业对接机制、社区对接机制。

(作者单位:中新天津生态城法制局)

2016～2017 年滨海新区东疆保税港区经济形势分析与预测

天津东疆保税港区管委会政研室课题组

一、2016 年东疆保税港区经济运行现状分析

2016 年是东疆保税港区“十三五”规划的开局之年，是全面推进中国（天津）自由贸易试验区发展的建设之年，也是成功应对各种风险挑战、稳中求进、取得成绩的一年。在市委市政府和区委区政府的领导下，东疆保税港区全面贯彻党的十八大和十八届三中、四中、五中、六中全会精神，深入贯彻习近平总书记系列重要讲话精神，认真落实“三个着力”重要要求，围绕自贸区建设，加快创新驱动，积极服务国家战略，大力提升发展质量和效益，全面形成开发开放新格局。

（一）主要经济指标平稳增长

2016 年，东疆保税港区实现增加值 162 亿元，增速 26.1%；完成固定资产投资 392.6 亿元，增速 0.6%；税收收入 91.2 亿元，增速 60.9%。一般公共预算收入 51.8 亿元，增速 35.7%。税收占一般公共预算收入的 96.4%；外贸进出口 131.2 亿美元，增速 6.4%，其中，出口 14.9 亿美元，增速 26.7%；进出区保税货值 270.5 亿美元，增速 31.6%；限额以上社会零售额 35.2 亿元，增速 77.7%；限额以上商品销售额 1127.1 亿元，增速 4.1%；港口货物吞吐量 4457 万吨，增速 4%，集装箱吞吐量 315.4 万标箱，增速 4.8%。

（二）招商引资工作成效显著

2016 年，东疆完成合同外资 165.6 亿美元，增速 33%；实际利用外资

3.8亿美元,增速 35%;实际利用内资 58.6 亿元,增速 30%。外商投资企业比例呈现明显优势。2016 年,共注册企业 2082 家,总注册资本 2523.5 亿元,增速 18.9%。其中,外资企业 566 家,增速 48.2%。外资注册资本 1568 亿元,占比 62%。单体企业平均注册规模 1.2 亿元,注册资本超亿元企业 609 家。10 亿元及以上企业 35 家。完成科技型中小企业认定 51 户,科技小巨人认定 2 户。中民国际、远东宏信、平安国际等重点项目持续扩大投资规模,全年 247 家企业完成增资,增资额达 135.6 亿元。民营企业体现发展潜力,对区域出口额和社会商品零售额指标贡献率均达到五成以上。

(三)优势产业聚集效应增强

2016 年,东疆新注册企业 2082 家,其中新增租赁公司 657 家,占全年注册企业总数的 31.6%;物流类企业 118 家,占全年注册企业总数的 5.7%;航运类企业 10 家,占全年注册企业总数的 0.5%;引进贸易及市场类企业 492 家,占全年注册企业总数的 23.6%;保理类企业 113 家,占全年注册企业总数的 5.4%。支柱类企业占全年注册企业总数的 78%。2016 年全年,航运、物流、租赁、贸易结算及保理企业占企业总数的 66.8%。截至 2016 年底,东疆累计注册企业 8843 家,五大支柱型产业企业数占总注册企业的 76.4%。

1.融资租赁保持全国领先,优势地位不断稳固

首家金融租赁公司中铁建金租落户,中煤科工金租批筹完成。2016 年,共完成 237 架飞机租赁业务,飞机租赁资产累计 102.5 亿美元;推动完成 23 艘国际航运船舶,2 座石油钻井平台租赁业务,租赁资产 19.7 亿美元;15 家融资租赁企业申请获批医疗器械经营许可证,租赁总额 64.9 亿元。租赁产业链日益完善,以中铁建、中车、滨海建投、天津华铁、天津轨道交通集团、中广核租赁、河钢租赁等为代表的大型设备和基础设施租赁板块以及以中广核、中水电、中节能、桑德环境、通利环保等为代表的节能环保和新能源租赁板块不断拓展。

2.国际贸易龙头项目加速聚集

中粮福临门、中粮名庄荟、中铝稀土、山西投资集团、益海嘉里、天津电力交易中心、长芦盐业旗下中盐贸易、渤海商品交易所旗下宝世电子商务在东疆设立企业,从事大宗贸易和贸易结算。新型贸易模式创新带动优质项目落地,以跨境电子商务试点为契机,出台《东疆跨境电商企业支持方案》,华润、有棵树、优易、背代库、开心购 5 家电商企业正式开展业务。以平行进

口汽车为突破口,保利汽车、上陵、翔龙、中大元通、祥龙博瑞汽车销售、中国进出口总公司、一商汽车贸易等企业入驻。

3. 航运物流产业聚焦转型,高端化创新要素凸显

中谷海运、中外运长航、渤海轮渡、惠桥船务为代表的航运企业以及中远环球物流、首农供应链管理、北京铁路局旗下新丝路物流等知名物流企业落户。海事金融、邮轮经济等高端化创新要素聚集,利比里亚海事局设立利旗船舶登记处和商业登记处,完善海事金融配套服务。对接皇家加勒比、歌诗达、地中海等邮轮运营公司,推动邮轮公司开辟新航线,鼓励邮轮配套企业落户,为开展邮轮配送创新业务开拓条件。2016 年,地中海邮轮"地中海抒情号"、皇家加勒比邮轮"海洋赞礼号"、歌诗达邮轮"大西洋号"航线均有所增加,天津国际邮轮母港接待邮轮 142 艘次,接待出入境游客 71.4 万人次。

(四)服务京津冀协同发展能力增强

国家电网、一汽、国新控股、中国盐业、中船重工、中交建、中外运长航、三峡、中石油等央企设立新产业总部。大唐、华电、国电、华能完成二次增资,开展证券化等业务,国家电力投资集团旗下康复租赁落户,华能景顺设立百亿元规模新能源产业基金,中铝新设保理公司,中粮分别在红酒、粮食、食用油、物流、基金等领域投资设立公司 7 家,中铁布局租赁以及再制造等多个项目。2016 年,注册京津冀企业 1148 家,占企业总数 55%,注册资本 1121 亿元,占总注册资本 44%。其中,来自北京投资的企业 310 家,占企业总数 15.3%,注册资本 541 亿元,占总注册资本 25.2%,北京企业单体注册规模 1.8 亿元。

二、2017 年东疆保税港区经济发展趋势预测

(一)2017 年面临的机遇和挑战

2017 年是"十三五"规划承前启后、深入推进自贸区建设的关键年,东疆保税港区将继续牢牢把握"一带一路"、京津冀协同发展、天津自贸试验区建设等国家战略实施的新机遇,把握深化供给侧改革中的新机会,把握全面从严治党的各项新要求,不断培育区域经济社会发展新的增长动能。一是发挥好"一带一路"交汇点的桥头堡作用,进一步强化了东疆保税港区的区

位优势和港口优势,为提升区域辐射带动作用提供了难得机遇;二是打造推动京津冀协同发展的新引擎,在交通、信息互联互通,科研合作和高端产业转移对接等领域的协同合作不断加强;三是依托自贸区平台,继续做好政策创新、功能拓展、招商引资、产业集聚、政府职能转变等工作。

然而,2017 年,我们也将面临来自多方面的挑战,例如国内外经济政治环境错综复杂,全球经济复苏回暖依旧乏力,国际贸易保护主义不断抬头,全球航运业复苏迹象和前景仍然不明朗,BDI 指数依旧在低位徘徊,诸多的风险和不确定性,都将给东疆的航运物流、国际贸易等主导产业发展产生负面影响;从国内经济形势看,我国经济发展已经步入"新常态",经济下行压力仍旧较大;从自身层面看,第三批自贸区也即将正式挂牌,目前国内获批自贸区数量已经达到 11 个,这势必会带来部分区域间由于政策、产业定位的相似性带来同质化竞争,从而使得区域招商工作难度有所加大。

(二)2017 年经济发展预测

2017 年是落实"十三五"规划承前启后的关键一年,是推进供给侧结构性改革的深化之年,要全面贯彻落实市委、市政府和新区区委、区政府的决策部署,坚持以"三个着力"为元为宗为纲,大力推进天津自贸试验区建设,抢抓国家发展战略机遇,积极融入京津冀协同发展,服务天津"一基地三区"发展大局,提升行政效能,补齐民生短板,实现经济社会协调发展。预计 2017 年,东疆保税港区主要经济指标,地区生产总值、一般公共预算收入、固定资产投资、外贸进出口额等将继续保持持续稳定增长。

三、2017 年东疆保税港区经济发展相关建议

2017 年,东疆将继续坚持稳中求进工作总基调,抢抓京津冀协同发展、一带一路发展战略,不断巩固自贸区创新成果,提升区域投资贸易便利化水平。深入推进国家租赁创新示范区建设,巩固和保持融资租赁在全国的领先地位;不断拓展贸易方式,创新业务模式,深耕跨境电商、汽车平行进口等业务,推进进口商品直营和保税展示交易功能不断延伸,依托海外工程出口基地、津欧国际班列开通,积极培育国际中转集拼、保税维修新型贸易业态;抓住航运业复苏机遇,为北方国际航运核心功能区建设集聚新动能。

(一)抢抓国家战略新机遇

一是积极融入京津冀协同发展战略。承接央企二级总部、后台服务和

民营企业总部落户；重点吸引京津冀企业集团在东疆设立包括租赁、保理、贸易、文化、航运、物流等在内的各类企业，做大做强新金融、国际贸易和高端物流产业集群；主动对接新能源产业基金、军民融合产业基金、国有资产整合基金等具有国家战略意图的投资类企业落户。

二是助力"一带一路"发展战略。整合中欧班列相关资源，探索拓展国际中转集拼功能，利用多式联运打造中欧物流大通道；推进海外工程出口基地建设，引进大型海外工程承包商、服务商落户，争取举办海外工程出口研讨会。

（二）巩固自贸区创新成果

东疆保税港区作为天津自贸区的重要组成部分，加快落实并推广自贸区政策框架内的各项制度、机制创新，巩固创新成果，是在新形势下加速提升区域开发开放水平的必然要求。

一是推动试点政策常态化。在《总体方案》框架内，对现有创新制度、举措进行梳理和再创新，推动已成功试点的各项制度措施常态化；加强对上海等自贸区创新工作的梳理、研究，在防控风险基础上，加快复制和落地；继续推动金改30条落地，鼓励金融机构创新金融产品。

二是推动通关通检二次提速。加强电子政务建设，推动"三互"大通关改革攻坚；推进货物状态分类监管、集中汇总纳税、价格预审、保税展示展销等业务落实推广；通过引入先进区域的标杆性企业开展业务，以项目需求推进口岸监管创新。

三是加强创新业务的司法保障。探讨设立东疆法律服务中心；充分发挥自贸法庭作用；吸引专业律师事务所入驻；研究满足主导产业和新兴业态的法律需求，探索国际化、专业化的诉讼服务模式，完善法治化营商环境。

（三）深入推进国家租赁创新示范区建设

深化租赁政策、业务和服务模式创新，保持租赁业全国领先地位；巩固航空器租赁板块绝对领先地位，向存量飞机和转租赁飞机等领域扩张；加快建设全链条、立体化租赁产业生态发展环境；继续抓好租赁业务向医疗器械、大型设备、轨道机车等方面拓展；发挥东疆租赁业聚集效应，推动总部型金租项目和专业子公司项目落地东疆；完善飞机、航空运输和海上工程等保险服务，加强租赁产业链招商工作；发挥融资租赁三十人论坛研究院智库作用；继续办好东疆海事金融论坛和航空金融论坛。

(四)加快进口贸易促进创新示范区建设

以国际贸易和结算为重点,做强贸易板块;拓展期货保税交割试点品种,探索开展离岸大宗商品贸易和建立粮食、稀土等资源的国际交割中心;建设平行车保税展示展销场所、拓展海外采购渠道、设立合规性整改平台、打造售后服务体系,加快整备中心设立和配套体系建设,争取全年进口平行车达到 3.3 万辆;在跨境电子商务方面,开展跨境出口和线上 B2B 交易,支持企业扩大单量,以宠物食品为突破口,在全国争取先行试点;加快直营中心建设,探索新监管模式,丰富商品品种,力争在 1~2 个产品上建立标志性的国际分拨配送中心,逐步形成北方进口商品集散中心。

(五)大力扶持航运物流行业发展

提升国际航运服务功能,积极开展海运快件业务试点;探索船舶维修模式,力争船舶维修业务试单成功;推动建立邮轮旅游岸上配送中心和邮轮旅游营销中心;推动航运中心建设,加强航运产业链招商,吸引国际知名海事服务机构、航运企业、航运经纪机构和行业组织落户;研究出台航运人才专项支持政策。

(六)积极培育新的经济增长点

找准服务改革切入点,努力进入要素流转、大宗商品贸易、大资管、大健康等新领域;抓住天津市对外文化贸易基地建设机遇,建设东疆版画国际艺术中心,适时推动国内创作文化出口;探索发展通用航空器相关产业。

2016～2017 年滨海新区中心商务区经济形势分析与预测

滨海新区中心商务区管委会课题组

2016 年，中心商务区深入学习贯彻习近平总书记系列重要讲话精神，认真落实“三个着力”重要要求，在市委、市政府和区委、区政府的正确领导下，积极服务京津冀协同发展，加速产业导入和人口导入，加快推进自贸区、自创区、双创示范基地建设，全力打造制度创新高地和转型升级引擎，区域经济保持快速稳定增长，各类市场主体激增，项目聚集和创新要素聚集实现历史性突破，经济发展实现了效速齐升。

一、2016 年中心商务区经济运行分析

2016 年，中心商务区经济持续快速增长，实现地区生产总值 272.87 亿元，按可比价格计算，同比增长 99.7%。地方一般公共预算收入 52.30 亿元，同比增长 25%。商品销售总额 432.4 亿元，同比增长 0.8%。社会消费品零售额 23 亿元，同比增长 13.0%。受外部市场需求持续低迷等因素影响，1～11 月外贸进出口总额[①]达到 1.98 亿美元，同比下降 8.7%。

1. 产业结构持续优化

2016 年，中心商务区第三产业增加值 267.83 亿元，同比增长 103.7%，占区域增加值的比重达到 98.2%，较上年提升 6.8 个百分点。其中金融业增加值达到 251.44 亿元，同比增长 117%，对区域增加值的贡献超过 90%、税收贡献 65% 左右、投资贡献 85% 以上，支柱作用进一步凸显。现代服务业企业加速聚集，2016 年新增市场主体 6364 家，同比增长 10%，其中各类

① 外贸进出口总额不包含塘沽街、大沽街数据。

现代服务业企业 5099 家,合计注册资本金 2397 亿元,较上年翻了一番。其中注册资本金 5000 万元以上 733 家,亿元以上企业 114 家。

2. 投资消费双轮驱动

固定资产投资稳步增长,2016 年,全社会固定资产投资 272.44 亿元,同比增长 23.6%。已累计竣工 26 栋商务楼宇,建筑面积达 272 万平方米。基础设施及配套公建项目逐步完善,新区文化中心和天津师范大学附属滨海学校主体封顶,将于 2017 年投用。万达商业广场启动建设,天碱区域配套基础设施、沿河和主干道路绿化等项目加快建设,耀华中学附属滨海学校等社会事业项目前期工作顺利推进。消费流通市场规模逐步扩大,区属限上企业商品销售总额 65.71 亿元,同比增长 55.7%。

3. 产业特色日渐鲜明

截至 2016 年底,全区各类企业总数已超过 1.75 万家,已形成创新金融、国际贸易和跨境电商、科技互联网、文化传媒教育等特色产业。创新金融已集聚金融及类金融机构 1100 家,涵盖了几乎所有金融细分业态,合计注册资本金超过 2600 亿元,管理资产规模超过 2 万亿元。2016 年,商务区新引入央企金融类二级总部 3 家、三级机构 17 家,以及大批知名民企的金融板块,3 家隶属"一行两会"的全国性行业协会及功能中心①先后落户并实际办公,将对于家堡金融重镇的建设产生极为深远的影响。科技互联网产业不断壮大,引进了联络互动、慧聪网、途家网、人人贷等一批领军企业。国际贸易和跨境电商产业加速聚集,新落户正邦集团、京粮集团、中钢冶金、找钢网等一批大项目好项目。文化传媒教育产业方兴未艾,以派乐影视传媒、慕威时尚、言几又、骏勇圣东、鲲鹏世纪为代表的一批优质企业纷纷落户。

4. 创新创业亮点频现

金融开放创新成效显著。强化与北京央企深度合作,先后已有超过 40 家央企落户了 120 余个创新型金融项目,投资规模超过 600 亿元。积极推进大资管创新,资管板块募集资金规模已超过 1000 亿元。金融机构创新加速,已落户全国第一家保险国际救援公司、第一家互联网保险创新试点机构、天津第一家互联网基金销售公司;在全国首批落地的六家外资私募证券基金管理机构中,中心商务区独占两家。同时,在跨境并购、境外投资、资产证券化、持股平台等方面形成了一批新的典型业务案例。创业活力持续增

① 即中国银监会所属的中国金融租赁协会、中国保监会所属的全国保险中介协会、中国人民银行所属的中国互联网金融协会大数据中心。

强。截至目前,商务区已落户众创空间16家,其中11家众创空间已投入运营,合计注册企业460家,入驻办公企业174家。"就业即落户"政策落地实施,拉动区域人才总量突破2万人。

2016年,中心商务区保持了快速发展的良好势头,但仍面临一系列亟待解决的问题。一是个别楼宇建设进度有待提高;二是实际入驻办公的行业龙头企业少;三是区域配套环境和公共服务有待完善;四是改革创新的深度和广度有待进一步拓展。

二、2017年中心商务区面临的形势

当前和未来一段时期,国际形势更为复杂,国内经济发展新常态特征更加明显,然而随着新一轮改革的深化,新型开放型经济的重构,中心商务区仍处于发展的快车道和上升期。然而,未来自贸区制度趋于普惠,其他区域发展迅速,这些都将对商务区的先发优势提出挑战。

1. 国内外经济缓慢复苏为中心商务区带来有利影响

当前国际政治、经济格局步入深度调整期,受特朗普上台、英国脱欧、部分国家"逆全球化"思潮抬头影响,2017年全球经济不稳定、不确定性因素增多,但仍将处于缓慢复苏阶段,IMF预测,全球经济增速有望回升至3.4%。国内经济"三大失衡"问题突出,"三去一降一补"任务依然繁重,但随着新一轮改革开放红利的加速释放,传统动能和新动能的接续转换,我国经济发展效益质量正稳步提升,2017年预计全国经济仍将保持中高速增长。天津市、滨海新区经济增长速度仍将位居全国前列,中心商务区作为滨海新区的核心标志区,是举全市、全区之力开发建设的重点区域,在2017年仍将保持较快的发展速度。

2. 新一轮对外开放为中心商务区开拓了广阔发展空间

当前全球治理体系和经贸规则深刻重构,我国通过积极实施"一带一路"、自贸区建设等重大战略,正加快构建开放型经济新体制,扩大新一轮对外开放,着力提高全球治理能力和增强话语权。中心商务区作为天津自由贸易试验区的重要组成部分,将加大高标准投资贸易规则实验力度,在投资开放、贸易转型、金融开放、政府职能转变等领域深入探索,参与新一轮对外开放,为国家参与国际规则重构提供依据。

3. 创新创业成为中心商务区发展的持久动力

2016年,中心商务区获批全国首批"双创示范基地",新近又获批国家

产融结合示范城区,“就业即落户”政策落地实施,成为天津市促进创新创业的一大政策亮点,京津冀跨境电商产业联盟、京津冀众创联盟、于家堡创业培训平台、科技成果专业交易市场、互联网股权众筹中心等多元化专业服务平台相继成立,创新创业生态持续优化。目前,中心商务区已经集聚了一大批创新创业企业,未来这些企业将为中心商务区经济发展注入持久动力。

三、2017年中心商务区经济走势预测

综合分析国内外经济形势,结合中心商务区发展实际,初步判断中心商务区2017年将继续保持高速增长态势,地区生产总值预计增长25%左右。

1. 投资增长基本稳定,预计增长12%左右

2017年,中心商务区全社会固定资产投资预计增长12%左右。一是区内房地产项目加快建设,滨海万达广场、滨海文化中心住宅项目等八个项目将在2017年持续推进。二是基础设施及配套项目建设稳步推进,天津师范大学滨海附属学校将于2017年交付投用,茱莉亚音乐学院、耀华中学滨海分校将于2017年开工建设。三是融资租赁投资保持稳定增长,中金租、中信金租、邦银金租等金融租赁机构仍发挥重要的支撑作用。目前,中心商务区已由开发建设阶段进入快速成熟繁荣阶段,未来经济增长将由投资驱动向创新驱动转变,预计2017年投资规模保持稳定增长,但增速将持续小幅回落。

2. 消费增长保持平稳,预计增长10%左右

2017年,中心商务区限上商品销售总额和限上社会消费品零售总额预计各增长10%左右。中心商务区从事批发零售活动的企业主要经营的商品包括金属材料、化工材料及制品、煤炭制品,受行业市场价格变动影响显著。2017年,在全球经济回升,美元小幅升值的情况下,大宗商品价格预计将有小幅回升,然而国内经济需求不足,工业、建筑业、房地产等生产资料市场需求增长乏力,预计2017年中心商务区流通消费领域仍将面临压力。

3. 招商引资持续增长,预计增长10%左右

2017年,中心商务区实际利用外资额和内联引资到位额预计各增长10%左右。随着在行政审批、政务服务和综合协调领域的创新举措落实实施,中心商务区营商环境持续优化,吸引外资和内联引资将面临更好形势。此外,随着京津冀协同发展战略持续深入,中心商务区致力于建设成为京津冀企业总部集聚区、金融创新运营示范区核心区和天津服务承接北京非首

都功能疏解的重要微中心，在集聚央企的金融、贸易、科技等新兴业务板块方面面临更大机遇。考虑到美国已进入加息周期以及国内相对成本优势的减弱，预计 2017 年吸引外资方面将面临一定压力。

4. 财政收入稳步增长，预计增长 20% 左右

2017 年，中心商务区一般公共预算收入预计增长 20% 左右。一是随着落户企业数量的持续快速增长、新落户企业逐步产生效益，税源迅速扩展，税收增长将保持较高增速。二是 2017 年将深入推进国有企业改革，促进下属平台公司盘活存量资产，提高资产收益率，实现国有资产经营收益的持续增长。综合考虑区域开发现状、入区企业成长周期和纳税规模等因素，2017 年财政收入将继续保持良好增长态势。

四、2017 年中心商务区经济发展对策建议

2017 年，中心商务区将以五大发展理念为统领，落实“三个着力”要求，聚焦服务京津冀协同发展，紧扣建设自贸区、自创区、双创示范基地、京津冀企业总部集聚区、产融合作试点城区等重点任务，以改革促发展、以开放聚资源、以创新优环境，进一步全面提升发展的质量和效益。

1. 引进和培育同步，推动高端产业集中集聚集群发展

一是着力引进高端项目。进一步细化金融、贸易、科技互联网、文化创意传媒、总部经济等五大领域招商重点，不断拓展信息渠道和招商网络，以北京为主要目标区域，引进更多辐射带动作用突出的大项目好项目。二是大力推动企业入驻。针对已注册但尚未入驻的企业，加大“一对一”跟踪力度，推动企业尽快进驻运营。对已投用楼宇入驻条件进行综合评价与排序，评估楼宇宜进驻业态，引导关联业态、关联企业向优质楼宇集中，加快打造以互联网教育、影视制作、健康养老等为主题的品牌楼宇。三是着力培育新经济增长点。围绕做强做优创新金融产业，启动于家堡基石计划，明确未来可以支撑商务区金融开放创新的基石机构、基石业务和基石人才。同时，结合已梳理出的高成长性企业，统筹做好运行监测和跟踪服务，集中资源和力量，在财税支持、专项奖励、教育培训、资源配给、服务保障等方面给予优先支持，推动企业尽快成长。四是进一步优化产业发展生态。提升京津冀众创联盟、于家堡双创公开课等现有平台的功能品质，打造更多功能聚焦、特色突出的产业联盟组织和资源共享平台。强化人才保障，与知名人力资源开发机构合作，帮助企业招揽人才。进一步完善政策体系，研究出台鼓励企

业入驻运营、促进高新技术和高成长性企业发展、吸引新型商业落户、奖励知识产权和高层次人才的专项政策。

2. 改革、开放、创新并举,加快打造国内一流的投资发展环境

一是加快转变政府职能。深化“放管服”改革,进一步精简审批环节、优化审批流程,提高审批效率。加强区内重点行业、重点领域、重点环节的事中事后监管,建立健全审管联动机制。推行“主题业务审批”模式创新,明确处于不同发展阶段企业可能涉及到的审批事项、监管事项、服务事项和优惠政策,形成全事项目录清单,实现“一次告知、通览通办”。加快探索推进商事登记全程电子化,不断提高网上审批比例。二是聚焦深化金融开放创新。加快落实自贸区制度创新,在扩大跨境人民币使用范围、创新融资租赁业务、发展国际商业保理、丰富资产证券化产品等方面先行先试。积极推进产融合作试点城区建设,加强与央企在设立金融板块、各类基金、持股平台和深化混合所有制改革等方面的对接合作,率先探索产业资本和金融资本融合发展新模式。优化金融发展生态,进一步打通创新需求和政府监管、资金端和资产端、境内和境外三条通道。三是要打造“专家 + 管家”服务升级版。不断丰富服务内容、延展服务链条,推进服务内容和事项向企业设立落户后延伸。组建企业综合服务中心,推行各类服务事项一口受理、统一分派、统筹督办。探索成立天津自贸区企业服务协会,进一步规范提升中介机构专业化服务。完善跨部门会商服务机制,将目前各类“一事一议”、“特事特办”的服务案例,提升固化为“新事新办”服务模式。四是要同步扩大对外对内双向开放。超前谋划压缩外商投资负面清单,力争扩大金融服务业开放;落实并不断深化与天津港的互动合作,进一步提升国际贸易,特别是跨境电商、服务贸易发展的层次水平。加强与北京金融街、中关村的交流合作,强化与全市各区县、新区各兄弟功能区的协同联动。

3. 完善城市配套,加快建设新区城市形象标志区

一是高水平提升城市总体规划。按照中央城市工作会议精神,统筹空间、规模、产业三大结构,统筹生产、生活、生态三大布局,调整提升城市规划,精心做好分区规划、控制性详细规划、基础设施规划的修编工作,着力突出港城融合、职住平衡、区域互补。二是完善配套服务设施。统筹推动商业、教育、医疗、文化等配套服务设施建设,确保万达广场商业年内竣工、开张纳客,实现环球购商业街和堡子里文创社区高水平运营,加快推动设立于家堡城市免税店,推动天津师范大学滨海附属学校交付投用,开工建设茱莉亚音乐学院、耀华中学滨海学校、响螺湾妇儿医院和于家堡第一幼儿园。吸

引更多优质公共服务资源落户，谋划启动一批新的配套项目。三是要加快楼宇和市政项目建设。推动区内楼宇、市政设施重点项目建设，同步完善雨水泵站、充电桩、公交首末站等配套设施建设，建成文化中心公园、于家堡南公园等景观项目。四是要提升城市管理精细化水平。积极推动互联网、物联网、大数据等技术手段在城市管理各个领域、各个环节的应用，进一步提高城市管理的数字化、信息化、智能化水平。

4. 深化国有企业改革，全面提高平台公司运营管理水平

一是要"强基固本"。着力强化区域开发、城市运营、股权投资、产融结合、物业服务等传统业务板块，在完善城市功能、导入高端产业、繁荣区域人气、创新金融业务等方面发挥更大作用。在此基础上，以推进低碳城市、智慧城市和 APEC 绿色供应链合作网络天津示范中心建设为契机，积极拓展智慧城市解决方案、低碳咨询、绿色供应链等新的业务板块。二是强化资本运作。以推进全面混改为方向，利用区域金融改革创新优势，通过资产证券化等多种方式盘活商业地产等核心资产，多渠道引入新的战略投资者和各类社会资本，进一步优化股权结构，有序推动集团下属企业整体或部分上市。加大对银、保、信证等持牌金融机构和双创类领军企业的股权投资力度，更好地实现国有资产、资本的保值增值。三是完善治理体系。进一步理顺管委会与集团及各平台公司的关系，清晰划分职责界限，逐步推动政府投资项目由委托代建向政府购买服务模式转变。在充分保障各子公司发展活力的前提下，进一步强化集团公司管控能力，完善治理结构，切实发挥好全盘谋划、居中调度的功能作用，真正形成集团军作战的强大合力。不断完善绩效考核、薪酬管理、人才激励等内部管理机制。

部　门　篇

2016～2017 年天津市农业经济形势分析与预测

韩士元　李存霞

一、2016 年农业基本情况

2016 年是“十三五”的开局之年，在各级政府、部门的不懈努力和大力支持下，农业工作取得丰硕成果。全市农业系统和各涉农区认真贯彻落实市委、市政府决策部署，抢抓京津冀协同发展历史机遇，紧紧围绕打造京津冀绿色高档特色“菜篮子”产品供给区、农业高新技术产业示范区、农产品物流中心区的“三区”定位，凝心聚力、攻坚克难，加快转变农业发展方式，现代都市型农业发展取得显着成效。全市农民人均可支配收入达到 20076 元，比上年增长 8.6%。

农业结构调整加快推进。按照“一减三增”结构调整思路，共调减粮食作物 44.52 万亩，超额完成 40 万亩结构调整任务，增加蔬菜、花卉等高效经济作物、优质饲草 38.79 万亩，苗圃、生态林 5.73 万亩，工厂化循环水养殖车间 16.14 万平方米，完成池塘改造面积 10.1 万亩；形成了以武清、宁河、蓟州、静海、西青、滨海新区为主的 40 万亩无公害蔬菜基地、40 万亩优质果基地和 10 万亩中药材基地和 10 万亩西甜瓜基地；涌现出以宝坻粮改三辣种植、西青粮改温室大棚设施、武清粮改饲种养结合、静海粮改水果、中药材等发展典型；通过调减玉米等低效作物改种高效益经济作物，每亩可增加收入 1500 元左右，提高了土地产出和经济效益。蔬菜、肉类、禽蛋、水产品、生鲜乳等主要菜篮子产品总体稳中有增，人均占有量和自给率继续保持全国大城市领先水平。全年粮食总产量 196.37 万吨，同比增长 8%，其中水稻总产量 13.36 万吨，同比增长 17.7%，小麦总产量 60.89 万吨，同比增长

1.8%,玉米总产量 118.1 万吨,同比增长 10%,杂粮总产量 4.02 万吨,同比增长 24.5%;蔬菜总产量 453.36 万吨,同比增长 2.7%;肉类总产量 45.45 万吨,同比下降 0.7%;牛奶总产量 68.02 万吨,与上年持平;蛋类总产量 20.63 万吨,同比增长 2.1%;水产品总产量 40.18 万吨,同比增长 0.1%。农产品品牌化建设加快推进,共培育品牌农产品 72 个,评选出优质农产品金农奖企业 12 家,累计达到 95 家。认证"三品一标"农产品共计 252 个;本市企业参加第十四届农交会,天津展团获得"优秀组织奖"、6 种产品获得"农交会金奖"荣誉称号,为我市赢得了荣誉。

标准化绿色农业加快发展。制定农业地方标准 31 个,对我市 236 项推荐性农业地方标准进行了复审工作,继续开展农业部"两园两场"示范创建,共建成蔬菜标准园 7 个,水果标准园 20 个,水产健康养殖示范场 4 个,畜禽标准化健康养殖场 14 个,建成市级标准化农产品生产基地 53 个、设施农业标准化示范区 130 个,我市农业标准化体系进一步完善,农业标准化水平进一步提升;围绕"一控两减三基本"目标,打好农业面源污染攻坚战,实施病虫害专业化统防统治面积 57.6 万亩,示范推广水肥一体化技术 7100 亩,测土配方施肥面积 400 万亩,测土配方施肥技术推广覆盖率达到 86% 以上,秸秆综合利用率达到 97%;完成 297 家规模化畜禽养殖场粪污治理工程,人工鱼礁建设、渔业资源养护和生态环境修复有序推进,有效改善了养殖生态环境。

农产品质量安全监管进一步强化。以"努力确保不发生重大农产品质量安全事件"为目标,坚持"产""管"并重,全面完成了"放心肉鸡"工程任务,年出栏放心肉鸡 6000 万只以上;严格准出管理,实现市级监督抽检制度化,区级、乡镇对辖区质量速测全覆盖;与北京、河北两省市签署了"京津冀农产品质量安全协作监管框架协议",构建了"三地"农产品质量安全联防联控机制;武清、静海两区被农业部认定为首批国家级农产品质量安全县;扎实开展农产品质量安全大检查、农资打假等专项执法行动,共处理违法案件 100 起,罚没款 28 万元,查处黑窝点 3 处,查获各类假劣农资近 14 吨;完成"十三运"专供基地遴选工作,制定了监管工作方案,落实监管经费;妥善应对了部分媒体我市农产品质量安全不实报道,累计处理各类群众举报 39 件,正面回应了社会关切。全年未发生重大农产品质量安全事件,农产品总体抽检合格率为 99.3%,从源头上确保了广大群众"舌尖上的安全"。

重大动物疫情防控和畜禽屠宰管理进一步加强。全年畜牧业生产情况稳定,年末肉牛存栏 14.97 万头,奶牛存栏 14.92 万头,分别增长 4.18% 和

0.07%，年内牛出栏 20.07 万头，同比增长 2.3%；年末猪存栏 190.6 万头，出栏 374.79 万头，分别减少 3.2% 和 0.8%；年末羊存栏 47.46 万只，出栏 68.79 万只，分别增长 -1.0% 和 0.3%；年末家禽存栏 2805.28 万只，出栏 7910.6 万只，分别增长 0.4% 和 -1.4%。开展春秋两季集中防控和冬季强化免疫，畜禽群体免疫密度达到 90% 以上，应免密度持续保持在 100%。检测血清学样品 6 万余份，免疫抗体水平均达到 80% 以上。全面落实小反刍兽疫消灭计划，对所有易感动物实施 100% 强制免疫。落实 H7N9 流感剔除计划，清理非法活禽经营摊位 760 余个次，监测病原学样品 6800 余份。强化京津冀重大动物疫病联防联控协作，搭建交流平台，建立健全协作机制，促进重大动物疫病防控工作深度融合、协同发展；严格落实驻场官方兽医"一岗三责"、肉品品质检验、无害化处理和"瘦肉精"自检等制度；持续保持高压态势，全年排查屠宰企业 42 家，发现问题隐患 134 个，及时督促整改，清理随意宰杀摊点 127 个，开展生猪屠宰企业突击检查 21 次，有力打击了违法违规行为，进一步规范了我市屠宰行业生产经营秩序。

农业科技支撑力度明显增强。初步建立了生猪、蔬菜、奶牛、水产四个产业技术体系，制定了实施方案，确定了创新团队。10 个中以农业科技合作示范园区建设项目全面展开；圆满完成了 20 个天津市科教兴农集成创新示范基地，10 个天津市种业集成创新示范基地和 7 个天津市生物农业集成创新示范基地的认定工作；开展了农业科技成果转化与推广工作，重点推荐了 50 个农业主导品种和 50 项主推技术；按照"百万技能人才培训福利计划"要求，完成了农村劳动力培训 9 万人的任务。同时新型职业农民培育工作成效显着，共培训新型职业农民 7826 名；成立了"京津冀区域农业科技协同创新联盟"，建成了 3 个农业科技协同创新实验室，将在绿色防控、资源环境和质量安全等方面开展合作。

农业信息化建设步伐加快。进一步完善信息化和品牌化建设顶层设计，研究制定了"三网联动""农产品品牌建设""网络销售全覆盖"等实施方案；实施"物联网 + 农业"工程，新建基于云计算的虚拟化软硬件平台和云服务中心，建成 10 个物联网核心试验基地，申请发明与实用新型专利 10 余项；实施"电商网 + 农业"工程，举办 6 次不同主题的"网农对接"系列活动，与京东、阿里巴巴签订战略合作框架协议；实施"信息网 + 农业"工程，建立了"天津农业物联网平台"微信公众号，开发应用"农技通""市民菜园"等 APP；启动了三农大数据管理平台建设。

农村一二三产业融合发展。推进畜牧业和渔业做强做大重点龙头企业试点项目加快实施,确定了 8 个畜牧企业和 12 个渔业企业作为试点,拨付联农带农资金 5140 万元;完成了 16 家国家级重点龙头企业、启动了 226 家市级重点龙头企业监测和认定工作;完成宝坻区大钟庄镇牛庄子村等 5 个村全国一村一品示范村认定工作,全市累计达到 32 个;开展了融合发展示范创建,武清、蓟州和宝坻区申报为全国农村产业融合发展试点示范区;休闲农业和乡村旅游建设全面推进,宝坻区被认定全国休闲农业与乡村旅游示范区,宝坻区牛庄子、宁河小闫村等 4 个村成功创建 2016 年中国美丽休闲乡村,蓟州区郭家沟、滨海新区无暇庄园等成功获评国家五星级示范企业;2016 年全市休闲农业直接从业人员超过 6.8 万人,带动农民就业人数超过 29.5 万人,接待游客数量达到 1810 万人次,休闲农业综合收入达到 62 亿元,超额完成全市工作目标。

农业农村各项改革继续深化。开展农村土地承包经营权登记,共完成 2705 个村,登记承包地面积 362 万余亩;加速培育新型经营主体,新培育市级合作社 114 家,新认定示范性家庭农场 36 家,新培育土地股份合作社 19 家;加快土地经营权流转,累计完成流转面积 224.9 万亩,流转率达到 45%;在蓟州、宝坻等 8 个区开展了村集体产权股份合作制改革试点工作,共完成 118 个村,超计划完成 4 个村;在全国率先全面建成了覆盖全市、三级一体、统一规范的农村产权流转交易市场。积极推进农村金融制度改革,起草了农村金融 5 年规划。在农村金融组织、信贷产品、抵押担保、服务平台等体系建设方面持续发力,开展政策性生猪价格指数保险试点,为 5.63 万头生猪提供了 6800 万元的风险保障。市农担公司累计担保项目 63 个,担保额 6.1 亿元,在保余额 5 亿元,缓解了农业经营主体融资难问题。

京津冀农业协同发展步伐加快。积极承接北京农业功能疏解,推进我市农业规模经营主体与北京餐饮企业、农产品零售商及科研院所等开展产业对接、科技对接。鼓励引导天津农业企业到河北省投资,目前已有天津市华旗食品有限公司、天津市金钟农副产品有限公司等多个龙头企业在河北省建立了生产基地。建立重大疫情、病虫害联防联控机制。三地计划用 5 年时间共同建设蔬菜绿色防控基地 400 个(其中天津 100 个),目前已完成 100 个建设任务(其中天津 20 个)。正式组建并启用“京津冀林业有害生物防控信息平台”,及时通报林业有害生物监测、检疫和防治信息。加快建立产地准出,市场准入标准统一机制,积极推动检疫互认,形成了统一的养殖场动物疫病风险评估与分级管理标准,推进动物、动物产品检疫证明一体化。

美丽天津一号工程绿化美化行动进展顺利，超额完成全年造林任务。2016 年度全市共安排造林 54 万亩。自 2015 年 11 月初开始，各区县陆续启动造林绿化工程建设。截至 2016 年 5 月底，全市共完成造林 55.4 万亩，占计划的 102.6%。其中，外环线、津港高速、津蓟铁路等 12 项重点造林绿化工程计划安排造林 8.9 万亩，完成 10.3 万亩，占计划的 115.7%。扎实做好森林病虫害防治工作，已经顺利完成全年三代美国白蛾防治工作，共完成防治作业面积 349.36 万亩。全年完成春尺蠖等其他林业有害生物完成防治 87.5 万亩。市政府与国家林业局签订《2015～2017 年重大林业有害生物防治目标责任书》及市政府与我市各区县政府签订《责任书》，层层落实防治责任。加强检疫工作，完成产地检疫面积 15 万亩，复检苗木 240 万株，木材 150 万立方米，有效地防止了危险性有害生物传入我市。全面完成了林业有害生物普查工作。

加大湿地和野生动物保护力度。2016 年 7 月，天津市十六届人大常委会第二十七次会议审议通过了《天津市湿地保护条例》，为我市湿地保护工作提供了强有力的法律依据。坚持做好野生动物救护、日常巡护工作，全年救护各类野生动物 4000 余只，救护的野生动物均得到妥善救治。相继开展了“雷霆行动”“严厉打击破坏野生动物资源违法犯罪专项行动”“打击乱捕滥猎野生动物及清鸟网专项行动”，共查处案件 75 起，查处违法犯罪人员 96 人。其中，“10.4”专案组侦破非法猎捕、贩卖野生鸟类案件 26 起，抓获犯罪嫌疑人 29 人，清除鸟网 15700 米，收缴放飞野生鸟类 16096 只。圆满举行第三十五届“爱鸟周”宣传活动，让广大市民进一步提高了对鸟类的认识，收到良好效果。完成了国家重要湿地确认申报工作，上报北大港和七里海为国家重要湿地。

二、关于 2017 年工作思路与重点工作

2017 年是实施“十三五”规划的重要一年，推进农业供给侧结构性改革的深化之年，今年农业工作总的要求是：按照市委、市政府决策部署，以农业供给侧结构性改革为主线，以农业增效、农民增收、农村增绿为目标，以改革创新为动力，以结构调整为重点，着力培育新动能、打造新业态、扶持新主体、拓宽新渠道，加快推进农业转型升级，加快现代都市型农业建设。重点抓好十个方面工作：

全面完成农业结构调整任务。调减粮食作物 20 万亩，增加经济作物 15

万亩、生态林 5 万亩,增加海淡水工厂化养殖车间 17 万平米,改造池塘 10 万亩;发展集约化、标准化、规模化生产,建设 53 个农产品生产基地、125 个设施农业示范区。加强技术服务,指导农民搞好春播作物种植,将“一减三增”各项指标落实到乡镇村、农户、地块,不留白地,确保年底前完成市委、市政府确定的任务。

加快推进“四个全覆盖”。以“四个全覆盖”为抓手,激发农村发展潜力,增强内生发展动力。一是推进农村产权确权全覆盖。在 2016 年底基本完成全市登记工作任务的基础上,进一步查缺补漏、规范完善,实现农村承包土地经营权“应确尽确”。年底前完成宝坻区集体资产股份权能改革试点,其他各区至少要推开三分之一的村集体经济组织改革工作。二是推进农业种养殖规模化、规范化全覆盖。建设 40 个设施农业示范区、10 万亩保障型基本菜田生产基地、30 个畜禽标准化示范场和 40 个淡水渔业养殖生产基地;三是推进在地农民纳入农业产业化经营体系全覆盖。培育规模化农业生产经营主体 60 家,提升改造服务型合作社 450 家,发展大型区域性农民合作社联合社 7 家。开展 15 个重点龙头企业做强做大和联农带农试点。在地农民纳入农业产业化经营体系覆盖率要达到 70%;四是推进规模经营主体网络销售农产品全覆盖。新增 300 家规模新型农业经营主体,实现产品网络销售,规模经营主体网络销售农产品覆盖率达到 30%。

加快推进农村改革。发展农村普惠金融,促进城乡金融服务均等化。扩大农业融资规模和政策性保险覆盖面。加快金融机构网点向农村延伸,扩大农业融资规模和抵押贷款受益面,完善农业信贷担保体系。今年我们将推动成立天津农业资产管理公司和天津农业投资基金,引导和带动社会资本投资“三农”,满足“三农”发展资金需求。深入落实农村土地集体所有权、农户承包权、土地经营权“三权分置”办法。搞好宝坻区全国农村改革试验区工作,全面完成蓟州区农村宅基地制度改革试点任务,进一步扩大村集体产权股份合作制改革试点,拓展农村产权流转交易市场服务功能,加快建成产权清晰、权责明确、流转顺畅、保护严格的农村产权制度。积极探索打通“三块地”的方式,对农民宅基地和住房统筹确权,流转其使用权,进行入股、合作、出租和抵押,既盘活农民的产权资源,又不使农民失地失房,有利于农民增收和社会稳定。

深入推进一二三产融合发展。完成融合发展规划及指标体系。为特色镇、特色村点认定和创建提供标准,形成一套可操作的评价体系和操作流程,进一步做好农村产业融合发展组织推动。完善产业融合发展政策体系。

整合现有政策,集中向一二三产业融合发展倾斜;协调出台新政策,争取设立产业融合发展财政引导资金,对产业融合发展设施设备、技术创新、基础设施等给予财政资金和配套服务支持。做好产业融合发展示范典型创建工作。力争打造第一批(10家)以特色产业、文化内涵和旅游休闲相结合,融生产、生活和生态于一体的农业特色镇和特色村点。会同发改委等部门,做好我市农村产业融合发展试点示范区推动工作,并按照全国“百县千乡万村”的创建要求,创建一批一二三产业融合示范镇和示范村,加快推进我市一二三产业融合发展。

加快推进农产品品牌化建设。进一步做大做优小站稻、沙窝萝卜等现有特色品牌,培育一批特色明显、竞争力强、知名度高的农产品品牌。认定和奖励知名农产品品牌50个,推动形成天津市知名农产品品牌体系。创建特色农产品优势区,提升区域公用品牌水平。研究制定《天津市知名农产品品牌认定和奖励资金管理办法》,开展农产品品牌评选活动。加强品牌管理,建立《天津市知名农产品品牌目录管理制度》,将认定的知名农产品品牌纳入品牌目录,实行社会监督、动态管理。强化宣传推广,促进品牌营销促销。以“农业品牌推进年”为契机,强化农业品牌的宣传推广,开展不同品牌对接活动。加强对农产品品牌商标、专利等知识产权的保护,严厉打击侵犯农产品品牌知识产权的违法行为,形成农产品品牌保护的长效机制。

加快农业科技创新与推广。充分发挥科技创新推动农业增效,农民增收的重要作用。建成10个中以农业科技合作示范园区。推广优质、高效、抗逆新品种、新技术各50个。实施科技精准帮扶,培育50个特色鲜明的主导产业,建设50个科技示范社(点),整体提升困难村产业发展水平和经济效益,组织实施60项农业科技帮扶项目。在水产、蔬菜、生猪、奶牛4个现代农业产业技术体系基础上,新建水稻、林业2个现代农业产业技术体系创新团队。结合市人社局百万福利农村劳动力培训10万人计划,培育认定新型职业农民5000人。继续推进农业种业基地建设。建设一批水蔬菜、生猪、海淡水鱼、奶牛等种业基地,提升种业基地的发展质量和效益。

加快推进农业信息化建设。推进“互联网+”现代农业,实施物联网+农业、电商网+农业、信息网+农业的“三网联动”工程,加快农业发展方式转变。持续推进以农产品质量安全信息化为重点的农业物联网建设,大力推进规模新型农业经营主体农产品网络销售全覆盖,建成天津市“三农”大数据管理平台,促进我市互联网创新成果与现代农业深度融合,提升现代都市型农业发展水平。一是推进农业物联网区试工程。完善农产品质量安全综合信息服务平台,开展放心猪肉和放心水产品基地信息化建设。二是推进三农大数据建设工程。实现结对帮扶、美丽乡村、休闲农业等 10 个专题应用上线试运行。三是推进信息进村入户工程。建设三农公共信息服务门户,建立信息资源目录和数据资源池;建设具备公益服务、电子商务和培训体验服务功能的益农信息社 100 个;推广应用微信、微博、微视频、APP 客户端和显示屏的"三微一端一屏"新媒体服务,农业社会化服务进一步深化。

做好造林绿化工作。围绕美丽天津建设这个中心任务,重点做好以下几项工作。一是加快推进绿色天津建设。完成 54 万亩营造林计划,重点实施 12 项造林绿化工程,造林绿化 9.3 万亩。二是继续做好造林绿化用地调整工作,要与市国土房管局做好协调,按照国土部最终批复我市造林绿化用地调整方案,会同市国土局和各相关区,结合我市造林绿化工作实际要求,对"十三五"造林绿化用地进行扣图,进一步明确绿化用地。三是做好参加第九届"花博会"各项工作。市林业局要精心做好参展各项工作,展示我市良好形象。四是要抓好安全生产工作。牢固树立"隐患就是事故,事故就要追责"的安全生产理念,按照"管行业必须管安全,管业务必须管安全"的要求,切实抓好森林防火和京津冀联防联控工作,力争取得连续二十七年无重大森林火灾的成绩。五是抓好森林病虫害防治工作。做好美国白蛾等主要林业有害生物越冬情况进行摸底,全面准确掌握虫情,为防治工作打下良好基础。

进一步提高农业综合生产能力。一是继续实施农业支持保护补贴政策和种棉补贴政策,落实好蔬菜标准化设施改造和集约化育苗两项补贴政策,保护农民生产积极性。二是根据农业部国家粮食生产功能区划,确定全市 150 万亩小麦和 20 万亩水稻国家粮食生产功能区,继续推广应用高产创建成熟配套技术,提高粮食综合生产能力,用 3 年时间建成永久性高标准粮田。三是打造京津两个特大城市菜篮子供应保障基地,制定相应标准,研究扶持政策,全面提高我市蔬菜生产效率。四是实施耕地质量保护与提升项目。推广秸秆粉碎还田腐熟示范面积 5.75 万亩。五是耕种收综合机械化水平力争超过 88%;农作物秸秆综合利用率达到 97% 以上,完成 80 万亩深松整地和 18 万亩激光平地作业任务。

深入推进京津冀农业协同发展。大力发展现代都市型农业,继续推进"一减三增",提升工程农业、设施农业比重。年初农业部、天津市政府签署了"共同推进农业供给侧结构性改革落实京津冀农业协同发展战略合作框架协议",共同推进"四区、两平台"建设,提升天津的现代都市型农业发展水平，促进京津冀农业协同发展。为了落实好框架协议，我们已经制定了具体的实施方案，把目标任务项目化、工程化，农委各局、办、院和业务处室都明确了任务分工，下一步，就是狠抓落实，确保各项目标任务的实现。我们也将以此为契机，立足天津农业现有发展基础，进一步借重和用好首都资源，增强辐射带动能力，努力成为京津冀现代农业协同发展的排头兵和示范区。同时继续加强我市京津冀屠宰协同监管工作，完善工作机制，组织开展好京津冀屠宰联动联打行动。持续深入推进休闲农业合作，积极串联京津冀特色旅游资源，开发以运河文化、精致农业、温泉度假、民俗体验、特色购物等为重点的休闲农业项目，推动三地休闲农业资源和市场共享共建。全力推进农产品加工业与农业产业化深度合作，鼓励和引导农业产业化龙头企业到河北省建基地、带农户，积极推进三地龙头企业互认，享受同等优惠政策，同时建立信息共享和预警平台。共建京津冀农业科技协同创新中心，利用京津冀高校和科研院所的智力资源，打造具有产业优势和品牌价值的高附加值农产品。扩大与京津冀"四院两校"科技项目合作。

加快推进放心农产品工程建设。新建放心菜基地 7 个，规范运行 185 个基地和 90 家乡镇级质量安全检测站。建成从渔业生产至水产品上市销售全程质量安全监管系统和物联网管理系统。完成 72 个基层畜产品质量安全检测点建设，开展放心猪肉质量安全监管和"瘦肉精"等违禁品及兽药残留监督抽检。开发完成猪肉质量安全全程监管可追溯系统，提升改造 12 个公路动物防疫监督检查站监督检测水平，对 13 个生猪定点屠宰企业进行信息化监管系统建设。建立 180 个年出栏 1000 头以上规模化生猪养殖场畜产品质量安全自检室，提升质量安全控制能力。

大力推进农业标准化生产。进一步强化源头治理和管控。严格落实化肥农药零增长行动实施方案，实现测土配方施肥技术全覆盖，推行机械施肥和水肥一体化施肥方式。推行农药等农业投入品购销实名制。构建病虫监测预警体系，开展病虫害抗性监测、绿色农药产品推荐以及统防统治。完善农产品标准体系建设。制修定农业生产技术标准 40 项。支持规模化农业企业、农民专业合作社和家庭农场开展标准化生产示范。积极开展农业部蔬菜标准园、畜禽标准化养殖小区和水产健康养殖场创建工作；研究制定"三品一标"认证支持政策，确保认证数量年增幅不低于 6%，强化证后监管，对"三品一标"农产品基地以及农业产业化龙头企业、天津市金农奖获奖单位农产品监督抽检实现全覆盖，加大监督检查力度，督促生产单位规范使用认证产品标识。

着力强化农产品质量安全执法监管。持续开展“天津市农产品质量安全清理清查专项行动”,针对农产品生产、屠宰等重点环节、以非法添加“克百威、瘦肉精、孔雀石绿”等禁用化学物质为检查重点、强化对韭菜、豇豆、生猪、牛羊、鳜鱼、大菱鲆等农产品的执法监管,持续保持高压态势,铁腕打击违法犯罪行为,严防问题反弹;扎实开展农资打假专项行动,加大对农业投入品的监督检查力度,加强与公安、市场等部门协调配合,严格农资生产经营监管。加强专供“十三运”农产品基地质量安全监管,确保不发生食源性兴奋剂事件和重大农产品质量安全事件。开展“美丽田园”环境专项治理行动,对农产品生产基地、示范园区周边生产环境进行治理,确保农业清洁生产。

继续开展国家农产品质量安全县创建。巩固现有创建成果,开展国家农产品质量安全县创建工作“回头看”,对已经建成的静海、武清两区,按照创建标准组织不定期督导检查,对好的创建经验、管理经验和监管模式在全市进行推广,带动全市农产品质量安全水平整体提升,进一步加强对创建区的指导和政策扶持,积极推动创建区健康、有序、高效发展;按照“五强化、五提升”和打造“四个样板区”的要求,加大西青、宝坻两区创建工作力度,强化属地责任落实,将农产品质量安全监管工作纳入政府绩效考核指标范围,适当增大权重,进一步加大投入力度,夯实基层执法监管基础,实施全程监管。组织武清区筹备国家“双安双创”创建成果展,充分展示创建成效。

加快完善追溯体系建设。完善农产品质量安全可追溯平台,整合放心系列农产品各专业平台信息追溯功能,完善农产品质量溯源中心数据库,建成全市统一的质量信息追溯窗口;以天津三农大数据管理平台为支撑,建设农产品质量安全大数据中心;开展农产品质量安全合格证试点工作,在农产品质量安全区选择部分乡镇或部分主导产业、或部分生产经营主体推行食用农产品合格证试点,建立与市场准入相衔接的食用农产品合格证制度,推动生产经营者采取一系列质量控制措施,确保其生产经营农产品的质量安全,实现产品源头可追溯。通过试点,逐步形成有效的倒逼机制,为在全市全面实施积累经验,奠定基础。

加大农产品质量安全检测力度。按照农业部抽检计划,组织开展 4 次农产品和农资产品的监督检测活动,年抽检样本不低于 4500 批次。严格落实农产品自检制度和产地准出制度,定期对种植生产基地农产品实施有机磷、氨基甲酸脂类残留监督监测,对活畜养殖、收购、贩运和屠宰环节开展“瘦肉精”监督监测,对水产养殖基地实施氯霉素、孔雀石绿和硝基呋喃代谢物等监督监测。其中，对蔬菜、水果等产品监督抽检和企业自检的比例不低于辖区生产基地规模的5%，活畜禽不低于辖区生产规模的10%，水产品不低于辖区生产规模的2%。对检测中发现问题，及时进行溯源核查，排查风险隐患，并向有关部门及时通报。

（作者单位：天津社会科学院，天津市农委研究室）

2016～2017 年天津市工业经济形势分析与预测

滑树松

2016 年,我市工业系统坚持稳中求进的总基调,以“三个着力”重要要求为纲为元,以“三去一降一补”五大任务为抓手,以改革开放创新为动力,以供给侧结构性改革为主线,持续推动结构优化和产业升级,工业质量和效益稳步提升;与此同时,工业投资增速低位徘徊,出口形势低迷,部分传统行业产能过剩等问题依然持续困扰工业经济发展,工业下行压力依然很大。2017 年,我市要继续坚持创新、协调、绿色、开放、共享的发展理念,做好供给侧结构性改革的“四则运算”,促进天津工业平稳健康发展。

2016 年 1～10 月份,全市规模以上工业增加值比上年同期增长 8.3%,位居全国第 6 位;分季度看,前三季度工业增加值增长 8.8%,上半年增长 8.9%,一季度增长 9.2%,工业经济呈现稳中趋缓的增长态势。

一、1～10 月份全市工业运行的主要特点

1. 行业格局呈现新变化

1～10 月份,全市规模以上工业 39 个行业大类中,33 个行业工业增加值实现不同程度的增长,23 个行业增加值增速超过全市平均水平。

制造业贡献突出。1～10 月份,制造业增加值占全市工业的 83.5%,比上年同期提高 3.8 个百分点,拉动全市工业增加值增长 8.4 个百分点,同比提高 1.5 个百分点。其中,装备制造业增加值占比为 36.2%,比上年同期提高 0.5 个百分点,拉动全市工业增加值增长 3.6 个百分点,提高 1.3 个百分点;消费品制造业增加值占比为 20.8%,比上年同期提高 1.8 个百分点,拉动全市工业增加值增长 2.3 个百分点,提高 0.8 个百分点。

分行业大类看，汽车制造业贡献最为显著，行业增加值占全市工业的8.7%，对全市工业增加值增长贡献率为12.1%，拉动全市工业增加值增长1.0个百分点，同比提高0.2个百分点。此外，电气机械和器材制造业、食品制造业、金属制品业以及铁路船舶航空航天和其他运输设备制造业等行业发展较快。四个行业合计增加值占全市工业的19.5%，贡献率达33.1%，拉动全市工业增加值增长2.8个百分点，比上年同期提高0.8个百分点。

2. 优势产业发展向好

1～10月份，优势产业增加值占全市工业的91.1%，同比增长8.9%，拉动全市工业增加值增长8.0个百分点。

从细分产业看，航空航天、汽车、新材料以及生物医药等产业发展较快，四个产业合计增加值占全市工业比重超过四分之一（25.6%），拉动全市工业增加值增长3.3个百分点，同比提高1.3个百分点；石油化工和冶金等传统行业比重回落，两个行业合计增加值占全市工业的28.0%，同比回落3.8个百分点。

3. 民营企业较快增长

1～10月份，全市规模以上工业中，民营企业增加值占全市工业的45.8%，比上年同期提高0.9个百分点；同比增长17.8%，拉动全市工业增长7.5个百分点。

1～10月份，外商及港澳台商控股企业和国有及国有控股企业增加值增速分别为4.2%和－1.3%。

4. 中小微企业发展良好

1～10月份，全市规模以上工业中，中小微企业工业增加值占全市工业的49.1%，比上年同期提高2.1个百分点；同比增长15.8%，对全市工业增加值增长的贡献率达87.4%，比上年同期提高2.5个百分点。

5. 重点工业区贡献突出

1～10月份，全市规模以上工业中，涉农九区完成工业总产值12507.02亿元，占全市工业的51.8%。其中，东丽、西青、津南、北辰、武清以及静海等区产值均超过千亿，六个区合计产值占全市工业的44.1%，拉动全市工业产值增长4.0个百分点。

6. 市场需求有所好转

10月份当月，工业生产者出厂价格指数（PPI）同比指数为102.33，继9月份结束了连续长达57个月的下滑趋势后继续上升，释放了积极的市场向好信号。10月份天津PMI（制造业采购经理指数）为50.7%，比9月份提高

0.6 个百分点。三季度景气调查结果显示,样本企业中 25.5% 的企业认为产品需求不足、订单减少影响了企业的正常生产经营,比重较二季度下降 5.8 个百分点,降幅明显。从订单情况看,认为本季度企业订单量与上季度相比处于正常水平的企业占 79.9%,比二季度上升 4.5 个百分点。

7. 企业效益稳中有进

1~10 月份,全市规模以上工业实现利润 1493.33 亿元,同比增长 3.4%,增速较前三季度加快 1.3 个百分点;每百元主营业务收入实现利润 6.64 元,比前三季度增加 0.29 元,较上年同期增加 0.30 元;其中,制造业利润总额占全市规模以上工业的 85.5%,同比增长 15.3%,拉动全市工业利润增长 11.7 个百分点。从成本情况看,在"降成本"等利好政策带动下,规模以上工业主营业务成本同比下降 0.7%,每百元主营业务收入中的成本为 86.47 元,较前三季度减少 0.19 元,较上年同期减少 0.23 元。

8. 产品结构持续优化

1~10 月份,全市规模以上工业 398 种产品中,产量保持增长的有 201 种产品,占比超过五成(50.5%)。

新产品发展良好。1~10 月份,生产节能与新能源汽车 3.93 万辆,净增 3.84 万辆,光纤 1971.92 万千米,增长 28.9%,光缆 711.97 万芯千米,增长 21.1%,太阳能电池 43.72 万千瓦,增长 12.8%,城市轨道车辆与工业机器人实现从无到有,不断壮大。

装备类产品保持较快增长。1~10 月份,生产汽车 43.51 万辆,同比增长 2.7%,汽车用发动机 3698.59 万千瓦,增长 16.8%,汽车仪器仪表 238.04 万台,增长 24.8%,电梯 3.44 万台,增长 16.4%,气体压缩机 888.38 万台,增长 27.2%;服务器 1366.23 万台,增长 8.4%;平板显示器 689.49 万台,增长 30.6%;光电子器件 97.94 亿只,增长 7.0%。

生活家装及建材类产品增势良好。1~10 月份,生产服装 2.39 亿件,同比增长 19.0%,轻革 163.68 万平方米,增长 29.1%,人造板表面装饰板 158.86 万平方米,增长 7.7%,天然大理石建筑板材 502.88 万平方米,增长 46.7%,软饮料 553.84 万吨,增长 12.8%,鲜、冷藏肉 29.20 万吨,增长 10.5%。

原油产业链整体低迷。1~10 月份,生产原油 2760.72 万吨,同比下降 4.5%,原油加工量 1125.72 万吨,同比下降 15.6%,汽油 189.04 万吨,下降 7.8%,乙烯 92.30 万吨,下降 14.9%,初级形态塑料 266.64 万吨,下降 18.5%,橡胶轮胎外胎 2244.45 万条,下降 18.5%。

二、当前我市工业运行中的主要问题及影响

1. 企业投资意愿不足，工业发展后劲乏力

1~10月份，工业固定资产投资增速为4.4%，比上年同期回落1.0个百分点，比全市平均水平（11.3%）低6.9个百分点。三季度景气调查结果显示，样本企业中有投资意愿的企业占比为51.6%，比二季度下降1.6个百分点。

从新增项目贡献看，2015年11月至2016年10月，新入库企业数量减少，平均户规模下降，对全市工业产值的拉动作用比同期回落0.3个百分点。从形成的资产情况看，天津资产增速低于全国及京沪渝水平。10月末，我市规模以上工业资产总计同比增速为3.2%；比全国平均水平低3.1个百分点，与京（12.0%）、沪（6.3%）、渝（11.6%）比较，增速也偏低。

2. 部分传统行业形势低迷，转型进程亟待加快

2016年以来，产业结构调整和转型升级进程的持续推进，对我市工业平稳健康发展起到了至关重要的作用。但在发展过程中，仍面临一些困难。其中，石油和天然气开采业受国际原油价格影响，大型原油开采企业产油量出现下滑；而黑色金属冶炼和压延加工业受产能过剩影响，主要产品生产也出现不同程度下滑。两个传统行业在自身低迷的同时，对下游行业也产生很大冲击。1~10月份，两大行业合计对全市工业增加值增长的贡献率仅为5.6%，与同期相比，大幅回落26.0个百分点；仅拉动全市工业增加值增长0.5个百分点，回落2.5个百分点。

3. 工业出口形势严峻，行业两级分化严重

1~10月，我市规模以上工业实现出口交货值2165.43亿元，同比下降10.2%，而上年同期为增长1.4%。

分行业看，规模以上工业涉及出口的31个行业大类中，19个行业出口交货值增速下降，影响全市工业出口增速12.7个百分点。其中，计算机通信和其他电子设备制造业同比下降19.2%，影响工业出口增长9.6个百分点。而文教工美体育和娱乐用品制造业、纺织服装服饰业、皮革毛皮羽毛及其制品和制鞋业以及铁路船舶航空航天和其他运输设备制造业等四个保持增长的行业占全市工业出口的16.5%，仅拉动全市工业出口增长2.1个百分点。

4. 融资难人工贵,多因素影响企业生产经营

三季度景气调查结果显示,样本企业中认为资金紧张是影响生产经营主要问题的企业超过四分之一(25.4%),比二季度上升 0.4 个百分点。其中,认为工资等刚性支出较多造成资金紧张的企业占比为29.6%,比二季度上升4.2 个百分点;认为存货资金占用较多造成资金紧张的企业占比为25.3%,比二季度上升 5.7 个百分点。融资难问题仍较突出。认为三季度融资难的企业占比为38.2%,较二季度上升 1.1 个百分点。

招工难比重有所上升。三季度认为存在招工难且比较严重的企业比重为6.5%,比二季度上升 1.8 个百分点。招工难主要成因的影响程度出现变化,认为求职者对薪酬期望过高的企业比重虽仍居首位,但较二季度下降4.0个百分点;而符合岗位要求的应聘者减少、求职者人数减少以及招聘渠道不畅等因素比重有所增加,与二季度相比,比重分别上升 1.8 个、0.4 个和0.9 个百分点。

三、2017 年工业经济发展形势分析

当前,天津工业经济发展已进入新常态,正确认识、把握、引领新常态将会对今后工业经济发展起到决定性作用。下阶段,应继续深化供给侧结构性改革,推进京津冀协同发展重大国家战略,坚持创新驱动发展,大力发展先进制造业、战略性新兴产业等新兴产业,同时注重用新技术新业态全面改造提升传统产业,从而促进天津工业经济平稳健康发展。

展望 2017 年全市工业经济的发展前景,可以从以下两个方面进行分析。

1. 促进工业发展的机遇和动力

第一,制造业的蓬勃发展,对天津工业的平稳增长起到至关重要的作用。天津打造全国先进制造业研发基地,正在不断打造航空航天、新能新材料、生物医药等新兴产业和汽车、电子等现代产业集群,逐步形成完整产业链;与此同时,京津冀协同发展、一带一路等重大战略部署,也会为天津工业发展增添新鲜血液。

第二,利好政策不断落实,帮扶企业减税降赋。今年以来,我市以五大任务为抓手,坚持因势利导,不断提高宏观调控水平,出台一系列政策措施为工业经济发展保驾护航。在各项政策措施的有利推动下,我市工业经济在保持平稳发展的同时,质量与效益不断提高。

2. 影响工业发展的压力和挑战

第一,我市工业发展正处于历史性窗口期,持续下行的经济压力,导致企业投资意愿不足,固定资产投入持续低迷。同时,不协调的供需结构以及严峻的出口形势等持续困扰着工业经济发展。

第二,原油、冶金以及电子等行业作为天津工业支柱行业,庞大的体量增加了产业转型升级的难度。2017 年,原油产量的持续减产,冶金行业低端产品的产能过剩以及电子行业龙头企业的持续低迷,都会对天津工业发展产生不利影响。近年来,虽然新兴产业发展迅速,短期内仍难以弥补传统行业生产下滑带来的负面影响。

四、对策建议

1. 着力提高质量和效益,增强企业投资意愿

通过科技创新和"一助两促""降成本"等利好政策的落实,一方面提高企业科技创新水平,提升企业的"精装"水平;另一方面切实降低企业的用工、物流、税负和财务等成本,从而提高企业盈利能力和水平,增强企业投资信心。

2. 加大招商引资力度,扩充工业项目储备

结合天津当前发展现状以及未来发展规划,积极吸引符合条件的大企业、好好项目落户津城,建设一批产业特色鲜明、创新能力强、配套能力好的高端产业集群。同时,围绕产业政策落实,加快在建项目的引进和建设速度,促其尽快形成新的增量。

3. 以创新培育新动力,加快动能转换步伐

在积极扩大培育新产业、新经济规模的同时,加大力度落实"去产能"政策,加快传统行业转型升级,并结合市场需求,加强供给端产业结构调整,真正做到产销对接,不断激活市场活力,从而增强天津工业经济发展的竞争力。

4. 加强政策效果跟踪,着力提高服务水平

针对当前工业反映出的资金紧张、招工难等诸多问题,及时深入企业开展调研工作,结合实际情况,制定有效措施,做到精准帮扶,让企业切实享受到减费降税降成本等政策的实惠,实现生产经营的良性循环。

(作者单位:天津市统计局)

2016~2017 年天津城市建设现状与发展预测

卢 卫

2016 年,天津市建设系统按照市委市政府的部署,准确把握新常态,抢抓发展新机遇,努力实现城乡建设新发展。全年计划完成城乡建设固定资产投资 2425 亿元,建设施工面积达到 1.3 亿平方米,高起点、高标准地完成好各项建设管理任务,努力实现"十三五"规划的良好开局。确保全市在组织推动重点项目建设、促进惠民工程建设、持续深化美丽天津建设、强化建筑行业市场管理、确保质量安全可控等预期目标的顺利实现。

一、2016 年天津城市建设发展现状

1. 加快推进"两港四路"为主的交通体系建设

根据 2015 年 12 月颁布的《京津冀协同发展规划纲要》,天津市在 2016 年积极推进"两港四路"建设。是指依托海港、空港资源,全力推进铁路、高速公路、轨道交通、快速路为重点的现代化交通体系建设。为加快推进京津冀交通一体化奠定坚实基础。在铁路建设方面,2016 年将建成西南环线和南港铁路,进港三线和集装箱装运站投入运行,全面启动京滨、京唐城际建设,增加天津与北京、河北的交通联络通道,服务南港散货运输,积极推进汉周、豆双联络线前期工作并确保年内开工,铁路在建里程预计达到 395 公里。在高速公路方面,全年共在建 6 线段 154 公里,建成蓟汕高速,津沧高速口南移及快速路主体工程完工,新开工荣乌高速辛口立交,积极推进津石高速前期,力争与河北省同步启建,打通冀中南高速通道。在轨道交通方面,年内实现了 6 号线一期试运营,5 号线盾构完工,加快 4、10 号线主体和盾构施工,启动 7、11 号线建设。在港口建设方面,加速形成"北集南散"布

局,全年建设港口基础设施项目 189 项,推进二港岛、东疆集装箱码头二期、南疆 27 号通用码头等项目开工建设。在区域开发建设方面,2016 年全市房地产开发在建面积约 9500 万平方米,竣工 2900 万平方米。黑牛城道两侧新建项目主体全部完成,解放南路区域骨干路网基本贯通,全运村工程完工,海河沿岸、绿荫里、天拖等 33 个重点开发项目建设年底完工。

2. 城建投资稳步回增,房地产市场趋于活跃

相对而言,天津最近三年的固定资产投资占国民生产总值比重有所下滑,但投资结构有所优化。2016 年前三季度,天津市共实现全社会固定资产投资 11658.44 亿元,增长 11.2%;其中,固定资产投资(不含农户)11643.08亿元,增长 11.2%。服务业投资贡献突出,完成投资 8238.34 亿元,增长 12.9%,对全市投资增长的贡献率达 80.2%,占全市投资的 70.8%。其中,租赁和商务、科技、文化等行业投资分别增长 45.1%、1.1 倍和 22.0%。“三新”产业投资势头迅猛,高技术制造业投资 364.89 亿元,增长 35.0%;高技术服务业投资 432.18 亿元,增长 47.0%。

房地产市场异常活跃,2016 年 1-11 月份,天津市共完成房地产开发投资 2183.89 亿元,同比增长 26.2%,占全社会固定资产投资的比重为 16.0%。全市房地产开发投资中:住宅投资 1515.20 亿元,增长 31.4%;办公楼投资 118.22 亿元,增长 20.2%;商业营业用房投资 244.35 亿元,增长 2.8%;其他开发投资 306.12 亿元,增长 27.0%。

提前完成保障性住房建设的各项任务,加快棚户区改造。截至 2016 年 9 月底,全市已开建棚户区改造安置房 5.04 万套,基本建成保障房 5.5 万套,新增租房补贴家庭 0.68 万户。为完成各项目标任务,有关部门采取了多项创新措施:首先,实施了政府购买服务的新型融资方式,推动了宝坻大马庄、武清郑楼等 21 个项目完成 229 亿元贷款审批,累计与国开行、农发行签订贷款合同 690 亿元。第二,调整三种补贴收入准入标准,扩大住房保障受益范围。截至 9 月底,已新增租房补贴家庭 6800 户。第三,继续推动公租房配租工作。2016 年内陆续推出渌水道、大寺、双青新家园等公租房项目,充分满足了还迁家庭的租房需求。

3. 持续改善民生,使广大群众共享改革成果

在天津市委、市政府 2016 年决定实施的 20 项民心工程中,有 8 项工程直接涉及城乡建设和居民生活改善。第一、完善城市公用设施。继续实施水气管网改造,改造自来水户内旧管道 6 万户,改造燃气户外旧管网 100 公里、户内 3 万,提升区域排水能力。第二,改造城乡市政道路。改造中心城

区瓶颈路口 10 处,整修次支道路 12 条、乡村公路 700 公里。第三,持续推进公交惠民,新建改造东丽四号桥等公交场站,新开优化公交线路 60 条,新增更新公交车辆 1000 部,更新道路客运车辆 300 部。第四,提升城乡空气质量。完成工业企业重点污染治理 152 项。治理机动车污染,严格新车环保准入,开展重型柴油车、非道路移动机械排查,遥测抽查机动车 30 万辆。完成大唐盘山电厂等重点企业煤炭清洁利用改造,完成 287 座工业燃煤锅炉改燃并网或关停,完成 46 座供热燃煤锅炉改燃或并网。第五,推进清水河道行动。新建扩建污水处理厂及一般镇污水处理设施 25 处,新增日处理能力 4.8 万吨,配套管网 50 公里。第六,打造绿色生态城市。新建和提升珠江公园等 10 座城市公园,建成东丽新立郊野公园。综合整治外环沿线环境,新增绿化带 200 万平方米。第七,加强市容环境整治。对津滨大道等 15 条入市道路的环境秩序进行全面治理。第八,提升农村人居环境,创建美丽村庄 150 个。实施农村水利工程,治理坑塘 800 座,沟渠 500 公里,新增和改善节水灌溉面积 10 万亩,改造农村饮水设施,新增受益人口 30 万人。

二、2017 年天津城乡建设发展的基本走势

1. 实现区域一体化的功能定位需要更多的投资和项目支撑

进一步增强区域发展整体性和协同性的主要任务包括:第一,创新发展。要打破京津两市过去建设首都经济圈和北方经济中心的陈旧思路,将京津冀地区打造成全国创新驱动经济增长新引擎。重点是培育创新载体、强化北京全国科技创新中心地位和功能,提升天津作为全国先进制造研发基地、北方国际航运核心区、金融创新运营示范区、改革开放先行区"一区三基地"的功能定位,推进京津冀全面创新改革实验区,各类科技园区和创新平台建设,增强高端创新要素集聚能力,完善创新服务体系。第二,转型升级,构建现代产业发展体系。重点是大力发展现代服务业,推动生产性服务业向专业化和价值链高端延伸,推动生活性服务业向精细和高品质转变,积极培育新兴服务业。提升制造业水平,加快三大沿海战略功能区、五条协同发展带和六条优势产业链培育和建设。做强做优现代农业,进一步优化农业生产结构和区域布局。第三,加快重大基础设施建设,促进区域互联互通。重点是加快交通一体化建设,完善便捷通畅公路交通网,打造国际一流航空枢纽,构建世界级现代港口群,提升交通绿色和智能化管理水平。第四,促进绿色发展,建设生态修复改善示范区。推动京津保地区过渡带成片

林地建设,加强水源涵养林和防风固沙林建设,加快建设环首都公园,加强海洋生态保护,强化大气污染防治,加强水土资源节约集约利用。

2. 天津的现代化交通体系建设任重道远

天津的资源禀赋和区位优势,主要体现作为综合交通枢纽的功能定位方面。但天津的现代化交通体系建设,整体上落后于国内同类大城市。以城市轨道交通的发展为例,虽然天津起步很早,但整体推进却相对落后。本市城市总体规划和综合交通规划,天津城市轨道交通线网由 28 条线路组成,总长度 1380 公里。预测 2020 年,天津市公共交通占机动化出行量比例达到 36%,轨道交通占公共交通出行量比例达到 40%。至 2016 年末,全市共有 7 条线路同时在建,在天津地铁建设历史上尚属首次。目前本市轨道交通开通里程 140 公里,日均客流已经突破了 100 万人次。预计地铁 4、5、6 号线建成后,与地铁 1、2、3、9 号线将形成中心城区环放式轨道交通运营网络,预计到 2020 年年末,地铁 4、5、6、10 号线及 1 号线东延线陆续投入运营,地铁 7 号线和 11 号线将加快建设。全市将开通 10 条线路,运营里程达到 320 公里以上,换乘车站达到 18 座。

2016 年,天津同时在建的地铁线路达到了七条,这在以往是不可想象的。但将天津轨道交通的运营状况与其他城市加以比较,就能感到天津存在的差距。以城市地铁单日客流量规模来看:至 2015 年 12 月 30 日,上海为 956.9 万人次;北京为 895.90 万(不含京港地铁所辖的 4 号线、14 号线、大兴线客流)人次;广州为 680.3 万人次;深圳为 272.11 万人次;重庆约为 200 万人次;南京为 229.9 万人次;武汉为 191.43 万人次;成都为 122.52 万人次。天津同期地铁日客流量仅为 100 万人次左右。天津作为直辖市和人口第三大城市,建设地铁具有平原地区、较早起步、实力雄厚、市场需求巨大等优势,但在目前,天津地铁发展明显落后与以上述城市。与天津自行编制的远景规划比较,全市轨道交通网由 28 条线路组成,总长度 1380 公里,全市至 2016 年投入运营的地铁线路,仅占预计建成总线路数量的 1/7,约占预计建成总里程的 1/10。总体来看,天津市与区域协调发展相配套的现代化交通体系建设,正处于新一轮发展进程的历史新起点上,容不得任何懈怠与失误。

3. "去煤化"是我国能源转换的大趋势,也是天津治霾的主要方向

目前我国煤炭消费量占全球煤炭消费总量的 50%,远超美国的13.5%、欧盟的 7.7% 和日本 3.2%。巨量的煤炭消费导致我国二氧化硫、氮氧化物、大气汞排放量高居全球首位,是造成雾霾的主要污染源。无疑,中国能

源转换以“去煤化”为方向,对于推动节能减排,缓解雾霾生成,具有极其重大的现实意义。

就本市来看,首先,天津中心市区自 2015 年取暖季就实现了无燃煤供热。累计淘汰燃煤供热锅炉房 147 座,其中气改燃锅炉房 124 座,预计每年能减少燃煤消耗 374.14 万吨,减排二氧化硫 3 万吨,减排氮氧化物 1.65 万吨。第二,充分利用自身地热资源丰富的优势。全市地热供暖面积已经达到 2500 多万平方米,在地热供暖上排名第一。今冬供暖季,全市地热供暖小区(含公建)达 367 个。通过地热采暖,相当于每年代替了 34.75 万吨燃煤,减少二氧化碳排放量 82.91 万吨,减少排放粉煤尘 2779 吨、二氧化硫 5907 吨、氮氧化物 2085 吨、一氧化碳 17.72 万立方米,为改善大气环境质量发挥了积极作用。第三,为从源头上加强对家用散煤的治理力度,天津市在 2016 年安排了 297.53 万平方米的治理任务,其中集中供热替代 8.07 万平方米,电采暖替代 0.65 万平方米,无烟煤替代 288.81 万平方米,涉及 11 个区的 6.64 万户居民。

三、天津城乡建设事业发展的对策建议

1. 发展高层次开放型性经济,进一步强化综合交通枢纽建设

天津是目前我国北方唯一设有国家级自贸区的省级行政区。2016 年,天津口岸总出入境人员达到 384 万余人次,比 2015 年同比增长 30.5%,其中机场出入境人员达到 279 万人次,邮轮母港出入境人员达到 105 万余人次,双双创出历史新高。就天津目前的地位和功能而论,天津在“十三五”期间,将会在更高层次上发展开放型经济,更加积极参与“一带一路”建设,深度融入全球经济,全面提升对外开放水平。坚持引资引技引智相结合,进一步提高招商引资质量,推进高端集群链条招商,积极推动对外贸易转型,壮大一般贸易出口规模,拓展新型贸易方式,努力开拓新兴市场,培育新的经济增长点。

天津未来一个时期的基础设施建设,应当体现京津冀区域规划定位的“三区一基地”要求,凸显天津港内联京津冀、外挂东北亚,可成为太平洋东岸“一带一路”经济带东部桥头堡的综合带动效应。京津冀地区将要建成世界级城市群,天津则要瞄准建设世界级港口群的更高目标,充分发挥天津港可以通过海铁、海陆、空陆联运等多种交通方式集聚、立体化发展的综合交通枢纽优势,开展国际中转集拼业务。积极构建多条班列运输通道。不断

全面打造和整体提升天津港的港口功能。天津在2016年12月最新开通的"津新欧"两个方向(明斯克、莫斯科)的国际班列,具有直跨中蒙俄、通行路线短、双向带货等竞争优势,需要通过政府大力扶持,企业运营创新,不断拓展市场业务,打造天津服务"一带一路"国家的最新品牌和市场利器。

2. 规范住房属性,保持房价稳定,培育房地产发展长效机制

由中原地产提供的数据显示,全国实现土地出让金总额单年超过千亿元的城市,2013年为5个,2015年降为3个,2016年跃升为9个,分别为苏州、南京、上海、杭州、天津、合肥、武汉、重庆和深圳。由乐居提供的数据显示,2016年全年天津通过招拍挂等形式公开出让的各类土地出让金总计约合1389亿元。较2015年603亿元同比上涨了130%,创出历史新高。与此同时,2016年全市出让土地总面积也比上年增加了37%、总规划建筑量增加了近50%。这也是在2014年、2015连续两年下跌后天津单年土地出让量首度出现的止跌回暖。

可以认定,包括天津在内诸多二线城市出现的这一轮土地市场快速升温,算不上是什么好消息。依据2016年12月中央经济工作会议确立"住房是用来住的,而不是用来炒的"原则,抑制房价大起大落,已经成为2017年对房地产业继续实行宏观调控,并探索建立房地产业健康发展长效机制的主要内容。以高地价带动高房价,刺激高投资,实现高回报的传统商业模式,将通过去杠杆、去库存等短期改革举措加以抑制,同时,针对天津楼市的特点,有关建立长效机制的房产税设计、二手房流通的税收设计,住房租赁市场培育等地方性"楼市新政"或将陆续出台,有效抑制天津楼市的"补涨"空间。同时,天津作为最有条件进入一线城市的"准一城市",不应该也无力承担一线城市楼市限购限价限贷的那样巨大的压力。

3. 加强对区域城乡散煤污染治理失误联防联控,整体推动能源转换

相关调查表明,京津冀地区每年的散烧燃煤量占煤炭使用总量的10%,但对污染物排放量的贡献却达到了50%。能源转换"去煤化"虽成为全球共识。但如何推进中国能源转换的"去煤化"进程,还存在不同认识。体现在京津冀三地的治霾方案上,则各行其是。就北京来看,2016年完成663个村22.7万户"煤改清洁能源"任务,其中"煤改电"574个村19.8万户,"煤改气"89个村2.9万户。2017年计划对700个村实施"煤改清洁能源",其中朝阳、海淀等7个区将在完成任务后基本做到"无煤化"。就河北省看,实施"电代煤""气代煤"等能源替代工程首先从城区做起,基本淘汰35蒸吨及以下的燃煤锅炉,实现集中供热普及率达到80%以上。为控制采暖季郊

区和农村的“散煤污染”,河北将廊坊、保定等 18 个县(市、区)划为“禁煤区”。天津的做法完全不同于京冀,一是以无烟煤替代劣质煤,二是以电代煤,三是以地热代煤。其治理效果显而易见,但无法普遍推广。按照京津冀协同发展规划的顶层设计,对于区域环境的一体化治理需要联防联控。但事实确实,对于冬季散煤燃烧的治理,在京津冀就存在这么大的差异,或者说,完全缺乏在区域联动联控上的主动作为。这也是导致京津冀冬季雾霾久治不愈的重要原因之一。全面总结各省市的经验和做法,我们认为,京津冀区域散煤污染治理,应当在“煤改电”大思路之下,建立联动机制,实现统一规划和统一治理。其积极意义,一是“煤改电”可减少煤炭消费,未必会增加发电的燃煤消费,因为京津冀区域尚有大量的可再生能源可以利用。二是燃煤火电的污染排放效率是中小型锅炉等散烧煤的 7~8 倍,以火电替代其他低效率用煤,能在整体上减少污染排放。三是对于电力行业而言,“煤改电”有益于缓解电力过剩,减少电力装机浪费。四是诸如国家电网公司等大型国企已经承担京津冀冬季电采暖工程,2016 已累计对京津冀地区 39.8 万户居民提供“煤改电”改造,2017 年计划对京津冀地区 60.7 万户居民实施“煤改电”。2016~2017 年共计划投资 300 多亿元,用于电能替代项目配套电网建设。

(作者单位:天津社会科学院经济社会预测研究所)

2016～2017 年天津市投资运行情况与发展预测

天津市发改委投资处课题组

一、2016 年天津市投资运行情况

2016 年，全市各方面深入贯彻习近平总书记系列重要讲话和对天津工作的重要指示精神，认真贯彻中央、国务院决策，全面落实市委、市政府部署要求，抢抓机遇、主动作为，促进投资持续较快增长，全社会固定资产投资实现"十三五"良好开局。

1～12 月，全市全社会固定资产投资完成 14629.22 亿元，增长 12%。固定资产投资（不含农户）完成 14606.19 亿元，增长 11.9%，其中：第一产业投资 289.15 亿元，增长 19.5%；第二产业投资 3940.48 亿元，增长 6.5%；第三产业投资 10376.56 亿元，增长 14%。16 个区中，和平区、河北区、河东区、河西区、南开区、西青区、北辰区、宝坻区、静海区等 9 个区增速高于全市平均水平。主要特点：

一是投资实现较快增长。1～12 月，全市全社会固定资产投资增长 12%，高于全国平均水平 3.9 个百分点。在四个直辖市中，投资总量、增幅均居第二位（北京 8461.69 亿元，增长 5.9%；上海 6755.88 亿元，增长 6.3%；重庆 17361.12 亿元，增长 12.1%）。

二是投资结构不断优化。服务业投资比重提升。1～12 月，第三产业投资 10376.56 亿元，增长 14%，占全社会固定资产投资的 71%，同比提高 1.3 个百分点。得益于资本市场服务以及金融租赁、网络消费及支付等新兴业务带动，科研和技术、租赁和商务、批发和零售等服务业投资分别增长 1.1 倍、58.5%、61.3%。电子信息产业、新能源新材料等工业新兴优势产业

分别增长 50.9%、15.4%。

三是项目新开工力度加大。市区两级重大前期项目指挥部着力推动重大项目前期工作,加快项目开工进度。1~12 月,新开工项目 14520 个、总规模 13671.19 亿元,项目个数、总规模同比增长 71.2%、60.7%,增速比去年同期分别提高 36.3、64.3 个百分点。

四是制造业和房地产开发投资稳中有增。制造业投资累计完成 3307.96亿元,增长 8.2%,较 1~9 月提高 2 个百分点。房地产开发投资自下半年以来一直保持 15%以上增速,1~12 月累计完成 2300.01 亿元,增长 22.9%。

五是基础设施投资增长放缓。1~12 月累计完成 2716.12 亿元,下降 9.3%,较 1~9 月回落 1 个百分点。其中,交通运输、仓储和邮政业完成投资 779.87 亿元,下降 12.8%;公共设施管理业完成投资 1510.05 亿元,下降 10.5%;电力、热力、燃气及水生产和供应业完成投资 357.82 亿元,增长 10.4%。

六是民间投资平稳回升。1~12 月完成 8167.98 亿元,同比增长7.6%,高于全国 4.4 个百分点,比 1~9 月下降 0.2 个百分点。民间投资起到稳健支撑作用,占全社会固定资产投资比重为 55.8%。投资领域集中在制造业和房地产业,分别占到全部民间投资的 34.7%和 19.7%。信息服务业、科研技术服务业、居民修理服务业、批发零售业民间投资发展较快,分别增长 90.5%、1.1 倍、31.4%、59.4%。

七是资金来源相对充足。1~12 月累计到位资金 1.9 万亿元,增长 25.2%。其中,国家预算资金增长 89.8%;国内贷款增长 55%。

二、2017 年投资形势及任务

从全世界范围来看,全球经济潜在增长能力大幅放缓,全球经济步入低增长阶段。世界经济复苏乏力、国际市场需求低迷、“黑天鹅”事件频发、贸易保护主义盛行、各国货币政策分化等因素将抑制 2017 年世界贸易增长,特朗普提出产业回迁战略、贸易保护等相关政策主张给全球经济复苏和我国经济发展增添了更多不确定性。

我国经济社会发展特别是结构性改革任务十分繁重,长期的高投资、高增长伴随的是高能耗和高环境损耗,我国面临需求总量不足和供给结构不合理失衡、实体经济与虚拟经济失衡、收入分配的失衡、国内国外的失衡等经济失衡问题。2016 年全年主要围绕推进结构性改革，抓好"三去一降一补"（去产能、去库存、去杠杆、降成本、补短板）五大重要任务，着力提高供给体系的质量和效率，提升经济社会发展的整体素质。2016 年以来，去产能方面，钢铁、煤炭等传统产能过剩行业价格上涨势头明显，一些相关企业在利益驱动下继续扩大生产，火电、建材、新能源等行业出现投资过热苗头，埋伏新的产能过剩风险；去库存方面，一二线热点城市房地产市场价格涨势迅猛，三四线城市房价稳中趋涨、库存徘徊在高位，在抑制资产泡沫成为共识的情况下，2016 年底开启限购、限贷、限价调控，房地产市场趋于相对稳定；金融市场方面，风险整体可控，股市、债市、汇市波动及非法集资风险不可忽视，中国企业债务水平为 105.4%，已超过 80% 合适水平很多，房价的暴涨也反映出金融体系没有提供足够多的适合风险匹配的金融资产组合；其他方面，国内实体经济需求不振；国有企业改革迈向深水区，地方两会高频点题混合所有制改革；境外投资和消费增长迅速，国内企业加大"走出去"步伐，加大对海外特别是美国企业的并购交易，2016 年前三季度我国企业收购美国企业 124 起，收购金额达 357 亿美元，打破了历史最高记录。综上因素影响，2016 年全国固定资产投资增速有所放缓。全年完成固定资产投资（不含农户）59.6 万亿元，同比增长 8.1%，增速比上年回落 1.9 个百分点。

2017 年是实施"十三五"规划的重要一年，也是供给侧结构性改革的深化之年。中央经济工作会议提出，去产能方面，要继续推动钢铁、煤炭行业化解过剩产能，要抓住处置"僵尸企业"这个牛鼻子，严格执行环保、能耗、质量、安全等相关法律法规和标准，创造条件推动企业兼并重组，妥善处置企业债务，做好人员安置。去库存方面，要坚持分类调控，因城施策，重点解决三四线城市房地产库存过多问题。把去库存和促进人口城镇化结合起来，提高三四线城市和特大城市间基础设施的互联互通，提高三四线城市教育、医疗等公共服务水平，增强对农业人口的吸引力；特大城市要加快疏解部分城市功能，带动周边中小城市发展。会议提出，着力振兴实体经济，要坚持以提高产品质量和核心竞争力为中心，坚持创新驱动发展，扩大高质量产品和服务供给。要深化国企国资改革，加快形成有效制衡的公司法人治理结构、灵活高效的市场化经营机制。要把防控金融风险放到更加重要的位置，下决心处置一批风险点，着力防控资产泡沫，提高和改进监管能力，确保不发生系统性金融风险。国务院总理李克强 2016 年 10 月 8 日主持召开国务院常务会议。会议确定优化环境、加强投资的招法。一是有力的"放"。在

2013 年、2014 年两次精简政府核准的投资项目基础上,进一步精简政府核准的投资项目,以深化改革更大释放市场活力;决定简化外资企业等审批管理,复制推广自贸试验区经验,营造扩大开放的更好环境。二是有效的“管”。有针对性的加强投资促进和服务,强化事中事后监管,鼓励诚信守法,使市场在资源配置中起决定性作用和更好发挥政府作用。

天津市牢牢把握重要历史性窗口期,主动适应经济发展新常态,加大供给侧结构性改革力度,深入推进京津冀协同发展,实现了“十三五”经济社会发展良好开局。尽管我市经济总体平稳,但增长基础尚不牢固,稳中存忧,实体投资增长乏力、投资增长后劲不足,基础设施投资空间不大,短板领域仍有待加强,明年要保持投资持续健康增长,压力依然很大。2017 年政府工作报告明确工作总体要求、全市经济和社会发展主要预期目标(2017 年固定资产投资增长 10%),重点围绕六方面做好 2017 年工作:要坚定不移的推进京津冀协同发展、加快供给侧结构性改革、实施创新驱动发展战略、保障和改善民生、推进生态宜居城市建设、推进安全稳定建设。市委十届十一次全会暨全市经济工作会议要求牢固树立和落实新发展理念,推进京津冀协同发展和实施创新驱动发展战略,努力建设产业创新中心、调整优化产业结构、促进转型升级和提质增效。

三、2017 年投资目标和重点投向

在外需难有大变化、消费仍是慢变量的情况下,决定了通过宏观调控扩大有效合理投资仍是未来一个时期的重要工作。为促进全市“十三五”目标的顺利完成,2017 年投资还将继续发挥稳增长的关键性作用,要保持一定的规模和增速,2017 年全市固定资产投资工作目标同比增长 10%。

2017 年重点投资方向:①全力抓好科技创新项目。2017 年,实施重大项目 102 个,计划总投资 977 亿元。集中精力组织实施科技研发平台建设项目、智能机器人研发制造与三维(3D)打印项目、国产中央处理器(CPU)和操作系统研发及重要元器件项目、金融大数据服务平台建设项目。②全力抓好高端产业项目。2017 年,实施重大项目 103 个,计划总投资 4257 亿元。集中精力组织实施空客 A330 及零部件配套建设项目、海工装备研发制造项目、新能源汽车研发制造项目、节能整车研发制造项目、南港石化产业基地项目、现代物流设施建设项目。③全力抓好基础设施项目。2017 年,实施重大项目 95 个,计划总投资 5340 亿元。集中精力组织实施京津冀协

同发展重大载体工程、高速铁路建设工程、城市轨道交通建设工程、天津港能级提升工程、集疏运大通道建设工程、公路网提升工程、综合管廊建设工程、新能源发电和热电联产建设工程。④全力抓好生态环境项目。2017年,实施重大项目40个,计划总投资752亿元。集中精力组织实施城镇污水垃圾处理设施建设工程、郊野公园建设工程、湿地修复工程、绿化工程、大气污染联防联治工程。⑤全力抓好民生和公共服务项目。2017年,实施重大项目119个,计划总投资3314亿元。集中精力组织实施棚户区改造和农村危改房提升工程、特色小镇建设工程、基础教育均等化建设工程、公共卫生与公共文化设施建设工程、体育健身场馆设施建设工程、安全天津建设工程。

四、2017 年投资重点工作

1. 实施重点项目推进行动

坚持不懈抓大项目好项目,按照“竞争上游、上游竞争”的要求,加快水平高、规模大、有需求的重点项目建设,努力做到投产达产一批、开工建设一批、储备报批一批,实现产业结构优化升级、城市功能全面提升、民计民生持续改善。积极实施项目带动战略,实行三级领导包联推动项目制度,落实清单管理,明确时间表、路线图、责任人,加大对项目单位的指导和支持力度,主动积极协调问题,帮助解决项目建设和前期工作中遇到的困难和问题,确保投资推动工作取得好的成效。

2. 提升政府服务水平

按照“取消、下放、监管、提效”的原则,进一步深化投资体制改革,出台相关配套管理办法,改善投资环境;对内对外扩大开放,优化投资环境、服务企业发展,吸引社会资本增加投资;进一步解放思想,创新观念,完善政策,加强服务,着力在降门槛、同规则、同待遇上下功夫,尽快破除影响民间投资的体制机制障碍,创造良好发展环境,调动各方面积极性,实现民间投资持续健康发展。

3. 拓宽融资渠道,深度挖掘政府、企业、市场三方资源,加强金融改革创新,推动多渠道融资,打通融资瓶颈,持续改善投资环境

设立先进制造业产业投资基金、补短板投资基金等。深挖传统融资渠道潜力,支持各金融机构向总行争取贷款规模,扩大我市贷款总量。深化与国家开发银行等政策性银行合作,争取低成本融资。加快推进企业上市融

资,跟踪培育上市挂牌后备企业资源。发挥金融创新运营示范区的优势,扩大股权投资基金、创投企业、融资租赁等新兴金融机构投资我市重大项目的资金规模。拓展利用好各类债券市场,尝试运用股贷债联动等新的融资方式筹措建设资金。

4. 深入推进政府和社会资本合作,完善 PPP 项目筹划、论证、招标、签约实施等流程,吸引各类社会资本来津投资

一是做好制度完善。按照国务院和国家发改委、财政部最新出台的文件,由市发展改革委和市财政局牵头,会同相关部门,以国家发改委和财政部出台的 PPP 相关文件为依据,出台天津市 PPP 项目操作规程。二是抓好项目推动实施。以落实国家发展改革委和住建部开展 PPP 创新工作的通知要求为契机,进一步梳理汇总筹划 PPP 项目。结合我市“十三五”规划、供给侧改革等工作,筹划一批 PPP 新项目。做好拟推介的市级 PPP 项目审查和招商工作,督促各区县筹划 PPP 项目。三是探索 PPP 发展新模式。研究设立政府投资基金,用活“优先劣后”机制,链接金融政策,整合行业切块资金,推动 PPP 项目低成本融资。加强产业资本和金融资本对接工作,主动与大型保险机构、基金公司、金融部门进行接洽,建立常态化投融资渠道,提供融资便利。

2016～2017 年天津市商务经济发展形势分析与预测

董　谭　蔡玉胜

2016 年,全球经济在各种不确定因素影响下波折运行。我国商务经济面对严峻复杂的形势,积极调整思路,加快培育新的动能。天津市商务经济积极应对各种复杂局面调整,努力保持平稳增长,在艰难曲折中取得新的成就。

一、2016 年天津商务经济运行情况

1. 内贸流通稳步趋好

2016 年,天津市实现社会消费品零售额 5635.8 亿元,同比增长 7.2%。批发和零售业实现销售额 45887.3 亿元,增长 7.7%。市场运行特点表现为:一是社零额增速逐步趋稳。一季度 10.3% 的增速为全年最高水平,二季度回落至 6.9%,三季度进一步回落至 4.9%,四季度增速 6.9% 趋于稳定。二是升级类商品零售增长较快。汽车增长 17.3%,对全市社零额增长的贡献率达 36%,成为社零额增长的最大动力;体育娱乐用品、儿童玩具分别增长 29.4% 和 28.2%;建筑及装潢材料、家电和音响器材分别实现了 39.9% 和 13% 的快速增长。三是网络零售引领消费作用日益突出。限上企业通过互联网实现零售额 383 亿元,增长 44.6%,占全市限上零售额的比重达 12.1%,同比提高 3.2 个百分点,拉动全市社零额增长 2.3 个百分点。四是零售龙头企业拉动作用突出。全市零售额百强企业共完成社零额 1856 亿元,增长 14%,拉动全市限上社零额 8.3 个百分点,成为全市社零额增长的重要支撑。五是高端餐饮转型成效明显,大众餐饮快速增长。限上住宿和餐饮业营业额继上年实现止跌后,2016 年增长 1.4%;限下营业额增长

13.1%,占全市营业额的八成,拉动全市营业额增长 10.5 个百分点。六是批发零售业商品销售总体平稳。全年销售额增速为 7.7%。七是生活资料销售增势良好。生活资料总体增长 18.6%,占全市限上销售额的 35.3%,较上年提高 5.3 个百分点。其中,五金电料、纺织品、家电和音响器材、文化办公用品分别增长 60%、48.9%、23.4% 和 18%,权重较大的汽车增长 15.2%。八是民营企业销售占比首次超过国有企业。限上民营商业企业销售额增长 20.7%,占全市限上销售额的 47.3%,比上年提高 4.5 个百分点。九是商品交易市场平稳增长。60 个亿元批发交易市场成交额 2201.5 亿元,增长 2.2%。其中,18 个生产资料类市场下降 3%,17 个综合消费品市场增长 9.5%,25 个农副产品类市场增长 4.4%。十是猪肉、蔬菜零售价格涨幅较大,鸡蛋、羊肉降幅明显。

2. 对外贸易降幅收窄

2016 年,全市累计实现进出口 6775.9 亿元,下降 4.5%;其中,出口 2918.1 亿元,下降 8.1%;进口 3857.8 亿元,下降 1.6%。主要特点:从出口看,一是季度降幅总体收敛,但全年降幅依然明显。一季度下降幅度高达 16.2%,二、三季度分别收窄至 1.7% 和 2.9%,四季度没能延续收窄之势,降幅扩大为 11.4%。全年看,8.1% 降幅依然明显,超过全国 6.1 个百分点。二是民营企业一枝独秀,拉动作用明显。民营企业增长 9%,占全市出口比重 25.7%,较上年提升 4 个百分点,拉动全市出口增长 2 个百分点;全市出口占比 14.3% 和 60% 的国有企业和外资企业则分别下降 15.4% 和 12.2%。三是一般贸易稳中有升,出口份额排名第一。相对于加工贸易出口下降 12.8%,一般贸易出口增长 1.4%,占全市出口比重 47.5%,较上年提升 4.4 个百分,高于加工贸易 1.8 个百分点,多年来加工贸易为主的贸易结构得以改变。四是主要出口市场持续低迷。前五大出口市场东盟、欧盟、美国、韩国、日本分别下降 19%、9.1%、7.3%、11.9% 和 4.8%;“一带一路”沿线国家中,对俄罗斯、菲律宾、印尼、泰国出口分别增长 1.7 倍、26.3%、21.9% 和 18.3%。五是重点商品多数下降,少数上升。钢材、手机、二极管分别下降 0.4%、43% 和 0.4%,集成电路、纺织品分别上升 9.6% 和 21.6%。从进口看,降幅收窄态势明显,全年收窄至 1.6%。

3. 利用外资结构发生变化

2016 年,全市累计实现合同利用外资 308.26 亿美元,下降 1.7%;实际使用外资 101 亿美元,增长 12.2%。主要特点表现为:一是服务业利用外资占比接近七成。实际到位 67.6 亿美元,增长 59.9%,占全市实际到位总额的66.9%。其中,融资租赁业27.9亿美元,增长2.1倍。高技术服务业、科技成果转化服务分别为4.5亿美元、2.6亿美元,增幅分别达13.7%和31.4%。制造业实际使用外资32.2亿美元,下降30.8%,占全市比重为31.9%。二是合同外资中新设外资企业贡献突出。全市新设企业合同外资226.9亿美元,占全市合同外资总量的73.6%。其中,新设立合同外资1亿美元以上企业34家,合同外资81.5亿美元。三是外资企业增资势头良好。全市有361家外资企业增资,合同外资81.3亿美元,占全市合同外资的26%。四是自贸试验区引擎作用明显。新设立外商投资企业846家、合同外资240亿美元、实际利用外资25亿美元,占全市比重分别达76%、78%和25%。

4. 对外投资日趋活跃

2016年,我市核准境外企业机构219家,增长11.2%。境外投资中方投资额262亿美元,增长2.5倍。对外承包工程新签合同额26.5亿美元,下降14.8%;完成营业额62.9亿美元,增长32.1%。主要特点表现为:一是民营企业已成为走出去的中坚力量。境外企业机构中由民营企业开设的占比达到89%,同比提高10个百分点。二是自贸试验区已成为我市走出去的重要平台。自贸试验区备案境外投资企业机构90家,中方投资额120亿美元,占比全市分别达41%和48.5%。三是股权并购成为企业海外投资的主要形式。境外股权收购类项目共涉及中方投资额212.1亿美元,占全市比重达81%。四是中国香港、开曼群岛及BVI三个离岸投资中心和美国仍是对外投资的主要市场。一带一路沿线国家地区累计实现中方投资额13.9亿美元,增长1.4倍。五是对外工程承包市场以亚洲、非洲、拉丁美洲为主。主要领域以石油化工、交通运输、工业建设、电力工程等为主。

二、2017年天津商务经济发展面临的形势

从国际看,2017年世界经济仍将处于缓慢复苏的进程中,但增长态势尚待观察。国际货币基金组织预测的增长率为3.4%,略高于2016年的3.1%。美国经济有望继续温和复苏,短期也可能有所加速。欧元区和日本的结构性改革滞后、人口老龄化严重,短期内很难摆脱低增长状态。新兴经济体在世界经济中的作用继续上升,亚洲国家相对较快增长,俄罗斯、巴西经济近来有所起色,印度经济保持一定增速,但对地区和世界经济增长影响有限。世界经济的复杂性、不稳定性、不确定性进一步凸显,部分国家保护

主义逐渐抬头,对我国和天津发展外向型经济提出了更严峻的挑战。同时,世界经济中的一些新变革、新变化值得关注,新技术革命有力地推动着全球经济结构调整,信息技术和其他技术深度融合,消费需求个性化、小众化势头明显,各类新型供给能力不断形成,也将为商务经济发展带来了机遇。

从国内看,宏观经济仍存在下行压力,当前宏观经济总体趋势是缓中趋稳,但风险依然存在,一方面是国际政治经济环境中不稳定、不确定因素增多,另一方面是我国经济重大结构性失衡依然突出加明显。2017 年经济结构调整仍将持续,服务业比重、贡献度越来越大,资源类传统大宗商品销售、加工贸易进出口比重有所下降,人均服务性消费支出快速增长,休闲娱乐、医疗保健、教育等服务性消费明显升温。动能转换加快推进,改革激发活力、创新驱动增长,将成为 2017 年经济发展中的热点。如何继续推动自贸试验区制度创新释放红利,科技型中小企业、高技术制造业、网络零售均保持较好增长水平,保持多业态于一体的商业综合体发展势头旺盛,大力发展以新产业、新业态、新商业模式为代表的新经济,将是 2017 年全市商务经济发展的重点任务。

三、2017 年天津商务经济发展的主要目标和重点任务

2017 年,商务工作主要目标是:社会消费品零售额增长 8% 左右,外贸进出口力争正增长,实际利用外资增长 5% 左右,对外投资中方投资额超 50 亿美元。

重点任务包括:

1. 聚焦重大战略,把握发展的历史窗口期

一是推进京津冀商务领域协同发展。发挥三地商务部门多层次合作机制作用,推动产业对接和功能承接迈出更大步伐。依托京津冀开发区创新联盟,促进三地开发区产业对接合作。推动商贸载体、流通企业对接北京疏解资源,有序承接商品批发、物流分拨等区域功能转移。提升协同发展促进功能。二是加强与“一带一路”沿线的经贸合作。积极跟进中蒙俄经济走廊等“一带一路”建设热点,推动一批基础设施建设和能源开发领域的对外投资合作重大项目签约,加快钢铁、建材、化工等产业对外投资和产能转移。支持融资租赁企业拓展沿线租赁市场,带动国内大型装备、工程机械等产品出口。三是加快中国(天津)自由贸易试验区建设。坚持以制度创新为核心任务,以可复制可推广为基本要求,努力建设国际一流自由贸易园区。推动

《总体方案》重点改革任务全面落地,编制实施深化改革发展三年行动方案。深入实施自贸试验区服务京津冀协同发展工作方案。进一步深化自贸试验区与我市各区的联动发展机制。实施制度创新风险防控清单制度,推动长效机制建设。

2. 是推进商贸创新发展,助力供给侧结构性改革

一是加快零售商业转型升级。支持大型零售企业拓展电子商务及大数据应用,引导购物中心增强体验式消费功能,推动百货店提高自营比例。提升商圈建设水平,启动智慧商圈建设。加强便民商业品质建设,打造一批示范社区商业中心和农村示范集市,加快电子商务进社区、进农村步伐。二是着力推进大流通体系建设。培育和引进区域型、全国型的销售商和采购商,支持国内大型流通企业在津分支机构向区域总部提升。以大宗商品现货交易为依托,推动建设集在线交易、供应链金融、物流、大数据分析等综合服务于一体的新型贸易平台,支持通过整顿验收的大宗商品交易所向新型贸易平台转型。提升区域物流服务功能,推动综合性物流供应商、电商企业(平台)在津建设区域性分拨中心。三是开展创新示范和专项提升行动。建设融资租赁创新示范区,搭建融资租赁企业交流服务平台和融企对接平台,拓展无形资产融资租赁业务。支持有实力的融资租赁企业开展海外并购。开展冷链物流标准化示范创建活动,培育若干农产品冷链物流示范园区和示范企业。实施居民生活服务业转型提升行动。四是大力营造繁荣有序的商业氛围。策划组织多种主题商贸活动,培育集商贸、旅游、文化、体育、娱乐、休闲等多元素有机融合的示范项目。建设会展业公共服务平台,举办更多具有国内外影响力的品牌展会。

3. 着力稳增长促转型,构建对外贸易发展新优势

一是继续加大稳增长力度。强化重点行业和重点企业帮扶机制,完善外贸运行"通报、督查、考核、约谈、奖励"工作机制。帮助中小外贸企业拓宽融资渠道、降低融资成本。做好海港口岸收费和物流成本对标工作,推动解决制约性问题。加大对各区"招商引贸"、培育外贸新增长点的政策支持力度,推动自主品牌建设。二是大力发展外贸新业态。提升汽车平行进口优势,推进平行进口汽车整备中心建设。拓展保税维修再制造业务试点范围。发展外贸综合服务企业,组织相关部门量身定制贸易便利化措施,市区联合培育一批区域辐射型企业。加快跨境电子商务发展,提升公共服务平台集成化、"一站式"服务水平,在商品归类、进出境申报、便利监管等方面落地一批新举措,加强与跨境电商平台的合作,鼓励本市企业开展 B2B 跨境电子

商务交易。三是进一步提升进口集散功能。适当扩大鼓励进口目录范围,加大进口贴息支持力度。推动进口贸易促进创新示范区政策创新,引导进口经营主体和结算主体聚集发展。支持进口商品直营中心拓展区域以及全国网络布局。扩大大型装备、先进技术设备、关键零部件进口,支持融资租赁企业进口飞机、船舶、工程机械和高端装备开展融资租赁业务。四是推动服务贸易创新发展。深入落实《天津市服务贸易创新发展实施方案》,加快航运、大健康、文化、金融、技术等重点服务贸易领域发展。推进服务贸易联席会议机制建设,建立健全政府部门、中介组织、企业机构三位一体的服务贸易促进体系,探索制度化、规范化的服务贸易统计工作。以文化贸易、技术贸易、健康服务(中医药)、国际航运服务、数字贸易和服务外包等为重点,建设一批服务贸易功能区。推动发展模式创新,培育“互联网 + 服务贸易”“邮轮 + 服务贸易”“知识产权 + 服务贸易”“离岸数据交易 + 服务贸易”等新业态。

4. 提质扩容优化结构,实现利用外资水平新提升

一是强化引资政策导向。修订全市利用外资工作评价办法,加大对引进跨国公司地区总部、研发中心、世界 500 强、隐形冠军工作的奖励与引导力度。推动放宽国际船舶运输、人才中介、增值电信业务等服务业领域外资准入限制,完善鼓励跨国公司地区总部政策措施,促进利用外资转型升级。二是推动招商载体建设。指导国家级开发区参加全国开发区评价工作,推动具备条件的市级开发区升级为国家级开发区。支持和推动特色园区建设,着力一批特色园区。三是抓好平台渠道招商。组织面向世界 500 强的走访促进、面向德、日等重点国家隐形冠军的洽谈对接、围绕重点产业合作的跨国公司圆桌会等活动,用好达沃斯论坛、博鳌亚洲论坛、新津理事会等国际性会议。推进与中国美国商会、欧盟商会等商协会的合作招商,支持开发区园区设立境外招商机构。四是聚焦项目与环境。强化重点项目跟踪服务,促进大众整车及变速箱后续配套项目、中芯国际二期、一汽丰田新车型增资项目、GE 智能制造技术中心、韩华泰科中国销售中心等一批重点项目加快实施。继续推进简政放权,推动外资审批改备案及内地对港澳服务贸易自由化相关政策的进一步完善。

5. 强化促进体系建设,推动更好地“走出去”

一是推动“走出去”服务基地建设。建设对外承包工程十大服务平台和“走出去”服务联盟,聚集政府服务、中介服务、市场服务资源,打造对外投资合作全周期服务保障体系。吸引国际化央企来津设立国际产业合作基地,

鼓励石油化工、交通运输、电力、水利等领域扩展服务链条，带动上下游企业“走出去”。二是建设各具特色的境外经贸合作区。推进埃及苏伊士经贸合作区等境外载体建设，推进柬中综合开发试验区加快建设，支持俊安泰国煤焦化项目向境外产业园区发展。三是创新“走出去”服务方式。发挥现有跨国金融服务、海外信息及渠道优势，建立服务中小企业“走出去”对接平台。遴选我市有需求的科技型企业，建立依托我市境外招商机和营销网络资源的对外投资合作信息对接机制。针对海外股权并购、商务服务以及制造加工实业投资等实施主体，开展商务谈判、标的调查方式、财税构架搭建专题培训。

（作者单位：天津市商务委，天津社会科学院）

2016～2017 年天津财政形势分析与预测

马培祥　于　喆　翟功智

一、2016 年天津市预算执行情况

2016 年,全市一般公共预算收入 2723 亿元,考虑全面推开营改增试点减收因素,按可比口径比上年增长 10%;一般公共预算支出 3701 亿元,比上年增长 6.3%。主要特点:

(一)财政政策全面落实,结构调整成效显著

发挥财政政策引导作用,着力推进供给侧结构性改革。支持钢铁行业去产能,妥善处置不良债务,安置分流职工 1 万人,推进天铁集团剥离企业社会职能。支持房地产业去库存,实施空置楼宇财政扶持政策,完善载体功能,累计盘活 440 万平方米。支持国有企业去杠杆,加强企业债务管控,实行账户集中管理,严格新增债务审批和对外担保,加大企业上市奖励力度,83 家企业挂牌上市融资。支持实体经济降成本,落实税收优惠,清理涉企收费,降低社保缴费,置换高息贷款,切实减轻企业负担。支持困难群体补短板,提高城乡低保和优抚救济补助标准,推进基本公共服务向社区农村延伸,对 500 个困难村开展重点帮扶。

支持传统产业技术改造,国有企业改革扎实推进,1.5 万家企业实现转型升级,56 家企业通过融资租赁更新设备。发挥服务业扶持资金引导作用,支持培育大数据、互联网金融、第三方物流等新增长点,拓展外贸综合服务企业功能,推动生产性服务业集聚发展。支持现代都市型农业发展,“一减三增”面积超过 80 万亩,建设 19 家畜牧养殖标准化示范场,开展 4.7 万亩水产养殖池塘改造,新建 10 个农业物联网试验基地,休闲农业和乡村旅

游发展迅速。争取中央财政资金21亿元，推动节能减排综合示范城市建设，持续加强“五控”治理，淘汰老旧车16.5万辆，改燃供热锅炉和工业锅炉366座，全面完成农村散煤治理，支持既有建筑节能改造。

（二）国家战略扎实推进，发展动力明显增强

服务京津冀协同发展，安排10亿元设立京津冀产业结构调整引导基金，通过参股子基金方式吸引社会资本跟进投入，重点支持高端装备制造、航空航天、新能源等领域加快发展。完善产业转移税收分享机制和企业注销迁转办法，推进滨海—中关村科技园、未来科技城、国家大学创新园区等承接平台建设，京冀两地在津投资项目占全市利用内资总额比重超过40%。京秦高速天津段建成通车，京唐铁路开工建设，交通领域互联互通取得突破。开展京津冀国税局、地税局的税务合作，加快建立统一的纳税服务平台，实现资质互认、征管互助和信息互通。推动建立引滦入津上下游横向生态补偿机制，推进生态环境联防联控联治。

积极融入“一带一路”建设，加大财政补助力度，埃及苏伊士经贸合作区拓展区开工建设，印尼聚龙产业园获批国家级境外经贸合作区。支持天津自贸区建设，推进离境退税、口岸进境免税店和跨境电子商务试点，完善12项“e网办税”便利化措施，汽车平行进口规模占全国80%以上。支持自主创新示范区建设，落实“6+4”先行先试政策，建立高校、科研院所科技成果转化决策尽职免责制度，科技成果转移转化和收益分配不再审批备案。支持创新驱动发展战略，建立天使投资、创业投资、产业并购和担保基金，提高科技型中小企业贷款风险补偿比例，放宽高新技术企业认定条件，全市科技型企业8.8万家、众创空间139家。加大人才引进培养力度，支持“千人计划”“千企万人”计划、百万技能人才培训福利计划和人才“绿卡”政策。

（三）民生投入持续增加，公共服务不断提升

全市一般公共预算民生支出2586亿元，增长7.5%。教育支出507亿元，实施农村学前教育资源建设和扩大城区学前教育资源奖补项目，对201所普惠性民办幼儿园给予财政扶持，将民办义务教育纳入“两免一补”范围，对普通高中建档立卡家庭经济困难学生免除学杂费，支持中高职院校提升办学能力，启动“十三五”高校综合投资规划。文体传媒支出57亿元，公共文化服务体系加快建设，10万张文化惠民卡顺利发行，全运会场馆基本竣工，全民健身设施网络不断完善。医疗卫生支出206亿元，支持卫生资源布

局调整,公立医院全部取消药品加成,城乡居民医保补助由年人均 670 元提高到 730 元,提升儿童和孕产妇诊疗能力。社会保障和就业支出 378 亿元,企业退休人员养老金实现十二连增,新增就业 48.9 万人,建成保障房 5.5 万套,向 13.7 万户困难家庭发放租房补贴。

城乡社区支出 1212 亿元。团静、喜邦、港静等公路新建扩建工程全面启动,大北环铁路、西南环线基本建成,蓟汕联络线具备通车条件,地铁 6 号线首开段通车试运营,外环线改造路面工程基本完成。实施公交提升“八大工程”,新增更新节能环保公交车 500 部,新开调整公交线路 95 条。实施迎全运城市综合整治,开展净化亮化、园林绿化改造提升工程,整修 54 条道路沿线建筑,新建提升绿化面积 2250 万平方米,推进解放南路和中新生态城海绵城市试点建设。加大安全天津和防汛减灾投入,支持重大危险源监控、公共安全基础设施和应急救援体系建设,增加中心城区防汛抢险物资储备,建立外调水筹资机制,保障城市用水安全。

(四)预算体系趋于健全,财税改革逐步深化

全面贯彻预算法和预算审查监督条例,全口径预算管理不断规范,政府预决算、转移支付、“三公”经费和政府债务公开内容更加具体,市级部门预决算公开范围扩大到 117 个。加大政府性基金预算与一般公共预算统筹力度,5 项政府性基金转列一般公共预算。提高国有资本收益上缴比例,融资平台公司和一般企业收缴比例分别达到 30%、15%。阶段性降低社会保险基金缴费费率,养老保险、失业保险、工伤保险和生育保险总体费率下降 2.4 个百分点,切实减轻企业缴费负担。

全面落实调整中央与地方增值税收入划分过渡方案,将营业税 100% 地方留成、增值税中央与地方 75:25 分成,统一调整为增值税中央与地方 50:50 分成。制定出台调整市和区增值税收入划分过渡方案,将增值税地方留成部分市和区分成比例调整为 50:50,支持各区发展实体经济和培植财源。

盘活存量资金,收回部门结转两年以上的专项资金,统筹用于重点民生项目。加强财政专项资金管理,公开资金目录、管理办法和申报流程,引入第三方评审,资金分配使用更加规范。加大政府购买服务力度,44 个公共服务事项交由社会力量承担。推广政府和社会资本合作,津沧高速公路改造项目完成社会资本遴选。推进机关事业单位养老保险制度改革,新老体制实现平稳过渡。

（五）资金监管切实加强，财政风险有效防范

制发深化政府性债务管理改革的实施意见，规范政府债务举债融资机制，实行规模控制、限额管理，分类纳入全口径预算。组织发行地方政府债券1667亿元，平均利率3%，融资成本降低50%。制发防控全市融资平台债务风险16项工作措施，对全市国有企事业单位的资产负债情况进行全面摸底调查，建立“动态监控、预警提示、帮扶指导、风险化解”机制，到期债务按期偿还，债务风险总体可控。

二、2017年天津财政发展形势分析

从发展速度看，天津市财政收支规模近年来保持较快增长。“十二五”期间，全市财政收支均实现翻番；从发展质量看，一般公共预算收入占地区生产总值的比重由11.6%提高到16.1%，每年提高0.9个百分点；从发展后劲看，财税体制改革扎实推进，建立了全口径预算制度，全市统一实行分税制财政体制，财政资金统筹使用、存量资金清理盘活机制初步建立，政府购买服务、政府和社会资本合作稳步推进。

当前，天津正处在新的历史起点上，京津冀协同发展、自由贸易试验区建设、自主创新示范区建设、“一带一路”建设、滨海新区开发开放五大国家战略叠加，发展机遇千载难逢，发展潜力十分巨大。未来一段时期，财政部门应进一步牢固树立发展新理念，主动适应经济发展新常态，紧紧抓住国家战略叠加新机遇，努力开创财政改革发展新局面。

三、未来一段时期天津财政发展方向与建议

（一）健全政府预算体系，增强财政统筹能力

以预算制度改革为深化财税体制改革的首要任务，强化预算约束、规范政府行为、实现有效监督，建立全面、规范、公开和透明的现代预算制度体系。

1. 实行全口径预算管理

政府的收入和支出应全部纳入预算管理，明确一般公共预算、政府性基金预算、国有资本经营预算、社会保险基金预算的收支范围，建立定位清晰、

分工明确的政府预算体系。加大政府性基金预算、国有资本经营预算与一般公共预算的统筹力度,建立将政府性基金预算中应统筹使用的资金列入一般公共预算的机制。完善国有资本经营预算制度,应逐步提高国有资本收益上缴比例。加强社会保险基金预算管理,做好基金结余的保值增值,在精算平衡的基础上实现社会保险基金预算的可持续运行。

2. 积极推进预决算公开

建立透明预算制度,应进一步扩大预算公开范围、细化公开内容、完善公开机制。细化政府预决算公开内容,除涉密信息外,政府预决算支出全部细化公开到功能分类的项级科目,专项转移支付预决算按项目按地区公开。扩大部门预决算公开范围,除涉密信息外,所有使用财政资金的部门均应公开本部门预决算。细化部门预决算公开内容,逐步将部门预决算公开到基本支出和项目支出。加大“三公”经费公开力度,细化公开内容,除涉密信息外,所有财政资金安排的“三公”经费都应公开。对预决算公开过程中社会关切的问题,规范整改、完善制度。

3. 加强政府债务管理

建立规范的政府举债融资机制,政府债务实行规模控制,以国家批准的额度为限,并按一般债务、专项债务分类纳入预算管理。做好新增债券和置换债券发行工作,有效降低融资成本。严格限定政府举债程序和资金用途,建立健全地方政府债务风险预警和应急处置机制。坚持法治化原则分类处置风险事件,依法实现债权人和债务人合理分担风险。推进融资平台公司市场化转型和融资,剥离融资平台公司政府融资职能,并继续发挥转型后的企业对经济发展的积极作用。

(二)厘清事权支出责任,释放发展动力活力

确立科学合理、规范统一的财政体制,实现事权与支出责任相适应,充分发挥属地管理优势,调动各级政府积极性。

1. 理顺市与区事权和支出责任

按照公共产品和服务的受益范围、外部性和管理效率等事权内在属性,科学合理划分市与区事权和支出责任。市和区政府按照事权划分承担各自相应的支出责任,做到权利和责任、花钱和办事相统一。

2. 完善转移支付制度

科学设置和保持合理的转移支付结构,发挥一般性转移支付和专项转移支付各自的作用。健全一般性转移支付增长机制,通过存量调整和增量

倾斜，增加一般性转移支付规模。在合理界定市与区县事权的基础上，清理整合规范专项转移支付。规范专项转移支付项目设立，严格控制新增项目和资金规模，建立健全专项转移支付定期评估和退出机制。

3. 继续推进简政放权

继续做好行政审批制度改革工作，能放给市场的坚决放给市场，充分激发市场主体活力。深入推进收费清理改革，清理取消不合理不合法收费项目。加大清理和规范涉企行政事业性收费力度，优化企业发展环境，降低企业经营成本。进一步完善收费监管制度，强化企业举报和查处、问责机制。

（三）健全宏观调控体系，推进经济转型升级

加强供给侧结构性改革，落实“去产能、去库存、去杠杆、降成本、补短板”措施，发挥财政政策定向调控、精准调控的优势，促进经济持续健康发展。

1. 建立相机抉择机制

运用大数据等先进技术，加强对经济走势的预研预判，及时采取有针对性的调控措施，稳定政策基调，增强可预期性和透明度。研究建立一揽子政策储备库，科学论证财政投资、贷款贴息、发行债券和税费调整等政策工具的适用范围和措施效果，适时出台、定向调控，增强与货币政策的协调性。

2. 支持现代都市型农业发展

调整优化财税扶持政策，大力发展节水、绿色、高效的现代都市型农业，提升农业现代化水平。支持农业自主创新，鼓励引导农业新技术、新品种的研发、转化和推广应用。培育新型经营主体，开展多种形式的适度规模经营。健全农业安全保障体系，保障农产品绿色安全。

3. 做大做强先进制造业

创新财政资金扶持方式，深入落实《中国制造2025》规划。继续实施万企转型升级，通过工艺创新、信息融合和模式创新，推动传统产业改造升级。发挥产业投资引导基金作用，加强重大项目的跟踪服务和政策支持，将一批新兴产业培育成新的主导产业。完善产业创新体系，支持制造业创新中心建设。

4. 提升服务业发展水平

加大财政政策和资金扶持力度，提升服务业发展质量和综合竞争力，形成与现代化大都市地位相适应的服务经济体系。加快全国金融创新运营示范区建设，推动金融制度、产品、工具和服务模式持续创新，促进各类金融要

素市场集聚。提高生产性服务业发展层级和水平,进一步提高生产性服务业专业化、社会化水平。

(四)加大民生直接投入,助力共建共享发展

坚持普惠性、保基本、均等化、可持续方向,从解决人民最关心最直接最现实的利益问题入手,坚守底线、突出重点、完善制度、引导预期,提高公共服务共建共享水平。

1.增加公共服务供给

鼓励普惠性幼儿园发展,推进义务教育免试就近入学。构建现代公共文化服务体系,引导文化资源向城乡基层倾斜。实施"全运惠民工程",推进公共体育设施开放利用。推进健康天津建设,促进医疗资源向基层、农村流动。创新就业服务管理保障机制。

2.缩小城乡发展差距

促进城乡公共资源均衡配置,健全农村基础设施投入长效机制。推进新型城镇化和精准扶贫,重点解决好群众生活困难问题。推进公共设施和公共服务向社区延伸,显著提高社区公共服务水平。

3.建设生态宜居城市

坚持绿色发展理念,加快美丽天津建设,支持开展市容环境整治,实施清新空气、清水河道和绿化美化行动。构建现代综合交通体系,推动高铁、市郊铁路、城市轨道"三网融合",提升海空两港能级,完善集疏运体系,加快北方国际航运核心区建设。推进安全天津建设,推进安全监管信息化,强化社会治安综合治理。

(五)抢抓重大战略机遇,打造开放创新优势

紧紧抓住"五大战略"叠加的历史机遇,坚持以改革促进开放、以开放倒逼改革,加快构建开放型、创新型经济体系,建设改革开放先行区。

1.推进京津冀产业对接

贯彻京津冀协同发展规划纲要和实施方案,加快完善各类服务配套措施,促进资金、技术、人才等各类市场要素自由迁转。建立跨区域共建园区的投资开发和运营管理模式,打造产业协同发展载体。完善财税扶持政策,加强与京冀两地对接合作,建成先进技术、创新要素、高端产业的承接地和聚集地。完善招商引资奖励扶持政策,吸引北京先进制造业、研发转化项目来津发展。

2. 构筑对外开放新优势

积极争取先行先试财税政策落户天津自贸区，打造法治化、国际化、便利化的营商环境。创新进口商品直营模式，建设进口贸易促进创新示范区。落实国家和我市“一带一路”建设实施方案，围绕中蒙俄经济走廊东部起点和海上合作战略支点的定位，重点推进基础设施、对外经贸、产业投资和金融合作，在更大范围、更宽领域、更深层次上融入全球经济体系。

3. 培育创新发展新动力

支持国家自主创新示范区建设，用好用活自主创新引导基金和科技成果处置收益全留政策，扩大政策溢出和示范效应。推进创业服务平台建设，支持滨海新区双创特区建设。支持创业投资引导等基金设立，完善创业投融资体系。推进科技型中小企业“小升高”“小壮大”“小做强”工程，加快培育一批创新型领军企业。

（作者单位：天津市财政科学研究所，天津市财政局）

2016～2017 年天津市金融形势分析及发展预测

天津市发改委财金处课题组

2016 年,世界经济保持复苏态势,逆全球化、贸易及投资保护主义抬头,不确定性上升。美国经济形势相对较好,但新政府的政策走向存在较大不确定性;欧元区经济略有改善,但仍面临难民问题与银行业风险;日本经济复苏缓慢且缺少政策空间;英国经济在公投脱欧后总体稳定,但脱欧安排仍有较大不确定性。新兴市场经济体经济有所企稳,但尚面临调整与转型压力。国内来看,今年以来,我国发展面临国内外诸多矛盾叠加、风险隐患交汇的严峻挑战,发展中长期积累的一些深层次矛盾和问题还没有得到根本解决,不平衡、不协调、不可持续的问题仍比较突出。在这样的宏观背景下,全市上下不断增强政治意识、大局意识、核心意识、看齐意识,认真贯彻落实市委、市政府决策部署,深入开展“促发展、惠民生、上水平”活动,凝心聚力、开拓创新,全市财政金融运行继续保持平稳发展态势。

一、今年我市金融业发展情况及明年预测

(一)全市金融业改革创新基本情况

全市金融工作按照市委、市政府工作要求,始终坚持把健全完善服务体系同增强服务功能、推进改革创新同服务实体经济、深化改革同加强金融风险防范相结合,金融业发展保持了持续快速健康安全发展。

1. 金融业发展规模质量大幅提升

今年以来,我市金融业呈现持续加快发展态势。至三季度末,金融业增加值实现 1252.47 亿元,占 GDP 的比重达到 9.39%,标志着金融业进入我

市重要支撑产业。

2. 金融服务实体经济体制机制不断创新

加快推动形成资金来源多样化、融资服务便利化、企业资产轻量化和金融服务综合化。大力发展村镇银行、农业贷款公司等基层金融服务机构,加快推进农村基础金融服务全覆盖。不断完善以财政拨款资助、贷款贴息贴费和股权投资支持相结合的融资模式,以融资超市、专营机构、金融创新产品等为支撑的科技金融综合化服务体系。做好"两权"抵押贷款试点工作,加快农村金融改革创新,加大金融对"三农"的有效支持,盘活农村重要产权价值,拓宽农村融资渠道。继续推进融资超市建设,推动银行设立小微专营机构,解决小微企业融资问题。持续做好"两行一基金"项目,运用国家开发银行和农业发展银行的低息贷款,帮助企业降低资金成本。

3. 金融风险防范机制建设不断加强

不断完善地方金融监管体系、严格防范依法处置各类非法金融活动、交易所监督管理等政策制度,分解落实监管任务和责任。运行创新型机构运营风险评估机制,从源头做好风险防范工作。通过小贷公司、融资担保机构实时信息监管系统,运用"制度加科技"的手段全面加强地方金融监管,严格防范金融风险。按照国务院清整文件要求,组织对我市交易场所整改规范情况进行检查验收,对市域内各类交易场所运行状况及存在的问题进行逐一检查,推进我市交易场所健康发展。

4. 地方信用环境有效提升

我市积极推动社会信用体系建设,努力营造良好的信用环境,取得了阶段性成果:制定出台了《天津市运用大数据加强对市场主体的监管与服务的实施方案》,推动此领域的大数据应用。研究建立全市统一的信用信息共享交换中心。建立的信用信息共享交换平台,已经实现推送功能上线,满足了国家的信息共享交换的要求,并与国家平台对接。研究制定《关于贯彻落实加快推进失信被执行人信用监督、警示和惩戒机制建设的实施意见》。组织完成全市法人和其他组织机构存量代码转换工作。组织开展区县信用环境考核,推动区县社会信用环境建设。建立完善守信联合激励和失信联合惩戒机制,推动我委与市市场监管委、市审批办等十部门联合印发《跨部门协同监管和联合惩戒措施实施程序》和《跨部门协同监管和联合惩戒措施目录》,明确了信用信息传递与措施实施机制,实现对市场主体失信经营的联合惩戒。

5. 政府出资产业投资基金工作进入新阶段

为推动京津冀协同发展,充分调动市场在京津冀协同发展中的资源配置作用,按照国家和市领导要求,积极设立京津冀协同发展基金,以财政资金为引导,带动社会资本投入,完善京津冀三地共建共享、协作配套、统筹互助机制,构建资本服务实体经济,服务京津冀协同发展新模式。同时,由市财政与滨海新区财政共同出资设立了京津冀产业结构调整引导基金。正在研究筹备设立海河产业基金事宜,重点支持我市先进制造业发展。

(二)1 ~11 月份金融业各项指标完成情况

1. 各项存款增长情况

11 月末,全市金融机构本外币各项存款余额为 30315. 46 亿元,同比增长7. 98% ,增速比去年同期降低 3. 53 个百分点,各项存款比年初增加2166. 09 亿元。2016 年3 月以来我市各项存款增速呈下降趋势,从 8 月份以来,存款增速稳步上升,11 月份,存款增速再次下降。

2. 各项贷款增长情况

11 月末,全市金融机构本外币各项贷款余额为 28587. 75 元,同比增长10. 76% ,增速比去年同期下降 1. 07 个百分点,各项贷款比年初增加2593. 08亿元。2016 年以来,贷款增速基本保持稳定。

3. 企业债券发行情况

今年以来,我市企业债券发行工作进展顺利。一是继续做好企业债券发行工作,支持重点项目建设。在国家发改委的大力支持下,我市认真贯彻中央经济工作会议和全国发展改革工作会议精神,紧紧围绕中央宏观决策,不断强化服务实体经济发展的核心定位,积极研究推动以企业债券方式支持重点领域、重点项目建设,扩大有效投资,努力发挥金融支持支持实体经济发展的重要作用。今年以来,我市共有宁河投资控股有限公司和广成投资集团有限公司 2 家企业获批发行企业债券总规模 26 亿元,募集资金全部用于我市重点建设项目,为企业节约了财务成本,有力地支持了棚户区改造及示范小城镇项目加快建设。二是做好企业债券风险核查工作。为进一步规范企业债券发行申请企业行为,提高公开信息的真实性、准确性、完整性,防范系统性和区域性风险,按照国家发改委的要求,对我市 12 家申请发债企业开展了专项核查工作,并将核查报告上报国家发改委,帮助我市企业尽快获批发债。

4. 股权投资基金情况

根据相关数据,我市基金发展仍处于高速发展阶段。基金主要投资了航空航天、金融、信息技术、生物医药、新能源新材料等符合国家产业政策的战略性新兴产业。股权投资基金的快速发展,有力地支持了我市和全国企业的发展,促进了投融资体制改革,为全国股权投资基金的发展积累了宝贵试点经验,得到了国家有关部门的肯定。预计 2016 年全年,我市在中国基金业协会登记的私募基金机构达到 377 家,实缴规模可达 5762 亿元。

(三)2016 全年预计完成情况及 2017 年预测

今年以来,我市各金融机构充分认识国际国内形势的严峻性,把支持经济稳增长作为货币信贷工作的首要任务,稳步扩大存贷款总量。从近期金融机构计划的反馈情况来看,全年本外币贷款增加和存款全年增加两项指标与去年相比均会同比上涨。

四季度,央行将继续保持货币政策的审慎和稳健,尤其是注重根据形势变化把握好调控的节奏、力度和工具组合,加强预调微调,为供给侧结构性改革营造适宜的货币金融环境。因此,我们初步预测,2017 年天津金融机构各项存贷款将延续今年的稳定态势,支持我市经济又好又快发展。

二、我市信贷运行存在的问题

1. 企业贷款增长放缓趋势持续加剧

企业贷款增长放缓趋势持续加剧,四方面原因导致这一趋势或可能持续存在:一是地方政府债务置换,置换了部分银行贷款,对贷款增长形成较强制约;二是经济下行压力下,企业经营压力较大,导致部分企业有效融资需求下降。银行反映,已审批授信的客户提款意愿不强或到期不再续作,甚至存在提前还款现象;三是信贷质量下滑,金融机构信贷投放更趋谨慎。不少银行在贷款投放速度、额度等方面受到了总行的收紧限制;四是直接融资市场发展提速,债券融资、融资租赁以及银行与信托、证券、基金公司开展资管计划等渠道,一定程度上对传统信贷市场形成替代。

2. 企业融资难、融资贵问题仍然存在

目前在各方的共同努力下,随着一系列政策措施的落地,企业融资难、融资贵问题得到较大缓解,但在当前企业经营压力普遍增大的情况下,仍有不少企业反映存在融资难、融资贵问题。经济下行压力下,银行经营和风险防控压力也在加大,银行从自身利益角度出发,提高了贷款标准,延长了信贷周期,导致企业贷款融资难度加大。抵押担保作为商用银行最常用的融资风险缓释工具,是企业从银行获得贷款的主要方式。但中小企业普遍存在无法提供足值的抵押物,或者提供的抵押物获得的贷款不能满足企业流动资金需求的情况,均导致抵押担保无法落实。这在经济下行压力加大,银行不良贷款和不良率“双升”,风险厌恶程度不断上升的背景下,无疑是阻碍中小企业获得融资的最重要因素,同时也是破解中小企业融资难题的关键。

3. 金融机构资产风险加剧

随着经济下行压力的持续增大,以及“去产能”力度的不断增强,部分行业风险将逐渐进入集中爆发期,例如由于新常态经济发展降速减档,钢材贸易等大宗商品风险暴露,部分钢铁行业企业抗风险能力下降,信用风险状况恶化,不良贷款惯性增长,资产质量下行压力较大,金融机构贷款质量下滑的压力也随之持续增大。预计下半年全市不良贷款余额和不良贷款率很可能会继续小幅上升。

三、增加我市建设资金来源的对策建议

1. 努力扩大存贷款规模,保证项目资金来源

针对我市部分金融机构贷存比较高影响贷款规模的情况,引导各银行金融机构通过创新机构、创新产品和创新服务等方式增加存款规模,保证我市资金投放规模。支持各金融机构向总行争取信贷规模和信贷政策的倾斜,继续支持全市大项目、好项目、加快发展。

2. 引导金融机构加快发展中间业务

支持金融机构在努力扩大存贷款规模的同时,积极开展中间业务,做大做强结算类、代理类、理财类等中间业务的发展,下大力量挖掘新业务收入增长点。

3. 着力优化信贷结构,更好地服务实体经济发展

加强窗口指导,引导金融机构加大对国家重点在建续建项目,符合产业政策、有市场有需求的企业,以及战略性新兴产业、文化产业、节能环保、淘汰落后产能、现代服务业、自主创新等方面的金融支持,推动我市实体经济又好又快发展。

4. 进一步加大对小微企业扶持力度

改善金融机构对小微企业信贷支持的配套服务措施,提高对小微企业

不良率的容忍度。除加大间接融资支持力度外，研究设立小微企业创业投资引导基金，吸引社会资本设立创业投资企业，主要投资于小微企业，支持小微企业发展。

5. 用好政府出资产业投资基金

加快京津冀协同发展基金、海河产业基金等多支政府出资产业投资基金的设立工作，利用财政资金引导社会资本投入重点行业，支持我市重点领域建设。

2016～2017 年天津市交通运输邮电业状况分析与预测

张　静　王　超

2016 年,我市深入贯彻落实京津冀协同发展、“一带一路”等重大国家战略,围绕综合交通、智慧交通、绿色交通、平安交通、美丽交通建设,初步形成“两港四路”为主体的现代综合交通运输体系,交通运输发展规模能力、质量效益和服务水平稳步提升,在稳增长、扩内需、保障改善民生、优化空间开发等方面发挥了重要的基础支撑作用。

一、交通运输业经济运行继续保持“稳中有优”的良好态势

1. 公路运输稳定增长

公路网体系逐步完善,高速公路覆盖成网,普通国省道规模等级进一步提升,路况质量稳中有升,行车舒适性显著提升,高速公路和普通国省道路况指标处于全国较好水平。11 月份,全市完成公路货物运输量 2726 万吨、周转量 30.81 亿吨公里,同比分别增长 8.7% 和 8.6%。1～11 月份,全市累计完成公路货物运输量 30112 万吨、周转量 341.16 亿吨公里,同比分别增长 7.6% 和 8.1%。

2. 航空运输平稳发展,对外门户作用突出

空港实现“双区、双楼、双跑道”运营。机场二期扩建工程完成,建成地下交通中心,实现六种运输方式有效衔接,启动航空物流区建设,有效拓展航线网络和区域市场,客货吞吐量继续快速增长。1～11 月份,天津机场累计完成起降架次 13.23 万架次,同比增长 15.3%;完成旅客吞吐量首次突破 1500 万人次,达到 1554.6 万人次,同比增长 17%;完成货邮吞吐量 21.01 万吨,同比增长 6.2%,较上月末又提高 1.8 个百分点。2016 年天津机场旅

客吞吐量将突破1650万人次。

3. 港口运行呈稳步增长态势

天津港"一港多区"发展格局逐步优化，"两桥、三口、三通道"大陆桥运输总体构架基本形成；建成一批高等级航道及码头泊位，航道和码头等级达到30万吨级，积极开辟集装箱航线，不断创新优化通关模式，与内地合作建设25个无水港。港口货量保持平稳，箱量继续波动。11月份，天津港完成货物吞吐量4738.20万吨，与去年同期持平；完成集装箱吞吐量121.40万标箱，同比下降4.8%。1～11月份，天津港累计完成货物吞吐量50734.7万吨，同比增长2.9%；完成集装箱吞吐量1334.20万标箱，同比增长4.1%。

主要分货类完成情况：

煤炭及制品。11月份，完成925万吨，同比下降1%；1～11月完成12435万吨，同比增长7%。

石油及制品。11月份完成494万吨，同比增长9%；1～11月完成5551万吨，同比增长12%。

金属矿石。11月份完成1005万吨，同比下降4%。1～11月完成11227万吨，同比下降5%。

钢铁。11月份完成327万吨，同比增长7%。1～11月完成4158万吨，同比增长5%。

机械设备电器。11月份完成473万吨，同比增长2%。1～11月完成4770万吨，同比增长6%。

其他。11月份完成311万吨，同比增长1.3倍。1～11月完成2357万吨，同比增长21%。

4. 邮电业发展趋势保持高速增长，快递蓬勃发展

11月完成邮电业务总量49.82亿元，比去年同期增长44.9%，其中，电信业务量39.16亿元，比去年同期增长48.0%；1～11月完成邮电业务总量438.16亿元，比去年同期增长51.1%，其中，电信业务量359.10亿元，比去年同期增长52.6%。

邮政和快递业继续保持高速增长。11月份，全市邮政行业实现业务收入9.01亿元，同比增长18.6%；完成邮政业务总量10.66亿元，同比增长34.7%。全市快递企业完成业务量5500.06万件，同比增长45.1%；实现业务收入7.8亿元，同比增长23.7%。1～11月份，全市邮政行业实现业务收入75.46亿元，同比增长34.9%；完成邮政业务总量79.06亿元，同比增长

44.7%。全市快递企业完成业务量 37628.86 万件,同比增长 60.5%;实现业务收入 57.99 亿元,同比增长 45.2%。

5.城市交通结构优化升级,公交客运略有回升,轨道交通增势明显

轨道交通系统网络化效应初步显现,日均客流量达到 84 万人次,节假日高峰期日均客流量突破百万人次。公交优先"八大工程"顺利推进,常规公交日均客流量达到 430 万人次,中心城区公交线网覆盖率达到 98.6%;更新运营车辆 9000 余辆,新能源和清洁能源车辆占全部车辆比重达 30%;城乡公交一体化步伐加快,乡镇农村客运班线通车率达到 100%,环城四区率先实现城乡公交一体化,老年人、残疾人和儿童享受更多出行优惠。

11 月份,全市完成公交客运量 1.22 亿人次,同比下降 0.8%,环比增长 8.8%;完成地铁客运量 2400.86 万人次,同比增长 11.8%,;完成轻轨客运量 318.86 万人次,环比下降 4.8%。1～11 月份,全市完成公交客运量 13.50亿人次,同比下降 5.1%,较上月收窄 0.4 个百分点;完成地铁客运量 2.52 亿人次,同比增长 8.4%,较上月末提高 0.4 个百分点;完成轻轨客运量 2742.77 万人次,同比下降 8.2%,较上月末继续收窄 10.7 个百分点。

二、规模以上企业规模总量萎缩,经营稳定向好

1～11 月份,我市交通运输业规模以上企业(年营业收入 1000 万元及以上或从业人员 50 人及以上的法人企业)共 1263 家,完成营业收入 1556.82亿元,同比下降 6.8%;实现增加值 183.73 亿元,同比增长 6.0%。

从行业看,八个大类行业营业收入"三升五降",管道运输业营业收入快速增长,增速达到 24.0%,邮政业、航空运输业营业收入较快增长,增速分别达到 16.4% 和 10.3%。装卸搬运和运输代理业等其他行业营业收入存在不同程度的下降。其中,占总量比重最大的仓储业,由于龙头企业中储发展股份有限公司规模萎缩,降幅较大,同比下降 10.7%。增加值"四升四降",其中,道路运输业、水上运输业、航空运输业和邮政业实现增长,分别增长 4.0%、5.6%、27.9%、65.3%;铁路运输业、管道运输业、装卸搬运和运输代理业、仓储业等行业增加值同比下降,其中铁路运输业下降 15.1%,降幅最大。

三、交通运输发展短板和供需矛盾依然存在

天津综合交通运输体系进一步完善,港口、机场、公路、铁路等基础设施

建设项目基本完成，客货运输规模持续增长，公交优先发展成效显著。同时，面临的挑战也日益增多。一是基础设施短板依然存在。港口功能布局有待优化，航运服务功能不健全，集疏运网络仍需完善，港城交通矛盾依然存在；机场航线网络结构有待完善，区域航空空域资源分布不均衡，航空物流发展软硬件环境还需改善；铁路对外通道通而不畅、线路迂回，市域内客外货铁路网络需加快建设；公路仍存在局部"断头路"和"瓶颈路"，省市间、区县间互联互通水平有待提高，公路服务品质有待提升；城市轨道交通、公交专用道、停车设施建设速度仍需加快，公共交通接驳有待加强；城市道路总量仍显不足，不同区域路网疏密不均，次支路网不成体系，微循环不畅，慢行交通系统不完善。二是结构性不平衡问题突出。区域、城乡交通一体化、均等化水平还需提升；不同交通方式之间仍存在结构不合理、衔接不畅、转换不便的问题；建养管运各个环节发展不平衡问题依然存在。三是发展环境还需改善。交通运输管理体制机制还需进一步完善，法治交通建设还需深入推进。交通运输安全形式仍然严峻，特别是轨道交通、"两客一危"、港口危化品等领域安全生产面临很多矛盾困难。重大项目建设面临着筹融资、资源使用、生态环境等刚性约束。

四、展望 2017 年交通运输业的发展形势

2017 年，国家改革深入推进，我国经济发展进入新常态，天津市迎来京津冀协同发展等战略叠加的历史机遇，要充分发挥交通运输在稳增长、扩内需、保障改善民生、优化空间开发等方面的基础支撑和先行引领作用，持续推进综合交通运输体系建设，努力实现交通运输由"基本适应"向"适度超前"跃升。

首先是宏观经济对我市交通运输业的影响。当前世界经济复苏仍然艰难曲折，面临一些不确定、不稳定因素。总的看来，随着京津冀协同发展上升为国家战略，多重利好和政策因素叠加，将促进我市交通运输业未来实现健康和可持续发展。

其次，从分行业角度看，我市交通运输业存在较多利好因素。京津冀协同发展有利于促进腹地经济提速和产业升级，扩大货源市场，"大交通"管理体制更有利于行业统筹管理，交通运输先导性、基础性作用更加突出；天津航空事业发展进入快车道和黄金期，规模、品质和承载能力大幅提升，更好承接北京机场溢出资源；运力结构不断优化，运输效率稳步提升等，有利于

保持交通运输经济稳步增长。

2017 年预计,力争完成公路货运量和周转量增速 7% 和 8%。港口货物吞吐量 5.5 亿吨,集装箱吞吐量 1500 万标准箱。机场旅客吞吐量 1900 万人次,货邮吞吐量 26 万吨。

五、促进我市交通运输业发展的主要对策

提升运输服务质量,以客运零距离换乘,货运无缝隙换装为方向,强化不同交通方式衔接,发挥综合运输组合效率和整体优势,形成“衔接顺畅、服务优质、支撑有力、管理协同”的综合运输服务体系。打造立体化、大容量、多样化城际客运网络,形成“环放式”轨道交通骨架网络,打造客运更便捷、物流更高效、服务更优质的综合运输服务示范城市。

着力推进智能交通建设,以整合交通运输数据资源、提升交通出行智能服务、强化业务应用智能管理为导向,加大管理与技术创新。着力推进绿色交通建设,促进交通运输节能减排,加强生态环境保护,强化重点领域防污治污,为美丽天津建设提供坚实有力支持。着力推进平安交通建设,深入推进“安防网”建设,大力实施“5 +1”安全举措,着力完善交通安全制度、提升监管水平、增强应急保障能力等,为高质量小康社会建设提供坚实的运输安全服务保障。着力推进法治交通建设,建设完备的法律规范体系,加强规范性文件的监督管理,建设高效的法治实施体系,建设严密的法治监督体系,建设有力的法治保障体系。

促进京津冀交通一体化,提高运输服务保障能力。立足天津在协同发展中的比较优势,完善协调运行机制,加快推进滨海新区绕城高速等一批天津港集疏运公路项目、京津城际机场引入线、津冀港口合作项目,高速公路“接口路”和普通公路“瓶颈路”尽快开工建设。

挖掘行业发展潜力,释放交通经济活力。落实邮轮运输业先行先试政策,加大招商引资,扩大水运企业和运力规模。推进多式联运,电子商务和物流速递发展,组织开展城市配送试点工作,解决限行造成的运力短缺。加快推动京津机场分流工作,新建一批异地城市候机楼,争取更多旅客经京到津和经津到京,实现京津机场互为进出港、协同发展。

(作者单位:天津市统计局)

2016～2017 年天津市科技创新与产业化状况分析与预测

天津市科委课题组

在市委、市政府的坚强领导下，深入贯彻落实习近平总书记系列重要讲话精神，认真贯彻落实党中央、国务院和市委、市政府的战略部署与重要要求，全面推进创新驱动发展战略、京津冀协同发展战略、“一带一路”战略实施，推动国家自主创新示范区建设，进一步加快科技型企业和科技“小巨人”企业成长壮大，着力推动战略性新兴产业、先进制造业和科技服务业持续发展，着力促进科技成果转化和培育新动能，科技支撑引领经济社会发展作用更加突出。

一、2016 年科技创新产业化进展

打造和发挥科技创新驱动作用日益显著。全力推动科技型企业发展行动计划，全年新增科技型企业近 1.5 万家，总数达到 8.8 万家；新增科技“小巨人”企业 450 家，总量达到 3900 家；新增国家高新技术企业 957 家，累计达到 3265 家。大力支持科技型企业创新发展，支持和认定“杀手锏”产品 121，总数累计达到 309 项；新认定市级重点新产品 181 项，总数累计达到 584 项。科技“小巨人”企业主营业务收入、利润、税金增速分别高于全市平均 3.9 个、27.4 个和 11.5 个百分点。着力加快科技服务业发展，在开发新技术新产品、培育新模式新业态上下功夫见成效，全市科技服务业规上企业超过 1500 家，已形成工程设计、检验检测、软件和信息技术服务等优势领域，全年科技服务业规上企业营业收入预计达到 2100 亿元，同比增长预计超过 10%。工业科技“小巨人”总产值占规上工业比重达到 51.5%。着力激发大众创新创业活力。全市众创空间总数达到 139 家，超过 50% 的众创

空间经科技部备案,其中 TjAb 众创空间成为首批 17 个国家专业化众创空间之一。建立了 120 多支众创空间创业种子基金。众创空间入驻创业团队超过 4000 个,注册初创企业 2300 多家。区县众创空间全年研发技术成果、申请知识产权均超过 1000 项(件)。这些都标志着我市发展方式、产业结构和发展质量有了显著变化,对全市经济增长拉动和驱动作用更加显著。

国家自主创新示范区创新驱动发展载体作用日益显著。编制发布示范区产业发展规划,积极引导核心区在政策创新、要素集聚、产业发展等方面作示范,加快培育新能源汽车、新一代信息技术等高端产业集群;大力支持分园打造智能制造、医疗器械、创新创业等特色园区。示范区新增注册企业近 2 万家,总数超过 8 万家;新增科技型企业达到 6100 家,总量达到 2.7 万家,占全市比重达到 31%;新增科技"小巨人"企业(241)家,总量达到 1536 家,占全市比重 39%。新增国家高新技术企业 550 家,总量达到 1800 家,占全市比重达到 55%。聚集清华大学天津高端装备研究院等近 30 家新型研发机构,引进两院院士、国家千人计划等高层次人才达到 300 人。预计全年总收入达到 2.1 万亿元,同比增长 16%。示范区发展整体呈现创新主体茁壮成长、创新要素集中集聚、创新功能逐步完善的好态势。

京津冀协同创新成效日益显著。积极贯彻落实党中央、国务院和市委、市政府关于京津冀协同发展的战略部署和要求,深化与中科院等国家科研院所、清华大学等一流大学合作,加强与北京中关村等园区互动,积极辐射服务河北省创新发展,推动京津冀科技协同创新共同体建设。全力落实市政府与中科院"十三五"《全面科技合作协议》,推动院市合作项目 70 项,累计实施成果转化项目 483 项,建成中科院北京分院天津创新产业园区、中科院天津物联网技术研究院、中科院电工所天津先进电气技术研究院等 24 个载体与平台。深入加强与北京中关村的战略合作,支持我市创新社区引进中关村创新要素和服务资源。主动对接国家级大院大所和高校,组织相关区、园区、企业与北京理工大学、北京交通大学等高校院所开展科技合作,新引进清华大学电子信息研究院等 20 家高水平研发机构,累计建成研发平台和转化基地 100 余个。推动一批科技成果、科技型企业、科技园区在河北省转化、发展和合作,着力发挥河北省产业发展的腹地效应。通过聚资源、建平台和互动合作,在构建科技协同创新共同体上更加深入,京津冀协同创新迈上新台阶。

产学研合作共促创新发展成效突出。大力支持科技领军企业牵头高校、院所以及上下游企业,组建产学研用创新联盟。通过联盟的形式,整合创新资源、打通创新链条。已支持建成首批 30 家产学研用创新联盟，联盟在引领技术创新、带动产业集群发展方面发挥积极作用，其中海天量子牵头组建的中国通用设备安全节能创新战略联盟，汇集倪光南院士等一批顶尖专家，成员涵盖国内外近 20 家知名企业和 12 家高校院所及行业协会，有望成为引领通用设备服务模式变革的重要力量。全年推动 12 家国家重点实验室转化科技成果 485 项。支持 11 所高校出台新的成果转化收益管理办法，引导天津大学、天津工业大学等高校探索成果转移转化新机制，有力推动一批科技成果转移转化，科技人员收益分配 700 多万元。新选派 737 名科技特派员，入驻 636 家企业，特派员累计达到 1620 名，入驻服务企业 1483 家，协助开发新产品 654 项，推动高校成果转化 233 项。全年技术合同交易额再上百亿新台阶，总额突破 600 亿元。

科技创新能力大幅度提升。全市 22 个专项 38 个项目获得国家重点研发计划 8.19 亿元经费支持，1007 个项目获得国家自然基金项目立项。应用基础研究在三维石墨烯体相材料制备、工业催化技术、脑机交互、水下航行器等领域实现新突破，首次发明新型三价碘氧化剂 PhI(DMM)，填补含氮杂环分子研究重要空白；新增国际三大检索系统收录科技论文 21988 篇，一批成果在 *Nature*、*Science*、*Chemical Reviews* 等国际高端刊物发表。津产长征五号和长征七号火箭发射升空，世界首套在轨脑机交互及脑力负荷测试系统应用于“天宫二号”，自主研发主动反射面液压促进器成为“中国天眼”射电望远镜核心部件，高响应复杂曲面七轴长臂喷涂机器人、高精度智能传感器、高铁轨道板等一批创新成果填补国内技术空白、打破国际技术垄断，天津创造为国家重大技术突破做出重要贡献。

科技创新体系日益完善。积极申报国家合成生物技术创新中心，加快推进纳米颗粒与纳米系统、碳材料等产业研究中心建设，新增企业重点实验室 21 个，累计达到 177 个；增建工程中心 23 个，累计达到 255 个；新建科技企业孵化器 12 个，累计达到 158 个，新建生产力促进中心 10 个，累计达到 170 个。

科技与金融融合取得新突破。陆续出台政策性担保资金管理暂行办法、产业并购引导基金管理办法等文件，大力支持科技型企业开展股份制改造、上市挂牌，切实发挥财政资金杠杆作用，有力引导金融机构、社会资本支持科技创新。全年支持 248 家科技型企业完成股份制改造，超额完成计划任务 65% 以上，累计达到 504 家；推动 212 家科技型企业上市挂牌，其中主板上市 3 家、新三板挂牌 72 家，超额完成全年 60 家任务；参股设立天使、创业投资等子基金 16 支,参股资金 6.68 亿元,基金总规模达到 30 亿元。

二、面临的形势和问题分析

深刻领会和落实习近平总书记的重要讲话精神。党的十八大以来,习近平总书记以历史纵深和全球视野,从时代发展前沿和国家战略高度,对科技创新提出了一系列新思想、新论断、新要求。习近平总书记在 2016 年 5 月 30 日全国科技创新大会、两院院士大会、中国科协第九次全国代表大会上的讲话中,向全国发出建设科技强国的伟大号召,他强调"实现'两个一百年'奋斗目标,实现中华民族伟大复兴的中国梦,必须坚持走中国特色自主创新道路。要深入研究和解决经济和产业发展亟需的科技问题,围绕促进转方式调结构、建设现代产业体系、培育战略性新兴产业、发展现代服务业等方面需求,推动科技成果转移转化,推动产业和产品向价值链中高端跃升。"2016 年,党中央、国务院在科技创新和创新驱动发展上做出一系列重大战略部署,颁布实施的《国家创新驱动发展战略纲要》提出了科技创新"三步走"战略目标,明确了一系列事关全局和面向长远的部署。国务院颁布实施的《"十三五"国家科技创新规划》,明确科技体制改革主体架构、科技创新能力建设、京津冀等区域协同创新、培育发展新动能等一系列重大任务。我们要不断加快推动科技创新、创新驱动发展,就必须把习近平总书记系列重要讲话精神作为科技工作的根本遵循,体现在理念上,贯穿于部署中,落实到行动上,不断增强"四个意识",更加紧密地团结在以习近平同志为核心的党中央周围,更加坚定地维护以习近平同志为核心的党中央权威,更加自觉地在思想上政治上行动上同党中央保持高度一致,自觉主动地贯彻落实好党和国家在科技创新上的路线方针政策和战略部署。

深刻认清和把握国内外创新驱动发展大势大局。当前,新一轮科技革命和产业变革的步伐不断加快,国际科技竞争更加激烈,我国经济发展新常态和供给侧结构性改革对科技创新的需求更加迫切,创新驱动既是当前稳增长的着力点,也是长期调结构的战略路径。我们必须坚定信心,把思想和行动统一到中央对形势的重大分析判断上来,统一到中央的重大决策部署上来,进一步深化创新驱动,加快推进以科技创新为核心的全面创新,抓落实、补短板、求实效,释放创新活力,全面提高创新供给能力,发展壮大新动能、增加新供给,提高发展质量和效益,切实发挥科技创新在支撑引领经济社会发展中的"挑大梁"作用。

深刻摸清和满足我市发展对科技创新的需求和要求。2017 年是我市推进建设一流创新型城市和具有国际影响力产业创新中心的关键一年，是创新驱动发展战略实施重要的一年。李鸿忠书记在市委十届十一次全会上做了重要讲话，强调要把讲政治放在首位，以习近平总书记“三个着力”重要要求为元为宗为纲，坚决贯彻落实稳中求进这一治国理政重要原则，用好稳中求进经济工作的方法论，贯彻五大发展理念，打开脑袋上的“津门”，拿出“天津卫”冲天、向津、前卫的劲头，从观念理念着手、着眼，抓住发展机遇的历史性窗口期，扎扎实实地落实京津冀协同发展战略，重商重企重市场主体，念好五所大学，将下行压力转化为推进结构优化、动能转换、可持续发展的动力，瞄准高端、创新、绿色，积极培育新技术、新产业、新业态、新模式，大力发展服务业，使战略性结构与稳增长结构相得益彰。2017 年，科技创新与产业化工作必须要以全面落实习近平总书记“三个着力”重要要求为主线，深入贯彻落实党中央、国务院和市委、市政府在科技创新上战略部署，聚焦全国领先创新型城市和国际影响力产业创新中心两大目标，深入推动创新驱动发展战略，深化科技供给侧改革，着力在推进京津冀协同创新等三大国家战略布局上取得新突破，在科技成果转移转化、科技有效供给等六方面补短板、补空档上取得重大进展，在狠抓科技型企业发展、科技体制机制改革、“双创”等九个方面接续发展上再创佳绩，全面增强“四个意识”加强党建保障和自身建设，进一步开启创新型城市、产业创新中心建设新征程。

三、2017 年科技创新与产业化工作思考

在落实国家重大战略和布局中推进科技创新取得新突破。一是全力推进京津冀科技协同创新。以深化部市会商、院市合作、中关村合作以及科技部门协作为重点，进一步争取科技部在国家重大专项、大科学平台设施、国家自主创新示范区建设等方面的支持；进一步落实市政府与中科院“十三五”《全面科技合作协议》，推进中科院新型研发机构、成果来津转化；积极引导中关村优质资源向滨海中关村科技园等创新平台集聚，在工业节能减排、大气污染联防联控等重点领域继续开展深层次合作。二是全力推进国家自主创新示范区产业集聚。把国家自主创新示范区作为创新驱动发展的重要载体，加强委区共建，进一步加快示范区条例制定，切实推动主导产业集群、创新资源集聚、创新创业生态集成，力争示范区科技型企业达到 3.4 万家，占全市比重达到 36% 左右，提高 4 个百分点；国家高新技术企业达到

2100 家;示范区总收入达到 2.3 万亿元。三是全力推进"一带一路"科技开放合作。大力支持科技型企业在"一带一路"沿线国家设立技术推广中心、技术转移中心等国际创新机构,采取并购、合资等方式设立海外研发中心。积极完善"走出去"服务体系,依托天津科技成果转化交易市场,汇聚一批国内外技术转移、创新服务等团队。进一步完善国际科技合作基地,加强国际化新型企业家、技术经理人等人才培育。

在着力变理念、补短板、补空档上推动科技创新取得重大进展。一是着力推动科技成果市场化转移转化。启动科技成果转移转化行动,加快推动科技成果转化服务平台、科技成果信息平台、科技成果中试平台,以及科技成果转化示范基地"3+1"体系建设,加大成果二次研发、中试等关键薄弱环节支持,大力推动专业化服务机构发展,加大科技特派员选派力度,力争全年新支持推动 500 项以上科技成果转化。着力推动科技有效供给。二是以提高科技供给侧有效供给能力为目标,积极发挥自然科学基金、政府科技资金的导向作用,支持高校院所加强前沿技术研究,年内培育 10 项引领新兴产业的前沿技术。依托天津市杰出青年科学基金,遴选培育 30 名左右青年杰出人才,作为院士、学科带头人后备。三是支持科技领军企业、行业龙头企业与天津大学、南开大学等高校加强合作,共建校企协同创新实验室,年内建设实验室 10 个、转化 10 项重大产业化技术。进一步引导在津国家级大院大所与企业建立产学研长效协同机制,全年对接服务本地企业 1000 家以上。着力推动先进制造研发基地建设。四是发挥好科技创新对先进制造研发的支撑作用,加快规划建设先进制造产业技术研究院,进一步推动清华高端装备技术研究院、军民融合研究院等新型研发机构发展,加强航空航天装备、新一代信息技术、海洋工程装备等重点领域技术攻关支持,力争突破 40 项关键核心技术。五是着力推动科技服务业发展。进一步拓展工程设计、检验检测等专业技术服务,做大大数据服务、集成电路设计、遥感测控等科技信息服务,做优"互联网+智能制造"整体解决方案,以及战略咨询、信用风险评估等综合服务,切实推动科技制造与科技服务协同发展,力争科技服务业规上营业收入超过 2300 亿元,增长 10% 以上。

在着力抓落实促进接续发展上再创佳绩。一是深入推进科技型企业发展。继续全力推动科技型企业发展行动计划,加强领军企业培育,抓好国家高企认定,加快推进产学研用创新联盟建设以及科技型企业裂变发展,持续深化"一对一"干部帮扶,力争全年新增科技型企业 8000 家、科技"小巨人" 300 家;新认定国家高企 700 家;新组建产学研用创新联盟 20 家;推动 300

家科技型企业裂变，培育 900 家小创企业。二是深入推进大众创业、万众创新。把培育打造专业化众创空间，作为进一步推动科技与“双创”协同创新的重要着力点，加强众创空间绩效激励，推行众创空间备案制管理，进一步支持龙头企业、高校科研院所建设专业化众创空间，力争专业化众创空间达到 30 个。三是深入推进科技金融创新。以推动科技和金融深度融合，提升金融创新催化能力为目标，支持推动 150 家科技型企业开展股份制改造；进一步发挥引导基金作用，引导社会资本成立天使、创投，以及科技企业并购子基金；加大面向科技型企业的科技金融服务力度，探索新型银政企合作机制。四是深入推进科技创新体系建设。以提高自主创新能力和产业化能力为重点，积极支持申报国家合成生物技术等重点实验室，支持以企业为主体联合科研院所、高校组建工程中心，进一步提升生产力促进中心、孵化器建设水平和精准化、专业化服务能力。五是深入推进科技服务升级。继续推进科技创新券制度，力争全年支持 200 家以上科技型企业开展创新活动。进一步扩展大型科研仪器设备补贴范围，深化与京冀的开放共享，积极支持“科服网”等科技服务平台发展。

2016～2017 年天津市消费品市场分析与预测

宋晓春

2016 年是我市“十三五”时期的开局之年,商贸经济运行总体呈平稳态势。新常态特征更趋明显,消费品市场降速转型,商品流通市场结构调整,餐饮市场稳步发展。

一、商贸经济运行总体平稳

2016 年前三季度,我市商贸经济总体保持稳步发展,主要指标增幅稳中趋缓,结构调整稳步推进。

1. 消费品市场调整升级

前三季度,我市消费品市场总体发展平稳,消费结构升级态势明显,向质量化、个性化、服务型消费转化。全市社会消费品零售总额完成 4119.78 亿元,同比增长 7.3%。从前三季度趋势看,趋缓迹象明显,一季度增长 10.3%,上半年增长 8.6%,前三季度增长 7.3%。

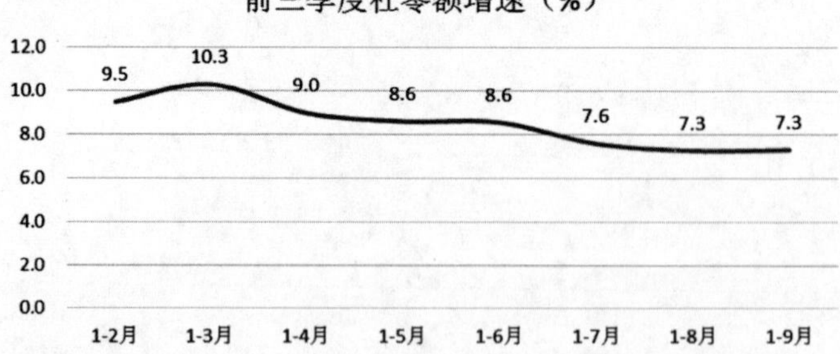

我市消费品市场运行主要呈现以下四方面特点。

一是从商业业态看,新业态引领发展。前三季度,我市网络消费保持高位增长,比重提升。限上批发和零售业单位网上零售额271.59亿元,同比增长57.3%,占全市限上社零额的11.9%,比重比同期提高4.1个百分点。前三季度,唯品会、航讯互联网、京东海荣贸易等8家电子商务企业网上零售规模均超十亿,合计网上零售额233.82亿元,占全市限上网上零售额的86.1%。与此同时,实体店中的商业综合体蓬勃发展,截至2015年末,全市投入使用的商业综合体共计18个,全年实现销售额(营业额)132.1亿元,全部可出租(使用)面积108.83万平方米。全年客流总量约1.31亿人次,车位2.3万个,商户从业人员达到2.53万人。

二是从消费结构看,提质升级类商品消费亮点突出。随着居民收入水平的提高和消费观念的改变,对品质消费和服务消费的需求日益旺盛,文化、保健、体育娱乐消费实现较快增长。前三季度,服装零售额207.73亿元,增长33.6%;文化办公用品零售额33.52亿元,增长11.6%;中西药品零售额30.12亿元,增长24.0%;体育娱乐用品零售额9.99亿元,增长14.7%。

房地产市场升温带动相关居住类商品旺销。前三季度,限上批发和零售业单位建筑及装潢材料零售额68.03亿元,增长46.7%;家用电器和音像器材零售额113.47亿元,增长22.4%;五金电料零售额26.18亿元,增长19.1%。

汽车消费进入平稳发展的常态模式。现阶段,我市汽车消费基本趋于稳定,购车档次显著提高,新能源、小排量及大空间多用途汽车成为市场"宠儿"。前三季度,限上单位汽车零售额670.69亿元,增长15.7%,比上半年小幅加快0.2个百分点。

三是从消费形态看,服务性消费更具潜力。我市消费结构升级继续深化,与生存发展等基本商品性消费相比,休闲娱乐、医疗保健、教育等服务性消费支出增速加快,比重提高。上半年,我市人均服务性消费支出同比增长10.9%,增幅高于人均消费支出3.0个百分点,比一季度加快3.9个百分点;服务性消费支出占消费支出的比重达到25.7%,比一季度提高3.4个百分点。

四是从市场主体看,重点企业支撑作用显著。前三季度,全市零售额前100名企业合计完成零售额1332.87亿元,同比增长15.2%,高于全市社零额增幅7.9个百分点。其中,零售额超百亿的企业有一家,为中石化天津石油分公司;零售额超十亿的企业有 34 家,包括国机汽车股份有限公司、唯品会(天津)电子商务有限公司、一商集团等多家知名企业。

2. 流通市场平稳增长

随着经济结构调整、大宗商品需求低迷,我市商品流通市场发展总体呈稳中趋缓的态势。前三季度,我市批发和零售业销售额完成 34330.08 亿元,同比增长 7.0%,增幅与上半年持平。其中,限上单位销售额 24653.11 亿元,增长 5.9%,增幅比上半年小幅回落 0.1 个百分点。

前三季度销售额总量和增速(亿元、%)

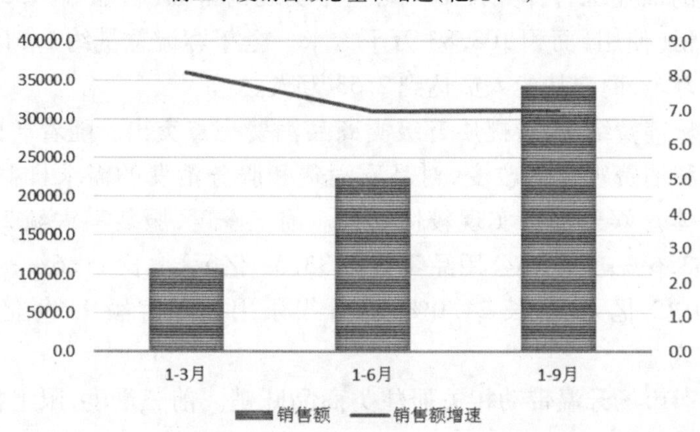

27 类流通商品中 16 类销售额实现增长。前三季度,生活类商品总体保持平稳增长,其中服装在电商企业的拉动下销售额增长 59.3%;饮料在中秋国庆双节带动下增长 53.8%;家电和音像器材增长 34.8%。生产资料类商品销售额有升有降,其中金属材料增长 5.6%;化工材料及制品增长12.2%;石油及制品下降 9.2%;煤炭及制品下降 11.3%。汽车销售在同期低基数的影响下,销售额增幅有较大回升,完成销售额 2408.43 亿元,增长 19.5%,比上半年加快 9.4 个百分点。

重要商品销售量有升有降。其中,大部分吃类商品销量增势较好,大米、杂粮、肉禽蛋等主要食品销售量均呈增长态势。家电方面,空调和电脑的销售量均有增长,彩电、冰箱销售量均有不同程度下滑。出行方面,汽车销售量增长 8.2%,但其中轿车销售量受进口汽车销售低迷影响下降5.3%,减少 2.0 万辆。生产资料方面,铜、铝有色金属销售量实现增长,钢材、化肥的销售量均有不同程度下降。从中石化华北分公司、中石化、中石油等重点石油企业销售量看,汽油基本上升,柴油普遍下降。

民营企业贡献突出。随着近年我市陆续出台鼓励民营经济发展的系列政策，民间投资潜力得到释放，在商贸经济领域也显示出较强的竞争力和市场活力。前三季度，我市限上民营商业企业销售额 11451.84 亿元，同比增长 22.4%，占全市限上销售额的 46.5%，拉动全市限上销售额增长 9.0 个百分点；限上国有商业企业销售额 11474.31 亿元，下降 6.5%，占比46.5%；限上外资商业企业销售额 1726.96 亿元，增长 5.1%，占比 7.0%。

过半地区保持较好发展。前三季度，全市 16 个区中，10 个区销售额增速高于全市水平，其中 8 个区增速达到两位数。其中，宝坻区增长 22.1%，武清区增长 14.8%，河北区增长 14.0%，津南区增长 13.2%，东丽区增长 13.1%，蓟州区增长 11.7%，静海区增长 11.5%，红桥区增长 10.0%，均保持较好发展态势。增速较低的区有：和平区增长 6.5%，宁河区增长 5.9%，河东区增长 4.9%，南开区增长 3.1%，河西区下降 0.8%。滨海新区注册口径销售额完成 13870.16 亿元，占全市销售额的 40.4%，增长 2.8%。

市属企业和央企销售额下滑。前三季度，全市限上市属商业企业销售额 7027.58 亿元，下降 3.4%，降幅比上半年扩大 3 个百分点，负拉动限上销售额 1.1 个百分点。市属企业降幅扩大，主要受渤钢集团、冶金集团、天铁冶金集团等几家大型钢铁集团销售额降幅扩大影响。中央商业企业限上销售额 3290.93 亿元，下降 12.5%，降幅比上半年扩大 0.2 个百分点，负拉动限上销售额 2.0 个百分点。

3. 餐饮市场小幅回落

前三季度，全市住宿和餐饮业营业额完成 605.07 亿元，同比增长 10.7%，增幅比上半年回落 0.3 个百分点。餐饮市场向大众化、多样化、健康化转型更趋明显。

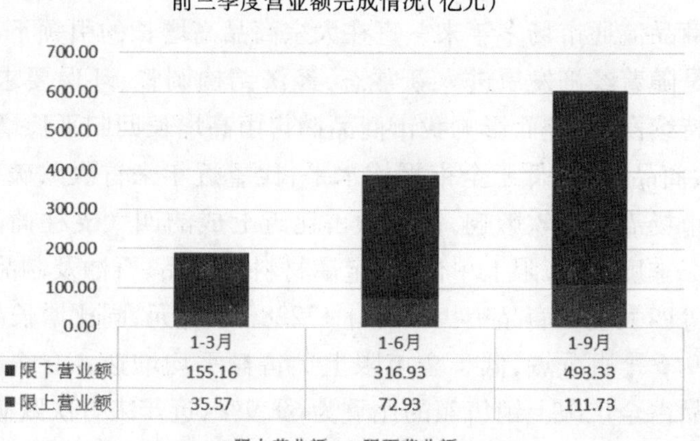

	1-3月	1-6月	1-9月
■限下营业额	155.16	316.93	493.33
■限上营业额	35.57	72.93	111.73

限上单位营业额保持增长,增幅略有回落。前三季度,全市限上住宿和餐饮业营业额完成 111.73 亿元,增长 1.0%,增幅比上半年回落 0.4 个百分点。网上订购大幅增长,限上住餐企业通过网络实现的客房收入和餐费收入同比分别增长 66.5% 和 78.1%。

大众特色餐饮持续红火。前三季度,全市限下住宿和餐饮业营业额完成 493.33 亿元,增长 13.1%,占全市营业额的 81.5%,拉动全市营业额增长 10.5 个百分点。

二、需要关注的问题

2016 年,我市商贸经济总体保持稳步发展态势,在新常态特征更趋明显、转型调整不断推进的环境下,一些结构性矛盾日益显现。

1. 商品性消费在消费转型中增长趋缓

近年来,我市消费品市场总体保持健康、平稳、有序发展的同时,制约增长的因素依然存在,市场稳中趋缓的态势值得关注。一是受宏观经济走势、多种内外因素叠加影响,我市居民消费信心,消费需求动力有所减弱,全市 22 类零售商品中,增幅比上半年回落的达到 15 类,呈普遍回落的态势;二是在调结构、转方式的背景下,居民消费也开始由商品型向服务型转变,在汽车、家电等原有热点商品降温后,短期内仅靠电商经营的服装和房地产相关的建材、家电等拉动消费,长期看仍然缺乏有效的商品消费支撑热点;三是网上零售由初期高速增长向平稳较快发展过渡,增幅由一季度的 94% 回落至前三季度的 57%,同期的上海、北京、深圳等增速均已回归至 20% 左右。

2. 商品流通市场结构亟待调整

我市商品流通市场多年来一直在大宗商品高增长的引领下保持了较快发展。但是随着经济发展进入新常态,经济结构调整、环保要求提升,大宗商品需求持续回落,进而影响我市商品销售由高增长回归平稳增长期。

“四大商品”增幅低于全市平均水平,比重近年来首次跌破七成。受价格低迷和市场需求疲软影响,销售额占比近七成的四大支柱商品销售增长乏力。前三季度,全市限上单位中,金属材料及制品、石油及制品、汽车和煤炭及制品等四大支柱商品销售额合计 17228.72 亿元,同比增长 1.9%,比上半年回落 0.6 个百分点,低于全市限上销售额平均增速 4.0 个百分点。四大支柱商品占全市限上销售额的比重为 69.9%,近年来首次跌破七成,拉动全市限上销售额增长 1.4 个百分点,比上半年减弱了 0.4 个百分点。

表 1　支柱商品限上销售额完成情况（亿元、%）

支柱商品	销售额	增速	上季增速	增速变动	比重
限上合计	24653.11	5.9	6.0	0.0	——
#四大支柱合计	17228.72	1.9	2.5	-0.6	69.9
金属材料	9621.66	5.6	10.9	-5.3	39.0
石油及制品	3126.62	-9.2	-5.2	-4.0	12.7
汽车	2408.43	19.5	10.1	9.3	9.8
煤炭及制品	2072.00	-11.3	-22.8	11.5	8.4

煤炭及制品、石油及制品销售继续下滑，负拉动限上销售额 2.5 个百分点。前三季度，我市石油及制品销售额完成 3126.62 亿元，下降 9.2%，负拉动限上销售额 1.4 个百分点。其中，中石化华北、中石化天津、中石油天津三大央企销售额合计 1813.09 亿元，比同期净减少 262.42 亿元。煤炭及制品销售额延续下降态势，完成 2072.00 亿元，下降 11.3%，负拉动限上销售额 1.1 个百分点。金属材料回落明显，销售额完成 9621.66 亿元，增长 5.6%，增幅比上半年回落 5.3 个百分点，拉动全市限上销售额增长 2.2 个百分点，拉动作用比上半年下降 2.0 个百分点。

3. 企业经营仍面临诸多困难

从前三季度企业景气状况调查看，商贸企业经营面临诸多困难，市场需求减少和订单不足、劳动力成本上涨、资金紧张等仍然是困扰企业经营的主要问题。

从企业盈利情况看，本季度盈利比上季度减少的企业占比 22.0%，而盈利增加的占比仅 10.5%，有 66.9% 的企业认为利润减少的主要因素为业务量缩减。从企业资金周转情况看，11.6% 的企业认为资金周转紧张，仅 2.8% 的企业认为较为宽裕，企业资金紧张的主要原因为货款回笼慢、存货资金占用多和融资难。从企业用工情况看，12.9% 的企业认为用工需求下降，仅 4.6% 的企业需求增加。从前三季度限上单位就业情况看，零售业、住宿业和餐饮业从业人员期末人数同比分别减少 1362 人、650 人和 3371 人，分别下降 1.4%、3.1% 和 7.8%。

三、2017 年面临形势和对策建议

商贸经济在新常态下的转型调整进一步深化。一方面，商贸经济发展的基础和条件更加坚实。国内经济发展长期向好的基本面没有改变，而我

市正迎来历史发展的重要窗口期,京津冀协同发展、自贸区建设加快推进等各种利好政策叠加,发展前景广阔,新常态下消费市场也在向形态更高级、分工更细化、结构更合理的趋势演化。

另一方,商贸经济转型调整中的结构性矛盾也日益突出。以金属材料、石油、煤炭等大宗商品为主体的商品流通结构与市场需求结构存在差异,以互联网 + 为代表的线上线下相互融合的新商业模式与我市商贸企业信息化建设程度不协调,以消费为主导拉动经济发展的经济增长模式与我市居民收入水平和消费能力增长趋缓仍存在一定落差。

我市消费品市场发展仍面临较大的压力,还需要进一步为结构性改革积极营造良好的外部条件,创造宽松的市场环境,深挖消费增长潜力,确保商贸经济健康稳步发展。

1. 继续提高收入水平,增强消费信心

收入是消费的基础,消费能否快速增长很大程度上取决于收入的增长状况。十八大报告指出,要积极调整收入分配政策,努力实现居民收入增长和经济发展同步、劳动报酬增长和劳动生产率提高同步。前三季度,我市城镇常住居民人均可支配收入为 29662 元,与北京的 42426 元、上海的 43185 元仍存在较大的差距。还需要多渠道增加居民收入,建立居民收入增长长效机制,缩小收入分配差距,扩大中等收入人群比例,增强居民消费能力。同时,继续完善医疗、教育、养老等社会保障体系,降低居民对未来支出预期的不确定性,增强消费意愿。

2. 加快供给侧改革,增加有效供给

目前,消费品市场原有的供给结构已经越来越不适应市场需求结构的变化,消费者的消费行为和消费习惯日益呈现出多样化、个性化、品质化、舒适化等特点。当前,我市商贸企业特别是零售业经营模式、营销方式等等还不能完全适应市场需求变化,需要有针对性的加强特色主体经营,避免同质化下的单纯价格竞争,创新营销方式、加强营销力度,通过细分市场、优化商品、强化服务、增强体验等措施,赢得市场和消费者青睐。

3. 突出政策优势,抢占新兴市场

要加强对平行进口汽车、进口商品直营、跨境电商等新领域的扶持推动力度。在京津冀协同发展的背景下,扩大我市商品销售辐射范围,进一步推动区域市场一体化,建立和完善物流共同配送体系。以 B2B 模式为突破口,积极引进重点服务平台在我市注册落地,提供本地化服务,推动企业拓展网上业务;开展 B2C 零售出口业务,创新跨境电商海外仓新模式;设立覆盖京津冀，辐射东北、华北等多地区的跨境电商经营网络，增强总部经济效应。

4. 推动流通改革，降低流通成本

随着钢材、煤炭等重点商品需求持续低迷，而企业经营成本不断上升，我市主营大宗商品的部分企业面临商品供需双降，资金周转压力加大等困难。应积极加快推进全市贸易流通体制改革，推进“互联网＋流通”行动，把促进流通信息化作为降低成本的重要举措，扶持企业加快转型发展。

（作者单位：天津市统计局）

2016~2017 年天津市生态环境保护状况分析与预测

牛桂敏　朱艳芳

一、2016 年天津市生态环境保护状况分析

(一)生态环境质量状况

2016 年前三季度,全市空气质量达标天数 184 天,同比增加 13 天,达标率 67.2%;超标天数 90 天,其中,重污染天气 10 天,同比减少 1 天。环境空气质量综合指数 5.93,同比下降 7.1%。六项主要污染物中,PM2.5、PM10、SO_2、CO 浓度分别为 58μg/m^3、94μg/m^3、19μg/m^3、2.0mg/m^3,同比分别下降 9.4%、14.5%、32.1%、16.7%;O_3、NO_2 浓度分别为 169μg/m^3、42μg/m^3,同比分别上升 9.7%、10.5%。

全市 20 个地表水国家考核断面中,Ⅱ类、Ⅲ类、Ⅳ类、Ⅴ类、劣Ⅴ类水质断面分别为 1 个、2 个、5 个、3 个、9 个,分别占 5.0%、10.0%、25.0%、15.0%、45.0%。总体处于重度污染水平,主要污染因子为化学需氧量、高锰酸盐指数和总磷。引滦入津水质下降,入境断面黎河桥、沙河桥水质均为Ⅳ类,主要污染因子为总磷、化学需氧量和高锰酸盐指数。尔王庄水库、南水北调中线输水水质分别达到地表水Ⅲ类、Ⅱ类标准。武清、宁河、蓟州等自供饮用水源地水质均达到地下水Ⅱ-Ⅲ类水质,符合饮用水源地水质标准。

(二)环境保护工作的主要成效

1. 大气污染防治扎实开展

狠抓“五控”治理。加快建设高污染燃料禁燃区,减煤 297 万吨;严格扬

尘管控，全面治理全市2.1万块、201平方公里裸露地面；加大老旧机动车淘汰力度，至9月底注销淘汰10.5万辆，提前完成国家下达的年度任务；实施重点工业企业脱硫、脱硝和挥发性有机物治理116项、钢铁联合企业烟粉尘无组织排放治理26项。完成全市大气污染源新一轮排查，形成"一源一策"图表；配合京津冀启动临时应急减排、重污染天气应急响应22次、91天。严格考核问责。增加各区空气质量经济奖惩、区域限批、电视公开约谈等问责措施。市政府约谈工作不力的5个区政府负责同志，各区对履职不到位的140名街镇党政主要和分管负责同志进行了追责。

2. 水污染防治深入推进

制定我市《2016年水污染防治工作方案》。狠抓污染源头治理，年度计划的40家直排企业和4家农村分散源，已治理完成16家；出台《天津市取缔"十小"企业实施方案》，排查并取缔"十小"企业137家；积极推动13个工业集聚区污水集中处理和在线监控系统安装，10个已基本完成；10个涉农区编制完成禁养区划定方案。强化水环境质量监控，每月对20个国家考核断面监测分析，污水处理厂水质月监测由46家增加至63家。加强饮用水源保护，针对于桥水库水质迅速恶化等情况，积极落实应急响应措施；从4月起，按国家要求公开我市饮用水源地水质信息；推动建立引滦入津水环境补偿机制，就《引滦入津水环境补偿实施方案》达成一致意见并开始签署协议。

3. 生态环境安全有效保障

严格生态红线考核，编制完成《天津市永久性保护生态区域保护规划编制指南》；组织对全市生态用地开展遥感调查，摸清结构类型；对占用生态用地和自然保护区的建设项目严格审查。落实国家"土十条"任务，组织编制我市土壤污染防治工作方案；严格建设用地准入管理，保证用地安全。排查环境安全隐患，开展危险废物及废弃危险化学品环境监管大检查，检查危险废物产生企业888家次，依法处理环境违法行为；编制《天津市环保局处置核与辐射事故应急预案》，开展全市核与辐射环境安全检查工作，保障了夏季达沃斯会议、G20峰会等敏感时期的环境安全。

4. 环保制度改革继续深化

健全环保法规标准体系，市人代会审议通过《天津市水污染防治条例》，3月1日起正式实施，市环保局同步发布部门行政处罚自由裁量权规范等配套制度；发布《锅炉大气污染物排放标准》和《餐饮业油烟排放标准》。健全经济激励约束机制，自5月1日起对石油化工和包装印刷行业开征VOCs排污费,并实行差别化收费;完善在线监测体系,完成 20 蒸吨以下燃煤锅炉在线监测系统;全市 20 家重点企业、87 个排口实现挥发性有机物在线监测;废水重点源自动监测系统安装联网完成率 100%。强化行政管理手段,落实清新空气行动考核问责办法和补充规定;制定《天津市区县地表水环境质量月排名办法(试行)》,从 5 月起对区县水环境质量实行月排名通报;初步拟定《天津市环境保护工作责任规定》,明确全市各部门环保职责。

5. 环保监督执法全面加强

严格执行环保法、大气法以及天津市大气、水污染防治条例,深入开展环保专项执法检查;对全市违规建设项目进行全面清理整顿;市政府组织开展全市环保综合督查和环境污染防治工作大检查,狠抓治污进度、压实治污责任;市环保局组成 20 个工作组 24 小时不间断检查指导。严查环境违法行为,前三季度全市环保系统共检查企业 2.5 万家次,立案 1077 起,罚款 5831 万元,移送涉嫌环境污染犯罪案件 28 起,移送涉嫌环境行政拘留案件 1 起;每月通报典型环境违法案件。高效处理群众举报,修订《天津市环境违法行为有奖举报暂行办法》,共受理群众举报 933 次,处理率 100%。

二、2017 年天津市环境保护面临的形势分析

2017 年,天津生态环境保护既面临着宏观政策性利好的机遇,又面临着自身短板和矛盾叠加的严峻挑战。

(一)面临的机遇

1. 国家政策更有利于环境保护

从《水十条》的颁布,到《大气十条》的修订和《土十条》的起草,我国的环境保护相关法律、条文和政策日益完善,显示出政府铁腕治污的决心。

国家财政对环保的投入力度日益加大,有利于促进地方加大环境保护力度。据分析:每年中央政府的大口径财政预算中环境保护大概在 2000 亿元左右。“大气十条”中央预算投资 1.7 万亿元,其中 2014 ~ 2016 年分别投入 50、100 和 125 亿元,呈增长趋势;“水十条”2016 年中央财政投入约 135 亿元。

2. 化解过剩产能有利于节能减排

随着供给侧结构性改革的深入,我市将加快淘汰僵尸企业,有效化解过剩产能。这将有利于我市扭转粗放型发展模式,提高资源能源利用效率,提

高节能减排实效。

3. 京津冀协同发展有利于生态环境改善

随着京津冀产业协同的不断深入,三地产业协同绿色转型的步伐将不断加大,这有利于缓解资源环境的压力。

随着京津冀生态环境保护协同发展的不断深入,环境污染联防联控、生态环境共建共享将取得新的进展。这有利于共同打造京津冀生态修复环境改善示范区,通过联防联控缓解大气污染、水污染的压力;通过共建清洁能源基地,扩大清洁能源比例,改善能源结构,实现能源结构的低碳转型。

(二)面临的挑战

1. 大气污染防治形势严峻

实施清新空气行动以来,虽然环境空气质量显著改善,提前 2 年完成国家"大气国十条"目标。但受自然条件、资源禀赋和产业结构、能源结构的制约,环境空气质量状况仍不容乐观。特别是 2016 年 3 月份以来,空气质量改善幅度有所放缓,已连续 5 个月采取"保退十"临时应急减排措施,且始终在"前十"附近徘徊,特别是 6 月与北京并列第十;9 月份,空气质量综合指数、PM2.5 浓度不降反升,空气质量保障形势严峻。主要原因:一是施工工地大幅增加,施工项目较去年同期增加 86%,特别是外环线施工,对我市扬尘、机动车污染造成很大影响。二是污染结构发生变化,机动车、生活源的污染影响增大。三是监测点位周边环境发生较大变化。四是排名相近城市改善力度加大。五是扩散条件较往年不利。

2. 水环境质量状况堪忧

受潘家口、大黑汀水库网箱养殖等因素影响,引滦入津沿线整体水质恶化明显,于桥水库水质为地表水Ⅳ类水平,无法满足饮用水源标准,我市饮水安全受到严重威胁。2016 年 1～8 月我市 20 个地表水国家考核断面中,优良水体比例未达到国家 25% 的要求,均为引滦水质恶化造成;受生态水短缺、入境河流水污染加剧及我市污染排放等综合因素影响,劣五类河流断面比例高达 50%,水污染形势严峻。

3. 土壤污染防治基础薄弱

土壤环境管理刚刚起步,土壤环境状况尚未全面摸清,相关法律法规及标准仍不健全。

4. 执法监管能力差距明显

环境监察机构尚未被列入国务院规定的行政执法序列,环境监察队伍及人员执法身份不明确,造成环保执法队伍至今没有统一执法服装,执法用车被削减60%,使得环保执法缺乏规范性、严肃性、权威性和必要保障,影响环保执法正常开展。

三、2017 年环境保护的总体思路及重点任务

(一)环境保护工作思路

围绕促进绿色发展,以改善环境质量和解决生态环境领域突出问题为导向,加快实施大气、水、土壤污染防治行动,全面推进区域协同保护、环保体制改革、环境风险防控,实现生态环境质量持续改善,确保生态环境安全,促进美丽天津建设。全面完成化学需氧量、氨氮、二氧化硫和氮氧化物等主要污染物排放总量的年度减排目标。

(二)生态环境保护的重点任务

1. 全面实施大气污染防治行动

继续狠抓"五控"治理,从根本上减少污染排放。全面完成燃煤设施淘汰改造,深化散煤综合治理,抓好煤质监管,提高清洁能源比例,外购电比例达到1/3。继续严格落实各类施工工地"五个百分之百"控尘措施,推动天津港散货物流中心搬迁。完成老旧车淘汰任务,推进非道路移动机械尾气排放污染控制,加强船舶污染防控,加快港口作业机械更新或清洁化改造。持续实施工业企业脱硫脱硝、烟粉尘无组织排放和挥发性有机物综合治理,关停淘汰落后企业 100 家。实施精细化管理,全面推行以区为单元的"1 + X + Y"治污模式,规范并严格专职网格监督员管理制度,充分发挥专职网格监督员作用。

2. 全面实施水污染防治行动

加强工业污染源治理,停止审批工业园区外新增污染物的工业项目;推动重点行业清洁化改造,严格工业企业达标排放。保障饮用水水源安全,分类推进农村水源保护区或保护范围划定,每季度向社会公开饮用水水源等饮水安全状况。强化水环境管理,完善水质监测网络,新建、升级改造 41 个地表水水质自动监测站。

3. 全面实施土壤污染防治行动

组织实施《天津市土壤污染防治工作方案》,开展土壤污染状况的详查,

建立完善土壤环境质量监测网络。严格涉危险化学品、重金属和其他具有重大环境风险建设项目的环评审批，严防新增污染土壤。对建设用地实施分类管控，推动污染场地治理与修复工程，保障农产品和人居环境安全。

4. 全面加强环境安全保障

严格管控永久性保护生态区域，严格涉红线建设项目审查，遏制违规占用生态用地行为。强化工业固体废物及危险废物污染防控，实现危险废物产生运输处置全过程管理。完成历史遗留退役放射性源的安全处置，确保核与辐射安全。

5. 全面深化环保体制改革

严格考核问责，实施《天津市环境保护责任规定》，强化区政府的属地责任、排污企业的治理责任和主管部门的监管责任，开展环保机构监测监察垂直管理改革试点工作。加快推进京津冀区域一体化的环境法规标准体系，推进京津冀及周边地区执法联动和重污染应急联动合作，强化大气和水污染防治联防联控。

四、实现生态环境保护目标的相关保障措施

1. 加大与京冀产业协同绿色转型的步伐，减轻环境保护的压力

一是协同发展现代服务业，提升产业结构层级。服务业是三次产业中资源能源消耗最少、环境污染最小的产业，京津冀都已将加快发展现代服务业，作为产业绿色转型升级的重点。天津可选择关联度高、带动作用大，优势互补性强、合作共生前景较好的重点产业，例如“大物流”“大旅游”“大健康”“大数据”“大金融”等，加大与京冀协同对接力度，加快构建现代服务业体系。

二是协同疏解传统优势产业的过剩产能，减轻产业结构重量。京津冀化解过剩产能任务较重，可借“一路一带”战略机遇，将三地的过剩产能进行资源整合，积极抱团儿协同疏解传统优势产业的过剩产能，为先进制造业的发展腾笼换鸟、积蓄能量。

三是协同开展绿色、智能制造行动，降低产业消耗和排放强度。积极对接国家“绿色制造工程”，协同京冀开展绿色制造技术改造行动，推广清洁型生产方式。对接国家“智能制造工程”，实施京津冀联网智能制造示范行动，建设京津冀工业互联网和工业云平台，加快运用“互联网＋协同制造”，构建智能制造系统。降低产业消耗和污染排放强度。

四是协同构筑现代产业体系,降低产业的资源能源依赖度。战略性新兴产业是现代产业体系的核心。天津可与京冀依据《京津冀协同发展规划纲要》《京津冀产业转移指南》,对接《中国制造 2025》,协同发展高端装备、新一代信息技术、航空航天、节能与新能源汽车、新材料、生物医药等战略性新兴产业,构筑现代产业体系,降低产业资源能源依赖度。

五是协同壮大节能环保低碳循环产业,提升产业的环境友好度。与京冀共同搭建区域节能环保产业平台,促成三地节能环保产业优势环节,尽快结成可提供整体解决方案的优势产业链。协调建立京津冀区域报废汽车、废旧电子信息产品等工业固体废物回收体系,形成资源综合利用产业的供应链;促进子牙循环经济产业园等真正形成京津冀"城市矿山"基地。共同推进津冀(涉县·天铁)等循环经济产业示范区建设。

2. 与京冀加大能源协同低碳转型的步伐,建设清洁低碳、安全高效的现代能源体系

针对"一煤独大"的能源结构,与京冀协同,提高接受外输电比例,加大清洁能源比重。

一是协同推动清洁和可再生能源的规模化开发利用。将本市的科技、人才、资本优势与河北省的清洁和可再生能源的产业和资源优势相结合,与张承协同加强集中式风电、光电、水电调峰电源基地建设,加快张承—津特高压输电线路、风电光电基地配套电网工程等项目的规划与建设,加大张承地区的风电光电对京津冀城市群的供应量。

二是协同解决高碳能源低碳化利用中的核心和关键技术问题。与京冀协同加强煤炭提质加工、高效燃煤发电、工业锅炉洁净燃煤、新型煤化工等技术的研发与应用,加大天然气、煤制气等清洁能源比重,为经济社会发展提供低碳能源支撑。

三是协同鼓励发展分布式能源系统。在风资源较好的地区,适度开发建设低风速、分布式风电项目;在城镇中心区及产业聚集区利用公共设施布局分布式光伏发电等,替代散煤燃烧,促进能源结构低碳化。

3. 加大与京冀环境污染联防联控、生态环境共建共享的力度,提高环境保护的实效

一是在监管方面,联手完善京津冀区域大气污染防治网格化管理模式。将整个区域以地市、县(区)、街道、乡镇、社区(村)为单位,分级划定为若干个级别若干个区域的大气污染防治管理网格。各网格实行定区域、定人员、定职责、定标准、定流程、定考核的"六定"管理,实行量化考评。力求做到区

域大气污染防治管理无死角,监察无盲区。

二是在执法方面,联手健全跨境联合执法机制。联手打破地区行政界限,健全跨境联合执法工作机制,互派执法人员到对方辖区开展联合检查、交叉执法行动。联动排查与整治大气污染源;联动打击涉气排污单位污染治理设施不正常运行、超标排放、自动监控数据造假等环境违法问题;联合排查与处置跨境重污染企业、突发环境污染事件或环境违法案件等。提高区域环境监管执法的有效性。

三是在生态补偿方面,协同推进滦河流域生态补偿机制的探索。在京津冀协同发展、共建共享理念下,坚持"利益共享,责任共担"的原则,先试先行,加快建立滦河流域多元化(包括:生态共建、产业扶持、对口协作、技术支持、人才支持、职业培训、就业岗位等在内的)的、长效的生态补偿机制,解决滦河流域水污染难题,确保进津水质。

(作者单位:天津社会科学院经济社会预测研究所、天津市环境保护局办公室)

2016~2017 年天津市房地产产业发展现状与趋势预测

高 峰

2016 年可以称之为一个地王年,其显著特征是地价飞涨推动了房价上涨。在利率宽松和降低首付款比例变相引入杠杆的一系列金融利好刺激下,即使在供给侧去库存压力下,天津乃至全国大部分地区无论是地价亦或房价仍然迎来了一年上涨的局面。房价持续上涨的背后因素,已经从过去的人口现象,转为货币现象。只要不出现意外事件,货币政策的适度宽松格局不会变化,房价高位盘整的可能性较大。目前来看导致短期房价下跌的因素不明显,因此估计今明两年总体下跌的机率不大。

一、2016 年天津市房地产市场发展状况与特点

(一)新建商品房整体交易状况

全市 2016 年前三季度新建商品房成交面积共计 1874.94 万平方米,较去年同期上涨 86.67%,涨幅惊人;成交均价 12848.95 元/平方米,较去年同期上涨 11.20%。相比去年同期,总体呈现出量价齐升的态势。第 3 季度,全市商品房成交面积约为 646.81 万平方米,环比 2 季度下降约 15.14%,同比去年 3 季度上涨 53.33%;成交均价 13488 元/平方米,环比 2 季度上涨 6.70%,同比去年 3 季度上涨 16.64%。相比去年同季度,表现为量价齐升。

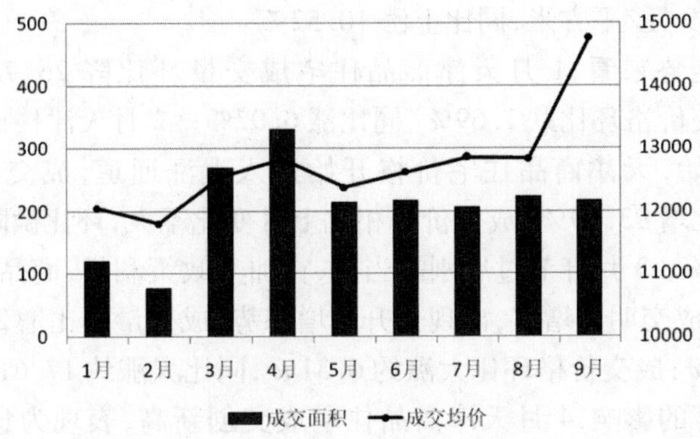

图1　天津市2016年新建商品房成交走势

数据来源：北方网每日房价数据，经作者整理计算所得。

（二）商品住宅交易状况

进入2016年，全市新建商品住宅总体上呈现出量价齐升的态势，2016年前三季度全市新建商品住宅共成交约154075套，约比去年同期增长87.41%。2016年第一季度天津成交新建商品住宅39382套，较2015年同期上涨约136.97%，涨幅惊人。2016年第二季度商品住宅成交62507套，较2015年同期增长99.64%；第三季度新建商品住宅成交52186套，同比涨幅高达52.23%。

前三季度，新建商品住宅成交均价12666元/平方米，较去年同期上涨11.35%；商品住宅成交套数154075套，成交面积1694.90万平方米，分别较去年同期增长约87.41%和88.32%。其中，第3季度全市商品住宅共成交52186套，成交面积574.45万平方米，环比2季度分别下降16.51%和17.12%，同比去年3季度分别增长52.23%和45.06%；第3季度全市商品住宅成交均价13208元/平方米，环比2季度上涨5.64%，同比去年3季度上涨14.53%。

从区域上看，除市内六区外，其余各区县新建商品住宅均呈现价升量增态势。2016年第三季度市内六区共成交5426套住房，同比下降9.31%，成交均价约为32510元/平方米，同比上涨45.31%；环城四区共成交16072套住房，同比上升71.95%，成交均价13994元/平方米，同比上涨29.88%；滨海新区共成交11819套住房，同比上升78.89%，成交均价10196元/平方米，同比微涨约4.09%；远郊区县共成交18869套住房，同比上升50.95%，成交均价 8469 元/平方米，同比上涨 10.52%。

从各月走势来看，1 月天津商品住宅成交量环比降 26.73%，同比增 72.92%；成交价格环比跌 1.69%，同比涨 6.07%。2 月天津楼市进入“春节档”，新年伊始，天津商品住宅价格开始进入上涨通道，成交面积环比降 33.50%，同比增 93.49%；成交价格相比上月变化不大，环比微降约0.99%，同比涨 4.16%。3 月春节过后刚需当道，在加上政策利好，商品住宅市场逐渐回暖，楼市成交明显增多，出现价升量增态势，成交量环比增 250.41%，同比增 210.11%；成交价格环比大涨约 6.31%，同比大涨约 17.61%。受利好政策持续发酵的影响，4 月天津商品住宅成交创新高，表现为量价齐升，住宅成交量环比增 22.54%，同比增 221.8%；住宅成交价格得到有效支撑，环比涨 2.01%，同比大涨 16.99%。价格攀升导致市场观望情绪加重，在此情况下，5 月天津商品住宅成交量价均略有回落，成交量环比跌 37.59%，但同比仍增 58.19%；成交均价环比跌 3.42%，但同比仍涨 4.57%。6 月新房成交量环比增 3.39%，同比增 56.40%；成交均价环比微涨约 0.40%，同比涨 7.20%。7 月新房成交量环比降 7.08%，同比增 42.17%；成交均价环比微涨约 1.80%，同比涨 10.49%。三季度尤其是从 8 月开始，由于对于后市房价继续上行的恐慌，不少刚需购房者恐慌入市，导致住宅成交逐月攀升。8 月新房成交量环比增 9.86%，同比增 62.86%；成交均价环比微涨 0.26%，同比涨 10.31%。在房地产利好政策一再出台和持续发酵情况下，天津楼市金九成色尽显。9 月在前期一系列利好政策刺激和去库存取得较大成效的激励下，天津住宅成交均价飞涨，成交量环比降 5.48%，同比增 48.81%；成交均价环比大涨 14.77%，同比大涨 22.65%。

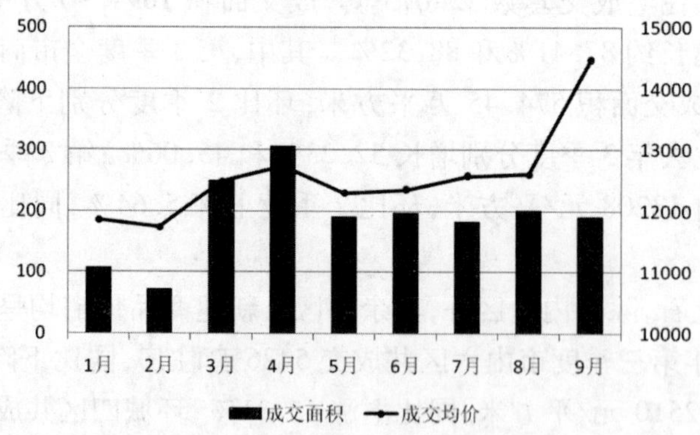

图 2　天津市 2016 年商品住宅成交走势

数据来源：北方网每日房价数据，经作者整理计算所得。

（三）二手房交易状况

2016 年前三季度，全市二手房成交套数 138035 套 86099 套，成交面积 1199.98 万平方米 746.1 万平方米，分别较去年同期增长约 60.32% 和 60.83%；二手房成交均价 11709.11 元/平方米，较去年同期上涨 14.87%。其中市内六区成交 57274 套，环城四区成交 30948 套，滨海新区 27049 套，远郊区县 22764 套。从 8 月开始，由于对于后市房价继续上行的恐慌，不少刚需购房者恐慌入市，二手房凭借其价格优势成交量一度超过新房。9 月新房成交 17103 套，比重已经降至 45.23%，而二手房成交 20714 套，比重已经高达 54.77%。

2016 年第三季度，全市二手房成交套数 53082 套，成交面积 450.99 万平方米，分别较去年同期增长约 60.07% 和 54.01%；成交均价 12382 元/平方米，较二季度环比增长约 17.27%。2016 年第三季度各区域二手房成交价格和成交量均有大幅度攀升。其中成交价格涨幅最大的为市内六区，2016 年第三季度其成交均价约为 18908 元/平方米，同比上涨 27.84%；环城四区成交均价 10930 元/平方米，同比上涨 18.33%；滨海新区成交均价 7996 元/平方米，同比上涨 11.86%；远郊区县成交均价 5731 元/平方米，同比涨幅 11.60%。2016 年第三季度二手房成交量涨幅最大的为远郊区县，同比增长约 84.24%；其次为环城四区，同比增长约 70.74%；滨海新区二手房成交量同比涨幅约为 44.32%，远低于环城四区和远郊区县的成交量涨幅；成交量涨幅最小的为市内六区，同比增长约 36.48%，但其仍为二手房的主导市场，整体占比 39.77%。

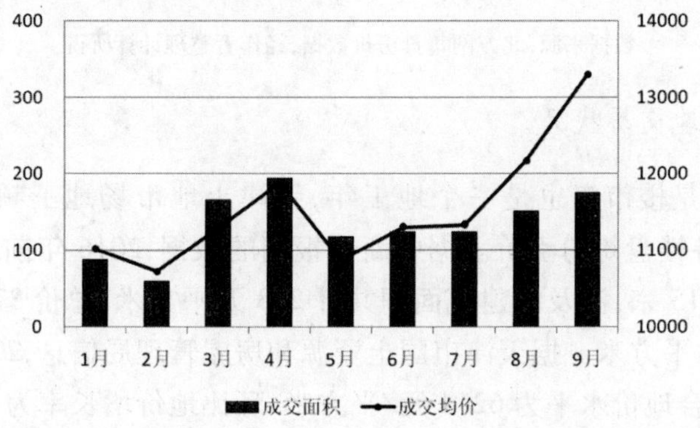

图 3　天津市 2016 年前三季度二手房成交走势

数据来源：北方网每日房价数据，经作者整理计算所得。

(四)商业用房交易情况

商业用房包括商铺、办公用房两大类。就总体而言,2016 年前三季度,天津全市新建商品房中除去住宅之外的工商业用房表现为量价齐升。成交套数约为 18559 套,成交面积约为 180.03 万平方米,同比去年前 3 季度涨幅分别为 139.53% 和 73.23%;成交均价约为 14570 元/平方米,同比 2015 年前 3 季度上涨约 11.12%。在商品房整体价格大涨的刺激下,商业用房去库存取得重大成效。2016 年第三季度,天津新建商业用房也表现为量价齐升,成交套数约为 8873 套,成交面积 72.37 万平方米,分别较去年同期大增约 175.73% 和 73.46%;成交均价 15715 元/平方米,较二季度环比上涨 12.0%,较去年同期大涨约 32.53%。

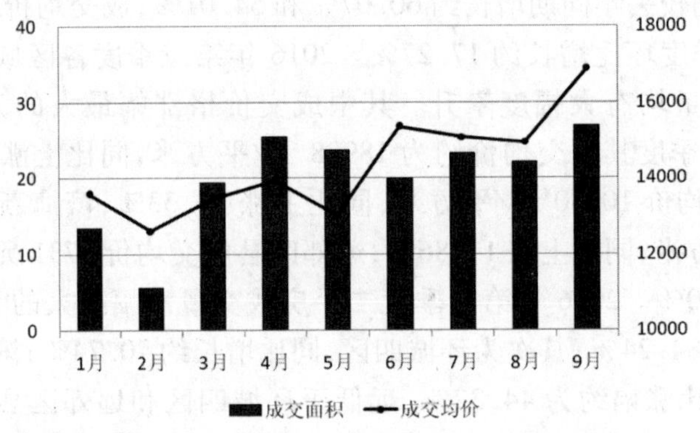

图 4　天津市 2016 年新建商业用房成交走势

数据来源:北方网每日房价数据,经作者整理计算所得。

(五)土地交易状况

2016 年是楼市年也是一个地王年,天津土地市场地王频现,“地王效应”也促使各楼盘纷纷涨价。据中商情报网的数据,2016 年前三季度,天津共诞生地王 15 宗,涉及的建筑面积共计 263 万平方米,总价 373 亿元,楼面价 14160 元/平方米。据天津市国土资源和房屋管理局信息,2016 年三季度天津全市综合地价水平为 6254 元/平方米,环比地价增长率为 2.73%,同比地价增长率为 7.92%。商业用地地价水平值为 9771 元/平方米,环比地价增长率为 2.14%。居住用地地价水平值为 6792 元/平方米,环比地价增长率为 3.14%。工业用地地价水平值为 874 元/平方米,环比地价增长率为

1.75%。

(六)房地产投资和建设状况

房地产市场高涨带动房地产投资和住房开工、施工面积大幅攀升。2016 年前三季度,全市房地产开发投资 1821.95 亿元,同比增长 20.8%,占全市城镇固定资产投资的比重为 15.6%,占比较去年略有上升。全市房地产开发投资中:住宅投资 1249.28 亿元,同比增长 24.6%,占全市房地产开发投资的比重约为 68.6%,较去年略有增加;办公楼投资 100.52 亿元,同比增长 13.4%,占全市房地产开发投资的比重约为 5.5%,较去年变化不明显;商业营业用房投资 219.43 亿元,同比增长 8.3%,占全市房地产开发投资的比重约为 12.0%,较去年略有下降;其他开发投资 252.72 亿元,同比增长 17.6%,占比约 13.9%,较去年略有下降。

二、2017 年天津市商品房市场走势判断

本文使用从北方网每日房价上下载的天津市各类商品房交易数据,经过计算得出按月度计算的各类商品房成交价格,据此构建时间序列模型,得出对房价走势的定量判断。

(一)对新建商品住宅市场走势的判断

本文从现有数据出发,取 2013 年 1 月 ~2016 年 9 月的天津市商品住宅成交均价月度数据,构建时间序列模型,消除不显著变量,最终得到如下 AR 模型:

$$P1 = 0.4803^{*} P1_{t-1} + 4894.24 + 40.3282^{*} T$$
$$(2.91) \qquad (3.09) \qquad (3.28)$$
$$R^2 = 0.778, DW = 1.789, F = 72.002$$

其中,$P1$ 表示实际商品住宅成交均价,表示时间趋势项。

由上式进行动态预测,可大致估计天津市 2017 年度商品住宅市场价格趋势,如图所示。估计未来 12 个月全市商品住宅成交均价将在 13341 元/平方米之间波动;与前 12 个月同期相比,上涨幅度大约在 7% 左右。但不排除开发商在去库存压力下的降价行为,及部分地区和个别月份会表现为下降走势。

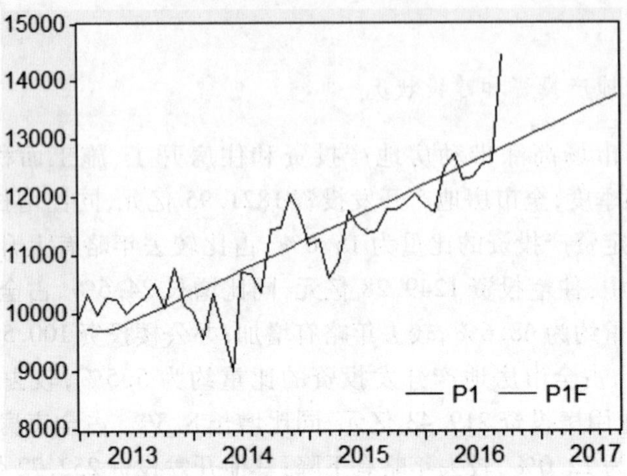

图 5　2013 年 ~2017 年天津市商品住宅成交均价走势

（二）对二手住宅市场走势的判断

本文使用作者计算得到的 2013 年 1 月 ~2016 年 9 月的天津市二手住宅成交均价月度数据，构建时间序列模型，消除不显著变量，最终得到如下模型：

$$P2 = 0.7104 * P2_{t-1} + 2305.25 + 27.3659 * T$$

$$(4.54) \qquad (1.78) \qquad (2.37)$$

$$R^2 = 0.882, DW = 1.958, F = 153.032$$

其中，$P2$ 表示二手住宅成交均价。

由上式进行动态预测，可大致估计天津市 2017 年度二手住宅市场价格趋势，如图所示。估计未来 12 个月全市二手住宅成交均价将在 12595 元/平方米之间波动；与前 12 个月同期相比，上涨幅度大约在 10% 左右。但不排除个别地区和个别月份会表现为下降走势。

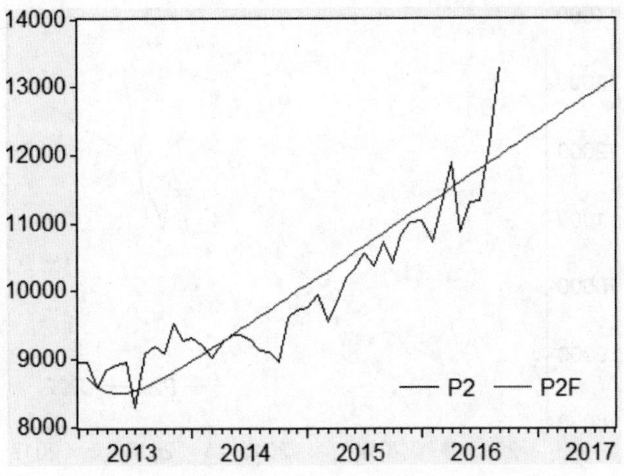

图 6　2013 年～2017 年天津市二手住宅成交均价走势

（三）对新建商业地产市场走势的判断

本文使用作者计算得到的 2013 年 1 月至 2016 年 9 月的天津市新建商业地产成交均价月度数据，构建向量自回归模型，消除不显著变量，最终得到如下模型：

$$P3 = 9538.49 + 0.31^{*} P3_{t-1}$$
$$(4.53) \qquad (2.06)$$
$$R^2 = 0.092, DW = 1.861, F = 4.257$$

其中，$P3$ 表示天津新建商业地产成交均价。

由上式进行动态预测，可大致估计天津市 2017 年度新建商业地产价格走势，如图所示。估计未来 12 个月全市新建商业地产成交均价将在 14000 元/平方米之间波动；与前 12 个月同期相比，涨跌不明显。商业地产成交均价与时间的关系不显著，整体价格波动剧烈，说明商业地产市场成熟度还有待提高。

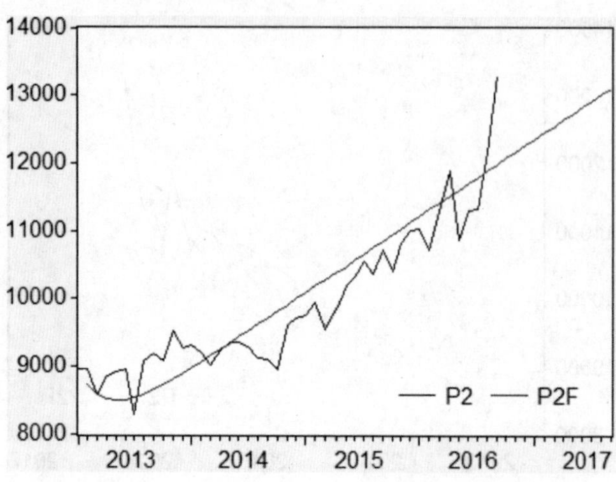

图 7　2013 年～2017 年天津市新建商业地产成交均价走势

三、政策建议

(一)只有逐步摆脱对土地财政的依赖,才能最终使房价软着陆

在我国目前的商品房成本构成中,建筑成本占比很小,绝大部分成本由三块组成:一是土地出让金;二是各种税费;三是由权钱交易导致的腐败成本。据统计,房价当中 70% 是税费和土地成本,10% 是构建成本,还有 10% 是其他支出,加在一起是 90% 的刚性成本,所以即使房价再降,也很难与居民现实的收入水平相匹配。因此,地方政府出台的一些限购限贷的调控政策,对于降低房价的作用十分有限。而且就天津而言,限购限贷政策过于温和,根据 2016 年 9 月 30 日天津市人民政府办公厅发布的《关于进一步促进我市房地产市场平稳健康发展的实施意见》,天津仅对外地人部分区域进行限购,在全面进行限购的城市中政策温和;天津仅外地人购房首付提升,限制条件不严格;天津二套房首付比例维持五成不变,信贷环境相对宽松。所有以上因素加在一起,共同推动了房价的高涨。但众所周知,“打蛇打七寸”,房价的“七寸”在哪里,其实很明显:一是全面房产普查登记并公开数据信息,二是对房产持有环节全面征税。这些政策一旦推出,房价不降很难。为防止房价过快上涨引发社会、经济乃至政治动荡,中央势必会大力防止其无限制上涨,作为地方政府对房价地价不能借助政策或金融创新工具

等手段推波助澜，未来应致力于发展实体经济，提高居民收入，逐步转变对土地财政的依赖，寻求使房价顺利软着陆的策略。

（二）警惕房地产沦为金融产品，消除次贷危机爆发的机率

2016 年最值得警惕的一个问题是房产正逐步沦为类似期货的金融产品，由房产中介作为房产金融平台，衍生出类似于股票做市商的模式，对房产进行投机炒作。目前来看商品房量价齐升，房价已远超一般居民的承受能力，但究竟是谁还在大量买入呢？这个问题值得深究，有媒体报道许多企业放弃主业，步入房地产领域，但他们并非从事房产建造，而是单纯地借助金融工具买卖房产。任何银行贷款，实际上都意味着杠杆的使用，现在有些中介直接帮购房者付首付，有些地方推出零首付政策，这就相当于杠杆无穷大，也就意味着如果不考虑其他税费，房价可以被炒作到无穷大。依靠金融工具杠杆功能炒作房产，后果极其可怕，2008 年美国的次贷危机便源于此。因此，房地产投机的预期不除，金融监管政策缺失及执行力不强等，都将导致房地产继续沦为类似于股票的金融产品，一方面对刚需购房者产生极大冲击，从而引发社会不满情绪激增；另一方面如果房价下跌，会使许多企业乃至银行面临破产，增加政府不可承受之重。因此，未来应着力消除房产做市商产生的环境，完善金融监管政策，加强对房产中介的管理，同时为进行房产普查登记并公开数据信息创造良好条件。

（作者单位：天津社会科学院经济社会预测研究所）

2016~2017 年天津市现代服务业发展状况分析与预测

王　刚

2016 年是全面实施"十三五"规划的开局之年,也是推进供给侧结构性改革的攻坚之年。面对严峻复杂的国内外经济环境,全市上下认真落实中央和市委市政府决策部署,牢固树立新发展理念,着力提高经济发展质量和效益,推动现代服务业持续健康发展,增长速度继续超过一、二产业,成为天津经济运行中不折不扣的重要支撑,确保了全市经济运行保持总体平稳、稳中有进、进中提质的态势。

一、2016 年天津市现代服务业运行特点

1. 服务业发展态势总体向好

2016 年 1~9 月份,天津市服务业继续保持良好发展势头,实现增加值 7177.07 亿元,占全市地区生产总值的比重为 53.8%,较去年同期增加 791.74亿元,同比增长 9.8%,较去年同期加快 0.1 个百分点,比上半年增速放缓 0.1 个百分点,比一季度提高 0.6 个百分点。天津市服务业增速高于全国平均水平 2.3 个百分点,继续保持近年来的平稳发展良好势头。服务业企业的实力不断增强,2016 年天津企业 100 强中,服务业企业达到 46 家,与去年相比服务业的比重进一步扩大。但服务业吸纳就业人数出现下滑,2016 年 9 月末服务业从业人员 86.54 万人,比去年同期锐减 49.03 万人。

2. 现代服务业内部结构优化升级步伐加快

现代服务业内部结构不断优化,新兴服务业增势良好。2016 年 1~9 月份,全市批发和零售业增加值 1612.15 亿元,同比增长 5.0%;金融业增加值 1252.47 亿元,同比增长 8.3%;交通运输、仓储和邮政业增加值 558.93 亿

元，同比增长 4.8%；房地产业增加值 565.05 亿元，同比增长 16.4%；住宿和餐饮业增加值 201.53 亿元，同比增长 5.1%。2016 年 1～9 月份，全市营利性服务业增加值 1445.21 亿元，比去年同期增长 16.3%。按行业分，租赁和商务服务业增加值 652.20 亿元，同比增长 9.9%；居民服务、修理和其他服务业增加值 431.83 亿元，同比增长 20.8%；文化、体育和娱乐业增加值 91.40 亿元，同比增长 12.2%；信息传输、软件和信息技术服务业增加值 269.77 亿元，同比增长 27.9%。楼宇经济快速发展，2016 年前三季度，全市运营商务楼宇达到 785 座，实现税收 512 亿元。

3. 服务业投资总量占比稳步上升

2016 年前三季度完成全社会服务业投资 8238.34 亿元，同比增长 12.9%。服务业投资占到全社会固定资产投资的 70.66%，占比较去年同期提高 15.02 个百分点。其中：科研和技术服务业投资 245.48 亿元，增长 106.2%；批发和零售业投资 681.73 亿元，增长 67.2%；租赁和商务服务业投资 1947.04 亿元，增长 45.1%；文化、体育和娱乐业投资 101.66 亿元，增长 22.0%；居民服务和其他服务业投资 149.93 亿元，增长 18.6%；信息传输、软件和信息技术服务业投资 144.27 亿元，增长 10.7%；房地产业投资 2742.34 亿元，增长 7.8%。但金融业、卫生和社会工作、公共管理、社会保障和社会组织、教育、住宿和餐饮业、水利、环境和公共设施管理业、交通运输、仓储和邮政业的投资都出现了下降，分别为 -37.1%、-33.8%、-31.8%、-22.2%、-16.8%、-14.7% 和 -5.7%。

4. 现代服务业集聚辐射能力不断增强

2016 年前三季度，受融资租赁升级改造等政策出台的积极影响，天津市融资租赁业继续保持稳定快速的发展态势。截止 9 月底，总部设在天津市的各类融资租赁公司达到 1112 家，比去年同期增加了 605 家；融资租赁机构注册资金达到 4483 亿人民币，比去年同期增加了 2718 亿元，增幅为 154%。北方国际航运核心区建设稳步推进，2016 年 1～9 月份，天津港口货物吞吐量达到 4.13 亿吨，同比增长 3.1%，集装箱吞吐量达到 1095.30 万标箱，同比增长 5.9%；但口岸进出口贸易总值出现了同比下滑 11.5%，仅为 1266.15 亿美元。1～9 月份天津机场旅客吞吐量达到 1266.21 万人，同比增长 19.8%，货邮吞吐量达到 16.28 万吨，接待海外旅游人数超过 255 万人次。

二、2017年天津市现代服务业发展形势分析

(一)发展环境

1. 宏观经济形势进入转折期

世界范围内由于刺激性政策作用衰退,结构性改革尚需时日,所以全球经济弱复苏趋势难有改善,资产荒、资产泡沫与负利率在全球市场普遍共存,无论从长周期还是短周期看,全球经济增长疲弱已成常态,长期内生增长动力日益衰弱。2008年金融危机至今已有8年,世界各个经济体忙于应对此起彼伏的短期风险,政策措施不断突破常规底线,然而却疏于长期问题的治理和内生动力的重塑。2017年,随着世界大部分国家逼近债务和央行的双重极限,全球经济中的脆弱环节崩塌的风险急剧升高。2017年美联储加息次数上调至三次、美国新任总统特朗普的政策变化、英国正式启动脱欧程序、法国总统选举、德国普选等因素,都将导致全球政治经济环境不确定性上升,民粹主义愈演愈烈,地缘政治紧张局势升温。逆全球化和贸易保护主义现出端倪,美国、欧盟和日本相继违反WTO协议,拒绝承认中国的市场经济地位,贸易摩擦升级风险正在酝酿。新兴经济体并未进行更多实质性改革,政局也并不稳定,美联储加息周期下印度、委内瑞拉已相继出台废除大额钞票等非常措施,2017年新兴经济体货币贬值和资本外流压力会继续增大。

我国宏观经济在2016年三季度呈现明显企稳迹象,基本实现了经济L型探底软着陆。但我国经济运行仍存在不少突出矛盾和问题,产能过剩和需求结构升级矛盾突出,经济增长内生动力不足,金融风险有所积聚,部分地区困难增多等。由于房地产调控、通胀预期升温、人民币贬值和资本流出压力,2017年货币宽松的制约因素开始增多。企业信用风险加快暴露,2017年信用风险将继续上升,刚性兑付有望有序打破,违约风险会加速释放。供给侧结构性改革是当前我国经济工作的主线,2017年是推进供给侧结构性改革的深化之年,政策将从稳增长转向促改革和防风险,改革将从方案准备期步入深化攻坚期。国内外经济政治形势复杂严峻、扑朔迷离,对我市现代服务业发展将带来不确定的影响。

2. 居民消费升级拓展未来发展新空间

依据居民消费升级的客观规律,我国消费结构正在发生深刻变化,娱

乐、通信、教育、医疗保健、旅游等领域的服务性消费出现爆发式增长，传统的生存型、物质型消费开始让位于发展型、服务型等新型消费。新一轮消费升级将引领相关产业、基础设施和公共服务投资迅速成长，有力发挥出消费在经济增长中的基础性作用和促进产业转型的关键作用。在市场对资源配置的决定性作用下，资本将涌向供不应求、有不断的需求增长潜力和较高毛利的服务型行业。供求两端共同决定了未来一段时期现代服务业会有一个比较快的增长，服务业增长会明显超过工业增长，在三次产业中占比将持续超过 50%，服务业对经济增长的贡献会持续超过 50%。新一轮消费升级浪潮有力推动了服务业对 GDP 增速的贡献不断加大，对天津构建与现代化大都市地位相适应的服务经济体系也将产生深远的积极影响。

3. 互联网加速向各类服务业领域渗透

互联网对各行各业尤其是服务业的全面渗透开始加速，电子商务、互联网金融、智慧交通、网络娱乐、在线医疗、网络教育、电子政务等大批新行业、新业态和新模式日新月异般涌现出来。移动互联网端随时随地、碎片化、高互动等特征，使移动互联网端成为纽带，助推网络购物市场向“线上 + 线下”，“社交 + 消费”，“PC + 手机 + TV”，“娱乐 + 消费”等方向高速发展。O2O 模式给用户带来的便捷性日渐显现，面对消费者日益多样化和个性化的用户需求，O2O 模式开始向租车打车、家政服务、汽车服务、医疗服务、在线教育等其他细分行业全面渗透。2016 年 8 月我市《关于积极推进“互联网 + ”行动实施意见的通知》正式实施，将推动“互联网 + ”与服务业多领域融合创新，特别是民生领域，健康医疗、教育服务、社会保障等领域的服务会更加便捷普惠。

4. 京津冀协同发展进入攻坚期

京津冀协同发展国家重大战略给天津带来了重要的历史性窗口期，是天津最大的政治动力、发展资源。“十三五”时期，京津冀协同发展已进入纵深推进的关键阶段，京津双城联动发展是京津冀协同发展的重头戏，天津发展将坚定不移地依靠北京、配合北京、服务北京，主动承接非首都功能疏解，放大同城效应，持续深化各领域对接合作，推动产业要素沿京津发展主轴聚集，主动服务河北转型发展，在交通、生态、产业三个重点领域实现率先突破。京津冀协同发展对天津服务经济发展将产生深远影响，建立京津冀协同创新共同体将会加速推动科技创新、企业创新、产品创新、市场创新和品牌创新；天津自贸试验区在行政管理、通关物流、检验检疫等重点领域和关键环节上大胆探索、先行先试，深化投资和服务贸易便利化改革，将成为服务京津冀协同发展高水平对外开放的平台,吸引聚集更多人流、物流、资金流、信息流。

(二)展望

2017 年天津现代服务业发展将面临严峻的挑战,但仍然不乏发展的机会。京津冀协同发展将取得新进展,京津服务业对接会更加紧密,自贸试验区的制度红利会进一步放大,商务楼宇载体盘活速度将全面加快,预期我市现代服务业发展速度将继续快于地区生产总值增长速度,服务业增加值占地区生产总值比重进一步上升,成为带动全市经济发展的主导力量。

三、促进天津市现代服务业发展的对策建议

1.扩大服务业对外开放

提高现代服务业市场对外开放程度,加快建设跨境电子商务综合试验区,营造公平透明的市场环境,培育多元化的市场主体,吸引社会资本和境外资本以多种方式发展服务业。对外商投资逐步实行准入前国民待遇加负面清单的管理模式,鼓励外资资本参与天津市服务业企业的资产重组和股份制改造,吸引跨国公司来津设立服务性企业、地区性总部和功能性机构,引进先进技术、管理经验和高素质人才,提高我市的服务水平和国际竞争力。提高服务业企业境外投资便利化程度,进一步支持企业建立境外营销渠道、服务网点和兼并、收购境外服务品牌。

2.深化京津冀服务业合作

积极消除地方壁垒,加大借重首都资源力度,加强同京冀优势服务产业合作,加快金融基础设施互联互通,加强京津冀三地企业股权、债券转让和融资服务合作,以资本为纽带促进津冀港口资源深化整合,探索投资物流金融、航运保险、绿色港口等新兴领域,推动物流标准化一体化,建立京津冀现代服务业职业教育协调与合作机制,建设京津冀地区职教优势专业对接现代服务业的产教对接平台,加快推进区域旅游运营一体化,加强研发设计、医疗、检测认证、创新科技和文化创意等领域的合作,提升京津冀现代服务业的国际化水平。

3.加快生产性服务业集聚区建设

加快建设生产性服务业集聚区,利用装备制造、电子信息、新能源和新材料等先进制造业基础,引导生产性服务资源要素集中集聚,提升服务辐射

能力，尽快培育形成布局合理、功能完备、支撑有力的具有标志性的生产性服务业集聚区。在生产性服务业关键领域和薄弱环节，筹建重点项目储备库，进一步精简项目审批事项，建设投资项目在线审批监管平台，实施企业投资项目网上并联核准。充分发挥企业的主体作用和行业协会商会的桥梁作用，吸引战略投资者和行业龙头企业来津发展。

4. 推动楼宇经济发展质量与效益"双提升"

大力发展楼宇经济，让现代服务业"爬楼上户"，打造"立起来的开发区"。建立全市统一的商务楼宇房屋空置资源信息 APP 发布平台，推动中低端楼宇提质增效，推进商务楼宇规范化、特色化建设，进一步完善楼宇的综合配套设施，升级完善"专家 + 管家"服务，将楼宇经济发展与创新创业相结合，提供全方位、多角度的"帮扶式"创业服务，培育一批行业楼、产品楼、创意楼，打造一批特点突出的楼宇集群。

（作者单位：天津市经济发展研究院）

2016~2017 年天津市海洋经济和海洋事业形势分析与预测

天津市海洋局

2016 年,市海洋局全面贯彻落实党的十八大、十八届四中、五中、六中全会和市委十届八次、九次、十次、十一次全会精神,牢固树立和贯彻落实新发展理念,主动适应经济新常态,牢牢把握天津发展的历史性窗口期,紧紧围绕海洋事业科学发展的主题,以建设海洋经济科学发展示范区为龙头,以推进海洋法治建设和治理能力现代化为抓手,圆满完成各项海洋经济管理工作,为贯彻落实"十三五"规划开创了良好局面。

一、2016 年工作情况

1. 重点规划编制取得新成效

《天津市海洋经济和海洋事业发展"十三五"规划》经市政府批准印发实施,该规划被列入市政府批准的重点专项规划,将为科学统筹谋划"十三五"时期天津海洋经济和海洋事业发展发挥重要指导作用。

按照国家统一部署,联合市发展改革委编制完成《天津市海洋主体功能区规划》,已报送国家发展改革委、国家海洋局审查。

会同市委政研室联合编制《以创新为引领培育新动能形成新优势——"十三五"时期天津建设海洋强市战略研究报告》,上报市委、市政府有关领导。组织开展《天津海洋强市指标体系》研究,《天津市建设海洋强市行动计划(2016~2020)》由市政府办公厅转发执行。

2. 海洋经济实现平稳较快发展

加快推进示范区建设。优化海洋经济发展环境,联合 8 部门制定印发促进海洋经济发展的产业、财政、金融等 7 方面支持政策,为海洋经济发展提供了支撑和保障。2016年全市海洋生产总值增长约9%。

实现海洋经济提质增效。以海洋经济创新发展区域示范项目建设为抓手,推进海洋产业结构调整和转型升级,我市区域示范项目连续两年被国家考核组评为“优秀”;滨海新区成功获批“全国海洋经济创新发展示范城市”,获得中央财政首批支持经费1.8亿元;联合相关单位成功举办第二届中国(天津)国际海工装备与港口机械交易博览会。

探索推进海洋金融创新。筹划设立海洋经济发展引导基金,推进开发性金融促进海洋经济发展试点,我市15各项目全部入围国家海洋局重点项目,融资需求达190亿元。

提高海洋经济统计服务水平。积极推进海洋经济运行监测与评估系统建设,实现涉海企业网上直报,并与国家海洋局互联互通,不断提高海洋经济日常统计能力,按照国家海洋局统一部署完成全国海洋经济调查的前期工作。

提升海洋科技创新能力。经市政府同意,四部门联合印发实施《天津市科技兴海行动计划(2016~2020年)》,将进一步提高海洋科技自主创新、成果转化和产业化水平,推动海洋经济科学发展;临港海洋高端装备基地被国家海洋局评为“国家科技兴海产业示范基地”;推动形成一批优秀科研成果,“混合驱动水下航行器关键技术与应用”等两项成果荣获国家科学技术发明二等奖,科技兴海年度绩效获得市财政局高度肯定。

3.海域监管基础能力不断提升

启动天津市海岸线修测。完成公开招标和政府采购,已初步确定海岸线走向,开展外业测量工作并取得初步成果。

组织修订《天津市建设项目用海规模控制指导标准》,已通过局长办公会审议,待进一步完善后将正式实施。

深化行政审批改革创新,进一步提高审批效率。共批准用海项目38宗,用海面积1121.4505公顷,收缴海域使用金8.295亿元,保障了重点项目用海需求,特别是“两化”搬迁改造项目,经过积极协调推进,于9月7日成功获得国家海洋局批复,该项工作得到市领导的高度评价。

4.海洋生态环境保护进一步强化

从制度建设、监管系统研发、界碑布设和常规监测等环节着手,推动我市海洋生态红线区监管体系建设。《天津市海洋生态红线区管理规定》经市政府批准实施;研发我市海洋生态红线区管理信息系统,提升了红线区管理信息化水平;组织完成我市海洋生态红线区陆域界碑制作布设;完成了2016

年度我市海洋生态红线区专项监测任务,及时掌握红线区生境变化,为红线区管理工作提供了信息支持。

组织开展 2016 年度海洋环境监测与评价,顺利完成 4 大类 10 个专项监测任务,获得各类监测数据 16000 余组,为全面反映 2016 年我市近岸海域环境状况提供了数据信息支撑。编制发布《2015 年天津市海洋环境状况公报》,通过各种渠道及时发布各类海洋观测和预报信息。

扎实推进蓬莱 19 - 3 油田溢油事故我市生态修复项目和海洋预警报能力升级改造项目。19 - 3 生态修复项目 22 个,已完工项目 14 个,正在实施项目 8 个;海洋预警报能力升级改造项目正在按计划推进。2 个海域海岸带生态环境保护修复项目(环保类)顺利完成,取得了良好的社会效益和生态效益。

组织落实我局水污染防治工作任务。印发《天津市海洋局水污染防治工作管理暂行办法》,建立我局水污染防治工作长效机制。配合完成了全市两轮迎检任务,我局组织开展和落实情况得到市清水河道行动分指挥部的认可。我局 2016 年 9 项牵头任务全部完成,圆满实现预期目标。

保护区管理和保护得到加强。编制完成《大神堂特别保护区管理办法》初稿并通过专家评审,《天津大神堂牡蛎礁国家级海洋特别保护区总体规划》通过专家论证。完成自然保护区年度监测、永久性保护生态区域考核、科普宣传、日常巡查和专项执法等工作任务。

二、2017 年工作展望

1. 促进海洋经济平稳健康发展

加快转变海洋经济发展方式,推进海洋领域供给侧结构性改革,强化科技创新引领经济发展,实现海洋经济稳中有进、稳中向好。

推动实施《天津市建设海洋强市行动计划(2016 ~ 2020)》,建立健全行动计划实施的考评、监测、评估和监督机制,加强对行动计划实施情况的跟踪分析,定期开展落实情况的监督检查。

大力促进海洋经济结构调整,提高海洋经济质量和效益,基本完成海洋经济创新发展区域示范项目建设,指导滨海新区"十三五"示范城市建设全面展开。协调有关部门尽快推动设立海洋经济发展引导基金;深化与金融机构的合作,搞好开发性金融促进海洋经济发展试点;密切配合工信委等部门,积极争取融资租赁加快装备改造升级专项资金加大对海洋企业的支持力度。

发挥天津海洋经济科学发展示范区建设领导小组办公室职能,大力推进海洋经济试点实施工作,积极申报全国海洋经济发展示范区,完善支持海洋经济发展的政策措施。

深入实施《天津市科技兴海行动计划(2016～2020)》,提高专项管理水平,启动 2017 年科技兴海专项,协调推进国家海洋高技术基地、全国科技兴海产业示范基地建设,联合相关政府部门、高校、院所和企业,大力推进产学研用结合。

开展第一次全国海洋经济调查。按照国家海洋局部署要求,开展天津市海洋经济调查主体工作,摸清海洋经济家底,为海洋经济发展提供支撑。

2. 进一步规范海洋开发管理

严格控制新增围填海,节约集约利用海域资源。

严格执行《天津市建设项目用海规模控制指导标准》,实行围填海指标化管理,科学规划海域资源的开发利用,鼓励各功能区加大招商引资力度,协调加快项目向已填海区域落位速度,努力提高项目用海的经济效益、社会效益和生态效益。

探索解决未确权海域管理的具体举措,积极服务协调项目落位。

完成天津市海岸线的勘测,力争海岸线修测成果 2017 年年底前报送政府。

配合市国土房管局做好我市海域使用项目的不动产登记工作。

开展海洋行政执法体制研究,进一步完善制度体系,强化责任追究,严厉处置违法用海、破坏海洋生态红线等行为,继续加大行政执法力度,圆满完成“海盾”、“碧海”、养殖用海等专项执法任务,有效维护海域秩序,保护海洋生态环境。

3. 加强海洋生态环境保护

加强海洋生态修复和保护,综合防治海洋环境污染,努力实现人海和谐、永续发展。

继续扎实做好海洋环境监测评价与观测预报等常规业务工作,为经济社会发展做好信息支撑服务。

全力推进生态修复项目及预警报能力升级改造专项任务,以项目实施为抓手,进一步加大我市海洋生态环境保护修复工作力度,提升我市海洋防灾减灾决策信息支撑能力。

抓好水污染防治行动计划落实,以强化监管、优化监测、严守红线为工作主线,深入推进我局水污染防治工作落实,助推我市美丽天津建设进程。

按照国家有关要求,研究制定具体实施办法,加快落实海洋建设项目清理整顿工作实施意见。

继续推进《大神堂牡蛎礁国家级海洋特别保护区管理办法》立法;进一步厘清管理边界,建立共管机制,积极拓展巡查执法手段,不断加强自然保护区、特别保护区的管理和保护。

专　题　篇

世界级城市绿色发展路径与启示

天津市统计局课题组

当前,天津正处于新旧动能加速转换、产业结构转型升级的历史性窗口期,同时面临着雾霾频发、水资源短缺等诸多环境问题,总结和借鉴世界级城市绿色发展的成功经验具有重要的现实意义。本文系统梳理了世界级城市绿色发展的共同特征和支撑要素,在这过程中对比了我市在绿色发展方面与世界级城市存在的主要差距,总结归纳了世界级城市采取的政策措施和实施效果,并提出加快推进我市绿色发展的对策建议。

一、对比先进——世界级城市绿色发展的共同特征

(一)公共交通体系完善,城市绿化水平较高

人口资源环境与社会经济的均衡协调是绿色发展的基本要求,完善的基础设施对于城市绿色发展至关重要。从公共交通设施来看,除新加坡外,世界级城市地铁运营线路长度都在200公里以上,而2015年天津市地铁运营线路长度(含轻轨)为139公里,是纽约的三分之一,东京的二分之一;六大世界级城市在市容绿化方面也是各具特色,东京、巴黎和香港的森林覆盖率分别达到36%、28%和24%,新加坡更是有花园城市的美称,城市绿地率在50%以上,而2015年天津市人均园林绿地面积为18.4平方米,仅为伦敦的八分之一。

(二)经济发展水平领先,能源利用效率较高

通过节能降耗和低碳减排提升发展的质量和效益是实现绿色发展的重要途径。从经济发展水平来看,2015年天津市经济总量达到2655亿美元,

已经接近新加坡和香港水平,是伦敦的43%,是东京的28%,人均 GDP 达到 17337 美元,与世界级城市还有一定差距,仅为伦敦的四分之一,新加坡的三分之一;从能源利用水平来看,电力是支撑城市发展的重要能源品种,天津市万元 GDP 用电量为 3205 千瓦时/万美元,是伦敦的 4.8 倍,是新加坡的 2 倍,万元 GDP 碳排放达到 2129 千吨/十亿美元,是其他城市的 10 倍以上,人均碳排放为 9.7 吨/人,略高于其他城市。

(三)环境空气质量较好,达到一级质量标准

伦敦、巴黎、东京等世界级城市在工业化快速推进过程中都曾经遭遇过环境问题的困扰,然而通过污染物研究、环境法案颁布和交通管制等方式,大气污染状况均得到了有效控制和明显改善,成为了环境优美、空气清新的宜居城市。世界级城市的四种空气污染物年均浓度均处于较低水平,多数低于我国《环境空气质量标准》中一级空气质量标准,全部低于二级空气质量标准。2015 年,天津市 SO2、NO2、PM10、PM2.5 浓度分别为 29 微克/立方米、42 微克/立方米、116 微克/立方米和 70 微克/立方米,虽然明显高于其他世界级城市,但同比 2013 年分别下降了 50.8%、22.2%、22.7%和 27.1%。

(四)国际化发展程度高,跨境旅游产业发达

绿色发展与旅游产业是相互促进、良性互动的,绿色发展为推动旅游产业提供了生态环境的基础条件,而适度规范地壮大旅游产业又是绿色发展的重要经济引擎。伦敦、纽约、巴黎、新加坡和香港的年接待入境游客人数均突破千万人次,接待入境旅游收入均超过 150 亿美元。天津在旅游产业发展上虽然和上述世界级城市还有一定差距,但“十二五”期间随着城市建设逐步完善,国际化程度越来越高,入境旅游的游客和收入逐年增加,2015 年天津接待入境游客人数达到 326.01 万人次,是 2010 年的 2 倍;接待入境旅游外汇收入达到 32.98 亿美元,是 2010 年的 2.3 倍。

二、探寻根源——世界级城市绿色发展的支撑要素

(一)从发展历程来看,世界级城市早已进入“后工业化”的发展时期,经济增长和能源需求趋于平稳

从 18 世纪中叶的产业革命开始,西方发达国家实现了长达两个世纪的经济增长,作为亚洲四小龙的新加坡和香港也从 60 年代开始实现了半个世

纪的经济快速发展，进入21世纪经济增长和能源需求已趋于平稳。而目前天津的人均GDP水平还相当于60年代的纽约、90年代的新加坡，新经济和新动能在加快孕育成长，正处于转型升级、动力转换的关键时期，经济增速和能源消费增速均高于世界级城市。2006至2015年的十年间，天津市国内生产总值和电力消费年均增速分别为14.2%和8.3%，均高于纽约、东京等世界级城市。

（二）从产业结构来看，世界级城市服务业比重较高

服务业能源利用效率是工业的4倍左右，并且消耗的能源品种以电力为主，相比于工业，资源能源消耗更低、环境污染更少，更有利于推进城市绿色发展。世界级城市服务业增加值占国内生产总值的比重普遍较高，其中纽约和香港均超过了90%，东京和新加坡也分别达到了87.4%和73.6%；而工业增加值的比重较低，纽约、东京和香港工业比重均低于10%，香港仅为2.9%。与世界级城市相比，天津市还处于大力发展现代服务业的转型时期，"十二五"期间，服务业增加值比重从2010年的46%提升至2015年的52.2%，共提高了6.2个百分点。

（三）从能源结构来看，世界级城市以电力、天然气和油品为主，几乎没有煤炭消费

低碳是绿色发展的主要特征之一，世界级城市的终端能源消费中几乎没有煤炭消费，而电力和天然气合计比重均超过50%，其中伦敦达到77.6%，东京为69.3%，香港为58.6%，而天津仅为37.3%。为此，"十二五"期间，天津市在发展清洁能源方面开展了大量工作，天然气消费实现跨越式发展，非化石能源消费比重显著提高。

（四）从发展方式来看，世界级城市循环经济发展处于领先水平

伦敦、纽约、巴黎、东京、新加坡和香港等世界级城市都是循环经济建设的先行城市，为妥善处理城市经济社会发展产生的废弃物、进而实现绿色发展起到了重要的保障作用。伦敦市发展循环经济的战略目标是要将废弃物转换成新原料，同时创造新的环保产业和就业机会，居民生活垃圾的回收利用率由2000年的9%提升至2014年的33%；"固废围城"曾是新加坡的一大重要环境挑战，然而从70年代开始，新加坡通过严格推行废弃物分类回收、收费和处罚、废弃物处理产业化等政策措施，使废弃物回收量逐年增加，

由 2000 年的 185 万吨增长至 2014 年的 447 万吨。

三、经验借鉴——世界级城市绿色发展的政策研究

(一)远景规划是世界级城市绿色发展的战略方向

城市中长期发展战略规划是针对一个较长的时间跨度,战略性地提出城市整体或某领域的发展远景和战略目标,通过建构一个长期、灵活、概念性的指导框架和行动纲领来引导未来发展,并依据发展进程适时适度进行修正调整。如表 1 所示,纽约、伦敦等世界级城市大多都建立了城市发展的中长期远景战略规划,可持续发展、绿色发展、低碳发展等理念都是规划的主题或主要内容。

表 1　世界级城市发布的远景规划

城　市	远景规划	发布时间
纽约	《纽约 2030:更葱绿,更美好的纽约》 (*PlaNYC 2030:A Greener,Greater New York*)	2007 年
伦敦	《伦敦空气质量战略》 (*City of London: Air Quality Strategy*)	2002 年
巴黎	《大巴黎规划 2030》(*Ile - de - France 2030*)	2012 年
东京	《创造未来:东京远景规划》 (*Creating the Future: The Long - Term Vision for Tokyo*)	2014 年
新加坡	《永续新加坡发展蓝图 2015》 (*Sustainable Singapore Blueprint 2015*)	2014 年
香港	《香港 2030:规划远景与策略》	2007 年

(二)转型升级是世界级城市绿色发展的关键步骤

绿色发展与转型升级是密不可分的,世界级城市绿色发展大多伴随着产业结构的转型升级。新加坡在过去的半个多世纪里进行了多次产业结构调整,不仅给新加坡带来了经济的腾飞,而且创造了优美宜人的居住环境。从建国初期发展转口贸易,到 20 世纪 80 年代采取“服务业 + 制造业”并举的战略,再到 21 世纪积极发展现代服务业和高附加值的贸易型服务产业,服务业增加值比重提升至 70% 以上,在每次产业转型升级的过程中,新加坡政府都会针对产业的环境影响进行严格评估,把保护生态环境、降低环境风

险放在首位,最终实现了绿色和发展的共赢。

(三)经济激励是世界级城市绿色发展的有效手段

利用经济手段促进绿色发展已经成为现代城市环境管理中的重要途径之一。目前世界级城市主要采用五类环境经济手段,包括收费、排污交易权、补贴、押金退款及其他一些具有激励性的经济奖惩。其中收费手段是使用最广泛的经济奖惩措施,如在伦敦市2003年开始征收交通拥堵费的前后五年,早7点至10点的早高峰期间进入市中心的人员选择私家车与公共汽车的人数此消彼涨,1998至2002年选择私家车和公共汽车进入市中心的年均人数分别为12.78万人和7.56万人,而2003至2007年年均人数分别为11.28万人和8.18万人。

(四)公众参与是世界级城市绿色发展的坚强后盾

一般来说政府是城市环境管理的主体,但不少世界级城市已经由单一主体向多主体参与管理转变,积极鼓励公众通过多种形式参与到城市环境管理中。如东京建立了一套近乎苛刻的垃圾分类制度,并从幼儿园时期开始进行宣传普及,市民自觉相互监督,已经成为了东京家庭的生活习惯。在公众的广泛参与下,东京是全球为数不多的随人口上升而垃圾收集量下降的城市,2013年东京常住人口达到1329万人,比2000年增长122万人;而垃圾收集量为457万吨,比2000年减少64万吨,垃圾再生利用量达到107万吨,比2000年增加14万吨。

四、路径启示——天津市推动绿色发展的对策建议

(一)强化绿色发展理念,明确战略规划目标

要切实将绿色发展理念融入城市建设和经济发展的近远期规划中,大力推进城市绿色交通、绿色建筑、绿色设施及绿色产业的发展。一方面要制定城市绿色发展的战略规划和实施路线图,明确短期、中期、长期目标和约束性指标;另一方面要量化规划的实施效果,确保政策规划落实到位。要定期跟踪监测规划提出的预期目标和约束性指标,并及时通过政府网站向有关部门和社会各界公开发布。

(二)优先发展环保产业,推进产业转型升级

大力发展节能环保产业、循环产业、低碳产业是实现绿色发展、转型升级的重要突破口。一是要把好项目入口关。构建一套行之有效的投资项目资源能源消耗准入指标体系,确保新建项目的绿色化;二是要优先发展节能环保产业,并在落实规划、加快示范和创建市场的基础上逐步形成产业化规模;三是要积极研究制定产业能效评估办法,对城市资源的生产效率、成本、循环利用情况以及减排情况进行评价。

(三)完善有效激励机制,加大环境执法力度

要使各类市场主体自觉自发地发展生态经济,除了要强化绿色发展理念外,切实有效的经济激励和法律法规的强制手段是必不可少的。一是要适时建立生态补偿机制,完善排污交易权制度;二是要将垃圾分类处理制度由试点向全市范围推广。尽早出台全市范围的垃圾分类制度和大件垃圾回收费用标准,推进垃圾分类事业的市场化运作;三是要加大环境执法力度,明确生产者、销售者、消费者的环境职责。

(四)拓宽宣传普及渠道,鼓励公众参与监督

社会公众是城市绿色发展的重要主体,而公众具有较高的绿色环保意识是参与城市环境管理的前提。一是要充分利用互联网等现代媒体方式,开展多层次、全方位的保护生态环境和践行低碳生活方式的宣传;二是要主动公开环境相关规划、监测指标和监测方法等,广泛征求社会公众的意见和建议;三是要将绿色发展、生态文明、环境保护相关知识和课程纳入国民教育体系,让青少年成为家庭节能环保行动的宣传者。

注:1. 世界级城市数据采用城市年鉴口径,其中伦敦为伦敦大区,纽约为纽约市,东京为东京都,巴黎为巴黎大都市区;
2. 世界级城市数据来源于城市年鉴、市政府门户网站、统计和环保部门网站,世界银行数据库,IMF 数据库。

(课题组组长:武军定;课题组成员:荣斌　张颖　丁宁;执笔:张颖)

城市商业综合体:构建天津商业新模式

胡玉芃

城市综合体作为一种新型的商业模式,既是城市发展特别是商业发展的结果,又是提升城市形象、推动商贸经济转型升级的重要载体,具有城市名片和产业载体的双重价值。近年来,商业综合体在天津市得到快速发展,在扩大流通、促进消费、便民利民、扩大就业、提升城市形象、促进商贸经济转型升级等方面发挥了重要作用。随着商业地产的开发进入“综合体时代”,商业综合体正在成为我市商贸流通业发展的新模式、零售渠道的新力量和“三新经济”的重要组成部分。

一、商业综合体的发展现状

我市商业综合体呈现蓬勃发展态势,综合体项目数量、营业面积、商户销售额营业额、租金总额、从业人员等均保持快速增长。

1. 综合体数量快速增长

2011 年之前,全市商业综合体仅有 3 个,2012 年至 2015 年的 4 年间,我市新建商业综合体达到 15 个,其中 2015 年新开业 6 个。16 个区中有 9 个区拥有商业综合体,分布总体呈现以市内六区和环城四区为中心,逐渐由内向外扩散的格局。18 个商业综合体中市内六区的数量最多,共 11 个;其次是环城四区,共 5 个;再次是其他区,共 2 个。

2. 可出租(使用)面积逐年扩大

2015 年,18 个商业综合体总可出租(使用)面积为 108.83 万平方米,其中 9 个可出租(使用)面积在 1 ~5 万平方米之间,8 个在 5 ~10 万平方米之间,10 万平方米以上的有 1 个,为银河购物中心。商业综合体的可出租(使用)面积呈现逐年扩大趋势,2013 年新增 12.18 万平方米,2014 年新增

17.18万平方米,2015 年新增 27.76 万平方米。

3. 综合体内商户数量众多

我市 18 个商业综合体中有多个行业的商户(自营联营和租赁合计)共计 2731 个,其中法人 695 个,分支机构 991 个,个体经营户 1045 个。有 11 个综合体拥有的经营商户超过 100 个,其中大悦城和恒隆广场 2 个综合体的入驻商户超过 300 个。

4. 商业综合体为周边商圈带来客流

商业综合体聚客能力突出,全年客流量达到 1.31 亿人次,较上年增长 14.5%。全年总客流量超过 500 万人次的商业综合体有 10 个,其中超过 1000 万人次的有 5 个,大悦城以 2135 万人次的客流量居首位。

5. 综合体经济总量稳步增长

2015 年,我市 18 个商业综合体全年累计实现销售额(营业额)132.1 亿元,同比增长 40.3%;其中,商业商户(零售业、餐饮业商户)共实现销售额和营业额 122.31 亿元,同比增长 43.3%。

二、商业综合体的经营特点

1. 经营业态以零售、餐饮为主导

从经营业态看,我市商业综合体业态种类较多,零售、餐饮、电影院、游乐游艺、KTV、教育培训、健身养生等均有涉及。总体看,零售业占绝对主导地位、餐饮业次之。

2015 年末,入驻商户中零售业和餐饮业商户分别是 1653 个、775 个,占比分别为 60.5% 和 28.4%;这两种业态的营业面积占全部营业面积的比重分别为 54.7% 和 21.6%;全年零售业、餐饮业商户实现的销售额(营业额)占全部综合体销售(营业)额比重分别为 75.4% 和 17.2%。由于零售餐饮为主导,从业人员也主要分布于零售和餐饮。2015 年末,18 个商业综合体共有从业人员 2.53 万人,其中零售业从业人员 0.99 万人,占全部人业人员的 39.1%,其次为餐饮业,从业人员为 1.18 万人,占比为 46.5%。从租金收益看,18 个商业综合体合计实现租金总额 12.89 亿元,其中零售业单位实现租金总额 8.12 亿元,占比为 63%,其次为餐饮业,实现租金总额 3.25 亿元,占比为 25.3%。

2. 入驻商户以分支机构和个体户为主

截至 2015 年底,18 个商业综合体内入驻商户以分支机构和个体户为主,法人、分支机构和个体户分别为695 个、991 个和1045 个,占总商户的比重分别为25.4%、36.3%和38.3%。

从单位类型看,自营联营商户124 个,其中法人、分支机构、个体户分别为73 个、47 个、4 个,占自营联营总户数的58.9%、37.9%、3.2%;租赁商户2607 个,其中法人、分支机构、个体户分别为622 个、944 个、1041 个,占租赁总户数的23.9%、36.2%、39.9%。

3. 商业综合体成为完善商业服务功能的重要载体

目前,商业综合体中涵盖的业态除百货、超市、专业专卖店等零售业、餐饮业外,还包括电影院、艺术馆、健身房、KTV、游艺城、儿童乐园等文化娱乐业,以及美容美发业、洗染业、摄影业、家电维修业等居民服务业态,零售以外的业态比重越来越高,商业综合体已经成为提升城市商业能级、完善城市商业服务功能的重要载体。

在服务业商户中,营业额较上年增幅较高的分别为电影院(增长55.8%)和游乐游艺(增长42.4%),这两种服务业态也是商业综合体向体验式消费发展并吸引客流的重要方式。从吸引的客户群来看,电影院主要客户群体为青年,游乐游艺主要面向儿童,这两种服务业态已成为商业综合体聚拢人气的“法宝”,同时服务业态的快速发展可以带动综合体内零售和餐饮的消费,形成联动效应。

4. 突出体验元素的业态组合是综合体发展的重要因素

突出体验元素的休闲娱乐及服务业态将是商业综合体未来发展的焦点。其中,儿童业态以其吸引客流、增加顾客停留时间、带动周边消费的特点,必将拥有巨大的发展空间。以大悦城为例,2015 年其客流量、销售额、从业人员数、租金总额等均居于各商业综合体前三位,发展势头十分强劲。大悦城注重体验业态的引入和开发,其服务业商户数占全部商户的21.1%,服务业商户年营业额占比为21.4%,分别高于全市18 个综合体平均水平10 个百分点和14 个百分点。

三、商业综合体对商业发展的影响

近年来,商业综合体的引进和发展,对我市各大商圈形成了新的经济支撑点,扩大了商圈影响力和吸引力,提高了市民消费品质,方便了居民生活服务,在促内需、保增长、促进商贸经济转型升级等方面发挥了十分明显的作用。

1. 完善了商业布局

众多商业项目的引进丰富了我市的商业业态,完善了商业布局。熙悦汇购物中心于 2015 年 12 月正式亮相,为周边居民提供日常生活所需的购物、餐饮、娱乐、运动、亲子等一站式的便捷生活解决方案,打造综合性、全客层、全业态一站式商业综合体,填补了区域商圈的空白;大悦城的经营向好进一步强化了其在老城厢商圈的核心地位,完善了商圈的购物、休闲、娱乐、餐饮、文化等综合消费功能,商流、物流、人流、信息流和资金流的集散量进一步扩大;万达广场的引进,集聚大量人气,平均每日客流量达 5 万多人,调优了商业布局结构,拓展了现代商业发展空间,成功地在河东区开辟了商业副中心;汇成广场、阳光新业购物广场、永旺梦乐城等位于环城区域和郊区的商业综合体,在各自所处的区域服务周边人群,形成辐射效应,促使郊区商业加速繁荣,消费不断扩大,提高了非中心城区的商贸经济发展水平。

2. 促进了商业转型升级

更好的购物环境,一站式消费体验,满足了市民日益提高的消费需求,同时提升了我市商贸经济的档次和规模,促进了商业的转型升级。知名商业综合体纷纷实行差异化战略,为适应消费需求的变化,积极探索从满足需求向满足需求与创造需求并重转变;商业综合体不断拓展体验服务领域,随着信息、物流技术的发展,逐步拓展经营服务领域,增加体验型、文化类业态比重,推动商旅文联动发展,提升商圈集客能力;商业综合体促进线上线下加速融合,随着 4G 网络技术、智能手机的普及,尤其是社交圈商业化的推进,加快线上线下多渠道布局成为众多商业综合体的战略选择。

3. 消费者得到更多便利

随着知名商业综合体的陆续引进,我市商业在品牌、规模、档次等方面都有了很大的提升,消费者不仅有了更好的购物环境,也有了更多的品牌选择余地。由于竞争,商业促销活动更为频繁,打折力度更大,在高频次的促销中,传统的销售淡季不再那么明显,合适的商品和实惠的价格促进了消费者的消费欲望,也让消费者从中得到实惠。提档升级的不仅是看得见的购物环境,商业综合体的营销意识和服务理念也在同步提升,更多的市民越来越喜欢在商业综合体中的消费体验,市民的消费习惯正在悄然改变。

四、对策建议

我市多数商业综合体分布在城市中心区,中心城区较高的物业租金、物流成本等费用,对商业综合体的经济效益和持续发展带来了不利影响。多数商业综合体存在经营雷同、缺乏特色的问题,综合体在内容设置和品牌引进上大同小异,在整体经营风格上缺乏富有个性的主题设计。部分商业综合体缺乏专业管理,组织化、现代化程度较低,还停留在传统的摊群式市场阶段,管理松散,难以开展整体的营销推广。

1. 合理规划优化布局

通过科学规划、合理布局有效规避恶性竞争,助推商业综合体健康发展,吸引更多品牌企业落户我市。综合体的布局应由中心城区向城市边缘扩散,城郊区域的商业综合体拥有更加便捷的交通以及更加低廉的物流成本和租金成本,提高入驻商户的承租能力,从而提高综合体的长期租金回报能力,降低经营风险。通过汇聚人气,有更多的商业综合体出现在次级商圈及非核心地段,进一步推动城市化的进程。

2. 经营凸显主题化差异化

随着生活水平的提高,人们在综合体的消费不仅停留在物质层面,而逐渐上升到精神层面。因此,综合体的主题化、差异化将成为其提升竞争力的有效途径。我市的几大商业综合体都在尽力寻找各自不同的定位。如大悦城将自身定位从最初的“高端”转为了目前的“时尚”,打造了“5 号车库”“IF 街”等室内室外情景式主题街区;远洋未来广场定位于都市时尚家庭生活体验广场;银河购物中心则致力于打造高端的商业中心,强调“文化牌”。围绕主题定位、建筑风格、业态组合、品牌引进、氛围营造、顾客服务等诸多元素凸显差异化、个性化是破解同质化的必由之路,商业综合体拥有更多的独有资源、更新颖的创意、更优越的体验,将具备更强的竞争力。

3. 不断创新运营手段

对商业综合体来说,运营将是实现企业盈利的关键,包括组建优秀的经营团队、根据区域规划和数据分析进行精准选址和动态决策、利用新媒体等多种渠道与消费者展开互动等。商业综合体要留住顾客,增强顾客黏性,必须顺应网络时代的消费特点,加强与顾客交流互动,实施“多平台订购、多方式付款、便捷化配送、一体化体验”的全渠道经营模式。未来的商业综合体将实现更多的社会功能,综合体的庞大公共空间,如果配套公交卡办理处、老年人活动室、牙科诊所、心理咨询机构等公共服务项目,将能有效利用这些消费群体的碎片化时间,实现综合体经济效益与社会效益的最大化。

(作者单位:天津市统计局)

天津新经济发展现状及建议

天津市统计局课题组

当前,经济发展进入新常态,在传统产业增长乏力的情况下,以新产业、新业态、新商业模式为代表的新经济异军突起、蓬勃发展,正在成为我国经济发展的新动能。近年来,天津加快产业转型升级,以打造全国先进制造业研发基地和建设国家自主创新示范区为契机,瞄准更高层次部署新产业,加快发展新经济。

一、新经济正在成为经济增长的新动能

2016 年 3 月 5 日,李克强总理在《政府工作报告》中指出:“当前我国发展正处于这样一个关键时期,必须培育壮大新动能,加快发展新经济。”新经济是指在新常态下,以科技创新和信息技术革命为先导,以新技术为支撑,以新产业、新业态、新商业模式为核心内容,推动我国经济持续发展的经济活动。

从全国情况看:一是技术创新推动新产业蓬勃发展。2016 年前三季度,全国战略性新兴产业工业增加值同比增长 10.8%,快于规模以上工业 4.8 个百分点。技术创新促进形成新产业的核心竞争力,中国制造的无人机、智能手机、高铁都已在国际市场上具备竞争力。二是“互联网+”升温带动新业态快速发展。2016 年前三季度,全国实物商品网上零售额增长 25.1%,高出社会消费品零售总额增幅 14.7 个百分点;电子商务交易超过 17 万亿元,增速达 20% 以上。借助互联网,网络约车、网上订餐、远程教育、在线医疗等新服务、新模式不断涌现,扁平化、分享型的产业链正逐步形成。三是商事改革激发市场主体活力。2016 年,“五证合一、一照一码”加快推进并全面实施。前三季度,全国新登记企业 401 万户,同比增长 27%,日均

新登记企业1.46万户，明显高于前两年。特别是在信息服务业、金融业等顺应经济转型升级方向的相关领域，新登记企业高速增长，为新经济的蓬勃发展注入了新的活力。

从重点地区看：深圳成为我国战略性新兴产业规模最大、集聚性最强的城市之一，“十二五”期间产业增加值年均增长17.4%，占GDP比重提高到40%，产业总规模达2.3万亿元。孵化出华为、中兴、腾讯等明星企业，截至6月底，累计建设重点实验室、工程实验室、工程（技术）研究中心、企业技术中心、孵化器、公共技术服务平台等创新载体1335家，其中国家级89家，省级135家，在新一轮“双创”浪潮中，表现依然突出。浙江将战略性新兴产业中的高端装备制造业列为未来发展的七大万亿级产业之一，该产业增加值保持两位数增长。作为全国网上零售平台的发源地之一，2016年“双十一”，仅24小时在阿里巴巴一个平台，网购规模就达到1207亿元。

二、天津新经济发展现状

2016年一季度、上半年、前三季度天津经济增速分别为9.1%、9.2%、9.1%，虽然与上年9.3%的增速相比略有回落，但波动很小。在传统产业增长乏力的情况下，以新产业、新业态、新商业模式、新产品、新技术、新服务为代表的新经济蓬勃发展，加速孕育和积蓄发展新动能，对支撑经济稳定增长发挥了重要作用。

1.新产业新产品积聚转型升级新动能

前三季度，我市工业保持平稳增长，规模以上工业增加值增长8.8%，产业和产品结构持续优化，高技术产业增加值占规上工业比重保持在13%左右，新产品产量较快增长。

新产业快速成长。在石油化工和冶金等传统行业对工业增长拉动力减弱的情况下，航空航天、医疗设备制造等新兴产业蓬勃发展，正在形成工业稳增长的新动力。2016年，高技术产业（制造业）增加值增速逐季加快，前三季度高技术产业增加值增长6.3%，比一季度加快3.5个百分点，占规模以上工业的比重达12.8%。其中，航空航天器及设备制造业增加值增长19.0%，占规模以上工业的2.2%，比一季度提高0.2个百分点；医疗仪器设备及仪器仪表制造业增加值增长7.8%，占规模以上工业的0.4%，比一季度提高0.1个百分点。

新产品发展良好。在电子信息、智能制造、节能环保等新技术的推动下,符合转型升级趋势的高附加值产品产量较快增长。前三季度,生产节能与新能源汽车 3.61 万辆,增长 44.5 倍;城市轨道车辆实现从无到有,生产 199 辆;工业机器人 24 套,增长 14.3%;光纤、光缆、太阳能电池产量分别增长 28.4%、18.5% 和 19.1%。

2. 新业态新模式开启消费增长新引擎

前三季度,我市商贸经济运行总体平稳,社会消费品零售总额增长 7.3%,消费升级态势明显,网络消费比重突破 10%,商业综合体快速发展,"互联网 +"推动新服务孕育成长。

前三季度,全市开展网上零售业务的限额以上批发零售企业增至 43 家,零售额已经超过 2015 年全年水平,达到 271.59 亿元,同比增长 57.3%,快于社会消费品零售总额增速 50 个百分点,占限上社零额的比重提高到 11.9%,有 8 家企业网上零售规模超十亿。网购活跃带动快递业快速发展,完成业务量 2.82 亿件,增长 64.7%。

新商业模式加速发展。集购物、餐饮、娱乐为一体的商业综合体实现快速发展,商户数量、营业面积、销售规模较快增长。截至 2015 年末,全市共有 18 个商业综合体,综合体内商户(自营联营和租赁)共计 2731 个,有 11 个综合体拥有商户超过 100 个,其中 2 个综合体的入驻商户超过 300 个;综合体共计实现销售额(营业额)132.10 亿元,同比增长 40.3%;全年客流量达到 1.31 亿人次,增长 14.5%。

新服务层出不穷。"互联网 +"快速发展,网络约车、远程教育、在线医疗等新服务模式不断涌现,带动"互联网 +"相关服务业较快增长。前三季度,互联网和相关服务、软件和信息技术服务业营业收入分别增长 56.4% 和 12.8%。

3. 新主体新成果孕育经济发展新活力

前三季度,我市新登记市场主体同比多增近 2 万户,科技型企业快速成长,专利拥有量较快增长。

新市场主体大量涌现。随着商事制度改革等政策措施加快落实,大众创业、万众创新的氛围日趋浓厚。前三季度,全市新登记市场主体 12.41 万户,同比增长 18.0%,平均每天新登记市场主体 453 户,比去年同期增加 69 户。新增市场主体"井喷式"增长,在吸纳就业的同时,也促进了就业结构优化。服务业新登记市场主体 10.75 万户,占全市增量的近九成,其中科技服务、租赁和商务服务等新兴服务业领域新增主体占服务业的比重接近三成,两个行业新增主体增速分别达到 32.4% 和 34.0%。

2016 年前三季度新登记市场主体

单位：户、%

	2016 年前三季度	2015 年前三季度	增速
第三产业	107520	91106	18.0
其中：交通运输、仓储和邮政业	3337	3264	2.2
信息传输、计算机服务和软件业	1791	1729	3.6
批发和零售业	46242	42883	7.8
住宿和餐饮业	9337	7349	27.1
金融业	796	727	9.5
房地产业	2767	1687	64.0
租赁和商务服务业	15894	11857	34.0
科学研究、技术服务和地质勘查业	16069	12138	32.4
水利、环境和公共设施管理业	224	203	10.3
居民服务和其他服务业	7365	6266	17.5
教育	74	11	572.7
卫生、社会保障和社会福利业	339	303	11.9
文化、体育和娱乐业	3284	2689	22.1

新成果增长迅猛。创新驱动战略深入实施，社会创造力进一步激发和释放，企业更重视创新投入、技术研发，创新产出数量不断提升，为创新发展提供科技支撑。上半年，全市有 8385 家科技型中小企业拥有有效专利，其中有有效发明专利的 2191 家；共计拥有有效专利 7.43 万件，同比增长 20.0%，其中有效发明专利 9140 件，增长 26.5%。

4. 新产业投资积蓄产业发展新动力

前三季度，我市投资平稳较快增长，全社会固定资产投资增长 11.2%，在工业投资和基础设施投资增长乏力的情况下，“三新”产业投资势头迅猛，为经济转型升级积蓄后劲。

高技术产业投资快速增长。“中国制造 2025”“大众创业、万众创新”“互联网 +”等一系列引导政策，为高技术产业的发展创造了良好的环境和条件，相关投资积极性提升。前三季度，高技术制造业投资 364.89 亿元，占全市投资的 3.1%，增长 35.0%，其中医药制造、电子及通信设备制造、计算机及办公设备制造业投资分别增长 19.9%、86.1% 和 34.1%。高技术服务业投资 432.18 亿元，占全市投资的 3.7%，增长 47.0%，其中高级技术服务、科技成果转化服务、环境监测与治理服务投资分别增长 5.3 倍、1.4 倍和 50.0%。

三、新经济发展的启示和建议

当前天津新经济迅速成长,加快孕育和积蓄发展新动力,推动新旧动能接续转换,日益成为促进经济稳定增长、引领产业转型升级的生力军和吸纳就业的蓄水池。但值得注意的是,目前我市新经济仍处于起步阶段,企业规模普遍较小,尚未形成多领域优势互补的产业集群,与先进地区相比,还有不小的差距。要积极采取措施,不断增大新经济体量,将对我市经济社会发展产生更加重要的推动作用。

1. 新经济拉动经济稳定增长

在当前经济下行压力较大的情况下,新经济发展为我市经济稳定增长提供了有力支撑。下一步,要继续加大新动能培育力度,落实《国家创新驱动发展战略纲要》,培育更多科技型企业和国家级高新技术企业,增强企业核心竞争力;紧紧抓住京津冀协同发展重大战略机遇,积极承接北京新经济资源,努力吸引新经济企业总部和研发中心落户天津,为天津经济加快发展增添新的动力。

2. 新经济推动产业转型升级

近年来,我市积极调整经济结构,加快转型升级步伐,新经济的蓬勃发展,提供了有力的推动作用。后续要牢牢把握有利于新经济发展的多项机遇,深入落实“中国制造 2025”,加快建设以战略性新兴产业为引领、以先进制造业为支撑、生产性服务业协同发展的全国先进制造研发基地;促进跨境电子商务综合试验区建设,推动汽车平行进口试点工作顺利开展,发挥工业 + 服务业的双轮驱动效应,助推我市经济转型升级。

3. 新经济带动就业结构优化

“大众创业、万众创新”的深入开展,新经济的快速发展,催生了更多适合高素质年轻群体的新岗位。新经济作为以创新为内核的新发展模式,发展初期需要大量的高端技术人才作为发展根基,与企业需求相比,我市高端人才储备和吸引力与北上广深等城市尚有差距。要积极搭建招才引智平台,落实好双创示范基地就业即落户政策,对创新创业团队给予科研经费、金融政策等多方面支持,采用多种灵活方式引进高水平的复合型人才,为新经济发展储备高层次创新创业人才。

4. 新经济促进政府职能转变

孕育于传统行业中的新经济,更多是市场自发形成的结果,它改变了过去政府主导产业定位的发展路径，企业从跟着政府走转为跟着市场走，不锁定发展内容、不固定推进模式，更加突出市场的决定性和企业的主体性。助推新经济发展，要在转变政府职能方面进一步探索，最大限度减少政府管制和干预，充分发挥市场在资源配置中的作用，让企业唱主角，将政府的精力更多的放在市场的监管和企业服务和环境营造方面，以政府改革的红利释放，打造良好的营商环境，从而形成整个城市强有力的吸附作用。

天津加快互联网经济发展研究

天津市发改委规划处课题组

互联网经济是新常态下国民经济新增长点,在很大程度上决定城市未来的竞争力。加快互联网经济发展,对加快转变经济发展方式,提高人民生活水平,实现天津城市定位,具有极其重要的意义。

一、互联网经济的内涵

互联网经济是指以现代信息通信技术为基础,基于互联网产生的经济活动总和,包括互联网产业内部的经济活动以及各行业基于互联网产生的经济活动,由互联网硬件制造、互联网基础设施、互联网软件开发及应用和互联网服务四部分组成。其本质是一种范围报酬递增的经济,具有报酬递增和范围经济性两大主要特征,具体表现为其边际成本接近为零以及外部性。在资源共享条件下,互联网产品具有小批量、低成本、高附加值、多品种等特点,能够带来更多外部经济性。

互联网经济作为新经济的代表,对推动传统产业转型升级,促进服务业增长,转变经济发展方式,带动相关产业创新发展,提升经济竞争力意义重大。

二、国内外互联网经济发展情况及经验总结

(一)全球互联网经济发展现状

全球互联网经济规模逐年扩大。2013 年全球互联网经济规模约为 29308 亿美元,全球互联网用户数逐年增长,到 2014 年底全球互联网用户近

30 亿,互联普及率 40% 左右。伴随全球经济逐步复苏,2014 年全球 IT 支出同比增长 3.2%,其中对企业级软件支出的增长率最高。根据美国企业管理咨询机构波士顿咨询集团预测,到 2016 年,全球互联网经济规模将达 4.2 万亿美元,网民数将达 30 亿。与此同时,以电子商务、软件和信息技术、移动智能终端为代表的互联网经济规模快速扩大,云计算、移动互联网、大数据、物联网作为新兴产业逐渐成为互联网经济的重要组成部分。

全球互联网经济基础设施建设加快。2014 年底,全球固定宽带普及率达 10%,非洲、阿拉伯国家和独联体国家的固定宽带普及率呈两位数增长,欧洲普及率最高。移动宽带网络建设加速,LTE/4G 网络覆盖范围不断扩大。全球数据中心(IDC)建设平稳较快发展,2013 年市场规模达到 284.4 亿美元,同比增长 11.4%。

全球互联网经济领域出现大批世界级企业。2014 年财富 500 强企业中约有 9% 的企业的主营业务与互联网经济密切相关,平均每家企业营收达到 653.3 亿美元。

互联网成为生产生活的重要组成部分。互联网的快速普及和应用不仅提升了信息流通和知识更新的速度,极大地提高效率和降低社会成本,也开始影响到居民的行为习惯,逐步改变传统的思维模式。

(二)国内主要城市互联网经济发展现状

目前,国内互联网经济发展较成熟的城市主要集中在北京、上海、深圳、广州和杭州五大城市。北京是我国的互联网经济中心,在许多方面都引领我国互联网经济的发展。

互联网硬件制造方面,深圳市互联网硬件制造企业数量居首位,2012 年共有 1629 家,累计实现总产值 11978.08 亿元,其他城市依次为上海、北京、广州、杭州。软件产业方面,北京市软件企业数量与效益都高居全国所有城市首位,2013 年共有软件企业 2682 家,软件产业全年销售收入为 4210.6 亿元。电子商务方面,根据中国电子商务市场数据监测报告分析,综合电子商务交易量、网上市场吸引力、基础设施建设、零售业发展、创新、行业活力与垄断六项指数,北京总分排名第一,其他城市依次为广州、上海、深圳、杭州。杭州作为我国电子商务之都,电子商务创新指数高居全国第一。

总结国内外互联网经济经验,天津在发展互联网经济过程中首先应重视互联网基础设施建设,积极推动互联网与其他产业融合,发展智慧型产业。同时加大技术创新力度,占领技术高地;推动数据开放,加速信息共享;完善法律法规,营造良好环境;建立人才战略体系;重视示范引领作用;重视网络和信息安全保障,制定国家网络和信息安全战略。

三、天津互联网经济发展现状及存在问题

近年来,天津信息基础设施建设成绩显著,信息化整体水平位于全国前列。宽带建设成果突出,基本形成了光纤与无线相结合、覆盖全市的高性能宽带通信网络;全市 4G 网络覆盖建设初见成效,已建成第四代基于时分双工模式移动通信长期演进技术的基站 6000 个;广播电视网络双向化改造全国领先,全市有线电视用户达到 300 万户,覆盖率达 96% 以上。

软件产业发展质量进一步提高。软件企业收入在全国省域经济体软件收入排名中位列第 10。电子商务产业集聚发展,以滨海高新区电子商务产业园和武清电子商务产业园为中心,吸引当当网、唯品会、酒仙网以及阿里巴巴等企业投资建园,2013 年电子商务交易总额同比增长 177%,首次跻身年度中国电子商务十强城市。新兴信息技术与产业发展势头强劲。大数据、云计算、物联网、移动互联网、信息安全等新兴信息技术大力发展,相关产业发展规模不断扩大,新一代信息服务产业规模将在 2016 年达到 5000 亿元。

虽然互联网经济呈现出不错的发展态势,但是整体竞争力不强,与国内先进城市相比还存在明显的差距,互联网龙头企业缺乏;软件产业规模较小,在企业数量、软件产业产值以及业务收入方面均远低于北上广等城市;电子商务产业发展滞后,产品创新能力缺乏;互联网基础设施有待进一步提高,城市出口带宽不足、网速整体偏低、互联网普及率低、网民数量和数字电视用户规模少、宽带网络应用不够丰富等。

结合互联网经济综合竞争力不强的现状,究其原因在于三方面:

第一,天津本土高校对计算机科学与技术专业人才的培养不够,人才缺乏。交通情况、工资水平、空气质量等原因导致对行业优秀人才吸引力不强。第二,创新创业氛围不浓,与北京和上海相比差距较大。整体缺乏创新思维,跟从意识较浓,互联网产品推陈出新过程缓慢,互联网经济发展空间局限。第三,整体对外开放度不高,严重制约互联网技术创新与业务创新融合,不利于互联网经济的快速发展以及综合竞争力的提升。

四、天津发展互联网经济的重点领域及主要任务

(一)发展重点

互联网经济重点发展领域由三部分组成,主要目的在巩固优势产业基础上,推动具有发展潜力的互联网经济相关产业,培育新兴产业,提升互联网经济整体发展。

巩固优势领域。发展通信设备、数字视听、电子商务;着力提升通信终端研发能力,推动数字化建设,鼓励和引导电子商务技术创新、模式创新和服务创新。发展潜力领域。发展高性能计算机服务器、软件与信息服务业、信息安全;推动高性能计算机服务器相关技术和超大容量相关技术研发和产业化;推动智能通信软件及特色工业软件的发展,加大对信息安全检测、防护、监控类产品开发的支持力度。培育新兴领域重点发展互联网金融、大数据、人工智能。发展与电子商务相关的结算业务、小微贷款业务等;建设大数据公共平台;支持智能系统的研发,拓展人工智能在多领域实现广泛应用。

(二)主要任务

针对互联网经济的重点发展领域,提出四大主要任务:

1. 改善互联网经济发展基础设施及政策环境,实施宽带提升工程和政府数据开放工程。加快推进城市光纤宽带网络建设和第四代移动通信(TD－LTE)网络建设。以电子政务为基础,实现政府重要业务系统的统一集成和数据管理,建成政府数据开放平台,促进业务协同和信息共享,提高政府工作效率。

2. 提高企业互联网服务及保障能力,实施互联网服务能力提升工程和网络安全保障工程。鼓励企业开展电商运营服务、互联网接入服务、移动互联网应用服务、互联网咨询和培训服务,培育一批互联网服务企业,搭建多元化“互联网服务体系”。依托国家超算中心,建设信息安全靶场、云计算、大数据灾备中心,提升信息安全保障能力。

3. 促进互联网经济核心产业发展,实施电子商务提升壮大工程、大数据创新应用工程、移动互联网普及融合工程以及网络及终端设备研发制造工程。推动电子商务产业集群建设,培育电子商务龙头企业。深入开展政府、

工业、金融等多领域大数据应用示范,出台大数据隐私、交易、评估等领域的政策法规。联合三大电信运营商,加快推进第四代移动通信网络和无线宽带城域网建设,着力布局第五代移动通信网络。加强移动通信基站、关键配套件、5G 技术设备、下一代互联网核心网络设备等终端设备的研发创新和产业化,加强新一代信息技术在高端装备制造业领域的融合应用。

4. 加速互联网在经济各领域的渗透应用,实施智慧城市、数字生活以及互联网金融工程。推动互联网在农业、金融、旅游、生活服务及城市建设方面的融合升级,从而全面提升互联网经济规模和效益。推动"网络设备研发创新工程""智能终端研究及产业化工程",加强互联网设备制造和服务能力,带动电子信息制造业繁荣发展。

五、加快天津互联网经济发展的政策建议

(一)强化政策扶持,完善发展环境

加快出台支持工业 4.0 和互联网金融发展规划。加大招商引资,创新招商引资方式,优化投资结构,健全领导协调机制和跟踪服务机制。充分发挥本土高校作用,采取多种方式培养和吸引计算机相关专业人才。落实产业扶持政策,面向产业发展新需求,制定优惠政策,形成推动产业发展长效机制。完善投资环境,发挥专项资金对互联网经济发展的支持作用,鼓励、支持国内外风险投资基金投向本土企业。

(二)加大技术创新力度,构建生态体系

鼓励企业积极开展技术创新活动,实现技术创新和经济效益的双赢。鼓励企业围绕市场需求和生产经营的需要,开展技术创新活动。构建健康、合理的生态体系,避免无序和无效的竞争,帮助企业找到市场定位和发展途径。

(三)加深互联网技术与相关产业间融合

立足产业基础,选准切入点,围绕天津优势领域,积极引进战略投资者,加强合资合作。引进具有前瞻性的产业链关键项目,做大产业规模。积极争取国家级新型工业化示范基地建设,依托重点功能区、示范工业园区,推动两化融合示范区建设。

(四)推动政府数据开放共享,提升数据治理能力

统一管理数据,将分散数据作为整体加以利用,利用数据信息平台和不同部门、行业丰富全面的数据资料,提高政府工作效率。加大支持大数据技术应用推广,建立大数据资源部门共建共享机制,制定大数据发展战略,完善数据开放和运用机制等。明确政府主管部门责任,加快技术研发,支持企业和学术界在基础技术领域进行研究,利用大数据为互联网经济提供更好的服务。

天津提高就业稳定性研究

刘淑华

就业稳定性问题,一直是西方成熟市场经济国家关注的重要问题,对就业稳定性的重视程度不亚于失业问题。对企业来讲,稳定就业是保证企业正常生产经营的前提,是企业持续发展的基础;对劳动者来讲,只有稳定就业,才能获得稳定收入、享有各项社会保障权益;对整个社会来讲,稳定就业则是保持社会和谐稳定的基石。

党的十八大报告更明确提出,要实施就业优先战略和更加积极的就业政策,推动实现更高质量的就业。可以看出,十八大报告把就业上升到新的战略高度加以强调,充分体现了促进就业的重要性;把实现更高质量的就业作为重要任务部署,更说明了面对就业总量压力和结构性矛盾并存的形势下,就业任务依然十分艰巨。而要实现更高质量的就业,稳定就业则是前提和保障。

一、国内外及天津就业稳定性状况

国外一些研究发现,从上世纪 90 年代开始,劳动力市场就业稳定性逐渐下降,而且就业稳定性的下降并非某个国家的特殊现象,而是世界性的普遍现象。据相关文章报道,美国的长期雇佣在逐渐消失,工作稳定性在逐渐降低;日本 20 世纪末金融危机后,引以为傲的长期雇佣制度开始逐渐解体;欧洲主要国家的工作稳定性也同样经历了下降过程。就业稳定性下降引发了一系列影响深远的经济社会问题,如收入不平等程度加大、人力资本难以进一步形成、社会保障制度变革迟缓等等。

近年来,我国学者对稳定就业问题分别从宏观和微观角度展开了大量研究。例如从宏观角度,分析了我国目前劳动力市场的就业稳定性现状以及影响我国就业稳定性的宏观因素;从微观角度,对就业稳定性提出了不同的测量指标,虽然测量指标尚未达到共识,但均得出了就业稳定性呈逐年下降这一趋势性结论,值得有关部门给予关注。

从天津情况看,在就业规模上,社会就业总量保持了持续稳步增长。自改革开放以来,社会从业人员年均增长2.4%(1979~2015年);进入新世纪以来,年均增长4.2%(2001~2015年);到2015年末,社会从业人员比1978年增长1.4倍,就业总量不断增长且速度加快。但与此同时,劳动力的流动性也在不断增大。据市统计局相关调查显示①,在调查的988家企业涉及109.22万从业人员中,调查期间流失人数为16.02万人,占总调查人数的14.7%,其中农业户口从业人员占总流失人数的六成以上,流动性较大;本次调查中企业用工规模在万人以上的有8家,其中人员流动在千人以上的就有3家,即超过三成企业人员流动比例达10%。因此,从微观角度研究劳动者个体的就业稳定性②问题更显得尤为重要。

二、影响就业稳定性的主要因素

纵观有关文献资料,笔者认为影响就业稳定性的因素③大致概括为三类:个体因素、组织因素和社会因素,具体如下。

一是劳动者个人兴趣取向、个人价值追求、工作期望的落差大小、劳动技能对岗位需求的满足度和劳动的快乐度。

二是因组织为保持市场活力和竞争力而不断进行的结构调整和技术改造,导致不同技能水平劳动力之间的就业状况出现差异,使就业稳定性下降。

三是组织内的文化建设、劳动关系、项目团队、工作环境、薪酬待遇、发展前景等能否让员工认可和融入,员工认可和融入组织的程度越高,就业稳定性越强。

四是由于人工成本不断攀升,一些微利组织用工方式更趋向灵活用工或"订单式"用工,使就业稳定性下降。

---

① 见《简明统计资料》2014年第35期。

② 李丹、王娟在从微观角度研究就业稳定性问题时将就业稳定性定义为:劳动者参加工作后不仅能在一个特定的时间期限内稳定工作,同时这份工作能保证该劳动者的生活维持在稳定水平的一种状态。

③ 重大灾害性事件对就业稳定性的影响不在本文研究范畴。

五是中国经济的快速发展,新兴行业大量涌现,中小企业、民营经济迅速崛起,使得全社会就业机会大增,导致劳动力流动性加快,就业稳定性下降。

六是随着人力资源市场服务体系逐步健全,以及统一开放的信息化平台,使得劳动者获取就业信息和转换工作更加快捷、顺畅。

上述因素有个人主观因素,有外部客观因素,有的是由于经济发展阶段和发展水平决定的或导致的劳动力流动性加快。应该说,人力资源保持一定的流动性是社会进步的结果,但是流动性过大,就会降低就业质量、影响社会稳定。研究发现,稳定就业与非稳定就业人群之间的工资收入差距在扩大;并且在不同收入组内,就业稳定性对工资收入的影响也存在差异,低收入人群中,就业稳定性对工资收入差距所起的作用更大。

三、就业稳定性的指标选择

从当前分析就业形势的文章看,大多采用“单位新增就业占全部新增就业的比重”这一指标来反映就业的稳定状况。数据显示,该比重我市已达到90%以上,看似就业稳定性较强,但本文认为,这一指标只能说明劳动者具有稳定就业的可能性,并不代表劳动者在某一单位能够持续就业,也无法反映劳动者在某一时期就业的变化情况。

要客观考量劳动者个体的就业稳定性问题,应从就业事前和事后指标加以监测,借鉴国内外的研究成果以及当前就业数据获取的可能性,至少可以增加以下 3 项指标来从微观上衡量劳动者就业是否稳定及就业变化趋势。

(一)无固定期限劳动合同签订率

《劳动合同法》规定,劳动者在用人单位连续工作满十年,或连续订立二次固定期限劳动合同的,经本人申请,企业就应当与其订立无固定期限劳动合同。显然,无固定期限劳动合同给职工带来的就业稳定感是明显的。

(二)工作保留率

它是衡量某一群体劳动者为用人单位连续工作某一特定时间段而不发生工作转换的比例。测算保留率时,约定一个相同的时间段是必要前提,因为保留率是就业时间的单调减函数。例如,可以约定工作持续时间为 1 年、

2 年、3 年,分别测算不同时间段的工作保留率,以此来反映就业稳定性。

(三)工作经历数

工作经历数是从就业时间开始,到调查截止时间之间劳动者与用人单位建立的劳动关系次数。同工作保留率指标一样,该指标的数值大小也会受到时间段长度的影响。不同的是,该指标是时间段长度的单调增函数。

从上述指标的内涵看,无固定期限劳动合同签订率指标是事前反映稳定就业的可能性,而工作保留率和工作经历数指标则反映劳动者就业后的工作稳定程度和变化趋势。

四、提高就业稳定性的几点建议

就业稳定性不高,将直接导致就业质量下降,这也正是当前我市就业领域最为突出的问题和矛盾所在,应得到各方关注,并在稳定就业方面做出积极努力。为此提出如下建议:

(一)加强就业稳定性状况的监测与分析

在当前经济下行压力持续加大,再加之继续深化企业改革、结构调整、产业升级的新形势下,保持就业局势稳定是首要任务。“十二五”以来,我们坚持实施就业优先战略和更加积极的就业政策,形成了一系列促进就业创业的政策体系,统筹做好以高校毕业生为主的青年就业、失业人员再就业、农村劳动力转移就业,通过减轻企业负担稳定就业岗位,从宏观上讲,就业规模持续扩大,但从微观上看,就业稳定性不足。为此,要全面把握就业稳定性状况,不仅要密切监测如新增就业、失业率(或失业人数)、失业人员再就业等宏观指标,而且还要从微观视角定量分析就业稳定性问题,特别要针对重点行业、劳动密集型企业等定期定点展开调查研究。建议建立就业稳定性状况监测指标,包括前文提到的无固定期限劳动合同签订率、工作保留率、工作经历数等指标,并按季在重点行业和劳动密集型企业展开调查,从宏观和微观两方面把握全市就业稳定整体状况。

(二)发挥政府稳定器作用

1. 千方百计稳定就业岗位

在化解产能过剩进程中,应研究制定企业人员安置具体措施,妥善安置富余人员。落实好已出台的援企稳岗补贴政策,加大政策宣传力度,让所有符合条件的企业都能享受到政策扶持。

2. 严格执行劳动法规,保障劳资双方权益

近年来,随着企业招工难问题的日益突出,政府相关部门加大管理和监察的力度及劳动者自身维权意识的提高,企业侵害劳动者经济利益的事件呈下降趋势,但是在涉及劳动者非经济利益方面还有改进的空间。建议一是完善劳动保障监察制度,推进用人单位劳动监察守法信用等级评价体系建设,建立用工诚信档案,依法保障职工获得休息休假、安全卫生保护等基本权益。二是敦促未开展工资集体协商的企业尽快建立这项制度。三是不断完善劳动保障方面的法律法规,平等保障企业和劳动者的合法权益,不能特别偏向某一方。

3. 向中小企业提供社会化的信息、咨询和培训服务

中小企业是吸纳就业的主渠道,而其发展特别需要外部提供市场、管理、技术上的信息、咨询和培训服务。政府提供此类社会化服务,是向中小企业提供帮助的最佳切入点,比单独的扶持政策要有效得多。当前可充分利用移动互联网技术和微信平台,及时搜集、有效筛选、分类发布、定向推送、动态管理相关信息,为企业提供精准化服务。借助就业培训服务机构和高等院校资源,加强对中小企业负责人提供统一的岗位管理培训,按需定制培训项目和具体方案。不断提高职工技能水平,充分应用"职业培训包",侧重面向当前劳动力市场上急需岗位和未来应用前景较好的技能,以适应产业发展需要。

4. 完善生活服务设施、解决交通"最后一公里"难题

随着经济发展,劳动者对生活质量要求越来越高。而我市部分区县,尤其是产业园区周边相关配套设施还不十分完善,生活娱乐休闲场所难以满足劳动者需要,交通出行"最后一公里"难题尚未完全解决。因此还要进一步完善各产业园区周边生活交通服务设施,通过打造便捷的生活环境来吸引和留住劳动者。

(三)优化务工环境,做好"留人"和"聚人"文章

用工企业要认真落实我市企业最低工资标准,稳步提高职工劳动报酬,建立工资与企业效益联动的正常薪酬增长机制,高质量落实工资集体协商制度。调整企业产权结构,让中层管理人员、技术工人持有企业股份,共享企业发展成果。建立企业承担培养技能人才的主体责任机制,通过各种手

段消除就业歧视，为职工提供持续的技能培训和职业晋升机会，并将相应条款写入劳动合同中。严格执行劳动者保障规定，加强安全生产和劳动保护，改善工作环境。构建良好的企业文化，增强职工主人翁责任感，发挥工会组织的积极作用，营造平等互利和谐稳定的新型劳动关系，提高员工幸福指数。

（作者单位：天津市发展和改革委员会）

进一步加快金融创新运营示范区建设的研究

——以滨海新区的建设为例

李文增

《京津冀协同发展规划纲要》确定了天津市在京津冀协同发展中的功能定位:全国先进制造研发基地、北方国际航运核心区、金融创新运营示范区、改革开放先行区。金融创新运营示范区在天津市的定位中虽不占居首位,但由于金融是现代经济的核心,就决定了金融创新运营示范区的建设和定位的实现,对天津其他三个定位的实现都至关重要。滨海新区作为排头兵,目前金融创新运营示范区建设取得了一些成绩,也存在一些问题,亟待研究解决。

一、滨海新区在金融创新运营示范区建设的基本情况

1. 在进一步创新融资租赁方面

制定了单机单船等项目公司管理办法,明确了工商注册、税收征管、财政补贴、金融监管、外汇管理、海关监管等综合配套改革措施,简化了行政审批流程。针对飞机、船舶和大型设备租赁业务进行金融服务创新,举办了一系列高水平行业论坛,进一步扩大了天津融资租赁业的知名度和影响力。

业务总量是衡量租赁行业发展的一个非常重要的指标,可在很大的程度上反映新区为主体的天津融资租赁业的发展规模和发展地位。据统计,截至 2015 年底,以新区为主体的天津市融资租赁合同余额约为 14100 亿元人民币,同比增长 41%。天津市融资租赁合同余额已占全国 44400 亿元的 31.8%,到 2016 年 6 月底约为 15500 亿元人民币,约占全国 47000 亿元人民

币的33%，接近三分之一的比重，不仅保持了全国的首位，而且已较前些年四分之一的比重有了进一步的上升，也足以表明天津租赁行业在全国发展中排头兵的重要地位。

2. 在创新航运金融方面

通过推进东疆保税港区航运金融试点，加快形成与国际航运核心区相配套的金融服务体系，全面开展自由贸易港区的改革探索。其中鼓励商业银行在东疆保税港区设立离岸业务北方总部，引导有需求的企业开设离岸账户。支持商业银行对具有真实贸易背景的融资筹资需求提供人民币融资便利。推进人民币市场的发展和对外开放，拓宽人民币流入和流出渠道。进行船舶产业投资基金试点，扩大基金规模和资产规模，探索航运资产证券化方式。发展航空产业投资基金，鼓励商业银行、保险公司等机构加快航运金融、物流金融产品创新，扩大船舶抵押贷款、出口信贷、物流质押、船舶保险、航运保险、航空保险等业务规模。设立航运交易所，建立航运价格指数，探索船舶交易的配套金融服务产品。

3. 在创新基金管理服务方面

完善了基金注册、备案、托管、年检等监管措施，积极吸引私募股权投资基金、创业风险投资基金、天使基金、并购基金、对冲基金等设立发展，重点发展母基金、基金评级机构、机构投资者、有限合伙人及相关中介机构。积极实施支持私募基金发展的政策措施，引导私募基金投资于科技型高成长性企业，初步解决了基金募集、政府跟投、市场退出等问题。深化了渤海产业投资基金、船舶产业投资基金试点，发挥滨海新区创业风险投资的引导基金作用，带动了社会资金加大对电子信息、生物医药、文化创意、新能源新材料等战略新兴产业的投资力度。

4. 在创新建立产业金融集团方面

利用资本市场资源整合功能，通过相互参股、持股和控股等方式，加速了产业资本化扩张。深化金融企业公司治理结构改革，实现了产业金融一体化系统性运作。支持经济实力强、资金雄厚的产业龙头在滨海新区设立财务中心、结算中心、资金调拨中心，实施集团化管理运作企业资金。鼓励和支持商业银行开展企业并购融资，对处于产业集群及产业链中的企业，扩大保理、票据贴现等贸易融资规模，探索开发应收账款质押贷款、订单质押贷款和联保联贷等融资产品创新，延伸了上下游企业供应链融资，促进产业链整合。推进具备条件的国有企业集团组建财务公司、融资租赁公司、贷款公司、融资性担保公司和并购基金等产业金融机构，建立资产轻量化、红筹上市、发行债券、注入资产、分拆上市的持续发展模式。

5. 在创新发展科技金融服务方面

鼓励商业银行创新科技贷款模式,建立科技贷款专营机构,扩大无形资产质押融资规模。建立政府对科技型中小企业融资风险补偿办法,构筑多元化科技型中小企业融资风险补偿机制。支持创新金融产品和服务,为科技型中小企业提供多样化融资选择。发挥股权投资基金和创投资本集聚作用,鼓励科技型中小企业实施股权融资。发展专业化小额贷款公司,创新开展股权投资试点。丰富租赁市场机构主体,发挥租赁的融资融物功能,服务科技型中小企业。拓宽科技保险业务领域,提高保险服务科技型中小企业能力。建立完善担保、再担保体系,提高担保机构的担保能力。发挥多层次资本市场能力,扩大直接融资规模。组建科技金融集团,开展母基金投资、政策支持型投资、投资管理、融资担保、融资租赁、小额贷款、科技资产管理等业务。

6. 在创新外汇资本金意愿结汇试点方面

完善外资股权投资基金外汇试点政策,鼓励境外知名基金管理公司和机构投资者在滨海新区设立基金及管理机构。开展离岸人民币业务试点,实现离、在岸业务联动。扩大跨境人民币业务试点企业范围,推动服务贸易人民币结算和人民币境外投资,支持企业在境外发行人民币债券,推进人民币市场发展和对外开放,拓宽人民币流入和流出渠道。

7. 在创新保险改革方面

探索建立保险改革试验区,积极争取金融资产交易所开展保险产品交易的改革试点,增强保险产品流动性。鼓励保险机构开发保障保险、责任保险、贷款保证保险等新产品,推动保险产品创新,普及意外伤害险和医疗责任险。拓宽保险资金运用渠道,探索发展保险资金债权投资、股权投资方式,支持保险资金投资滨海新区基础设施和产业项目,鼓励保险资金投资产业投资基金、私募股权投资基金及创业风险投资基金,充分发挥保险资金融资功能。

8. 在创新金融产业综合经营试点方面

整合地方法人金融机构国有股权,探索将泰达国际控股集团改革成为国家首批金融控股集团,开展综合经营试点,建立综合经营法人治理机制、选人用人机制、激励约束机制、风险管控制度和金融监管模式,以增强地方金融机构的核心竞争力和行业影响力,提高服务全市和区域经济发展的能力和水平。

二、滨海新区在金融创新运营示范区建设中存在的主要问题

1. 全国性融资租赁资产交易市场建设问题

虽然以滨海新区为核心的天津融资租赁业在全国处于龙头和排头兵的地位，但集聚在我市的融资租赁企业在对普通企业提供融资服务的同时，自身也面临着进一步加快发展的资金来源不足问题。即不论是银行信贷，还是证券市场融资，都满足不了我市融资租赁企业的发展需要，需要通过建立全国性融资租赁资产交易市场建设来解决。

2. 创新航运金融建设问题

建设发达的航运金融有赖于加快建设国际航运核心区，这是其重要的经济基础，而与国际航运核心区建设相适应的是大力发展国际航运中心和国际贸易中心业务。虽然我市在创新航运金融方面，已采取了一些重要举措，但从已有的有关指导性文件来看，尚存在着不合时宜的概念和提法，例如有关文件指出："加快形成与国际航运中心和物流中心相配套的金融服务体系，全面开展自由贸易港区的改革探索。"这就存在问题，因为贸易中心不仅涵盖了物流中心，且是相对更高层级的内容。

3. 天津地方金融控股集团建设问题

即上述提到将泰达国际控股集团改革成为国家首批金融控股集团，目前的关键问题是缺乏实质性的与金融控股集团发挥作用相适应的运营。例如泰达国际控股集团目前已控股渤海银行、天津银行、渤海证券、北方国际信托投资公司和恒安保险有限公司等多家金融机构，从形式上来看已成为金融控股集团，但从实践上来看其旗下的各金融机构之间的业务运营联系很少，与深圳平安集团旗下的平安银行、平安证券、平安保险和陆金所之间运营的密切联系比较，以及发挥区域经济金融排头兵的作用角度来看，尚有一定的差距。

4. 京津冀协同发展融入"一带一路"战略的问题

即目前我市贯彻落实《京津冀协同发展规划纲要》的措施尚有不完善的方面，例如《天津市贯彻落实〈京津冀协同发展规划纲要〉实施方案(2015～2020年)》，虽然明确了我市贯彻落实《规划纲要》的指导原则、功能定位、发展目标和重点任务，但在广泛深度地融入"一带一路"国家战略方面，在落实天津四大功能定位的基本思路和重点任务中，只有在改革开放先行区方面得到了体现，在金融创新运营示范区建设等方面尚未涉及。

三、进一步发挥滨海新区在金融创新运营示范区建设排头兵作用之建议

1. 要进一步加快全国性融资租赁资产交易市场建设

中央有关部门已明确支持天津自贸区建立全国性融资租赁资产交易市场建设,可至今已有一年多的时间尚未落地。建议我市有关部门吸取历史上OTC市场建设的历史教训,要积极地与中央有关部门沟通协调,加快落实。

2. 以创新航运金融为契机进一步发挥国际航运核心区的作用

建议我市今后在制定有关文件和进行有关宣传时,要用国际贸易中心的概念取代国际物流中心的概念,并将过去"加快形成与国际航运中心和物流中心相配套的金融服务体系"提法,转变为"加快形成与国际航运中心和国际贸易中心相配套的金融服务体系"提法,只有这样的结合与实践,才能更好地实现中央赋予我市的北方国际航运核心区的定位,国际航运金融的创新才会有更好的经济基础和更大的发展空间,滨海新区对区域经济发展的服务和排头兵作用才会更大。

3. 认真抓好天津泰达国际控股集团的建设

要将其建设成天津地方金融业的航母和旗舰,为滨海新区和天津地方金融业发挥区域经济金融排头兵的作用奠定基础。当前应着重抓的事情应该是天津泰达国际控股集团在搞好法人治理结构的基础上,其旗下的各法人金融机构的资源和业务的有机整合,增强天津地方金融业的集约化发展和对外竞争力。

4. 进一步完善我市推进京津冀协同发展融入"一带一路"战略的相关规划

建议我市在落实《规划纲要》的过程中,争取将京津双城联动发展为重要内容的京津冀协同发展战略更加广泛深度地融入"一带一路"国家战略,其中应包括金融创新运营示范区这一功能定位的建设落实上,也能深度地融入"一带一路"国家战略,以便促进滨海新区更好地发挥排头兵的作用,进而使我市在落实《规划纲要》的过程中取得最大化的成果。

(作者单位:天津市经济发展研究院)

抓好供给侧结构性改革机遇促进民营经济发展研究

鹿英姿　李　婷

供给侧结构性改革成为我国适应、把握、引领经济新常态的主要抓手，将为民营经济发展带来新动力。抓好这一机遇，将为天津民营经济发展实现“弯道超车”、引领经济持续稳定健康发展打下坚实基础。

一、供给侧结构性改革为民营经济带来发展机遇

经济新常态下，经济运行中一些深层次的矛盾和问题开始显现，供给侧结构性改革正是解决问题的一剂良药。供给侧结构性改革就是要通过发展生产，加快转变经济发展方式，加快调整经济结构，加快培育形成新的增长动力，改善我国以产业结构为主的供给结构，提高供给质量和水平。① 民营企业作为供给侧结构性改革的重要主体，其转型升级也成为关注的焦点。

（一）创新驱动战略促使民营创新创业迸发新活力

创新驱动战略加快实施，深入推进千家民营科技型企业提质增效行动和万家民营企业转型升级行动，全面推进“双创”活动，新一代信息技术与制造业深度融合，科技创新引领作用更加突出，对民营经济加速创新创业和产业优化升级将产生强大的驱动力。

（二）发展混合所有制经济为民营经济带来新动力

供给侧结构性改革涉及推进国有企业改革，提升国有经济效率，必不可

① 逄锦聚：《经济发展新常态中的主要矛盾和供给侧结构性改革》，《政治经济学评论》7(2)：

少的就是要推进混合所有制改革,这为吸引民营经济积极参与国企改革,努力实现国有资本与民营资本交叉持股、相互融合、共赢发展创造了良好契机。

(三)制度性红利释放为活跃民间投资带来新机会

供给侧结构性改革,根本是要全面深化改革,简政放权、放管结合、优化服务改革推进,有助于进一步激发市场活力,民间资本投资领域更加放开,不断拓展民营经济发展的新空间。

(四)降成本政策为减轻民营企业负担创造新条件

降低实体经济企业成本是供给侧结构性改革的重要组成部分,结合"促惠上"活动,陆续出台一系列政策措施,打出一套"组合拳",把企业的生产经营成本降下来,为民营企业轻装上阵、提高市场竞争力创造条件。

二、民营经济成为天津经济新亮点

近期天津民营经济发展势头迅猛,总量规模、经济社会贡献、科技创新、走出去等指标大幅超过全市平均水平。

(一)总量规模发展迅速

截至 2016 年 9 月底,民营经济市场主体累计达到 75.78 万户,其中,新登记民营市场主体 12.16 万户,占全市新登记市场主体的比重达到 98%。民营经济增加值 6352.19 亿元,占全市生产总值比重高达 47.6%,同比增长 13.5%,高于全市平均水平 4.4 个百分点。

(二)经济社会贡献突出

民营工业总产值、增加值增速大大快于全市平均水平(见图 1)。截至 2016 年 9 月底,规模以上民营工业企业实现总产值 10155.79 亿元,同比增长 13.2%,高于全市平均水平 9.2 个百分点;规模以上民营工业增加值增长 18.7%,高于全市平均水平 9.9 个百分点。限额以上民营商品销售额 11451.84 亿元,同比增长 22.4%,高于全市平均水平 16.5 个百分点。民间投资 6731.74 亿元,占全社会投资的比重为 57.8%。民营企业新增就业 20.1 万人,增长 10.3%,占全市新增就业比重 55.1%。

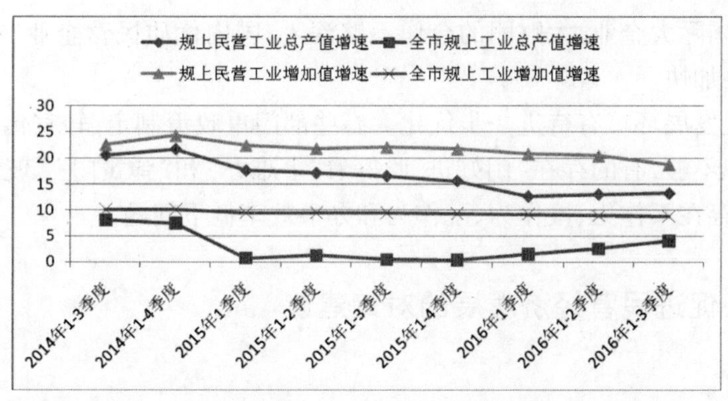

图1　全市和民营经济规模以上工业总产值、增加值增速对比(单位:%)

资料来源:天津统计月报

(三)科技实力明显提升

民营企业成为科技创新的生力军。截至2016年9月底,民营科技型企业达8.03万家,占全市科技型中小企业的95%,其中规模过亿元的民营科技企业新增330家,累计达3260家。

(四)"走出去"势头强劲

民营经济已担当全市"走出去"的主力军。2016年前三季度共备案核准民营企业赴境外投资130家,投资额207.67亿美元,分别占全市赴外投资企业总数的84.42%和86.23%。民营企业出口564亿元,同比增长8.1%,高于全市平均水平20.7个百分点。

三、充分认识天津民营经济发展的短板

尽管民营经济取得了突破性成绩,但仍存在一些短板与不足。

一是规模实力有待进一步增强。民营企业大多是中小微企业,有规模、有品牌知名度、有影响力的大企业较少,2016年中国民营企业500强天津仅13家企业入榜,而浙江达到134家。

二是产业结构有待进一步优化。民营企业大多处在传统产业的中低端环节,劳动密集型传统产业居多,如传统制造业约占85%,在高技术产业和现代服务业领域发展不充分,转型升级步伐需要加快。

三是创新水平有待进一步提升。国内、国外两个市场开拓程度还不够

充分,与国际大企业、大财团的合作不够深入,国内优质民营企业“引进来”步伐需要加快。

四是发展环境有待进一步优化。有些部门重政策制定、轻宣传和落实,服务意识不够,有的存在“门好进、脸好看、事难办”和“弹簧门”“玻璃门”现象,有的存在不作为、慢作为、乱作为和办事效率低下问题。

四、促进民营经济发展的对策建议

(一)做大民企实体规模

1. 培育民营大型骨干企业

深入推进百户民营大企业大集团培育发展行动方案,主动对接企业需求,提供“量身定制”解决方案,鼓励、支持和引导民营经济发展壮大成为“参天大树”。充分利用资本市场,按照“股改一批、辅导一批、挂牌一批、上市一批”的思路,加强分类辅导,重点支持科技型民营企业股份制改造和上市挂牌,提升规模实力和经营效益。支持民企主动对接世界和中国企业 500 强、行业龙头企业,开展跨地区兼并重组和投资合作,打造一批国内外竞争力强、影响力大的航母型民营集团。

2. 参与混合所有制改革

鼓励民营资本与国有资本并购重组为交叉持股、优势互补的混合所有制大企业大集团。支持民营投资主体通过出资入股、收购股权、认购可转债、股权置换等方式,参与国有企业改制重组或国有控股上市公司增资扩股以及国有企业经营管理。支持发展潜力大、成长性强的民营企业吸引国有资本入股,借助国有资本运作平台,在公共服务、高新技术、生态环境保护和战略性产业等重点领域加大投资。

3. 加强京津民企合作

充分发挥京津两地工商联、商会协会等桥梁纽带作用,探索建立跨区域的商会、协会联盟,通过搭建合作平台、加大招商力度,努力争取一批北京及周边各类知名民企总部落户天津。用足用好滨海——中关村科技园、未来科技城京津合作示范区等重大合作载体。

(二)推动民企转型升级

1. 实施转型升级行动

深入实施千家民营科技型企业提质增效行动和万企转型升级行动,通过改造提升、产业转型、关停重组、载体升级等路径,推进民营企业向新技术、新工艺、新设备、新材料、新业态方向转型升级,扩大有效、中高端、绿色供给,努力打造一批具有国际竞争力的产业集群。引导传统民营企业创新营销模式和服务方式,加快机械、轻纺、汽车等行业企业生产设备的智能化改造。

2. 优化民营产业结构

支持民营经济大力发展高端装备、新一代信息技术、航空航天、节能与新能源汽车、生物医药、节能环保等战略性新兴产业,引导民企发展可穿戴设备、网络信息安全、3D 打印等新兴业态。支持民企发展与制造业密切相关的科技研发、管理咨询、软件设计、金融保险、信息服务、电子商务、现代物流、品牌营销等生产性服务业。

3. 支持民营绿色发展

推动钢铁、有色、建材等重点行业民营企业节能减排。大力培育绿色民营企业,鼓励企业生态设计,开发绿色产品,推行产品全生命周期绿色管理。支持民营企业发展资源综合利用和再制造、海水淡化、污水处理等循环经济产业。

4. 引导民营对外投资

扎实推进境外投资咨询服务平台、苏伊士合作区和市级境外产业园区建设,为我市民营企业提供良好的对外投资发展空间。引导和支持民营企业抓住“一带一路”和中韩、中澳自贸区建设的重大机遇,发挥自身比较优势,在铁路桥梁建设、油气管道、通讯设备、工程机械、健康医疗、清洁能源、新金融等领域和行业加大投资和开展深度合作。

(三)提升民企创新水平

1. 加速民营创新要素集聚

加强与高职院校合作,培养具有“工匠精神”的高技能人才。面向全球引进高端科技领军人才和高层次创新型人才,积极引进首都大院大所、科研机构来津聚集,建立一批高水平的院士专家工作站、博士后工作站、工程中心、研发中心等。大力培育和发展民营科技型企业和高新技术企业,走“专精特新”发展道路,以智能制造、机器替代、自动控制为重点,加快推进智能制造和互联网、云计算、大数据产业化发展进程。

2. 加大产学研用协同创新力度

推进民营科技企业与高校、科研院所建立产学研用相结合的市场化协同创新机制,确保科技成果转化落地见效。鼓励支持民营企业特别是领军企业,开展京津协同创新和关键技术联合攻关。

3. 激发创新创业活力

提振民营企业家信心,全面激发以民营企业家为主导的全社会创新创业活力。借鉴外地经验,推进"雏鹰计划",支持双创小微企业基地建设。建设一批研发设计、科技中介、金融服务、中试孵化、成果交易、认证检测等具有较强专业化服务能力的众创服务平台,为创业者提供"一站式"创业服务。

(四)优化民企服务环境

1. 继续实施简政放权

巩固拓展"十个一"改革成果,深化商事制度改革,在"五证合一、一照一码"登记制度改革基础上,探索试行"多项合一、多证合一"改革,试行简易注销程序,激发市场创业活力。构建"亲"、"清"新型政商关系,政府除审批或核准关系国家安全和影响资源环境的项目外,其他由投资者自主决策,从制度上杜绝"玻璃门""弹簧门"现象。

2. 落实降低成本政策

将两批"降成本"政策落实好,切实降低民企制度性交易成本、物流成本、税费负担、融资成本、财务成本等各类成本,加强效果评估和统计监测。

3. 健全公共服务体系

健全完善公共信息化、社会融资担保、企业诚信管理等服务体系,建立互联互通的民营经济公共服务平台网络。推进民企信用体系建设,通过信用信息公示,形成完善的失信惩罚和守信激励机制,进一步强化民营企业守法诚信经营意识。

3. 进一步拓宽民营投资领域

进一步放开竞争性经营行业和投资领域,破除不合理的限制和隐性壁垒,营造一视同仁的公平投资环境。推进政府和社会资本合作,支持民间资本以独资、参股、控股等多种形式进入政府投资行业、基础产业、新兴产业。引导民营资本投资公益性服务业。

(作者单位:天津市经济发展研究院)

天津服务业发展动力研究

周　勇

2015年天津服务业发展取得重大成就，服务业增加值占地区生产总值的比重超越了第二产业，首次形成了“三二一”的产业结构。这表明天津的经济结构正在发生重大变化，转型升级已到了关键阶段。众所周知，经济长期增长取决于总供给三大要素：资本、劳动和创新（用要素生产率代替），而当前，供给侧结构性改革正成为我国新一轮改革的重点。为此，有必要对服务业发展的各要素的贡献进行深入研究。本文对天津以及京、沪、穗、渝作一个比较分析，以期从中吸取有益经验，更好促进天津服务业发展。

一、经济增长因素分析理论

在众多经济增长理论中，丹尼森的经济增长因素分析理论影响最为深远。丹尼森对长时期内美国和欧洲8国及日本的经济增长进行了测算，测算结果表明在美国的经济增长率低于欧洲各国和日本时，美国的经济增长中资本和劳动要素投入的贡献占比大于欧洲和日本，而全要素生产率贡献占比小于欧洲和日本。由此可见，当经济增长速度下降时，资本和劳动等要素投入贡献反而可能上升。丹尼森使用索洛模型分析经济增长中的资本、劳动和技术因素的贡献率，主要依据是认为劳动力、资本和技术创新是经济增长的三要素，从而通过构造规模报酬不变的柯布—道格拉斯生产函数，用经济总量增长率减去劳动力增长率和资本存量增长率的加权平均数后的余值，来获得技术创新增长率。本文亦采用索洛模型，选取2005－2014年各城市服务业增加值、服务业固定资产投资、服务业从业人数为原始数据，分析上述各城市服务业各要素贡献率。

二、天津与京、沪、渝、穗服务业发展要素比较分析

这五大城市 2015 年服务业增加值占 GDP 比重排名如下:

表 1　2015 年五大城市服务业增加值占 GDP 总量比重排名

单位:亿元、%

排名	城市	GDP 总量	服务业增加值	服务业占 GDP 比重
1	北京	22968.6	18301.94	79.8
2	上海	24964.99	16914.52	67.8
3	广州	18100.41	12086.11	66.77
4	天津	16538.19	8604.08	52.0
5	重庆	15719.72	7497.75	47.7

资料来源:京、沪、穗、津、渝 2015 年统计公报

可以看出,五大城市服务业增加值占 GDP 的比重与 GDP 排名一致,京沪服务业增加值遥遥领先,天津排在广州之后,高于重庆。天津服务业发展的目标必然是以京沪为远景,力图赶超广州,争取拉大与重庆的差距。考虑到我国在 2008 年国际金融危机后经历了一个大规模投资的过程,因此本文选择 2006～2014 年和 2010～2014 年这两个时间段,对五大城市服务业增加值增长率和要素贡献率的平均值进行比较,从而试图找出天津市服务业增长的优势和劣势。

(一)服务业增长率:天津稳居首位

表 2　五大城市服务业增加值增长率平均值排名

单位:%

2006－2014 年			2010－2014 年		
排名	城市	增速	排名	城市	增长率
1	天津	20.18	1	天津	19.07
2	重庆	18.77	2	重庆	17.64
3	广州	15.54	3	广州	14.45
4	上海	15.14	4	北京	12.53
5	北京	14.73	5	上海	11.34

从服务业增加值增长率来看,2006～2014 年和 2010～2014 年这两个时间段天津都保持平均增速第一。天津在服务业发展速度上保持着对重庆的优势,在服务业规模领先的基础上,将持续拉大与重庆服务业的差距。当前天津在服务业规模上与广州仍存在较大差距,与京沪相比差距更大。天津

必须争取进一步提高服务业增加值增长率,保持服务业发展的速度优势,以图追赶广州以及缩小与京沪的服务业差距。

（二）资本对服务业的贡献率:天津亟需补齐短板

表3　资本对服务业贡献率平均值排名

单位:%

2006～2014年			2010～2014年		
排名	城市	贡献率	排名	城市	贡献率
1	北京	127.00	1	重庆	119.72
2	重庆	115.44	2	北京	103.30
3	上海	110.49	3	广州	91.65
4	广州	96.22	4	上海	88.57
5	天津	94.36	5	天津	75.20

从资本对服务业的贡献率来看,2006～2014年期间北京占据首位,重庆其次;2010～2014年期间重庆后来居上,北京退居次位。北京服务业总量巨大,主要得益于服务业高额投资。重庆较高的服务业增速也明显更加得益于投资,且在2009年全国其余地区投资增速下降时其投资仍保持高位增长,使其在2010～2014时段资本贡献率超过北京而跃居第一位。天津在两个时间段资本贡献率都居五大城市之末位,足以表明天津服务业投资与其他城市相比并无优势。

（三）劳动对服务业的贡献率:天津具有显著优势

表4　劳动对服务业贡献率平均值比较

单位:%

2006－2014年			2010－2014年		
排名	城市	贡献率	排名	城市	贡献率
1	天津	11.64	1	天津	11.54
2	广州	3.73	2	重庆	4.72
3	重庆	3.67	3	广州	3.79
4	北京	－12.02	4	北京	－11.49
5	上海	－47.19	5	上海	－62.55

从劳动对服务业的贡献率来看,2006～2014年和2010～2014年这两个时间段天津都保持第一,表明天津服务业的发展并不缺乏人力资源。而京沪两地劳动对服务业的贡献率在两个时段都是负数,表明劳动人口的增加对京沪服务业发展的边际产出为负,服务业人口早已过于饱和了。

(四)创新对服务业的贡献率:天津尚有后发优势

表 5　创新对服务业贡献率平均值比较

单位:%

2006~2014 年			2010~2014 年		
排名	城市	贡献率	排名	城市	贡献率
1	上海	36.70	1	上海	73.98
2	广州	0.06	2	天津	13.27
3	天津	-6.00	3	北京	8.19
4	北京	-14.99	4	广州	4.56
5	重庆	-19.11	5	重庆	-24.45

从创新对服务业的贡献率来看,2006~2014 年期间天津创新贡献率排名在广州之后,2010~2014 年期间已经超越广州,位居第二位。上海市创新的贡献占比极高,远超其他城市,理应成为天津学习创新的主要对象。重庆创新贡献率始终最低,其服务业发展的可持续性在五大城市中恐不能与其他四城市相比。

三、促进天津服务业发展的对策建议

天津市近十年的服务业发展是资本、劳动和创新共同推动的结果,即得益于投资的增加、服务业从业人数的增加和创新的进步。特别是 2010~2014 年期间创新对服务业起到了更加明显推动作用,说明服务业发展的可持续性在增强。

通过天津与其他四城市比较的结果,可对天津服务业的发展提出如下建议。

(一)持续加大现代服务业投资力度

由于天津服务业资本贡献率并不高,为天津扩大投资推动服务业增长提供了更大的回旋空间。天津在供给侧改革削减过剩产能淘汰落后企业的同时可以更大的力度投资现代服务业和生产性服务业。如此,不但可以提高服务业增长率,也会促进服务业创新。

1. 加大对重点行业的扶持

做大做强工程设计、软件信息、科技金融、专业科技服务等现代服务业,以财政补贴资金引导社会资本加大投资力度,力争天津在以上行业中异军突起。努力实现在全国工程勘察设计企业百强榜的企业数量的增加和排名的上升。形成一批具有行业特色和专业特点的工业软件抢占市场。鼓励科技金融专营机构成立,积极引导和推动金融机构为科技企业特别是科技型中小企业融资需求提供全方位、专业化、个性化的金融服务。大力发展基础研究、实验检测等专业科技服务,重点支持航空航天、石油化工、能源环保、装备制造、生物医药、电子信息、轻工纺织、工程建设等领域重点实验室建设。

2. 加速与先进制造业的融合

积极运用财政专项扶持资金,以提升行业信息化应用水平、推动服务模式创新为突破口,引导制造业加快向服务型制造的改造升级,重点发展电子商务、现代物流、服务外包、科技咨询等具有生产性服务功能的行业。促进骨干制造业企业实现由生产型制造向设计咨询、工程承包、系统集成、解决方案、再制造等一体化服务总集成总承包商转变。大力推动电子商务技术集成创新与服务模式创新,推进汽车、钢铁、化工、医药等领域建设全程电子商务服务平台。合理规划布局城市物流发展节点、优化物流配送组织方式,解决制约电子商务发展的"最后一公里"问题。重点发展金融服务、医药研发、应用软件、动漫制作、人力资源、电信运营以及公共信息、财务管理、呼叫中心等服务外包行业。大力发展各类科技咨询服务行业,鼓励发展面向企业特别是科技型中小企业的产业研究、竞争情报、管理和战略咨询服务,提升企业应对市场竞争的能力。

(二)继续加强创新对服务业发展的贡献能力

响应国务院"大众创业,万众创新"号召,借助"互联网+"的浪潮,更加注重对服务产品创新、技术创新、业态创新、模式创新和市场创新的引导,最大程度地保障现代服务业和生产性服务业创新成长空间。

1. 支持服务业科技攻关

围绕支撑现代物流、现代金融、软件与信息服务、物联网科技服务、工程设计、检验检测、数字化生活服务等方向,设立科技创新专项支持资金,大力促进服务业前沿技术、关键技术研发与集成应用。

2. 支持创新载体建设

依托企业、高校及科研机构平台资源,围绕研发设计、科技文化融合、电子商务、现代物流、新兴消费服务等现代服务业重点研究方向,加快建设企业技术研发中心、重点实验室等创新载体。

3. 健全科技服务体系

以推动创新资源共享、促进创新成果转化为方向,支持建设一批现代服务业服务平台,面向各类创新主体提供政策咨询、技术转移、投融资、人力资源、交流与培训、信息与宣传、知识产权、中介代理等服务。强化科技服务资源共建共享机制,鼓励企业、高校、科研机构依托自身技术平台、科技文献、科技信息等资源,面向行业发展提供服务,促进科技资源集聚、优化和开放共享。

(三)合理强化服务业人力支撑

天津服务业劳动边际产出仍然为正,表明服务业仍有就业吸纳空间。坚持开放引进和自主培养相结合,增加服务业就业人口同时优化服务业就业结构,不断强化现代服务业创新人才支撑。

1. 积极营造优越的创新创业环境

围绕现代服务业重点领域引进紧缺人才。落实"一张绿卡管引才",对引进人才在户籍和居住证办理、住房、医疗保障、子女教育等方面提供便利,营造服务业人才聚集发展的良好生态环境。

2. 建立现代服务业科技人才培训体系

建立服务业人才培养基地,加快企业再培训中心建设,紧跟互联网+、信息服务等科技发展趋势,有针对性地培育现代服务业复合型创新人才。

(作者单位:天津市经济发展研究院)

天津市中心城区发展战略与总体思路研究

李　李

一、中心城区的地位及其作用

1. 中心城区的地位

中心城区是城市经济、社会、政治、贸易、文化活动的中心，是一个城市的主要活动区域。从地理角度讲，中心城区处于城市的核心地带，是人口最密集、第三产业为主导、土地价格最高、各类活动最为繁忙的区域。中心城区是一个城市的商贸流通中心、交通运输中心、金融中心、信息中心、科学技术中心和文化教育中心。在城镇发展体系中，中心城区在城市中发挥着主导作用，是城市的心脏。

2. 中心城区的作用

中心城区发挥的作用体现在诸多方面。一是中心城区拥有十分发达的交通路网以及快捷便利的运输手段，担当着人流、物流的汇集和疏散重任。二是中心城区经济总量大，土地投入产出率高，有助于带动城市整体经济实力的提升以及国民经济结构的优化和调整。三是中心城区的发展能够发挥城市比较优势，吸引同类型的产业部类实现集聚和规模效益。四是中心城区能够整合多种要素和资源，在一定的宏观经济条件下，带动周边形成良好的产业发展环境。

二、天津中心城区的发展特点

1. 现代服务业比重较高

由于中心城区处于城市的核心地带，在这种地理和历史的环境下，城区现代服务业的发展具有得天独厚的优势,在历史、文化、自然、科技等各类因素的影响下,中心城区的现代服务业比重远远高于城市的其他地区。天津中心城区的发展也遵循这样的规律,各类信息、人才、物资等高端要素的汇集为中心城区现代服务业的发展奠定了基础。

表 1　2016 年天津中心城区服务业比重

区　域	中心城区	和平区	河西区	南开区	红桥区	河东区	河北区
GDP(亿元)	2464.26	630.20	621.75	488.04	155.61	234.46	334.20
服务业增加值(亿元)	2284.43	613.35	591.71	442.85	143.79	217.31	275.42
服务业占 GDP 比重	92.70%	97.33%	95.17%	90.74%	92.40%	92.69%	82.41%

数据来源:天津市统计局

2. 人口密度高

天津中心城区的人口增长迅速,密度高,人口流动规模大,流动形式为“候鸟式”流动。近十年来,天津中心城区人口数量呈现了明显的增长趋势,从十九世纪 80 年代以来,天津中心城区人口聚集效应明显,随着滨海新区的开发开放,中心城区人口增长速度逐渐降低。然而,中心城区人口密度相比郊区仍然较高,人口管理的难度逐渐加大。

3. 土地利用强度较大

天津中心城区经济发展、人口增加以及快速城镇化发展需要大量的土地,但是城区土地资源紧缺,中心城区的面积在不断扩展,但是土地供给远远不能满足土地的需求,因此中心城区土地利用必须坚持土地的集约节约利用原则。中心城区中还存在很多“城中村”,为了满足经济建设必须的用地需求,需要加快旧城区改造,可以拓宽中心城区的土地资源优势,有序增加新的建设用地指标,推动产生城市发展中的新经济增长点。

4. 城市管理任务艰巨

天津中心城区城市管理是一项社会性的系统工程,由于中心城区人口密度大,流动性强,市政设施建设水平参差不齐,部分地区道路狭窄,交通不便,城市管理的难度加大。随着天津的发展,城市管理要求的不断提高,城市管理的效率仍然不高,城市管理中的一些难点问题依然突出。

三、世界先进城市中心城区发展模式对天津的启示

1. 纽约的高强度开发模式

纽约市的发展主要是以中心城区的发展为基础，是中心城区高强度开发的范例。纽约市由五个区组成，分别是曼哈顿、皇后区、布朗区、史坦登岛、布鲁克林区。纽约市的发展以曼哈顿下城为发展核心，打造了曼哈顿下城的金融中心和中城商贸中心。两区域涵盖了多种综合型功能，包括会议、商务、会展、金融、文化、休闲等。合理的产业布局为纽约的城市发展奠定了良好的基础，以信息、金融服务业为基础的服务业成为纽约市经济发展的基础条件，为城市的发展注入新的活力。

2. 伦敦的双核心发展模式

伦敦市区分为两个区域，一个是外伦敦地区，包含了20个区，另一个是内伦敦地区，包含了12个区。内伦敦地区是伦敦的中心城区，伦敦中心城区的发展限制了地域的扩张，推动城市向周边区域形成新的城市中心。伦敦政府控制了以伦敦城为代表的中心城区的扩展，为了保护城市历史风貌，制订了一系列限制区域过度开发的政策，对有文化底蕴的城区和居住区进行有力的保护。在控制中心区过度开发的同时，还将道克兰区作为新的城市副中心，带动商务、会议、金融等城市功能的充分发挥。

3. 东京的多核心组团发展模式

日本东京的城市发展模式可以概括为中心城区聚集发展、外围地区建设多个副中心的发展模式。日本在20世纪50年代经济高速发展带来了大城市病，为了改变交通拥挤、人口居住条件降低、生活环境恶化的城市问题，日本开始了五次以政府为主导的中心城区城市功能的疏解，逐步遏制城市的过度发展。推动城市向外扩散，保证城市居民工作地点和居住地点的协调，东京形成了5个城市主核心以及7个城市副核心的多中心组团结构。

4. 巴黎的双中心发展模式

巴黎是法国的文化、教育中心，是一座历史文化名城，传统的巴黎中心城区是指由第一区到第十区形成的椭圆形地带。巴黎的中心城区发展充分限制了传统中心城区的拓展，为了保证中心城区商务功能与中心城区历史建筑保护之间的协调发展，巴黎在郊区发展了新的商务中心——拉德芳斯区，形成了多中心的发展方式。拉德芳斯区是巴黎政府建立的大型商务中心，其中吸纳了欧洲最大的办公区域，吸引了石油、银行、电子、信息等行业

国际总部的入驻。巴黎中心城区发展的成功之处在于充分保证了中世纪建筑、著名的林荫大道、广场与公园、雕塑与教堂等古老建筑的修建,规划中灵活使用强度开发区和特殊保护区的划分来控制土地的使用,并积极引入私人资本进行基础设施的投资建设。

四、天津中心城区发展战略要点

1. 大力推动城市结构向"多中心"的方向发展

"多中心"是国内外城市中心城区发展的一般规律,一直以来"单中心"的发展给城市主中心带来了过重的负担,效率逐渐降低,中心城区道路交通拥挤等城市病频繁出现,通勤时间长,城市中心城区发展重心到了从规模扩展转变为结构调整的紧迫期。天津需打破单中心的城市结构,向"双中心"或"多中心"的结构发展。在城市发展战略中应当将城市结构调整作为中心城区发展的主要目标之一,全力打造城市的副中心,建设"一主两副"的多核心结构,加快小白楼主中心人流、物流以及企业的疏散,充分发挥天钢-柳林、西站副中心的重要作用。

2. 积极促进现代服务业融合化、社会化和衍生化发展

服务业是以城市为载体而聚集的产业,在中心城区中服务业发展至关重要。一是要推动生产性服务业与制造业的相互融合,加强制造业与服务业产业链之间的关联,将制造业企业的设计、营销、管理、人力等功能剥离出来,形成规模化的服务产业。二是要推动生活性服务业社会化发展,根据新消费领域出现的新增长点,将生活活动、家庭活动变为社会化活动,增加以社会为基础的职业类型和服务机构。三是推动服务业衍生化发展,推动生产性服务业与服务性产业的深度融合,延伸衍生大量新的服务业,例如,创意产业的嵌入带动了制造业和其他服务业的快速发展。

3. 有效提升外来人口管理水平,合理控制人口规模

绝大多数城市都面临着人口总量不断增长的问题,天津作为特大城市,人口数量的不断增多与有待加强的城市设施给中心城区的发展带来了很大的约束。一是要把握好人口和住宅的匹配关系,改变中心城区人口密度过高、居住条件不够完善的现状,提高居民的生活品质,适度控制中心城区的人口规模。二是要把握好人口和资源环境之间的匹配关系,在教育、文化、医疗、卫生等资源方面,进行社会资源均等化的安排,社会资源的分布应当根据人口规模进行调整。三是把握好人口与就业之间的关系,充分利用中

心城区吸纳就业人口的能力，想方设法为失业人口创造新的就业机会，吸引高素质人才。四是把握好外来人口与城市发展之间的关系，针对外来人口实施柔性管理制度，包容和促进人口的合理流动，形成人口综合管理合力，共同参与人口管理工作。

4. 积极带动土地资源利用向集约循环方向发展

土地集约循环利用的方式是解决中心城区用地紧张的有效方式。一是提高土地用地强度，走挖潜内涵式发展道路，防止中心城市低密度扩张、高占地效率低现象的发生，发展多层、高层建筑，提高土地利用的综合效率。二是控制住房面积，控制商品房住宅面积，提高容积率，推广适度的房地产消费模式。三是增加绿地用地比例，提升楼层高度，保留空地作为绿化面积，尽可能利用自然环境的条件，提高中心城区居民的生活水平，新建、扩建公园。四是加大力度进行老旧城区改造，挖潜土地的使用潜力，开发地下空间，依托地铁上盖，发展新的经济模式。五是开发闲置用地，积极推动闲置土地的招拍挂，对于已出让但是未开发的土地收取一定的闲置费用。

5. 加快实现城市管理方式向精细、智慧、生态方向转变

创新城市管理的方式、提高城市管理水平是城市实现现代化发展的重要内容。一是要推动城市管理精细化、网格化发展，明确区、街道和社区之间在网格化管理中的不同分工，建立街道综合管理体系，探索社会管理下沉，完善网格化管理平台，发挥平台对社会管理的监督作用，提高城市管理效率。二是建立智慧城市，依靠物联网、云计算等新一代信息技术的支撑，优化城市创新生态，推动智慧公共服务、智慧城市综合体、智慧城市综合管理运营平台、智慧安居、智慧教育文化、智慧交通等服务。三是推进城市管理从生态环境改善入手，推动生产、生活、生态“三生”融合，利用生态学原理建设中心城区，鼓励可持续的生产方式和消费模式，促进城市文化与生态融合，降低资源消耗，打造优美的环境，保证充足的绿地系统和完善的基础设施。

五、结语

中心城区的城市性质以多职能综合性为主，生产、服务、流通等作用仅仅是中心城区功能的一部分，更多的是政治管理、交通运输、科技信息、人才金融等功能。中心城区的发展需要从产业、人口、用地、管理等多方角度分

析,建立开放式、多层次、网络型的经济区域,补齐城市建设和管理中的短板,充分发挥中心城区的核心和辐射带动作用。

(作者单位:天津市经济发展研究院)

对天津市财政发展现状的评估

马培祥　翟功智

本文设立多维指标体系,比较天津、北京、上海、香港和新加坡的财政状况,并根据评估结果提出若干建议。

表1　财政发展状况评价指标

目　标	类　别	指　标
城市财政评价指标体系	一、财政经济基础指标	国内生产总值
		产业结构
	二、财政汲取能力指标	财政收入占国内生产总值比重
		税收收入占财政收入比重
	三、财政人均状况指标	人均 GDP 和财政收支
		财政供养率
	四、财政调控能力指标	财政支出总量和增速
		各类支出在财政支出中的比重
		财政支出弹性
	五、财政抗风险能力指标	债务率
		财政储备情况
	六、财政透明度指标	财政公开情况

一、财政经济基础指标

1.国内生产总值

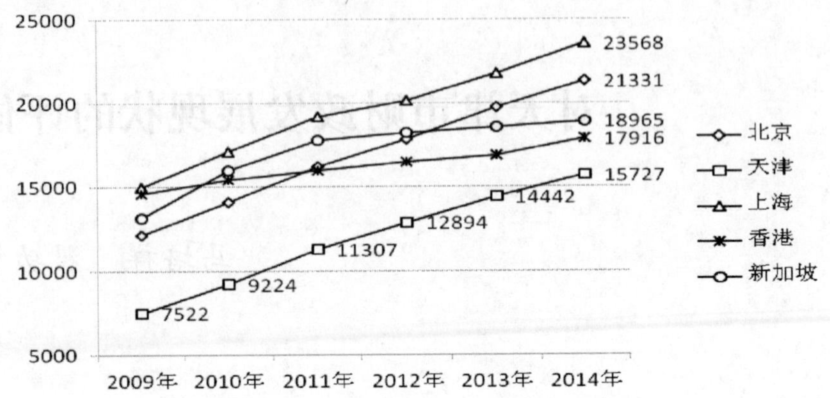

图1　GDP 趋势图(单位:亿元人民币)

北京、天津、上海近年 GDP 平行上升,香港和新加坡呈放缓趋势,预计天津 GDP 将在 2 ~3 年内超过香港和新加坡。

2. 产业结构

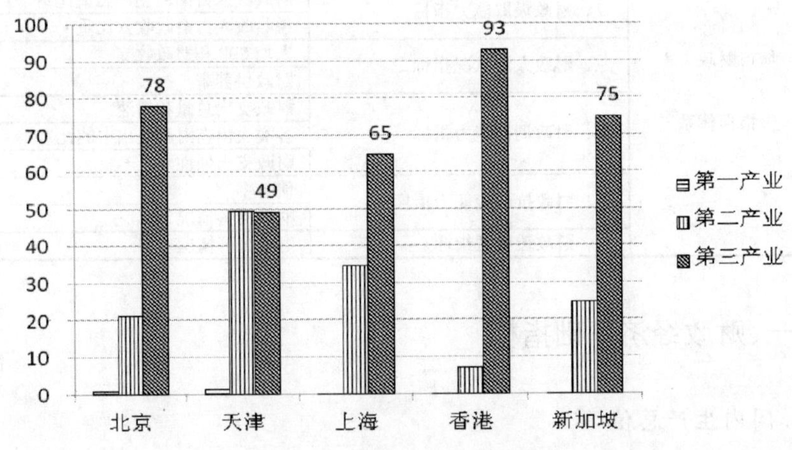

图2　产业结构图(2014 年)

天津第三产业比重较低(49%),特别是高端服务业,如金融商贸、信息传输、软件和信息技术服务业,这种产业结构于财政增收不利。据统计,天津服务业税收弹性为 1.22,即服务业产值每增长 1% ,税收增长 1.22% ,而第二产业税收弹性为 0.91。天津第二产业比重在五个城市中最高(49%),在当前发达国家制造业回归背景下,先进制造业在国家发展战略中愈发得到重视,如何处理好财政增收和发挥制造业优势的关系,需进行深入研究。

二、财政汲取能力指标

1. 财政收入占国内生产总值的比重

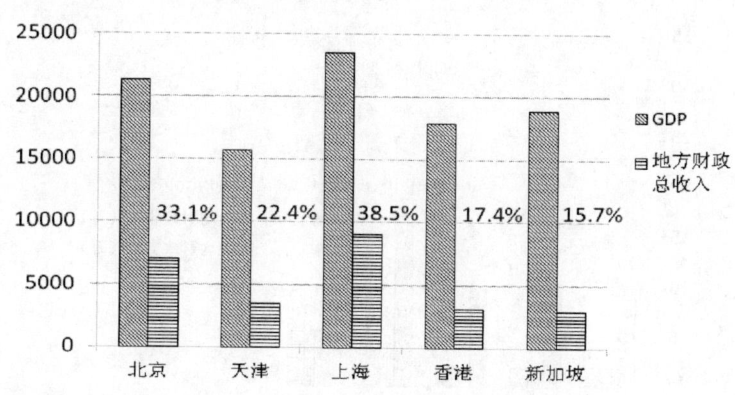

图3　财政收入占 GDP 比重(2014 年)

天津财政收入占 GDP 的22.4%,低于北京和上海,高于香港和新加坡。香港长期奉行小政府政策,财政收入占 GDP 比重一直保持在20%左右。新加坡为吸引资金和人才,维持竞争力,财政收入占 GDP 比重长期保持在15%左右(新加坡的政府投资收益和资本性收入并未全部纳入年度预算)。

2. 税收收入占财政收入比重

表2　五个城市税收收入占财政收入的比重(2014 年)

	北京	天津	上海	香港 ①	新加坡
财政收入(亿元)	4,027	2,390	4,586	3,114	2,982
税收收入(亿元)	3,861	1,487	4,219	2,723	2,643
比重%	95.9	62.2	92	87.4	88.6

除天津(62%)外,其他城市税收收入占财政收入比重在90%左右,反映出天津非税收入比重过高的现状。非税收入是一次性收入,其比重过高不利于保持财政收入稳定。

① 香港税收收入包括应课商品税项、一般差饷、内部税收、车辆税、专利税及特权税。

三、财政人均状况指标

1.人均国内生产总值、财政收入和财政支出

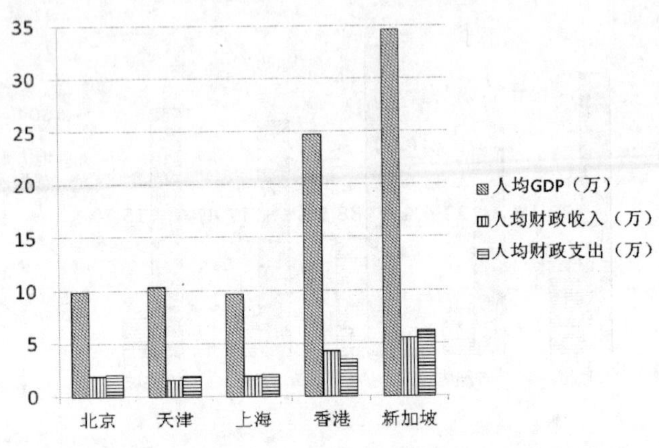

图4　人均 GDP、财政收入、财政支出(单位:万元人民币)

我市财政人均指标总体与北京、上海处于同一水平,但与香港、新加坡差距悬殊。香港人均 GDP、财政收入和财政支出分别是我市的2.4、2.7和1.8倍;新加坡分别是我市的3.3、3.4和3.3倍。我市与北京上海的差距表现在总量差距,与香港新加坡的差距表现人均差距。

2.财政供养率

表3　五个城市财政供养率(2014年)

	北京	天津	上海	香港①	新加坡
常住人口(万人)	2,152	1,517	2,426	724	387
财政供养人员(万人)	70	61	88	16	14
财政供养率	1:30	1:25	1:28	1:45	1:28

从财政供养人员与总人口比值看,天津为1:25,比值最高,北京、上海、新加坡基本相当,香港比值为1:45。

① 香港廉政公署人员、司法人员、驻香港以外地区性的香港经济贸易办事处在当地聘请的人员,以及其他政府雇员非公务员合约雇员,并不包括在内。

四、财政调控能力指标

1. 财政支出规模

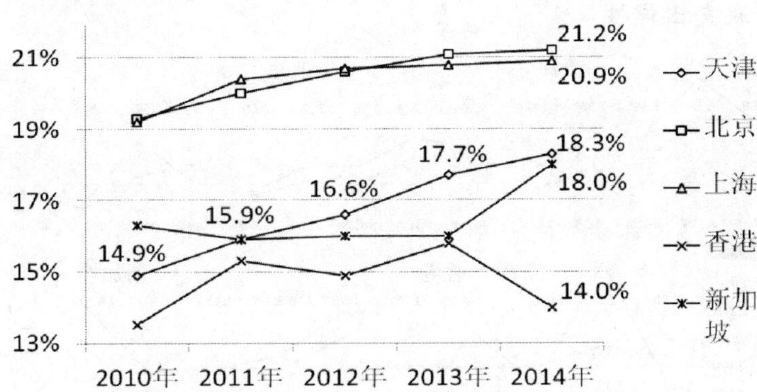

图 5　五城市 2010 ~ 2014 年财政支出占 GDP 比重的变化

2014 年天津财政支出 2885 亿元，仅高于香港；从增速看，2010 ~ 2014 年天津财政支出年均增长 20.7%，是最快的；从财政支出占 GDP 的比重看，2014 年天津达到 18.3%，高于香港和新加坡，低于上海和北京。

2. 财政支出结构

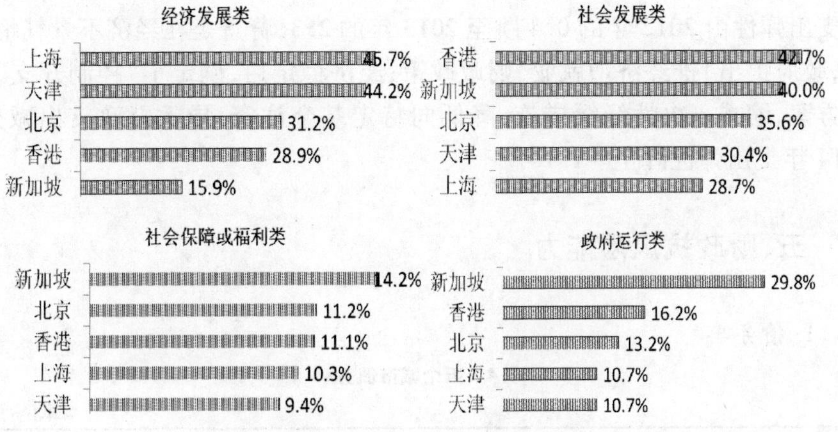

图 6　五城市 2013 年财政支出结构分类排序

津沪支出结构比较相似，经济发展支出的比重最大，北京社会发展支出的比重明显较高。香港和新加坡的社会发展类支出占比最高，达40%以上，且社会保障和福利支出的比重也较高,反映其在发展阶段上领先于内地。此外,香港和新加坡用于政府运行的财政支出比重较高,主要是由于香港和新加坡作为特别行政区和城市国家,承担了部分国家职能,其公务员工资水平比较高,行政费用保持较高水平。

3. 财政支出弹性

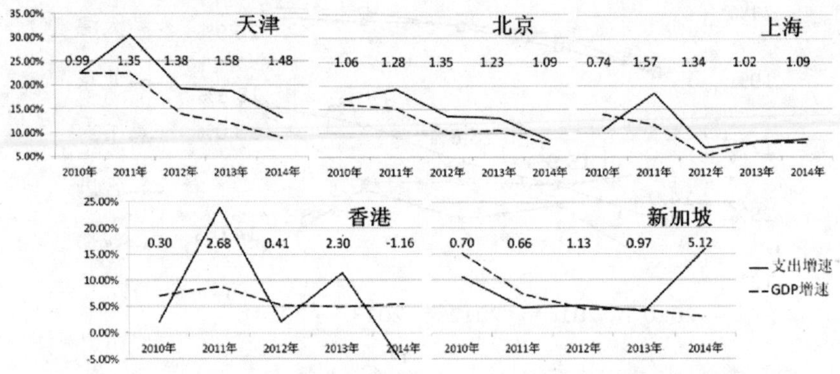

图7 五城市 2010~2014 年财政支出弹性

图七是 GDP 和财政支出增长率曲线,两条曲线之比即为财政支出弹性。京津沪的两条曲线走势趋同,财政支出对经济增长的调节作用不明显;香港和新加坡的两条曲线无趋同关系,体现出逆向调节特征,即经济下行时增加财政支出刺激增长,经济过热时减少支出抑制过快增长。例如,香港财政支出弹性由 2012 年的 0.4 跳至 2013 年的 2.3,背景是在经济不景气情况下,政府提出“推经济增就业”财政政策;经济稳定后,确定了“控制开支”财政方案,缩减一次性纾缓措施,降低向特定基金注资,导致财政支出减少,2014 年支出弹性降至 -1.16。

五、财政抗风险能力

1. 债务率

表4 五个城市债务率

单位:亿元

	北京	天津	上海	香港	新加坡
政府负有偿还责任的债务	6506	2264	5194	0	0
政府负有担保责任的债务	152	1481	532	0	0
政府可能承担一定救助责任的债务	896	1089	2729	0	0
总债务率%	99.86	72.45	87.62		

我市总债务率处于可控水平，低于北京和上海。长期以来，香港和新加坡奉行审慎理财的财政原则，不实行积极公债政策，政府严格控制预算赤字，反映了预算管理追求稳定的价值取向。而京津沪政府负债均达到较高水平（虽在可控范围内），反映出预算管理追求发展的价值取向。通过政府债务促进经济和基础设施建设，但是同时债务率提高增加了财政风险，压缩了财政进一步举债的潜力。

2. 财政储备

表5　五个城市财政结余①和财政储备

	北京 2014	天津 2014	上海 2014	香港 2014 - 2015	新加坡 2014 - 2015
年终净结余	31.2 亿元	5.3 亿元	102.5 亿元	710 亿港元	1.3 亿新元
财政储备	131 亿元	91 亿元	161 亿元	8196 亿港元	

北京天津上海财政储备水平较低，不到一般公共预算收入5%。由于由来已久的危机意识，香港和新加坡非常重视财政储备，香港经过长年积累形成了庞大财政储备，新加坡把财政储备投资于金融市场和国有控股企业，获得了可观投资回报，再用一部分投资回报补充预算支出。

香港 1952 ~ 1953 年建立财政储备基金，逐年由一般收入账目的盈余中拨款归入储备基金；1985 ~ 1986 年以后财政储备基金还包括一般收入帐目之外的各项基金储备。2014 财年，香港财政累计结余 8196 亿港元，其中一般收入账目累计结余 4738 亿港元，土地基金 2197 亿港元。

新加坡于 1974 年成立管理政府财政储备的投资公司——淡马锡，1981 年成立新加坡政府投资公司。新加坡 2014 财年报表显示，政府从投资净收益中获得 85.5 亿新元（合 397 亿元人民币）用于预算支出。为确保财政储备稳定增长，新加坡法律规定，政府最多只能把当年取得的投资净收益的一半用于财政支出。可见，新加坡政府将财政储备转化为政府的优质资产进行经营，不仅实现了财政储备保值增值，而且牢牢掌控国家经济命脉。

六、财政透明度

以香港为例，2015 ~ 2016 年财政预算说明共 93 页，主要包括经济回顾

① 结余是指政府一般公共预算结余，不含基金预算。京津沪财政储备用预算稳定调节基金代表。香港的年终结余为一般收入账目。

与展望、面临机遇与挑战、上财年预算修订、本财年预算概况、开支与收入分析、以及五年中期财政预测等内容。另外,在政府网站公开的年度财政预算,以表格和文字说明的形式详细说明了预算收支情况,长度超过 1000 页,包括政府一般收入账目与基金账目所有的预算信息。政府总目开支预算由各部门支出预算组成。部门支出预算对每个预算项目都设定了年度目标,并附有详细的量化指标,使读者能够清晰地了解该项目的实施内容、绩效目标和评价标准。

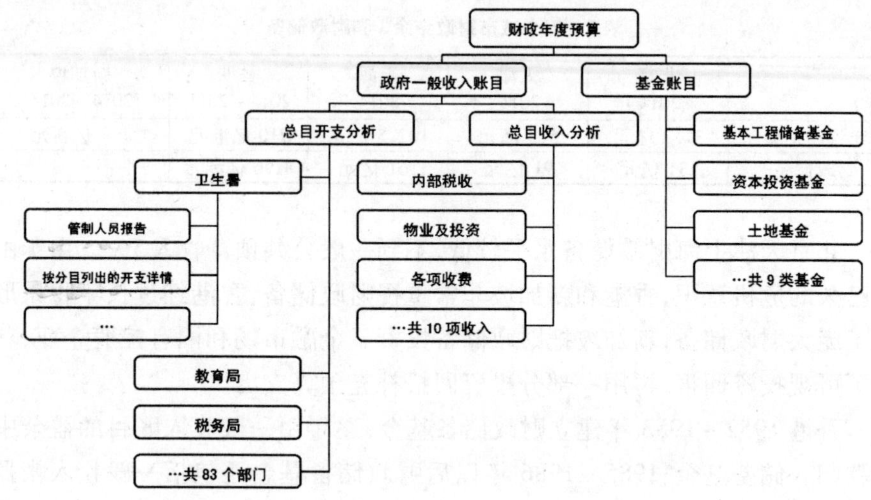

图 8　香港财政预算案结构

七、相关建议

通过上面比较分析,我们建议:

1. 进一步扩大经济总量,优化产业结构

市委十届八次全会把我市经济发展中主要问题归结为“综合实力还不够强,经济总量不大,产业结构不够优化”等问题,这一判断是客观实际的。2013 年全国第三次经济普查结果显示,天津市企业法人总数 22.3 万个,北京和上海分别显 59.2 万个和 38.6 万个,大约相当于天津市的 3 倍和 2 倍。这说明我市经济发展的总体规模与这些城市相比还存在不小的差距,导致了我市国内生产总值在五个城市当中都是最低的。只有把我市的经济总量和质量搞上去,才能为壮大财政实力打下坚实的基础。发展是第一要务,我市要充分利用五大战略机遇期,实现经济和财政的全面发展。同时,还要充分利用土地资源相对丰富的优势发展我市经济,目前香港、深圳、新加坡等城市都面临着城市土地资源匮乏等问题,严重制约了城市经济的发展。而我市的土地资源对丰富,要充分利用好这一优势,把土地资源作为经济发展的战略性资源,合理规划,控制好开发的节奏,提高土地资源利用的效益,发挥好土地开发利用对经济发展持续带动作用。

2. 优化财政收支结构,充分发挥财政的宏观调控作用

一是提高税收收入占财政收入的比重。2013 年我市非税收入在政府性收入中的比重高达 37%,在全国排名倒数第一位,是一个非常突出的问题。其中既有非税收入增长过快问题,也有经济增长基数过低的问题,调整收入结构首要任务依然是发展经济。二是降低房地产税在税收收入中的比重。房地产税收在税收收入的比重过高,造成税收收入过度依赖房地产业,同时房价高企成为普通百姓另一种隐性税负,造成财政收入中取自普通劳动者的税收比重过高,这与社会主义的本质属性是相背离的。三是严格控制财政支出在竞争性领域的投入。从财政支出的角度看,要进一步明确财政职能定位,按照党的十八大提出的"发挥市场机制对资源配置决定性作用"的要求,严格控制财政资金在竞争性领域的投入,把更多的财政资金投入到公益项目和民生项目。四是实行"阳光财政"。"阳光是最好的防腐剂",提高财政透明度对财政部门既是挑战更是机遇,财政部门要充分利用这一有利条件,增强财政资金公开度,通过社会监督促进财政资金更加合理有效使用。

3. 盘活政府存量资产,努力化解财政风险

虽然目前我市政府债务各项指标都在合理的范围之内,但是在政府负有偿还义务的债务中,土地收储、市政建设和交通运输的投资合计占负债总额的比例超过 80%,这些项目都是缺乏现金流的公益性项目,存在一定的偿债风险,目前有些项目已经出现偿债资金难以落实的问题,必须给予高度的警惕。财政是政府化解各种风险的最后一道屏障,对政府债务问题,必须未雨绸缪,给予高度重视。我们建议把偿还政府债务与盘活政府存量资产结合起来,目前我市有大量政府存量资产,通过盘活国有资产、适当减持国有资产,削减存量负债,可能有效减轻政府财政风险。同时积极吸收香港等地经验,探索建立财政预算与国有资产经营预算相互联系的机制,融通财政与国有资产投资运营的渠道,打破现行"两轨相互隔离"的状态,为盘活政府存量资产开拓新的途径。

(作者单位:天津市财政科学研究所)

天津能源利用效率与经济发展关系的实证研究

天津市信息中心课题组

随着经济发展对能源消费依赖程度的加深,能源约束日益成为制约经济可持续发展的瓶颈之一,目前天津正处于转变经济发展方式的关键时期,提高能源利用效率对促进经济发展具有重要的现实意义。

一、能源利用效率与经济发展的基本内涵

能源利用效率是指一个体系(国家、地区、企业或单项耗能设备等)有效利用的能量与实际消耗能量的比率,衡量了能源作为一种生产要素对于产出的支撑程度,综合反映能源消耗过程中管理、技术、经济等各方面因素的影响及其总效果。

经济发展是一个国家或者地区按人口平均的实际福利增长过程,它不仅是财富和经济机体的量的增加和扩张,而且还意味着其质的方面的变化,即经济结构、社会结构的创新、社会生活质量和投入产出效益的提高。

二、天津能源利用效率与经济发展的实证分析

(一)能源利用效率的主要影响因素

影响能源利用效率的主要因素有技术因素、政策因素、能源消费结构、产业结构、经济开放水平以及市场化程度、所有制结构、气候地理条件和基础设施水平等。实践表明,能源利用效率的影响因素非常广泛,其影响程度在不同发展时期、发展阶段及发展模式下会呈现不同的特征。

(二)天津能源利用效率与经济发展的实证分析

1.天津能源利用效率对产业结构的响应分析

本文采用单位能源产出(即GDP/终端能源消费)来衡量能源效率,并利用相关性系数来建立能源效率与产业机构、能源消费结构响应关系。为突出工业内部结构的变化特点,本文把工业不同行业划分为资源性产业、传统制造业和先进制造业,其中资源性产业指煤炭、石油、电力等以自然资源开发、生产为基础和依托的行业,传统制造业指食品加工、纺织等手工制造和简单加工制造业为特征的行业,先进制造业指汽车、航空航天、生物医药等将先进制造技术综合应用于制造业产品的研发、生产等全过程的行业。

单位能源产出与产业结构的相关性

指标 \ 相关系数	与单位能源产出相关系数	相关程度
一产增加值比重	-0.9520	强负相关
二产增加值比重	-0.6567	较强负相关
三产增加值比重	0.8487	强正相关
资源性产业产值比重	0.7662	强正相关
传统制造业产值比重	0.2210	弱正相关
先进制造业产值比重	-0.7656	强负相关

通过对单位能源产出与产业结构的相关性分析可以得出:

一是第一产业增加值比重与单位能源产出效率表现为高度负相关,能源发挥的作用较小;第二产业增加值比重与单位能源产出效率表现为较高负相关,第二产业发展对能源有较强的依赖性,且目前依然表现为粗放型投入和生产特征;第三产业增加值比重与单位能源产出效率表现为高度正相关,第三产业经济产出对能源利用效率的积极作用正在逐步得到发挥。

二是资源性产业产值比重与单位能源产出表现为高度正相关,资源型产业是能源生产和供应的核心力量,对提高能源利用效率具有积极的促进作用;传统制造业产值比重与单位能源产出表现为弱正相关,能源消耗的强度较弱;先进制造业产值比重与单位能源产出表现为高度负相关,其提高能源利用效率仍有较大空间。

能源消费结构与单位能源产出的相关性

指标 \ 相关系数	与单位能源产出相关系数	相关程度
一产能源消费比重	-0.9519	强负相关
二产能源消费比重	0.8935	强正相关
三产能源消费比重	-0.9106	强负相关
资源性产业能源消费量	0.0335	弱正相关
传统性产业能源消费量	-0.3485	弱负相关
先进性产业能源消费量	0.9800	强正相关

通过对能源消费结构与单位能源产出的相关性分析可以得出:第二产业能源消费结构与单位能源产出表现为高度正相关,而第一产业、第三产业均呈高度负相关,也进一步表明了第二产业对能源利用效率具有关键性作用,其节能降耗仍具有较大的潜力和空间。

2. 天津能源利用效率与科技进步的关系分析

本文采用全要素生产率表示科技进步水平,并针对天津技术进步对能源回弹效应的影响进行了实证分析。通过对 2003~2015 年天津市全要素生产率与能源利用效率的趋势比较以及能源回弹效应测算,可以得出:

一是天津技术进步对能源利用效率的提高起到了明显的推动效应,二者相关系数达到 0.99,说明近年来天津加快转变经济发展方式,能源强度较大、产值较低的工业比重整体下降,同时天津加大技术研发投入,进一步降低了生产成本和生产能耗,提高了能源利用效率。但技术进步对天津能源利用效率的提高仍有较大的提升空间,通过技术进步提高生产设备的工作效率、淘汰落后产能,鼓励企业技术改造和实现产业升级,将成为今后一个时期提高能源利用效率的重大主题。

二是天津因技术进步带动能源利用效率提高的过程中,依然存在能源回弹效应,能源回弹效应指技术进步将提高能源利用效率而可能节约资源,同时技术进步会促进经济的快速增长,进而增加能源的需求,可能会部分甚至全部抵消节约的能源。2003~2015 年期间,天津能源回弹效应除 2006 年大于 1,其余年份均小于 1,整体较弱,但近两年有上升趋势,天津在推进先进技术提高能源利用效率的同时,仍需配套相关能源政策来降低能源的必然需求量。

3. 天津能源利用效率与对外开放水平的关系分析

本文从进口贸易、出口贸易和实际直接利用外资三个维度,分析对外开放与能源利用效率的关系,并运用全球价值链理论,通过测算天津生产非一体化指数分析天津加入全球价值链对能源利用效率和环境的影响。通过分析可以得出：

一是进、出口规模扩大及结构改善有利于提高能源利用效率，相关系数分别达到0.93和0.95，这表明企业在进出口商品的同时，吸收了先进的生产、制造、研发、市场营销与管理模式，从而提升自身的生产率，提高了能源效率。

二是实际直接利用外资对提高能源利用效率具有较强的正面作用，相关系数达到0.98，这是因为近年来天津注重吸引外资的质量，不断改善结构，而优质外资企业在本市从事生产经营活动，通过示范效应、竞争效应、人员培训效应以及联系效应等途径影响企业的技术水平，提高了能源利用效率。

三是按照天津2007年和2012年投入产出表，通过函数计算出天津生产非一体化指数从2007年的0.104小幅上升到2012年的0.119，这表明天津切入全球价值链的程度在缓慢提高，但总体上仍处于较低水平，尚未真正融入跨国公司国际垂直分工体系，迫切需要提升在全球价值链中的地位，从而进一步推动能源利用效率稳步提高。

4. 天津能源利用效率对环境影响分析

能源利用效率和环境污染之间存在着密切的联系。本文首先利用环境污染的治理成本法估算了2003~2015年的天津环境污染经济损失，并采用单位GDP能耗作为能源利用效率的替代指标，借助协整检验和误差修正模型，较为客观地分析了能源利用效率变化与环境污染经济损失之间的关系，经测算得出：

一是通过对能源利用效率与环境污染经济损失变量间的协整分析，二者之间存在协整关系，即能源利用效率和环境污染经济损失之间存在一个长期均衡的关系，提高能源利用效率对于减少环境污染的经济损失具有重要意义。

二是通过对能源利用效率与环境污染经济损失变量间的Granger因果检验得出，能源利用效率与环境污染经济损失之间存在单向因果关系。经实证分析，能源利用效率的变化对环境污染经济损失存在明显的作用，当能源强度变化1%，引起环境污染经济损失占GDP比重变化0.348%。

三是从误差修正模型的分析可得出，能源利用效率的短期波动对环境污染经济损失的影响较大，高于其长期波动的影响，进一步证明提高能源利用效率可以有效降低环境污染经济损失。

三、"十三五"时期能源发展及经济发展趋势展望

"十三五"时期,是天津逐步实现"一基地三区"城市功能定位,深度激发五大国家战略红利的重要发展阶段,经济发展总体特征表现为"挖掘发展潜力,培育发展动力,厚植发展优势,拓展发展空间,共享发展成果"。

"十三五"时期也是能源革命发力提速的关键时期,保障能源安全、提高能源利用效率将是"十三五"能源发展的核心内容。具体来看:一是经济下行压力较大、发展方式进一步向质量效率型转变以及把保障人民健康和改善环境质量作为更具约束性的硬指标等因素将导致对能源需求总量增速放缓;二是新能源占一次能源消费的比重将上升,能源发展方式进一步向清洁替代和电能替代转变,能源需求结构将加速转型;三是能源市场化改革将逐步提速,多元化的市场交易机制将进一步完善;四是以清洁、低碳、高效为特征的新一轮能源变革将深入推进。

四、对策建议

1. 以新常态为引领推动能源革命

一是控制能源消费增长速度,实施更为严格的环保准入标准,推动居民生活用能方式变革,引导居民树立低碳消费观念,推进能源消费革命;二是加快能源结构调整,大幅降低煤炭在一次能源消费总量中的比重,扩大天然气在工业、制冷、交通、发电等领域的应用,优化外调电力来源地与天津之间的外受电力通道、变电设施、高压环网建设,大力发展新能源和可再生能源,推进能源供给革命;三是借助构建全国先进制造研发基地契机,加快能源科技创新体系建设,推进能源科技革命;四是密切关注国家能源体制机制改革动向,稳步开展能源改革试点先行,推进体制机制革命;五是加强国际国内能源合作,提高天津能源安全保障能力。

2. 以绿色制造为目标推动生产方式创新

一是加快核心关键技术研发,实现绿色制造技术群体性突破;二是深入推进工业结构调整,加快淘汰落后产能,大力发展绿色新兴产业,构建绿色工业体系;三是借鉴国际经验,完善绿色制造技术标准与管理规范;四是鼓励金融机构创新产品,加大对绿色制造资金支持;五是大力发展绿色运输,推动绿色物流发展;六是启动政府绿色采购工程,引导绿色消费行为;七是

充分发挥行业协会的作用,促进企业绿色经营管理创新;八是加强人才培养体系建设,为绿色制造提供人才保障。

3. 以绿色消费为核心践行低碳生活方式

一是发挥政府的调控作用,完善并严格执行绿色核算体系,加大对绿色产业的投资力度,加强对绿色产品的标识管理,创造良好的绿色消费环境;二是组织成立具有权威性的绿色组织,引导消费者树立绿色消费观念,增强消费者环境保护意识,强化绿色消费的内在驱动;三是优化企业的绿色营销策略,加强绿色产品的开发,提高绿色消费的效果;四是强化消费者协会职能,维护消费者绿色消费权益。

(执笔人:冯　玲　王纪晨　韩　柏　宋占松)

加快推进天津跨境电商发展对策研究

冯 玲 易 婷 张娟娟 刘海荣

一、我国跨境电商发展呈现良好态势

1. 跨境电商贸易规模快速增长

近年来我国传统对外贸易增速有所下滑,但跨境电商贸易却呈逆势较快增长趋势。据电子商务市场调查数据显示,2015 年我国跨境电商交易规模为5.4 万亿元,同比增长 28.6%。预计 2017 年我国跨境电商规模将达 8 万亿,复合增速 26%,仍将处于快速增长阶段。

表 2009~2015 年我国对外贸易及跨境电商交易规模

年份	进出口交易额(万亿元)	跨境电商交易额(万亿元)	跨境电商占进出口总额比重(%)	跨境电商增长率(%)
2009	15.1	0.9	6.0	-
2010	20.2	1.2	5.9	33.3
2011	23.6	1.6	6.8	33.3
2012	24.3	2.3	9.6	43.8
2013	25.8	3.1	11.9	34.8
2014	26.4	4.2	15.9	35.5
2015	24.6	5.4	22.0	28.6

数据来源:根据国家统计局、中国商务部相关数据整理而得

2. 跨境电商出口仍将占据主导地位

2010~2015 年我国跨境电商出口占比不断提高,2015 年该占比达到83.2%,但随着我国进出口税收体系的逐步理顺和进口物流配套的持续升级,预计我国跨境电商进口份额占比将逐步提升,成为跨境电商的重要增长点,但跨境电商出口仍将占据主导地位。

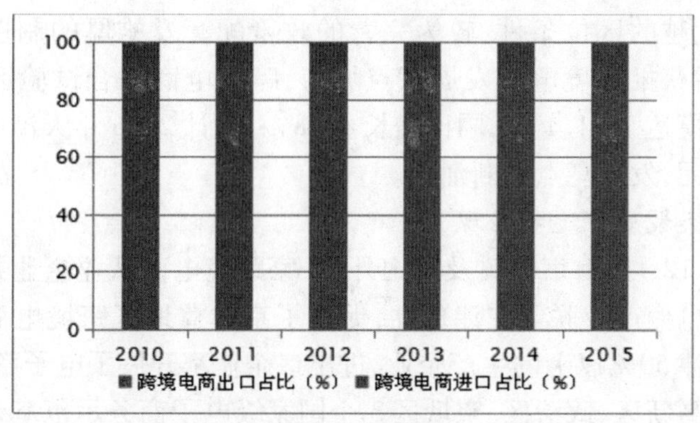

图1　2010～2015年中国跨境电商进出口占比(%)

3. 外贸 B2B 在我国跨境电商中占绝对优势

2015年,我国跨境电商B2B交易占比达到92.4%,占据绝对优势,跨境电商B2C交易仅占7.6%。从商业模式上看,跨境电商B2B模式已处于成熟阶段,将长期占据主流。但随着跨境贸易主体越来越小,跨境交易订单趋向碎片化和小额化,未来B2C交易占比会出现一定幅度的提升。

4. 跨境电商的产业链条日趋完善

2012年以前,跨境电商的参与者主要以小微企业、个体商户及网商为主,近年来传统贸易中的主流参与者,如外贸企业、工厂和品牌商家开始进入该领域,并逐步走向规模化运作。跨境电商企业通过整合资源不断延伸产业链,新的服务商不断涌现,整个产业链及生态系统的服务链条日渐完善。

虽然我国跨境电商发展迅速,但发展过程中仍面临诸多制约因素。一是物流发展滞后。物流模式较粗放,物流时间较长,且存在时效投递不稳定等问题。二是通关结汇难。大量从事小额B2B的外贸中小企业存在通关困难、结汇不便利的问题。三是市场监管体系有待完善。跨境电商涉及交易、税收以及消费者权益保障等方面的规范和标准尚需完善,侵犯知识产权、非法交易及欺诈行为时有发生。四是品牌化瓶颈。跨境电商企业所售产品主要以价格优势获得市场,产品质量尚待提升,大部分企业还未涉及品牌化建设。

二、新机遇下天津跨境电商发展亮点涌现

在京津冀协同发展的战略机遇下,天津基于“一基地三区”的城市功能

定位,依托优越的区位条件、较为完善的政策配套及雄厚的制造业产业基础,天津先后获批跨境电商发展试点城市、跨境电商综合试验区。2015 年电商交易规模达 7371.1 亿,同比增长 40.8%,预计 2016 年天津电商交易额将突破万亿元,发展亮点不断涌现。

1. 产业集聚效应逐步显现

2015 年 12 月,由京津冀及国内外 55 家跨境电商从业企业共同发起的京津冀跨境电商产业联盟在津成立,促进了京津冀地区跨境电商产业链整合。目前天津 50% 以上的生产企业、进出口企业都开展了电子商务,已成功建设了滨海高新区、武清区、宝坻区 3 个国家级电子商务示范基地,中北、中新生态城 2 个市级电子商务示范基地,以及天津港保税区、东疆保税港区、东丽航空商务区、武清区 4 个市级跨境电子商务创新试验区,集聚效应进一步加强。

2. 服务平台建设逐步完善

目前包括海关通关管理平台、检验检疫监管平台和公共服务平台等在内的天津跨境电商综合服务平台已搭建完成,并于 2016 年 3 月正式上线运行,各平台通过专线互联互通,并与海关、检验检疫相关管理系统、公安身份认证系统、查验现场的线下设施和企业管理系统联通,形成一个多系统对接、多层数据交换的信息化管理和服务平台。电商、仓储、支付、物流以及报关等企业通过对接平台,实现了“一次申报”“一次查验”“一次放行”。

3. 政策环境日趋优化

近年来天津跨境电商配套政策日趋完善,先后出台《天津市发展跨境电子商务扩大出口的实施方案》《中国(天津)跨境电子商务综合试验区实施方案》,滨海新区也结合本区跨境电商发展实际,出台了《关于滨海新区推动跨境电商发展的工作方案》,多层面、全方位为天津跨境电商的发展保驾护航。

4. 龙头企业不断涌现

截至 2016 年 5 月,天津共引进天猫国际跨境 O2O 体验中心、敦煌网、中国制造网等主要跨境电商服务平台,京东国际、亚马逊等知名跨境进口电商企业,中国邮政快递、DHL 等物流快递及易支付、汇付天下等第三方支付企业等累计超过 200 家。

三、实现天津跨境电商创新发展亟待突破的瓶颈

天津跨境电商在快速发展的同时,存在起步晚、互联网产业发展相对滞

后、复合型人才短缺等问题。

1. 互联网产业发展滞后

互联网产业是发展跨境电商的重要保障,2015 年天津电子商务发展指数由 2014 年的第八位下降至第十四位,2015 年天津电子商务指数未达到平均值,与广东、浙江等先进省市还存在一定的差距。

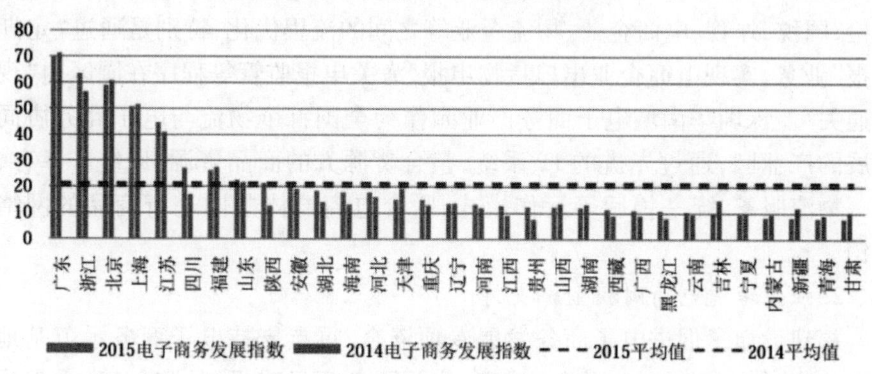

图 2　2014～2015 年部分省市电子商务发展指数比较

2. 监管滞后通关效率低

在电商企业经营标准设定方面,海关、商检等部门的规定比较模糊,存在政策透明度不高、监管政策制度和跨境电商的需求不适应等问题。由于开展跨境电商活动的企业进入门槛低,通关制度更新快,通关管理模式多,企业对通关新制度理解不够全面,造成企业运作不规范。此外,通关监管部门间的协调性有待进一步加强。

3. 物流业发展潜力有待挖掘

2015 年天津机场旅客吞吐量 1431 万人次,货邮吞吐量 21.72 万吨,货邮吞吐量位列全国第 13 位,与主要跨境电商试点城市相比有较大差距,未来天津跨境电商航空货运有着巨大发展空间,亟待出台相关政策,充分发挥天津空港优势及自贸区保税备货优势。

4. 专业复合型人才短缺

跨境电商涉及的学科跨度大,不仅需要了解经济知识,还需要熟悉国际贸易的各种程序,需要支付、物流、通关、网络等综合知识技能,目前天津亟需加大对懂电商、懂市场、懂外贸高端复合管理与技术人才的培育与引进。

四、地方发展跨境电商的典型经验及做法

1. 加快跨境电商基地园区建设

2013 年杭州建设了我国首个跨境贸易电子商务产业园,实现了海关、国检、国税、外管、电商企业、物流企业等之间的流程优化,特别是通过"定期申报"业务,实现电商企业出口货物申报、海关申报监管等程序在园区内"现场通关"。深圳华南城电子商务产业园作为全国首个物流与电子商务协同发展的产业园,通过先进的 IT 系统,整合货源方的商品资源,以统一库存、统一物流服务、统一售后等运作模式,联合电商群体共同进行商品的网络分销。

2. 强化跨境电商财税金融支持

福建设立了促进电子商务发展专项资金,重点支持电子商务示范基地(园区)创建、示范企业(平台)认定、公共服务项目建设、品牌创建、重点项目贷款贴息、第三方互联网支付和跨境支付等项目。东莞支持跨境贸易电子商务企业投保出口信用保险,对有出口经营权的跨境贸易电子商务企业向保险公司投保短期出口信用保险所缴纳的保险费给予资助。平潭规定货物进入保税仓库后,可先不交税,商品出去后才需交税,同时,平潭还出台退税等优惠政策,跨境商品可以享受相对较低的税率。

3. 鼓励跨境电商企业"走出去"

浙江、山东等都把推动跨境电商公共海外仓建设作为创新外贸营销手段,山东提出引导有实力的企业通过租用或自建方式,到日本、韩国、美国、欧盟等重点市场建立跨境电子商务公共海外仓,搭建以公共海外仓为支点的目的国配送辐射网点,提供一站式仓储配送服务。江西支持相关企业建立海外物流枢纽中心,为省内中小跨境电子商务企业提供代运营、客服、物流仓储、数据服务、法律咨询等服务。

4. 积极探索新型监管模式

郑州首创将保税监管模式、邮件监管模式、快件监管模式集合成新的"1210 监管模式",成为海关总署面向全国推广的"郑州蓝本"。重庆利用"合格假定"理念,通过采信跨境电商企业提供的第三方检测报告等方式探索出一套新型监管模式。厦门通过"电子申报 + 电子审单 + 同屏比对 + 即查即放"监管新模式,对合格跨境电商产品 6 秒即可快速验放,电子化指令直接下达企业。

五、天津发展跨境电商的对策建议

1. 壮大跨境电商发展主体

借助自贸区政策优势，着力吸引国内跨境电商平台企业和大型销售企业在各功能区集聚，扶持一批本地优秀跨境电商企业做大做强；重点提升企业跨境电商应用能力，辐射京津冀，加强与知名境内外企业合作，积极开拓国际市场；大力提升企业境外营销能力，推动企业建立跨境电商运营团队，开展多渠道的商品营销。

2. 充分发挥保税功能优势

通过“保税进、行邮出”的方式，实现保税仓储、分拨配送、售后前移，以提效降本；组织举办洽谈会、展览会，鼓励境外品牌企业在天津设立保税仓库、保税展示，打造境外商品的物流分拨中心、配送中心、展示交易中心；建立“前店后库”模式，充分利用自贸区保税政策，实现进口商品线上保税展示，线下完税交易；完善与京冀外贸发展的合作机制，推动三地保税区政策共享，促进外贸合作发展。

3. 依托金融创新助推跨境电商融资

充分利用全国最大的跨境支付企业易支付在天津建设全国结算中心的机遇，推动银行和跨境第三方支付机构为跨境电商业务提供高效便捷的支付服务；深化支付机构跨境电子商务外汇支付业务试点，不断扩大试点业务范围，积极创新业务模式；建立部门信息交互、共享、应用机制，依托外贸产业大数据，以引导银行、保险及担保公司共同为跨境电商企业提供明确的个性化融资服务。

4. 增强国际物流支撑能力

鼓励区内企业到境外投资建立海外跨境电子商务仓储中心和配送服务网络，提供境外货物配送服务，努力打造成京津冀乃至中国北方跨境贸易商品的重要集散地；充分发挥天津港在港口物流供应链的重要节点作用，依托其覆盖全球的航线网络及桥头堡优势，打通跨境电商国际物流通道，研究推进与跨境电商相适应的东疆“保税仓”“海外仓”规模适度发展，提升港口吞吐量。

5. 注重跨境电子商务人才培养和引进

完善电子商务人才激励措施，拓宽人才引进渠道，采取核心人才引进、团队引进、项目引进等多种方式，吸引高端复合型人才落户天津；依托国内外高校和知名互联网企业开展电子商务、物流配送和互联网金融等领域的中高端人才培养,支持有条件的电子商务企业与科研院所、高校合作建立教育实践和培训基地,创新电子商务人才培养机制。

(作者单位:天津市信息中心)

"十三五"时期天津滨海新区持续推进综合配套改革研究

庞凤梅

自2006年5月被批复为第二个国家级综合配套改革试验区以来，天津滨海新区已历经十年综合配套改革实践。"十三五"时期是滨海新区综合配套改革第二个具有战略意义的十年，持续推进综合配套改革，对滨海新区加快转变经济发展方式，落实京津冀协同发展战略，抢抓机遇贯彻五大发展理念继续走在全国前列，实现新区"三步走"的战略目标具有重要意义。对"十三五"时期滨海新区经济体制等方面综合配套改革的总体思路和重点任务开展研究，对指导新区持续推进综合配套改革具有重要意义。

一、"十二五"时期天津滨海新区综合配套改革进展与成效

被批准设立国家综合配套改革试验区以来，滨海新区先后制定了《天津滨海新区综合配套改革试验总体方案》，编制并实施了三个综合配套改革三年实施计划。"十二五"以来，先后推进了以行政管理体制改革与行政审批体制改革为代表的行政管理体制机制改革，以金融、涉外经济、土地、国有企业改革为代表的经济领域改革，以医疗卫生、住房、城乡一体化、社会管理改革为代表的社会领域改革，形成了一系列可复制、可推广的经验，简政放权、一枚印章管审批全国领先，金融租赁业务形成全国优势比重，生态文明建设正在成为天津名片。

行政体制改革取得新突破。理清政府与市场边界，积极推行政府部门权责清单和市场准入负面清单，有效解决政府职能错位、越位、缺位问题。开展行政审批制度改革，率先成立行政审批局，18个部门的216项审批职责全部划转，实现审批印章由109枚变为1枚，平均审批效率提速75%，成功

经验在全市复制、全国推广。开展综合执法改革,成立 18 个街镇综合执法大队,集中行使近 300 项行政处罚权,建立行政执法监督平台,实现了执法半径短、反应快、效率高。

自主创新体制机制不断完善。国务院批复天津滨海高新技术产业开发区建设国家自主创新示范区,滨海新区自主创新先行先试改革全面推开。自创区在管理体制、股权激励、科技金融创新、社会组织改革试点等取得积极成效。全国首创的“创通票”制度,把现行政策资金兑现的财政后补贴方式,调整为先由第三方机构垫付、再通过合作银行兑现的新方式,破解了困扰企业的融资难和政策兑现难两大难题。

金融改革创新取得重大进展。全力推进商业保理、离岸金融、融资租赁、人民币跨境结算等改革试点,融资租赁业务快速发展,业务规模不断扩大,目前新区融资租赁法人机构达到 1500 多家,租赁合同余额约占全国四分之一,成为全国最大的融资租赁集聚区。

土地管理体制改革进展顺利。建立了全区统一的土地整理储备机制。推行土地集中交易制度,实行“净地出让”,着力提升交易公信力与透明度。创新土地规划利用和管理方式,推进城市总体规划和土地利用总体规划的“两规合一”。探索实施土地利用总体规划动态管理、农用地“征转分离”等制度,建立统一的土地集中交易平台,实现动态管控、有序开发。

国企改革和民营经济发展机制不断完善。国有企业“三个一批”改革取得阶段性成果,制定出台《滨海新区企业国有资产监督管理暂行办法》等一系列国企改革文件。加快推进投融资平台整合。逐步完善民营经济政策和融资支持体系,民营经济公共服务体系建设不断深化。

生态领域改革不断创新。在经济技术开发区、中新生态城等 5 个功能区开展低碳示范园区建设,以点带面,促进全区低碳发展。中新生态城在环境治理、绿化建设、非传统水资源利用、绿色建筑建造、绿色产业发展、智能城市建设等多个领域积极创新,已成为展示新区经济社会发展成效的新亮点。经济技术开发区和高新区成功入选国家低碳工业园区试点。

民生领域改革成效显著。推进实施了“十大民生工程”,对接优质公共服务资源,补齐社会发展短板。医药卫生体制改革取得阶段性重要成果,实现了家庭医生全域覆盖,积极推动大医院高位嫁接工作,吸引更多的社会资源进入新区开展医疗卫生服务。社会管理体制改革积极推进,“泰达模式”、“新港模式”受到广泛关注。推出蓝白领公寓和定单式限价商品房两种政策性住房,初步建立起具有新区特色的保障性住房体系。

改革开放开启崭新局面。口岸和通关管理体制改革不断深化,电子口岸建设、口岸监管制度和通关模式创新加快推进。东疆保税港区获批国际船舶登记制度创新试点,离岸金融创新开始试点。获批设立中国(天津)自由贸易试验区,形成了货物贸易和服务贸易并举的扩大开放新局面。

综上,综合配套改革有力促进了新区经济发展方式转变和各项事业发展,改革红利全面飙升。至2015年,滨海新区以占天津19%、占京津冀地区1%的土地面积,承载了近万亿元的地区生产总值,占天津市的56.1%,京津冀地区的13.3%,对天津市及京津冀地区经济发展贡献度明显提升。

二、“十三五”时期天津滨海新区综合配套改革面临新形势与新要求

“十三五”时期,我国经济发展进入新常态,中央对天津及滨海新区进一步加快发展给予厚望,京津冀协同发展、自由贸易试验区建设、国家自主创新示范区建设等战略机遇叠加,为滨海新区加快发展创造了新的外部环境。但同时,新区面临经济下行压力加大,现代服务业比重偏低,民营经济发展相对滞后,创新驱动力不强,民生质量提升较慢,重点领域和关键环节改革有待精准突破等问题。应对区内外发展环境的阶段性深刻变化,破解影响和制约新区新十年发展的深层次体制机制障碍,对进一步深化综合配套改革提出了更为迫切要求。“十三五”时期滨海新区持续推进综合配套改革面临的重要机遇和形势主要有:

第一,滨海新区综合配套改革寄托了党中央国务院的高度期望,是滨海新区的重大政治担当。新区成立以来,党中央、国务院多次对滨海新区改革创新提出新要求。近年来,习近平总书记与李克强总理考察滨海新区,对滨海新区的改革发展做出了重要指示和明确要求。“十三五”时期,如何打造具有“滨海印记”的综合配套改革试验升级版,如何在国家新一轮改革开放中继续保持走在全国最前列,滨海新区要有更高的政治担当。

第二,国家重大战略实施和改革开放先行区的新定位,为滨海新区改革发展带来新机遇。伴随我国经济进入新常态,向改革要红利,以改革促发展成为深化改革过程中必须贯彻的主线。京津冀协同发展给天津全国先进制造研发基地、国际航运核心区、金融创新示范区、改革开放先行区的新定位,为滨海新区深化改革注入新动力。国务院批准设立天津自由贸易试验区,为滨海新区全面深化综合配套改革提供了重大历史机遇和改革红利。新区

要紧紧把握和充分用好这些机遇,最大程度激发改革红利。

第三,贯彻"五大发展理念",新区要率先形成引领经济发展新常态的体制机制。党的十八届五中全会通过的《中共中央关于制定国民经济和社会发展第十三个五年规划的建议》提出"创新、协调、绿色、开放、共享"发展理念,天津市委、市政府确立了"滨海新区龙头带动"的发展战略。新区要紧抓这一宝贵契机,进一步提升在全市改革发展中的龙头带动作用,以综合配套改革试验为动力,继续探索国家级新区发展新路径。

第四,大力推进供给侧结构性改革,着力培养滨海新区经济发展新动力和新增长点。新区应认真贯彻落实党中央、国务院和市委、市政府的决策部署,加快推进供给侧结构性改革,提高经济发展的质量和效益。按照市场主导与政府引导相结合、供给侧改革与需求侧管理相结合、培育发展新动能与改造提升传统动能相结合、全面监测与精准帮扶相结合的原则,聚焦重点问题,一企一策,精准帮扶,帮助企业更好地适应市场、满足市场、引领市场,提升企业的发展后劲和竞争能力。

三、"十三五"时期天津滨海新区推进综合配套改革总体思路和重要改革任务

"十三五"期间,滨海新区持续推进综合配套改革,要深入贯彻习近平总书记系列重要讲话精神和"四个全面"战略布局,全面落实"创新、协调、绿色、开放、共享"五大发展理念,紧紧抓住京津冀协同发展、国家自主创新示范区和自由贸易试验区建设等重大机遇,高起点规划,高标准推进,以国际化创新型宜居生态新城区为目标,以建设自由贸易试验区、国家自主创新示范区、金融创新运营示范区、国家绿色发展示范区和天津海洋经济科学发展示范区等为抓手,推动滨海新区综合配套改革先行区建设继续走在全国改革开放前列。"十三五"时期,滨海新区需持续推进的重要综合配套改革任务如下:

持续深化行政体制改革,打造全面深化"放管服"改革新平台。深化放管服"十个一"改革,建设滨海新区"电子市民中心",创新事中事后监管体系,推进行政区与功能区体制创新和治理现代化。

加快现代金融服务体系改革,建设金融创新运营示范区。全面推进金融服务业"五个中心"建设,发展新型金融业态,推进金融体制机制创新。

推进投资和贸易便利化改革,建设天津自由贸易试验区。深入探索自

贸区制度创新，推进投资和贸易便利化改革，加快国际航运中心建设，打造国际型开放城市。

围绕创新驱动发展战略深化改革，建设国家自主创新示范区。完善科技创新创业孵化链条，健全创新激励机制，建设全国先进制造业研发基地，积极探索军民融合发展的体制机制。

建设“双创特区”。优化创新创业生态环境，加快发展创新孵化服务，优化人才服务环境，实施“人才强区”战略。

探索推动供给侧结构性改革。从产业端发力，推动供给侧结构性改革，推进国有企业改革和促进非公经济发展。推进国有制造业转型升级改革，对接疏解非首都功能建设企业总部集聚区，有效激发市场主体活力，完善非公经济成长的市场和政策环境。

推进海洋经济发展改革创新，打造海洋经济发展示范区。创新发展海洋优势产业的体制机制，健全港产城联动协调机制，建立海洋经济发展区域合作机制。

扎实推进生态文明制度建设，建设国家绿色发展示范区。持续推动绿色低碳发展体制建设，探索绿色发展新模式，完善生态环境体制机制。

完善公共服务体制机制，加快社会民生领域改革。深化医疗卫生体制改革，完善城乡社会保障体系，承接京津各类优质社会资源东移。

推进社会治理创新综合改革，建设和谐智慧滨海新区。加强滨海新区新市民服务体系创新，完善政府社会管理职能和管理方式，扩展政府与社会部门的合作机制。

（作者单位：天津滨海综合发展研究院）

京津冀合作打造北方游艇产业中心的思考

武晓庆

游艇产业在我国是一个尚处于起步阶段的新兴产业。公开数据显示,目前国内游艇市场每年以 30% 以上的增速快速发展,游艇及各类新型船艇市场规模接近 100 亿元。预计到 2020 年,内地游艇消费总量将达 10 万艘,按照平均每艘 50 ~ 100 万元人民币计算,市场规模将达 1000 亿元人民币。2015 年 8 月,国务院办公厅出台的《关于进一步促进旅游投资和消费的若干意见》,从国家层面明确提出培育发展游艇旅游大众消费市场。预计未来 15 年,我国游艇产业将迎来爆发性增长的发展机遇。在京津冀协同发展国家战略背景下,三地合作建设北方游艇产业中心,将成为带动区域经济转型升级、扩大投资、刺激消费的重要引擎。

一、京津冀合作发展游艇产业的必要性和优势条件

1. 游艇产业具有较强的经济带动作用

游艇产业横跨第二、第三产业,具有巨大的产业带动作用,作为经济高端化、消费现代化的代表产业,游艇产业的产业链很长,主要包括游艇制造、游艇销售、游艇服务、辅助产业,涉及研发、设计、制造、销售、服务、培训、旅游等一系列活动,具有高回报和强带动性。研究表明,游艇产业每投入 1 美元可带来 6.5 ~10 美元的回报效益。目前全球游艇年贸易额高达 400 亿美元,如果加上相关的维修、管理、娱乐等费用,全球每年的游艇经济收入超过 500 亿美元。发展游艇产业对地方经济发展的带动作用不仅体现能够增加税收、带动地方就业,还能带动产业链条的发展,包括餐饮服务、酒店服务、医疗服务、养生服务等链条。地方政府大力推行游艇产业,能够吸引大量资金和人才,带动地方经济的加速发展。

2. *游艇消费是国民消费升级的必然要求*

随着我国经济快速发展,国民对生活品质的追求不断提升,我国正面临一个全面消费升级的时代。根据欧美经验,人均GDP达到3000美元时,游艇经济开始萌芽;达到5000美元时,经济能力允许的消费群体会开始购买游艇;当人均GDP超过6000美元后,游艇产业也会随之进入高速发展阶段。当今游艇休闲在中国不再是奢侈消费,而是代表了新的水上休闲、度假生活理念,大力支持发展大众化的游艇产业,可以让更多的中产阶层人士、城市白领接触游艇、了解游艇、享受游艇,从而加快促进游艇消费形成规模,钓鱼艇、帆船可以成为中国游艇消费的切入点,对培育游艇消费市场、体验游艇生活将起到健康、持久的基础作用。国家也正在通过游艇消费拉动内需稳增长,2016年4月,国家发改委等24个部门联合印发了《关于促进消费带动转型升级的行动方案》,提出了"十大扩消费行动",其中第五领域的"旅游休闲升级行动"中,专门列出关于"加快发展邮轮游艇等消费"的条款。这份方案出台的目的,就是积极发挥新消费引领作用,加快培育形成新供给,在更高层次上推动供需矛盾的解决,为经济社会发展增添新动力。

3. *京津冀具有发展游艇产业的优势条件*

一是具有优良的海洋河流水域资源,游艇停泊航行具有广阔空间。河北省大陆海岸线长487公里,岛岸线长178公里,岛屿132个,河北省海岸线长度在全国位列第九;天津市海岸线长度153.7公里(其中大陆岸线153.2公里;岛屿岸线0.47公里),天津市作为华北地区"九河下梢",海河等河流具有非常好的游艇航行条件;渤海作为我国内海,相比黄海、东海、南海,风浪等级较低,更适合游艇这样的小型船舶航行。

二是具有景色优美的濒水风景区,非常适合发展游艇旅游。河北省的秦皇岛、唐山具有丰富的岛屿和沙滩资源,北戴河是我国久负盛名的海滨旅游胜地;天津海河连接市区和滨海新区,两岸具有独特的城市景色,正在建设的滨海旅游区今年将有妈祖文化园、国家海洋博物馆等项目陆续开放。

三是具有雄厚的制造业基础,利于发展游艇设计制造修理。京津冀地区是我国传统的制造业基地,具有门类齐全的产业基础和大量高素质的产业工人,机械、电子、造船等产业发达,零部件配套能力强,大学和研究机构密集,具有很好的技术研发优势。

四是具有最具潜力的消费人群,游艇消费市场巨大。京津冀作为我国三大都市圈之一,人口密集,经济发展和消费能力走在全国前列。2014年北京人均可支配收入43910元,连续多年位列全国第二;天津31506元,位列全国第六;河北省全省人均收入虽然排名不高,但唐山、廊坊、石家庄等城市城镇人口人均收入也不低(唐山 2015 年城镇居民人均可支配收入 31272 元)。京津冀具有游艇消费能力的人群规模可观,且正在日渐扩大。

当然,也要看到京津冀发展游艇产业相比其他地区也存在一定劣势,比如:目前国内游艇产业主要集中在海南、珠三角和长三角地区,京津冀现有游艇产业基础比较薄弱;气候上北方冬季户外较冷,冬季有四个月时间不太适宜游艇出游;京津冀地区相比南方地区缺乏水上交通和娱乐的传统和氛围。

4. 京津冀合作发展游艇产业可实现共赢

在京津冀协同发展成为国家战略的大背景下,京津冀的产业合作也在日渐深化。按照《京津冀协同发展规划纲要》赋予三地的功能定位,三地正在推动加快产业转型升级,打造立足区域、服务全国、辐射全球的优势产业集聚区。重点是明确产业定位和方向,加快产业转型升级,推动产业转移对接,加强三省市产业发展规划衔接,制定京津冀产业指导目录,加快津冀承接平台建设,加强京津冀产业协作等。

游艇产业链条长、环节多,京津冀三地在整个产业链上各具独特优势:北京作为首都和世界城市,是游艇消费的最大潜力市场,在游艇销售和游艇旅游服务上具有独特优势;天津作为"全国先进制造研发基地",拥有北方唯一的自贸试验区,在游艇设计制造、进出口贸易展览上具有独特优势;河北作为"产业转型升级试验区",拥有优质的海岸旅游资源,在游艇零部件制造和游艇旅游上具有独特优势。三地的优势互补,互相依托,三地"单打独斗"都没希望,只有进一步紧密合作才能实现共赢,实现游艇产业跨越式发展,打造中国北方游艇产业中心。

二、京津冀合作打造北方游艇产业中心的措施建议

1. 三地共同把游艇产业列为重点发展产业,制定产业协同发展规划

鉴于游艇产业未来巨大的发展前景和对区域经济的强大带动性,建议京津冀三地把游艇产业纳入重点发展产业,作为产业转型升级的重点支持新兴产业,制定产业发展规划。建议三地根据自身优势和特点,联合出台《京津冀游艇产业协同发展规划》,在产业发展布局的源头实现产业链配套衔接、优势互补,不仅争取把京津冀打造成我国北方游艇产业中心,未来更要随着我国经济发展成为世界级游艇产业基地。

2. 坚持大众化导向,把小型艇作为产业发展突破口

建议三地出台产业政策,大力支持发展大众化的游艇产业。借鉴我国私人汽车市场启动时期夏利、捷达、富康等经济型轿车迅速占领市场的发展路径,要优先发展钓鱼艇、帆船等20万元左右的小型游艇制造生产,优先发展群众性游艇服务产业,以此成为打造北方游艇产业中心的切入点。要加强宣传引导,转变大众"游艇是富人的玩具、是遥不可及的奢侈品"的观念,让更多的中产阶层人士、城市白领接触游艇、了解游艇、享受游艇,从而加快促进游艇消费形成规模,对培育游艇消费市场、体验游艇生活将起到健康、持久的基础作用。

3. 共同营造游艇服务环境,合作建设游艇基础设施

游艇的移动性使游艇消费具有很强的跨地域性,游艇服务环境也需要京津冀三地共同建设营造。建议三地统一规划休闲旅游水域和岸线,努力形成互联互通的游艇休闲旅游线路网络。及早规划确定专有游艇休闲娱乐水域,建设一批公共游艇码头,吸引不同注册地的船只停靠,甚至是外籍游艇停靠,提供码头停泊、游艇运输、游艇维修、燃料加注、水上娱乐、餐饮住宿等一大批相关服务,为蓬勃发展的中小游艇提供停泊条件。促进会员制的私人游艇俱乐部与社会化的游艇公共码头协调发展。建立游艇的公共服务信息平台,为游艇跨地域航行提供更多便利,能够实现互联互通。建议三地将游艇设计制造、游艇管理、游艇服务等专业列入大学和高职院校专业培养,建立与国际接轨的游艇教育体系,解决游艇人才短缺的问题。

4. 大胆改革束缚游艇产业发展的制度障碍

建议京津冀共同合作,在游艇产业发展领域先行先试,突破一些现有制度障碍。例如,三地水上的跨区域联合管理服务、联合执法、联合搜救;积极争取有规划地逐步开放更多的岸线和水域,为游艇停泊航行开辟更大空间;清理简化游艇审批手续,降低游艇登记、航行、旅游、停泊、维护的准入门槛和总体成本,吸引社会资本进入;探索游艇出入境管理创新,支持国际游艇旅游发展,使游艇"出得去、进得来、游得动"。

5. 充分发挥天津自贸区的优势作用,建设游艇展示交易中心

建议充分发挥天津自贸试验区的政策优势,建设水上保税仓和游艇展示交易中心。游艇帆船进出口保税仓可以把世界各地优秀游艇在家门口进行展示交易,可以进口未完税、未上牌的游艇、帆船,交易成功后再纳税。可以大力开拓二手游艇交易和游艇融资租赁业务,为个层次游艇消费者提供服务。

(作者单位:天津滨海综合发展研究院)

基于企业主体指标的天津与京沪渝深创新创业比较

李春成

中共中央国务院印发的《国家创新驱动发展战略纲要》明确了到 2050 年建成世界科技创新强国的宏伟目标,提出建设拥有一批世界一流的科研机构、研究型大学和创新型企业,形成大众创业、万众创新的生动局面等要求。多年来,天津市企业创新发展取得了巨大成就,企业创新主体地位不断提升,创新能力显著增强,但与深圳、北京、上海等城市相比,依然存在企业主体总量规模不够大,企业主体密度小,高新技术企业、上市企业、独角兽企业和互联网平台数量少等问题,特别是培育世界一流的创新型企业任重道远。实施创新驱动发展战略,必须不断强化企业作为技术创新主体和市场主体地位,不断强化作为科技与经济紧密结合的关键力量。

一、天津市市场主体与企业主体发展的差距

2010 年以来,天津市大力发展科技型企业,使天津市以科技型企业为核心的企业创新实力有了大幅度提升。但与京沪深等城市相比,天津市创新创业活力还不足的矛盾依然比较突出,与建设国际化创新型城市和具有国际影响力的产业创新中心,成为全国先进制造研发基地定位要求相比,存在一定差距,亟待加以解决。与京沪深渝相比,天津市市场主体和企业主体的主要差距表现在:

1. 企业总量不够大,密度不够高,形成大众创业的局面需要更大努力(见表1)

一是与京沪深渝相比,本市市场主体总量和企业主体总量均处于劣势,差距明显。到 2015 年末,天津全市拥有市场主体(包括内资企业、外资企

业、个体工商户和农民专业合作社）总量达到70.58万户，同比增长18.5%。但仅为同期深圳（214万户）的三分之一不到；重庆（194万户）的36.4%；上海（191.49万户）的36.9%；北京（186万户）的38%。

到2015年末本市企业总量34.08万户，总量也全面落后于上海（149.82万户）、深圳（112.85万户）、重庆（57.72万户）。

二是从市场主体及企业密度看，除企业密度略高于重庆外，其它均处于劣势。到2015年末，天津市每百人拥有市场主体4.56户，全面落后于京沪渝深，其中深圳市场主体密度最高，每百人拥有市场主体达到惊人的18.81户，是本市的4倍多；北京次之为8.57户，上海7.91户，重庆虽然山区多，但密度也超过天津，达到6.43户（计算依据各地公布的常住人口统计数据：2015年末城市常住人口重庆3016.55万人，上海2415.27万人，北京2170.5万人，天津1546.95万人，深圳1137.89万人）。

从企业密度看，到2015年末，天津市每百人拥有企业2.20户，明显落后于沪深，其中深圳企业主体密度最高，每百人拥有企业达到惊人的9.92户，上海6.20户，重庆1.91户，天津略高于重庆。

表1　2015年京津沪渝深圳市场主体与企业主体发展情况

指　标	北京	上海	天津	重庆	深圳
主体总量（万户）	186.0	191.49	70.58	194.00	214
主体总量同比	12.3%	—	18.5%	12.9%	22.8%
每百人拥有市场主体数量（户）	8.57	7.91	4.56	6.43	18.81
企业总量（万户）	—	149.82	34.08	57.72	112.85
每百人拥有企业数量（户）	6.10估算	6.20	2.20	1.91	9.92

三是从2015年的新增量看，虽然本市市场主体新增达到14.3万户，创本市新高，但与沪渝深相比，差距仍在扩大（见表2）。全市新增市场主体仅为深圳新增量的三分之一，约为上海和重庆的二分之一。可见在国家大力推动大众创业万众创新的背景下，各地的创业潮竞相奔涌，不快进就是意味着退步。

表2　2015年京津沪渝深圳新增市场主体情况（万户）

年　度	北京	上海	天津	重庆	深圳
2015	—	29.67	14.3	30.5	46.2

四是从市场主体的增长速度看，深圳增长最快，2012～2015年，四年年

均增速达到31.3%，天津次之，年均增速11.2%；上海9.8%；北京6.8%；重庆10.4%。（表3）

表3　2012～2015年京津沪渝深圳市场主体存续总量变化（万户）

年度	北京	上海	天津	重庆	深圳
2012	146.42	137.68	48.7	136.93	95.00
2013	151.40	145.94	51.52	153.23	133.10
2014	165.63	168.22	59.58	171.89	174.30
2015	186.00	191.49	70.58	194.00	214.00

总体来看，天津市近几年来市场主体存量处于较快速度发展，仅次于深圳，年均增速达到11.2%，但天津基数较低，市场主体和企业总量及密度均与深圳、北京、上海有明显差距，反映了本市常住居民创办经济实体的热情不足。

2. 高企数量还不够多，培育世界一流的创新型企业任重道远

国家级高新技术企业和国家创新型企业数量的多少，在一定程度上是培育世界一流创新型企业的这个金字塔的塔基所在。

从国家级高新技术企业数量看，到2015年末，天津全市共有国家级高新技术企业2309家，高于重庆的1035家，但远远落后于北京、上海和深圳，分别为北京（12500家）的19%、上海（6071家）的38%、深圳（5524家）的42%。

从国家级创新型企业数量看，到2015年末，北京拥有国家创新型企业85家，天津为17家，上海34家，深圳17家，重庆17家。天津与深圳和重庆持平，北京优势明显。

3. 上市企业数量不够多，利用资本市场筹资增强创新实力亟待加强

在国内沪深与海外证券市场上市方面，深圳、北京走在前列，上海第三，总数均远高于天津。到2015年末，深圳上市企业总数321家，其中国内沪深上市企业达219家，海外上市102家。北京市上市企业总数达281家，其中国内沪深上市企业达259家，海外上市22家。上海市国内沪深上市企业219家。天津市上市企业总数42家，其中国内沪深上市企业达38家，海外上市4家。重庆上市企业总数42家，其中国内沪深上市企业达40家，海外1家。

在“新三板”挂牌企业方面，天津市也明显落后于京沪深三市。到2015年末，北京市“新三板”挂牌企业累计763家，占比14.88%。上海累计440

家，占比 8.58%。深圳累计 201 家，占比 3.97%。天津累计 92 家，占比 1.79%。重庆累计 59 家，占比 1.15%。

4. 独角兽企业和互联网平台企业尚处于起步阶段，新经济与京沪深等先进城市差距更大

独角兽是新经济的典型代表。2013 年 11 月天使投资人 Aileen Lee 在 Tech Crunch 提出“独角兽”概念后，迅速在全球科技和投资界得到认可，相继有华尔街日报、财富等机构公布了“独角兽”榜单。国内北京长城企业战略研究所从 2015 年 8 月启动中关村独角兽企业研究，按照独角兽企业成立时间不超过十年；获得过私募投资，且尚未上市；企业估值超过 10 亿美元（以企业最后一轮融资时估值为依据）等标准，公布了全国独角兽企业区域分布。截至 2015 年底，中关村（北京）拥有 40 家，上海拥有 15 家，杭州拥有 4 家，深圳 3 家，广州、香港、重庆、厦门、南京、长沙、苏州、珠海等地各有 1 家。中关村独角兽企业数量在国内优势非常明显，占比超过 50%，是第二名上海的两倍多，这也反映出了中关村（北京）在科技创新领域的地位。遗憾的是天津尚未发现。

互联网平台型创新企业由于其在一个地区经济和产业发展中的巨大影响力和带动性作用，受到极大重视，比如天津与腾讯、阿里巴巴、百度等中国知名平台企业开展了全面战略合作，就是期望借助其巨大影响力，发展新经济。根据全球企业研究中心发布的研究报告，我国合计 64 家平台型企业，超过美国 62 家，居于全球第一。中国的平台型企业总部主要位于北京 30 家、上海 14 家、杭州 6 家、深圳 5 家。总部设在本市平台型企业报告中没有被提到。

二、促进天津市创新创业的对策建议

总体判断，天津市市场主体和企业总量新增空间巨大。

一个城市的市场主体和企业总量显然与人口存在一定正相关。保守估计，本市到 2020 年，天津市市场主体密度和企业密度达到京沪渝 2015 年的平均水平，即分别达到每百人 7.64 户和 4.74 户，按照 2020 年全市常住人口 1800 万计算，届时市场主体总量将达到 137.5 万户，企业总量将达到 85.3万户，分别是 2015 年的近 2 倍和 2.5 倍；如果按照深圳 2015 年市场主体密度和企业密度计算，到 2020 年，全市市场主体和企业数量将分别达到 338.6 万户和 178.6 万户，分别是 2015 年的 4.8 倍和 5.2 倍，可见潜力

很大。

结合以上客观比较结果,以及笔者对科技型中小企业的调研了解、企业创办迁移经历,提出以下主要对策措施:

1. 要更加重视大众创业

草根创业的广泛发展是科技型企业群体快速扩大的基础,也是一流创新型企业、平台型企业产生的土壤。过去几年科技型企业群体的显著扩大是由创业、改造和引进三条路径共同实现的,未来做大大众创业基数显然需要持续发力。根据麦肯锡公司的一项研究,每 10000 个创意会产生 1000 家企业,其中 100 家会得到风险资本,20 家可以上市,2 家会成为市场领先者。如果未来按照 1000 家企业会产生 2 家市场领先者的比例去估算,上海拥有约 150 万家企业,会有 3000 家市场领先企业,深圳目前有约 113 万家,会有领先企业 2260 家,而天津 34.1 万家企业,会有领先企业 682 家。

2. 进一步优化商事改革与政府服务

为何深圳近几年来在市场主体总量上突飞猛进一枝独秀,根据笔者考察,关键是亲商的营商环境,不随意干预和检查企业,商事登记等便利制度改革彻底,这值得天津学习。此外,笔者亲身体会到,天津市无论在哪个区县或功能区,仍然存在企业注册容易但注销难,企业迁入容易但迁出极难的状况,这显然会影响居民开办企业的积极性。至少天津要在全市树立一盘棋的理念,尊重有进就有出,有生就有死的客观规律,不要人为设限。

3. 更加关注新一轮创业潮的三大动力

这次的创业潮是在十八届三中全会全面深化改革政策的推动下开始爆发,预计十三五期间会得到持续。要抓住新一轮创业潮的机遇,需要更加关注三大动力。

首先是全面深化改革带来的动力支持。要大力推动政府改革,通过简政放权,真正释放改革红利。深圳由于改革走在前面,改革带来的先行之利十分有利于大众创业的局面在深圳率先形成,且不断通过正向反馈得到强化,虽然房价不断高涨,仍对全国的创业者产生磁力。

其次是新的技术与产业革命带来的技术创业机会窗口已经到来,并将得以较长时间的延续。目前普遍认为新技术革命和产业改革正在深度孕育,以智能化、移动化、普联化、瞬联化的新一代移动互联网技术、3D 打印技术为代表的新一代制造技术与新材料技术、新一代基因工程技术、分布式能源技术等方兴未艾。特别是移动互联技术的成长和新的移动社交化的深入发展,开始加速影响生产方式、交易方式、社会进步、政治生态、生活方式与交往形态,创业机会层出不穷。

三是新的人力资源红利,为创业提供了高素质的主体支撑。恢复高考制度以来,中国三十多年培养了大量多层次人才,当前,每年大专院校毕业生七八百万人之多。显然,这些历年培养积累的、特别是近些年培养的大学生,就是新的、值得认真开发利用的高素质人力资源,其潜在的红利可以通过大众创业万众创新得到更好的释放,以实现从“人口红利”向“人才红利”转变。目前看,天津对大学生仍旧有较大吸引力,要充分利用好新的人才红利。

(作者单位:天津市科学学研究所)

两院院士数据分析及天津市引进培养高端人才的对策建议

王　方

一、国内两院院士的基本情况

截止到 2015 年底,全国共有两院院士 1629 人。其中,工程院院士 852 名,科学院院士 777 名。2015 年,两院共新增院士 131 人,其中工程院院士 70 人,科学院院士 61 人。

(一)分布情况

1. 籍贯分布

通过对在 1995 - 2015 年之间,所有当选的两院院士的籍贯进行统计(包括外籍华裔院士,双院士只统计一次)发现,籍贯为江苏的两院院士数量最多,上海、浙江紧跟其后,北京、福建、湖南、山东等地由于基础教育水平较高、文化经济较为发达,也相对"高产"两院院士。如图 1。在 2015 年新当选的院士中,江苏籍院士高达 22 人,浙江籍的有 11 人,湖南籍的有 13 人,山东籍的有 10 人,远超出其他省份。

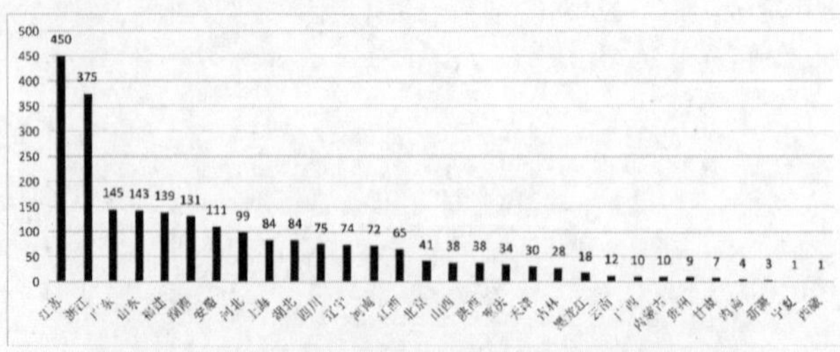

图 1　1995 ~ 2015 年两院院士所属籍贯数量分布

2. 工作地区分布

截止到 2015 年底,北京仍是两院院士工作最为集中的地区(不含工程院资深院士)。上海、江苏、湖北名列前茅,天津排名第 12 位(和香港、山东省数量相同)。如图 2。

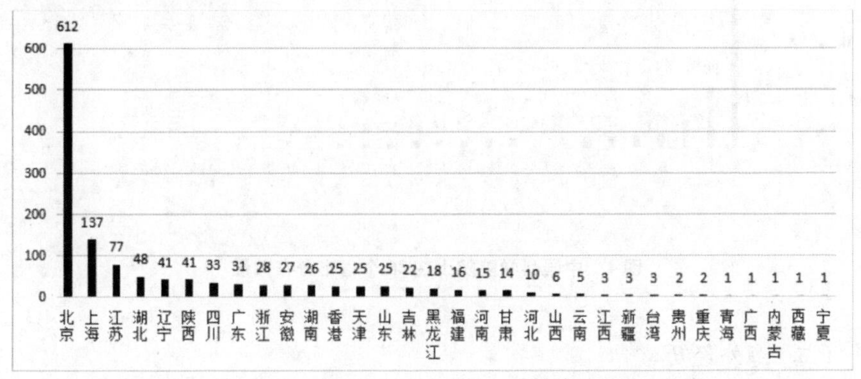

图 2　两院院士在全国各省市工作的数量(不含工程院资深院士)

其中,中国工程院院士(不含资深院士)主要分布在全国 30 个省(直辖市/自治区)。北京、上海、江苏位列前三,天津排名第 16 位。如图 3。中国科学院院士工作地主要分布在全国 26 个省(直辖市/自治区)。北京、上海、江苏位列前三,天津排名第 9 位(与安徽省数量相同)。如图 4。

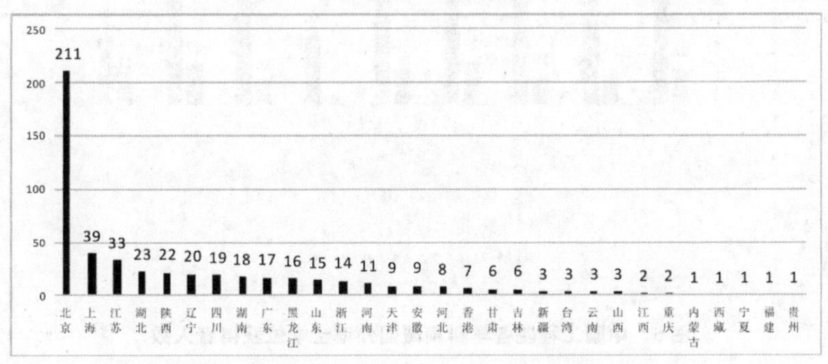

图 3　中国工程院院士在 30 个省市分布数量(不含资深院士)

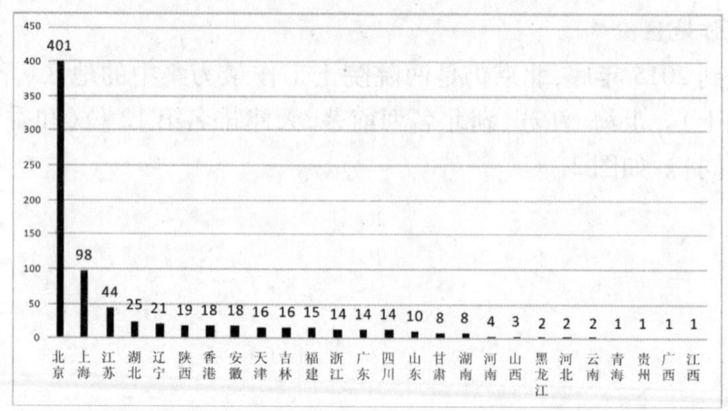

图 4　中国科学院院士在 26 个省市分布数量

(二)海外经历

通过对两院院士的履历进行统计得出:中国工程院院士中有过海外留学、工作经历的有 269 人,占工程院院士总人数的 31.6%。其中,获得国外博士学位的工程院院士有 188 人,占工程院院士总人数的 22%。如图 5。

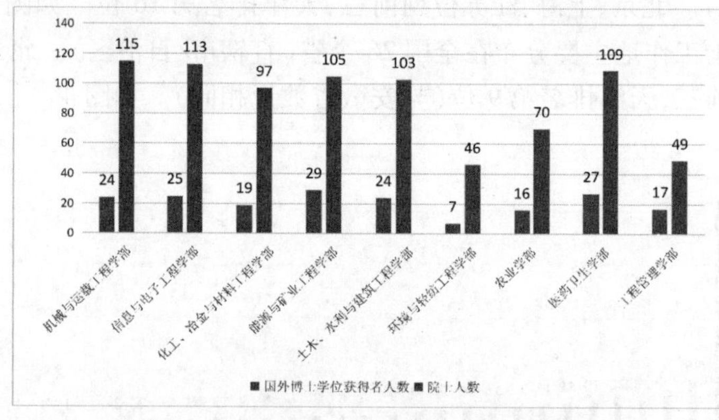

图 5　中国工程院各学科领域国外博士学位获得者人数

中国科学院院士有过海外留学、工作经历的有 272 人,占科学院院士总人数的 35%,其中,获得国外博士学位的科学院院士有 253 人,占科学院院士总人数的 32.5%。获得的国外博士学位以美国、日本、英国等国家为主,部分院士还具有国外学士和硕士学位。如图 6。

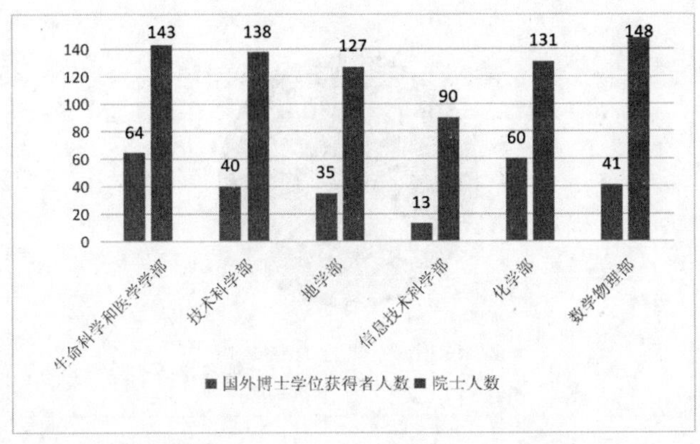

图6　中国科学院各学科领域院士国外博士学位获得者人数

（三）学科领域

两院院士的学科领域划分不同。其中，中国工程院院士主要分布在机械与运载工程、信息与电子工程、化工、冶金与材料工程、能源与矿业工程、土木、水利与建筑工程、环境与轻纺工程、农业、医药卫生、工程管理等9个学科领域。其中，能源、机械、信息、医药卫生领域的院士数量相对较多，如图7。2015年新增的工程院院士填补了激光增材制造、大数据和下一代互联网等六个尚无院士的二级学科。中国科学院院士的专业领域主要分布在生命科学和医学、信息技术科学、地学、化学、数学物理以及技术科学等基础领域，各领域的院士人数基本相当。如图8。

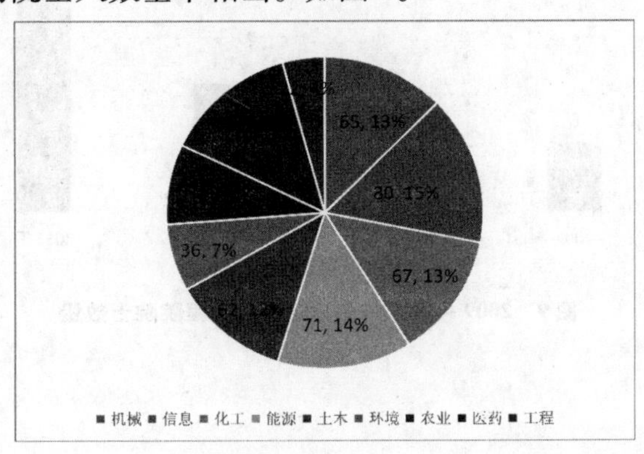

图7　中国工程院院士的主要学科领域

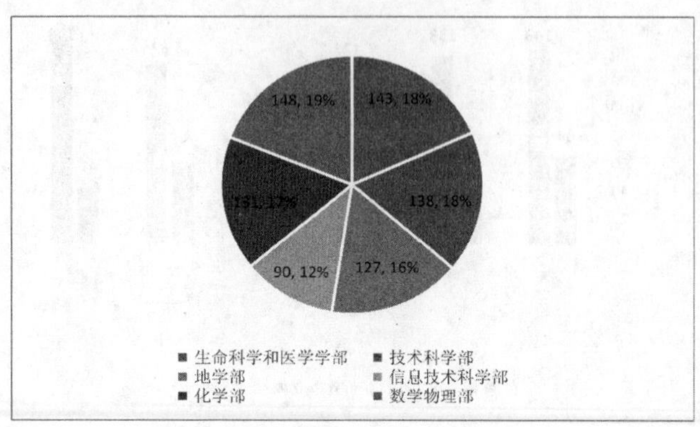

图 8　中国科学院院士的主要学科领域

（四）工作单位

我国两院院士主要来自于以 211、985 为首的高等院校、国家级科研院所以及国有企业。其中，以 211、985 为首的高等院校是两院院士的主要来源单位。近几年，随着我国逐步重视培育企业创新主体地位以及对工程化、产业化能力的培养，自 2009 年以来，来自企业的工程院院士数量和比例都呈逐年上升的态势，显示了我国对工程技术专家的培养和支持正更多的向企业和基层一线倾斜。

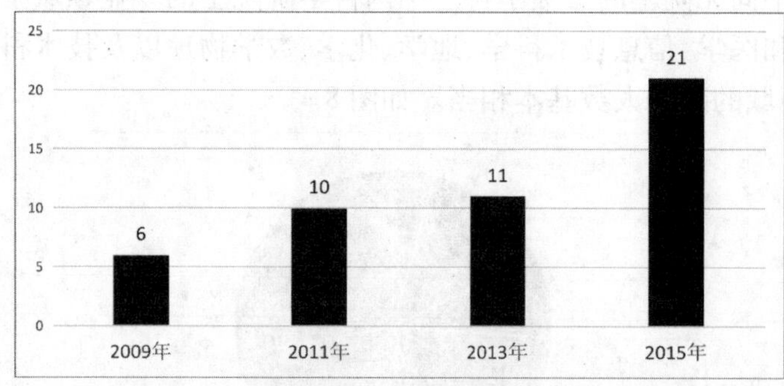

图 9　2009～2015 年来自企业的工程院院士数量

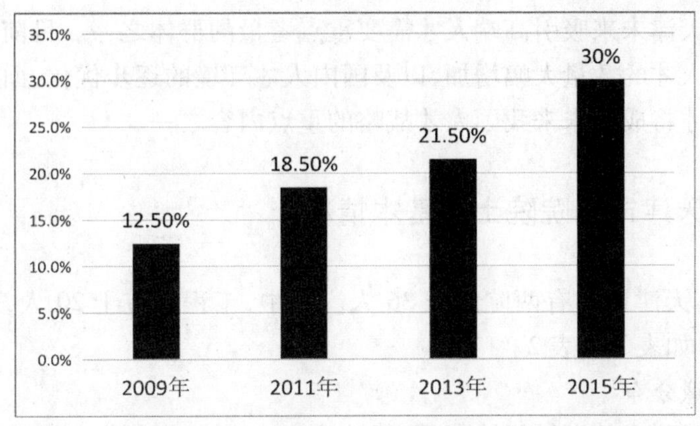

图 10　2009～2015 年来自企业的工程院院士占新增选院士的比例

二、国内两院院士的主要特点

1. 高校科研机构是院士的主要来源

重点高校及科研机构历来是我国两院院士的主要来源，高校及科研及够的基础研究能力和工程化能力代表了我国产业发展的基础水平和方向，因此高水平的高校及科研机构既是遴选院士的蓄水池，同时也为院士培养及选拔提供了基本的参考依据。

2. 企业正成为培养院士的重要基地

随着我国逐步重视企业在技术创新、产业升级中的主体地位，两院院士尤其是工程院院士的选拔将更多的向企业倾斜，通过企业成长壮大培育一批高端人才，通过高端人才带动企业成为技术创新的主体，形成高端人才培养与企业创新发展的良性循环互动，实现双赢。

3. 基础教育是培养院士的关键保障

上海、北京、江苏、山东等省市由于重视基础教育，历年都成为产出院士的重要省份。基础教育资源的合理配置及优化既是区域经济发展的表现，同时也是带动因素，为高端人才的成长和聚集提供优质的条件和环境，因此基础教育是培养和聚集高端人才的重要保障。

4. 海外经历是院士成长的重要环节

通过对两院院士的学习及工作经历调查发现，有过海外留学及工作经历的两院院士人数占到总院士人数的 33% 以上，尤其以美国、英国、日本等国家居多。由此可以看出，海外经历既是院士及高端人才成长的重要环节，同时也是天津未来吸引高端人才需要重点考量的群体之一。目前随着我国出国留学人才的数量大幅增加,以及国内人才环境的逐步优化,面向全球吸引高端人才将成为未来我国人才战略的重点内容之一。

三、天津市两院院士的基本情况

目前,天津市共有两院院士 36 人。其中,工程院院士 20 人,科学院院士 16 人。如表 1 和表 2。

1. 领域分布

从两院院士的学科领域来看,天津市在生物医药和化工产业领域的院士数量最多,主要源于天津市在化工、生物医药领域具有长期的积累优势。但是在环境、电子信息、机械装备制造领域的院士数量相对较少,对相关产业的发展引领带动作用有限,天津市在上述产业领域还有待于进一步积累和挖掘优势。

2. 增长情况

从两院院士总体数量来看,天津市工程院院士数量略多于科学院院士数量。但自 2013 年起的两届院士增选,天津市均处于空白。如图 11、图 12。将天津与全国其他省市的两院院士数量对比发现,1995 ~ 2015 年增加的全国两院院士中,籍贯为天津的两院院士数量在全国各省市中排名第 19 位。截止到 2015 年底,在天津工作的两院院士数量在全国排名第 12 位(不含工程院资深院士)。其中,在天津工作的中国工程院院士数量(不含资深院士)在全国排名第 16 位,在天津工作的中国科学院院士数量在全国排名第 9 位,凸显出天津未来在高端人才梯队的打造上需要做更多的工作。

表 1　天津市工程院院士数量

序号	产业领域	人数
1	环境与轻纺学部	0
2	农业学部	1
3	信息与电子学部	1
4	机械与运载学部	2
5	化工、冶金与材料学部	3
6	能源与矿业学部	4
7	土木、水利与建筑学部	4
8	医药卫生学部	5
合　计		20

表 2　天津市科学院院士数量

序号	产业领域	人数
1	地学部	0
2	信息技术科学部	1
3	技术科学部	2
4	生命科学和医学部	3
5	数学理学部	5
6	化学部	5
合　计		16

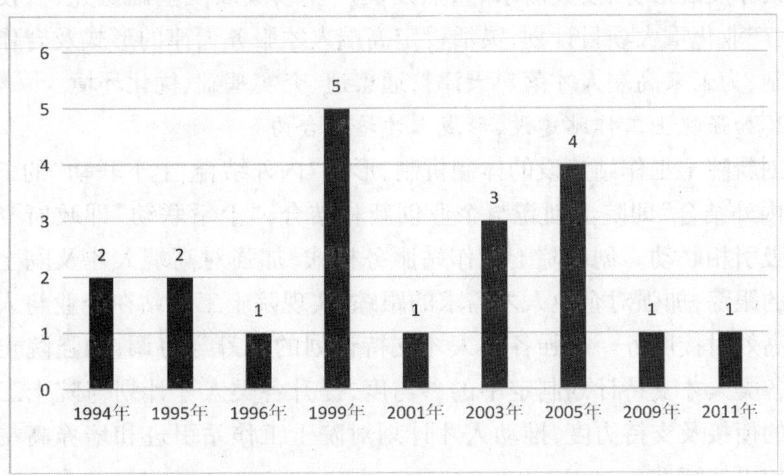

图 11　天津市工程院院士历年新增数量

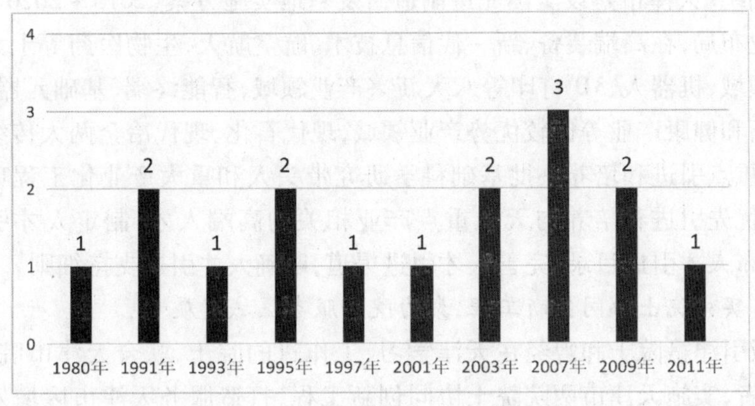

图 12　天津市中科院院士历年新增数量

四、天津市打造院士专家后备人才队伍的对策建议

1. 链接海内外大学机构,对接全球高端人才

依托天津国际合作基地、国际合作企业、国际合作机构,设立国际人才海外联络点。加强与全球范围内的重点大学、科研机构的对接,定期开展天津与全球高端人才的跨区域项目合作、学术交流与访问活动,面向高端人才推介天津发展形势、发展需求、重点发展产业领域以及基础研究、科技重大项目、产业化重大项目计划,灵活设定高端人才服务天津的形式及合作的体制机制,为未来高端人才落户天津打通渠道、夯实基础、优化环境。

2. 加强院士工作站建设,形成人才培养合力

创新院士工作站建设的体制机制,形成"内外结合、上下联动"的工作机制,"内外结合"即院士创新与企业创新相结合,"上下联动"即政府资助与企业吸引相联动。创新院士工作站服务模式,加强对高端人才及院士成长路径的跟踪,加强对企业人才需求的跟踪,实现院士工作站在企业与人才之间的高效对接服务。加强各类人才支持计划的统筹与协调,加强院士工作站在各类人才支持计划制定中的参与度,提升各类人才计划与院士工作站建设的衔接及支持力度,推动人才计划对院士工作站引进和培养高端人才支持的可持续性。

3. 围绕战略性新兴产业,制定人才引进培养计划

围绕《天津市建设全国先进制造研发基地实施方案(2015 ~ 2020 年)》中的产业布局,在高端装备、新一代信息技术、航空航天、生物医药等十大先进制造领域,机器人、3D 打印等八大新兴产业领域,智能终端、基础元器件、生物医药和健康产业等比较优势产业领域,现代石化、现代冶金两大传统产业领域,重点引进和培养一批基础科学研究带头人和重大产业化工程项目带头人,优先引进和培养与天津重点产业相关的高端人才,制定人才引进计划、发布人才引进目录,完善人才引进渠道,明确人才引进支持细则。

4. 实施院士协同创新工程,聚力院士服务区域发展

吸引津籍院士和曾经在天津学习、工作过的院士,联合天津市院士、专家、学者,实施天津市两院院士协同创新工程,打造服务天津市区域发展的综合型人才梯队。一是,开展院士协同创新工程顶层设计,支持院士与天津各类专家学者共同合作服务天津市的国际交流、高端人才培养、重大技术创新工程、创新平台建设等工作,激发与带动高端人才服务天津的动力与活

力。二是,联合两院院士与天津市专家、学者共同建设协同创新智库,服务天津区域发展战略制定以及重大产业发展规划编制,提升院士及专家服务天津发展的决策咨询协同作用,带动天津市智库发展水平和决策咨询水平。

(作者单位:天津市科学学研究所)

天津市创业状况的问卷调查分析

陈金梅　马虎兆

2015 年,国务院相继出台了《关于发展众创空间推进大众创新创业的指导意见》《关于大力推进大众创业万众创新若干政策措施的意见》等多项有力政策,推动大众创业万众创新工作。天津率先出台贯彻国务院文件的9号文件,以及一系列促大众创业万众创新的政策文件,全市双创工作取得了明显成效。2015 年 8～12 月,课题组从政策知晓、创业扶持、科技成果转化、企业技术创新四个方面,针对 12 项重点政策进行了问卷设计与调查研究,共发放问卷 1200 份,回收有效问卷 1052 份,有效回收率 87.67%,对我市创新创业状况进行全景式扫描与分析,以期提出有针对性的对策建议。

一、政策措施落实情况

从样本分布来看,总体年纪较轻,平均年龄 36 岁,其中,男性占比 58.23%,女性占比 41.77%;学历以本科为主,占比 53.9%,其次为硕士(22.2%)和博士(12.23%),大中专生及其他占比 11.67% 最少。所在单位机构类型以企业居多,占比 56.35%;科研院所占比 11.31%,技术推广与服务组织占比 7.44%,园区管委会占比 3.37%,医疗卫生机构占比 6.05%,高等院校占比 13.2%,普通中学、职业中专及其他占比 2.28%。具体政策落实情况如下:

1. 政策知晓

对支持创业和高企政策了解情况程度较高。非常了解的政策主要有:支持大学生创业 16.57%,加大对高新技术企业扶持 14.21%,实施企业研发费用加计扣除 9.90%,鼓励高校、科研院所专业技术人员离岗创业 9.75%;没听过的政策主要有:实施企业研发费用加计扣除 26.16%,下放科技成果使用、处置和收益权21.82%，鼓励高校、科研院所专业技术人员离岗创业18.47%，提高科研人员成果转化收益比例16.71%。

总体对双创政策持赞同态度且成效明显。50.95%的人非常赞同推进大众创业、万众创新是实现"稳增长、扩就业、激发群众智慧和创造力、促进社会公平正义"的重大举措；40.76%的人认为国家出台的系列政策措施对推动大众创业、万众创新成效明显。

大多数单位都提供了配套措施。加大技术创新投入69.1%、建立成果转化及技术转移平台59.93%、提供创新创业服务平台57.51%和加大科技资源向社会开放力度57.38%。其次为促进科技成果转化引导基金48.82%、改革科技成果使用、处置和收益权48.01%、提供科技金融服务47.58%。20%左右的单位没有提供配套措施，但有两至三成的人表示不知道。

资金支持和创新创业生态系统构建是两大突出问题。政策措施落实过程中存在的主要问题是财政资金支持力度不够34.31%、尚未形成良好的创新创业生态环境30.98%、地方政府政策设计可行性不高26.91%，地方政府重视程度不高19.73%，以及单位内没有出台推动政策落实的配套政策22.77%。

2. 创业扶持

总体创业意愿较低，非公有单位高于公有单位。有创业意愿还没着手准备的占比43.87%；有初步创业规划的占比7.88%；已经开始创业的仅占4.77%，不想创业的占比43.48%。如果公有单位允许离岗创业，8.22%的人表示肯定会创业，61%的人表示可能会创业，31%的人表示不会创业；而非公有单位如果3年内保留人事关系，并享有参加职称评聘、岗位等级晋升和社会保险等方面权利，24%的人表示肯定会创业，62%的人表示可能会创业，14%的人表示不会创业。离岗创业的最大担心是岗位没有了65.62%，影响职务晋升30.39%和待遇降低30.3%。

资金不足是创业过程中遇到的最主要困难。创业者的创业资金主要来源于家庭积蓄72.07%，银行贷款28.57%，亲戚朋友借款27.5%。创业过程中遇到的主要困难是缺资金70.72%，缺团队员25.47%，缺营销管理方面的知识24.8%，缺技术16.9%。普遍不看好大学生创业，65.71%的人认为大学生应在毕业2~3年后择机创业，28.19%的人认为应抓住政策红利自主创业，6.1%的人认为不应该创业。

创业服务供需之间存在较大缺口，软服务不能没满足需求。创新创业者希望的服务需求主要是提供信息资源42.19%、提供创业投资资金

32.14%、提供技术交流平台 31.06%、提供市场对接(项目推介)25.93%和办公空间 21.07%。而创业者所在单位能够提供的创业服务主要是提供信息资源 34.79%、提供办公空间 31.05%和技术交流平台 29.83%。需求较大的创业投资资金、市场对接和创业导师等软服务不能满足需求。

3. 科技成果转化

对三权改革政策的知晓率低,认为效果不明显。33.17%的单位进行了科技成果使用权、处置权和收益权改革,有 50.81%的人表示不知道;只有三成的人认为改革效果明显。

科技成果转化意愿较强,但存在三大障碍。38.5%的人转化意愿很强,25.97%的人转化意愿较强,34.62 的人意愿一般。阻碍科技成果转化的三大主要障碍是科技成果与市场需求脱节 50.19%,高校科研评价导向不利于成果转化 24.89%,科技成果转化对提高科研人员收益作用不大 20.49%。

研发团队可获得收益的占比较低,以 5% ~10%最多。研发团队科技成果转化可获得收益 5% ~10%的占比 38.33%,其中,可分得 5%收益的占本区间 95.89%。10% ~20%占比 19.15%,1% ~5%占比 14.9%,20% ~30%占比 3.19%,30% ~50%占比 12.23%,50% ~70%占比 11.17%,70%仅占 0.53%。

科技资源开放共享程度较高,科技报告及服务系统使用率有待提升。方便获取程度:专利信息资源 51.05%、科研基础设施 45.02%、科技报告 44.02%和大型科研仪器 31.27%开;开放共享程度:科研基础设施59.43%、专利信息资源 58.29%、科技报告 50.56%和大型科研仪器45.47%。使用情况:总体知晓率和使用率较低,35.57%的人知道国家科技报告制度,15.55%的人使用过科技报告服务系统,35.58 的人使用过科技报告作为参考文献。

4. 企业技术创新

产学研协同创新开展情况较好,企业主体地位确立。74.8%的企业与高校院所开展了产学研协同创新,70.16%的高校院所与企业开展了产学研协同创新,68.53%的人认为在协同创新中企业处于主导地位。

大部分企业的研发投入和专利申请有所增加。62.8%的企业研发投入增加,23.21%的企业保持不变,5.19%的企业减少。61.75%的企业专利申请增加,24.21%的企业专利申请不变。

享受高企政策程度及效果有待进一步提升。近一半企业享受了研发费用加计扣除政策,但有近三成的人表示不知道有该项政策;认为高企政策落实效果很好的占33.17%,较好的占35.02%,一般和较差的占24.84%。

二、存在问题

整体来看,全市双创政策取得明显效果,半数以上的公众持赞同态度,四成的公众认为成效明显。具体来看:

1.政策知晓度较高,但部分重点政策的宣传与落实不到位

如企业研发费用加计扣除、三权改革、高校科技成果转化等政策宣传度有待提升;科技金融、三权改革、引导基金等配套政策有待进一步落实;政策措施落实过程中的两大突出问题是尚未形成良好的创新创业生态环境和财政资金支持不够;总体创业意愿不强,但非公有单位高于公有单位。

2.创业扶持供需不匹配,创业服务体系有待完善

创业资金主要来源于家庭积蓄、银行贷款和亲戚朋友借款,创新创业融资渠道有待进一步拓展;创业过程中遇到的主要困难是缺资金、缺团队、缺营销管理知识、缺技术;企业急需的投融资服务、市场对接、创业导师等软服务供给不足。

3.创业动力不足,促进科技成果转化的障碍有待突破

影响科技成果转化的三大障碍主要是科技成果与市场需求脱节、科研评价导向不利于成果转化及科技成果转化对科研人员的收益不大,创新团队获得成果收益权的比例较低;离岗创业的最大担心是岗位、职务晋升和待遇降低。

4.产学研协同创新整体情况较好,企业技术创新主体地位仍需提升

研发投入增加和政策普惠有利于企业自主创新能力的提升,仍有五分之一到四分之一的企业专利申请和研发投入保持不变,不利于企业技术创新和可持续发展;企业研发加计费用扣除政策的知晓度和高企普惠政策的效果有待进一步提升。

三、对策建议

1.加大政策宣传力度,加强政策落实与配套

一是充分利用两报一台、大学生创新创业大赛、达沃斯论坛、高校论坛等媒体与渠道加强政策宣传,树立创新创业模范典型,营造鼓励创新,容忍失败的创新创业氛围;重点加强对企业研发费用加计扣除、三权改革、高校

科技成果转化、科技金融等政策的宣传力度。二是抓住京津冀区域推进全面创新改革试验机会,用好国家自主创新示范区先行先试优势,在商事制度、信用体系建设、知识产权保护、人员自由流动、科技成果转移转化等方面不断改革创新,敢于突破中央政策,形成更有吸引力和扶持力的政策体系。三是深化落实双创优惠政策,制定系列化配套政策,让每一个初创企业享受政策红利,打通政策落地"最后一公里",同时减少行政审批环节,简化办事程序,并减少、减免部分行政事业性收费。

2. 发挥政府和市场双重作用,激活创业资本

将创业金融作为天津金融创新运营示范区建设的重要组成,完善从天使、VC 到 PE 的完整创业接力资金链条。一是创建"天津创业投资大厦(聚集区)",借鉴杭州基金小镇模式,加快建设创业投资特别是股权投资基金聚集区,引进北上广深杭等知名创投机构在津设立分部,加大我市创业投资引导基金等规模,引导其向创业企业成长前期延伸。二是拓宽创业投资资金供给渠道,创新金融机构支持方式,探索投贷联动和投保联动融资模式,抓紧推动相关试点落地;加快发展普惠金融,探索完善银行、保险、证券、信托、创业投资等机构间的合作模式。三是推动创业投资"引进来"与"走出去",发挥自贸区优势,支持设立海外创新投资基金,引导和鼓励创业投资机构加大对境外高端研发项目的投资;开展"天津产业证券化提升计划",大力推动企业上市和上市公司再融资。四是加快发展互联网金融,探索建立天津市股权众筹交易所,支持有条件的金融机构建设创新型互联网平台;积极开展股权众筹融资试点,打造自贸区股权众筹中心,探索建立股权众筹联盟。

3. 促进科技成果转化,释放科技人员创新创业活力

一是按"四个一批"思路打造一批高水平示范众创空间,支持龙头骨干企业、大院大所围绕主营业务方向新建一批专业化高水平众创空间;发挥大学科技园、科技企业孵化器、专业孵化基地、留学人员创业园等作用,转型升级一批创新型众创空间;鼓励企业将老厂房、旧仓库、存量商务楼宇等改造成为新型众创空间,引进一批国内外高端化众创空间;在国内外创新创业要素聚集的地区,建设一批飞地型众创空间,开展境外孵化服务。二是鼓励和激发科技人员创新创业活力。建立倒逼机制,破除行政化管理的顽疾痼疾,打破僵硬的体制束缚,实现科研机构和科技人员的再次放活,支持高校院所开展职务科技成果权属混合所有制改革等"三权"改革实践,鼓励高校院所科技人才包括带行政职务的人才带技术、带项目、带资金在津创办领办科技企业,支持高校、科研院所、国有企事业单位科技人员离岗创业或兼职兼薪

服务企业创新。三是鼓励大学生创业和引进一批国内创业人才，开展“创业天津——城市行、高校行”引才活动，重点以首都创业人才和北方大学生等群体为重点，充分利用天津政策、居住和户口优势，成为北方大学生创业基地。

4.提升企业自主创新能力，打造智能制造集聚区

一是深入推进国家自主创新示范区建设。推动认定一批高新技术企业，支持一批科技领军企业开展内部创业试点，努力打造全国产业创新中心和先进制造研发基地。二是支持企业走出去，引进来，全面支持自创区有条件的企业开展跨境并购，鼓励优势企业与国内外优质资本合作设立新型孵化平台，引进专业化管理团队，提升孵化能力，加快技术成果转化。三是以“互联网+”为突破口，开展“百企示范、千企试点、万企行动”计划，打造一批智能工厂和数字化车间；推动企业运用互联网开展在线增值服务，鼓励发展面向智能产品和智能装备的产品全生命周期管理和服务，拓展产品价值空间，实现从制造向“制造+服务”转型升级。

（作者单位：天津市科学学研究所）

天津智能制造业发展问题研究

陈　滢

一、智能制造的内涵及特征

智能制造(Intelligent Manufacturing,IM)是一种由智能机器和人类专家共同组成的人机一体化系统,它通过人与机器的合作共事,形成分析、推理、判断、构思和决策,去扩大、延伸和部分地取代人类在制造过程中的脑力劳动。它把制造自动化的概念,更新和扩展为柔性化、智能化和高度集成化。智能制造包括智能决策、智能研发、智能管理、智能物流与供应链、智能装备、智能产线、智能车间、智能工厂、智能产品、智能服务等。智能制造将信息技术、先进制造技术,自动化技术和人工智能技术融合在一起,实现了整个制造业价值链的智能化和创新,是信息化与工业化深度融合的进一步提升,体现出了科学决策、运营模式、生产模式、商业模式等方面的创新与提升。

智能制造的特点主要体现在以下几个方面:

1. 通过网络化管理实现资源的最大利用

智能制造通过网络帮助智慧工厂进行自我管理,并实现生产的定制化和个性化。智能制造通过对数据的充分整合,利用智能传感技术和自动化系统的协助,以信息物理系统联结,实现工厂对订单需求、库存水平变化以及突发故障的迅速反应。在智能制造过程中生产资源和产品由网络连接,原料和部件可以在任何时候被送往任何需要它的地点,生产流程中的每个环节及差错都会被系统自动记录。它可以帮助工厂更快速有效地处理订单的变化、质量的波动、设备停机等事故,工厂的浪费将大大减少,更有助于实现资源的最大利用,特别是对生产原料、能源及人力资源的利用。

2. 通过价值链的整合实现了产品的有序管理

与生产系统网络化相似，全球或本地的价值链网络通过智能管理系统相连接，这一链条将物流、仓储、生产、市场营销及销售，甚至下游服务联结在一起，任何产品的历史数据和轨迹都有据可查，产品更容易地进入了秩序管理的网络，这便形成一个透明的价值链——从采购到生产再到销售，或从供应商到企业再到客户。客户定制不仅可以在生产阶段实现，还可以在开发、订单、计划、组装和配送环节实现。从而提高了供应链的透明度和灵活性，更有效地对产品进行管理，也能够更快速地应对问题和故障。

3. 通过数字化应用提高了产品的生命周期

新产品的生产往往需要新的设备、或调整后的生产系统与之匹配，在很大程度上会造成产品资源的浪费。而智能制造将数字化制造贯穿于整个生产供应过程，企业可以通过数字网络的应用获取产品生命周期每个阶段的数据，用于制定更具柔性的生产流程。全生命周期的数字化将实现产品从开发设计到生产的无缝融合，使产品开发和生产系统产生新的协同效应，从而提高产品的生命周期，减少资源的浪费。

4. 通过高度自动化应用提高生产效率节约管理成本

智能制造中的人工智能、机器人技术、传感技术将进一步提高系统的自动化能力，并加速大规模定制化。人工智能通过加强人—机服务的协同，可以帮助企业发现设计并建造新的方案，加速工业向智能制造的转型并使之更加灵活地运用于生产，从而提高企业的生产效率。同时人工智能还可以使工厂和仓库的无人传送更灵活有效，通过高效的自动化管理增加数据分析和生产的可靠性，节约供应链管理成本。

二、天津制造业智能化发展的背景

1. 从国际上来看，新一轮的技术革命带来了制造业的重大变革

为了提高德国工业的竞争力，在新一轮工业革命中占领先机。德国提出了“工业 4.0”的概念，即是以智能制造为主导的第四次工业革命，或革命性的生产方法。该战略旨在通过充分利用信息通讯技术和网络空间虚拟系统—信息物理系统相结合的手段，将制造业向智能化转型。美国于 2012 年启动“先进制造业国家战略计划”，这一被称为“再工业化”的思路得到全面阐释。其中提出要发展包括先进生产技术平台、先进制造工艺及设计与数据基础设施等先进数字化制造技术，其核心是鼓励创新，并通过信息技术来

重塑工业格局,激活传统产业。

2. 从国内来看,我国将进入以"互联网 +"为代表的新经济时代

未来 5 ~ 10 年,特别是"十三五"期间,我国将从传统工业经济时代向以"互联网 +"为代表的新经济时代逐步过渡。《中国制造 2025》指出,到 2020 年,制造业重点领域智能化水平显著提升,试点示范项目运营成本降低 30%,产品生产周期缩短 30%,不良品率降低 30%。《智能制造发展规划(2016 ~ 2020 年)》提出 2025 年前,推进智能制造实施"两步走"战略:第一步,到 2020 年,智能制造发展基础和支撑能力明显增强,传统制造业重点领域基本实现数字化制造,有条件、有基础的重点产业智能转型取得明显进展;第二步,到 2025 年,智能制造支撑体系基本建立,重点产业初步实现智能转型。

面对国际国内制造业智能化发展的趋势,天津也应积极推进传统制造业向智能化的转型发展。

三、天津智能制造业发展的现状

1. 高端智能装备制造业发展迅速

2015 年,全市智能制造装备产业产值达到了 800 亿元。天津开发区现有装备制造企业超过 350 家,其中高端智能装备制造企业超过 50 家。在泰达智能无人装备产业园及周边聚集了包括专注技术与关键零部件研发、系统集成和工业化应用的宝涞机器人,从事水下机器人研发的深之蓝海洋设备,从事机器人关键零部件开发的中科国技(天津)智能系统,从事本体制造和销售的川崎机器人、泰华宏业机器人,作为智能化生产线解决方案提供商的易而速机器人和阿尔赛德自动化科技公司等 20 余家机器人企业。开发区构筑了"天津开发区高端智能装备辅助研发服务平台",支持企业获得从孵化、技术研发辅导、财税补贴到人才服务等一系列服务。

2. 京津冀协同建立了智能制造协作一体化发展大联盟

由中国机器人联盟、中关村未来制造业产业技术国际创新战略联盟、河北省机械行业协会、天津市滨海新区智能制造产业技术创新战略联盟等京津冀三地 10 个产业协会(联盟)共同组建的"京津冀智能制造协作一体化发展大联盟"在滨海新区成立。该联盟将推进建立畅通高效的信息交流和资源共享机制,建设智能制造装备集群化、一体化发展及应用平台,打造具有战略性、前瞻性的智能制造产业智力支撑体系。

3. 智能制造研发基地已基本建成

位于空港经济区的智能制造应用研发基地基本建成，该基地占地面积11万平方米，是以打造机器人为主导的智能制造产业集群。目前空港智能制造基地已吸引利通压缩机、艾科微生机器视觉、安普惠物联网机器人等10家来自北京、河北的企业签约落户，这些企业带来了不少填补国内空白的技术项目。

4. 建立了天津首家智能制造科技园

河西区与南京理工大学北方研究院、中国民营投资股份有限公司签订了“三方共建智能制造科技园和3D打印等技术产业链合作协议”，共建本市首家智能制造科技园，打造3D打印等技术全产业链。该区将借助南京理工大学在智能制造领域的技术优势，遴选成熟的项目，依托中国民营投资股份有限公司提供的首期20亿元资金支持，促进项目在天津转化落地，助推智能制造业发展。

5. 已确定智能制造未来发展规划

依据天津市对智能制造编制的发展规划，“十三五”期间，天津市将抢占智能制造制高点。到2020年，将培育5家智能工厂和100家数字化车间。“十三五”期间，天津市将瞄准智能制造的核心环节和共性关键技术，在有条件、在基础的行业开展离散型智能制造、流程型智能制造、网络协同制造、大规模个性化定制、远程运维服务等智能制造新模式的试点示范，积极推进中德智能制造示范区建设，开展智能工厂、数字化车间、标准化共性和职业教育的试点合作，并以“百企示范、千企试点、万企行动”为重点，大力推广“云制造”生产模式，打造一批智能工厂和数字化车间。目前，天津市发展智能制造也存在着一些问题和障碍，如缺乏相关行业标准规范、企业改造成本压力大、缺乏自主创新能力等。

四、提升天津制造业智能化水平的建议

1. 制定完善智能制造标准规范体系

智能制造涉及智能产品、智能设计、智能装备、智能工厂、智能供应链、智能服务等多个领域，涵盖与智能制造相关的物联网、智能装备及机器人、大数据、云计算、软件等多项关键技术，但目前由于对应标准规范尚未统一，造成不同厂商产品间兼容性较差，集成难度高。因些，建议有关部门要进一步制定完善智能制造相关标准规范体系，统一行业标准，实现不同厂商产品

的完美对接,以助于推进产业的信息化、工业化进程,实现精益生产。

2. 改变传统管理理念

新生事物的蓬勃发展会对既有规则带来冲击,传统制造业的管理者会对创新发展趋势应对不足,缺乏长远的战略思路和有效的管理模式。特别是智能制造需对传统制造业进行较大的改进,前期需要投入大量的资金对传统设备进行改进,需要对人员进行重新的培训,后期还需要对智能制造技术、网络进行管理及升级,这都需要企业投入大量的人力物力成本。因而企业管理者必须要改变传统的管理理念,认识到智能化是未来制造业发展的趋势,智能制造将会为企业提高生产效率,降低成本,实现资源的最优化应用。

3. 对智能制造企业给予政策导向和资金扶持

对于传统制造企业来说,智能化不仅是制造企业生产经营的变革,也是企业管理者理念的变革。但在未看到结果的时候,许多企业管理者对于初期要投入的大笔技术资金还是有所迟疑,因为互联网的应用和实施需要一个时间过程,且只在企业的一个部门或几个部门应用信息技术,成效并不是很明显,并不像一些可以有快速收益的项目,短期内可以得到利润。因而为了增强企业管理者的信心,政府就需要在一定程度上对于实施计划的企业给予政策与资金的扶持。

4. 建立技术创新体系,增强自主创新能力

制造业的智能化转型,高端技术的含量无疑成为效果优劣的关键。因此建议建立以政府为主导,以市场为导向,融合各方力量,产学研相结合的技术创新体系。一方面加强对先进技术的引进、吸收、再创新;一方面加大研发投入,建立研发机构,培养专业技术研发人员;同时还要加强与专业研发机构、高校的合作,与企业的合作,增强自主创新能力,研发出适合制造企业自身发展的拥有自主知识产权的新技术、新产品。

5. 智能制造企业需真正将相关技术集成应用

智能制造的本质是实现工业化、信息化、自动化与智能化的融合。制造业企业智能化的实现就需要将智能化运用到企业运作的各个方面,要求制造企业从产品的设计、研发、生产制造到营销、服务全面融入,真正实现相关技术的集成应用,同时智能制造是复杂的系统工程,企业应当实现车间联网,实时采集生产数据,质量数据、设备状态数据,进行智能分析,因此基础数据的准备也至关重要。

(作者单位:天津社会科学院城市经济研究所、天津社会科学院京津冀及城市群发展研究中心)

京津冀生态功能区生态价值补偿的实现机制

王　双

一、京津冀生态功能区的主要范围和类型

2015 年,环保部与中科院联合发布了《全国生态功能区划(修编版)》,对我国重要生态功能区进行了详细的划分,分为生态调节功能、产品提供功能与人居保障功能三个类型的区域①。依据该生态功能区划,京津冀生态功能区包含了上述三种类型的区域,其中,生态调节功能区主要为水源涵养功能区,产品提供功能区主要为农产品提供功能区,人居保障功能区则为大都市群人居保障功能区。

京津冀水源涵养功能区位于京津冀北部,行政区主要涉及北京市密云、延庆、怀柔、昌平、平谷,天津市蓟州区,河北省承德、张家口、秦皇岛、唐山。功能区主要包括密云水库、官厅水库、于桥水库、潘家口水库等北京市、天津市重要水源地的涵养区,以及滦河、潮河上游源头,总面积为 51129 平方公里。京津冀农产品提供功能区主要分布在永定河上游的山间盆地以及海河平原。京津冀人居保障功能区主要是指京津冀大都市群。

① 我国生态系统服务功能区分为生态调节功能区、产品提供功能区与人居保障功能区三类,其中,生态调节功能区域主要承担水源涵养、生物多样性保护、土壤保持、防风固沙、洪水调蓄等维持生态平衡、保障全国和区域生态安全等方面的功能;产品提供功能区主要承担包括提供农产品、畜产品、林产品等功能;人居保障功能区主要是指满足人类居住需要和城镇建设的功能区,主要区域包括大都市群和重点城镇群等。全国共有生态功能区 242 个,其中生态调节功能区 148 个、产品提供功能区 63 个,人居保障功能区 31 个。

二、京津冀生态功能区生态价值补偿的现实需求

京津冀生态功能区生态价值补偿主要是针对水源涵养区等生态调节功能区进行。

1. 平衡区域整体生态功能

京津冀地区经济发展阶段和水平存在一定差异,凭借河北大面积的生态涵养区较大程度上满足了京津两地经济发展所需的生态及资源需求,使得京津两地在周边地区一定程度上"牺牲式"的生态支持下,获得了经济发展的良机,经济增长速度较快、质量较好。作为相对独立且完整的生态单元,河北生态屏障功能的充分发挥对京津两地的经济增长和生态可持续发展关系重大。因此,京津冀区域的全面协调可持续发展,须以生态功能区天然生态屏障、水源涵养及资源支持为依托,发挥应有的生态作用,完成京津冀整个区域的生态与经济协调发展目标。

2. 解决区域生态问题的并行要求

长期以来,京津冀地区人口的不断增长与不合理人为活动,导致生态环境迅速恶化、生态系统严重失调,对区域生态环境造成严重威胁。目前,京津冀水源涵养区的主要生态问题表现为:首先,水资源过度开发,环境污染加剧;其次,森林生态系统质量低,水源涵养功能与土壤保持功能弱,水土流失和水库泥沙淤积比较严重;第三,水库周边地区人口较密集,农业生产及养殖业等面源污染问题比较突出;第四,地质灾害敏感程度高,泥石流和滑坡时有发生。随着上述生态问题的频发,生态治理力度的加大及环境保护的现实需要愈加强烈,相应的生态价值补偿需求也随之增加。

3. 推动区域协同发展的重要基础

生态的持续改善以经济发展为前提,同时经济发展为生态环境的改善提供必要的支持与基础。京津冀生态功能区作为生态敏感区,河北是主要的功能区划所在地,承担着更多的生态任务,其生态功能的发挥及与京津两地的生态协同发展保障着京津冀三地经济活动的顺利进行。因此,在整个区域生态协同发展战略的大背景下,必然要求三地合力,跨越行政区划的限制,站在面向未来、利于区域整体利益的基础上,根据不同生态功能区所在地的区位条件、地理环境、资源禀赋、经济基础、产业结构及社会文化积淀,对不同生态板块的生态功能进行界定并进行合理的生态价值补偿,这是推动京津冀区域生态协同发展、实现区域经济结构转型升级以及社会发展一

体化的重要前提。

4. 实现区域生态治理的多重目标

在同一生态单元中，京津冀三地作为不同的区域经济单元，同样都面临经济发展与生态治理的双重任务，但生态功能发挥需求不同、各自任务的重点也不同。在区域经济发展与生态安全目标约束的情况下，区域生态协同问题的解决前提是京津冀三地经济发展和生态维护形成良性循环。因此，加强京津冀生态功能区生态价值补偿，能够有效调动三地生态治理的积极性，从根本上巩固三地联合生态环境治理的成果，夯实生态环境持续改善的基础。

三、京津冀生态功能区生态价值补偿的主体要素

1. 补偿主体

京津冀生态功能区生态补偿的主体包括生态受益地区的地方政府、企业和居民。与中央政府相比，由地方政府负责实施生态补偿更有效率，更了解当地居民偏好，负责实施能节约成本，且有意愿推动生态补偿的市场化进程。地方政府在补偿初期占主导地位，随着京津冀生态价值补偿机制的完善，受益地区的受益企业和居民利用转移支付等直接补偿及市场交易等间接补偿进行补偿付费成为主要的补偿服务支付者。

2. 补偿对象

京津冀生态功能区价值补偿的对象为生态保护活动的组织者和承担者，以及实施补偿行为导致的利益受损者，同补偿主体对等，补偿对象也包括地方政府、企业和居民。其中，地方政府因为实施生态补偿而引起地方财政收入减少成为间接利益受损者，而生态补偿行为直接实施的有关企业和补偿地区的居民一部分为生态保护活动的组织者和承担者，一部分为直接利益受损者。由于我国生态补偿市场化机制尚不成熟，目前生态补偿对象的确定依然遵循“占一补一”原则，仅对利益直接受损者进行补偿，且以经济与实物补偿为主，未体现对生态环境保护者和贡献者的补偿，导致补偿对象覆盖面小的突出问题，也容易造成部分对象重复受偿、部分对象遗漏在外的状况，因此应根据市场关系和反馈信号合理确定生态补偿的具体对象。

3. 补偿途径

目前，我国跨区域生态功能区生态价值补偿主要依靠政府利用财政补贴、行政管制等手段进行，因此补偿限于资金补偿、实物补偿及政策补偿等

几种特定的途径,其中最常采用的补偿形式是由政府直接以货币支付的形式对补偿对象予以补偿。京津冀生态功能区应探索更为有效的多种价值补偿途径,尤其是鼓励、引导和培育跨区域生态价值补偿的市场化运作,通过市场调节促使生态服务的外部性内部化,比较普遍的做法包括税收、一对一的市场交易、可配额的市场交易、生态标志和协商谈判机制等,其中一部分直接补偿途径包括税收以及转移支付等市场化交易,另一部分为间接补偿,包括提供公益就业岗位以及外迁企业、农民的就业技能培训等生存扶持,通过“授人以渔”的方法从根本上解决生态补偿对象的生存与发展问题。

4. 补偿标准

目前,我国跨区域生态价值补偿采用单一标准,不考虑地区间经济基础、环境条件及技术发展等差异,采取统一的补偿标准,这种“一刀切”的简单划一造成部分地区“低补偿”或“过度补偿”现象,易加剧地区间的不公平。京津冀生态功能区价值补偿也存在该问题,运用多种方法科学确定补偿标准是京津冀生态功能区价值补偿的基础。应针对不同领域不同类型生态价值补偿的不同特征,选择生态系统服务价值、生态保护者的成本、生态受益者的获利、生态破坏的恢复成本、生态足迹以及转移贡献等多种补偿标准计算方法,以体现不同领域生态补偿的不同需要。

四、京津冀生态功能区生态价值补偿的实现路径

1. 加快区域生态价值补偿制度建设

首先,应加快推动京津冀生态功能区价值补偿的相关立法工作,并制定相应的实施条例,对生态功能区的协同管理、生态环境统筹建设、生态补偿资金运作、生态补偿市场建立与交易进行统一的制度规范和协调。其次,尽早启动区域生态税研究和设计,对使用生态功能区资源者征税,其超额价值应该为公众和区域所有,补偿生态服务的外部边际成本。

2. 建立高效的生态功能区统筹管理与协调机构

三地联合构建跨地区、跨部门的京津冀生态功能区统筹管理协调机构。探索由三地土地资源部门、水利部门、农林部门、环保部门、社区(村镇)等利益相关部门组成综合管理委员会,责权明确、利益清晰,加强三地生态功能区补偿事务的相互配合与协调。

3. 科学合理确定生态价值补偿标准

生态价值补偿的重点,应是支付生态保护者在规定期限内为保护生态

资源做出的牺牲和损失；支付生态功能区管理机构为生态资源保护付出的代价；给予社区(或村镇)使用指定生态服务的权利，但社区应以保护该区域生态功能完整为主要活动。

生态价值补偿的标准基础，应基于以下几个方面确定：首先，考虑特定地区因生态功能区设立及现有经济活动受影响的机会成本和受偿意愿两个因素，基于今后可能受影响的收入水平，或因保护而造成的损失来选择补偿的标准；其次，依据保护成本确定补偿标准，这是进行生态功能区生态补偿的一种现实方法，如对水资源污染的补偿，可以水处理成本费作为补偿标准确定依据；第三，根据提供的生态系统服务确定补偿标准，明确界定关键生态系统服务，然后确定补偿标准；最后，基于市场机制确定补偿标准及其动态性，由于市场机制在生态补偿政策实施过程中起着关键作用，在促进补偿与保护的关系中发挥着积极作用。在生态功能区生态价值补偿中，应以市场机制为基础，保持补偿动态性的同时，增加透明度和公开性。目前实行的市场机制包括从服务项目交易收入以及管理或项目费中提取补偿费用，或者通过碳贸易进行生态系统服务补偿。鼓励个人和企业、机构和农户参与到以碳贸易为标志的生态系统服务补偿过程中，让他们为碳排放承担补偿费用。

4. 适当选择有效的生态机制补偿方式

京津冀生态功能区的相当一部分面积位于环首都贫困带，补偿的主体应该以国家为主，直接对生态系统服务提供者进行补偿。其他有效的补偿方式主要是增加生态功能区建设的投入。近期内，应该将对功能区内居民的生产生活损失纳入补偿范围。从长远考虑，应在国家及三地财政转移支付项目中增加生态补偿项目，用于生态功能区的恢复补偿。特别是通过国家及三地生态恢复工程与扶贫开发项目，支持功能区居民发展替代生计。同时，根据生态保护需要设立必要的生活设施项目，如沼气工程等，功能区区居民可通过实施保护项目得到补偿。此外，生态移民也可作为项目选择之一。

5. 强化生态功能区社会共管共治

吸收当地社区参与生态功能区管理工作，成立联合管护委员会，让功能区的民众成为保护区的主人，充分调动群众保护的积极性。补偿金也应由基层联合管护委员会统一发放。成立由生态补偿的收益方和出资方共同组成的监督小组，定期对补偿工作和补偿金使用进行审计。这也是降低生态功能区生态补偿与经济发展冲突的有效方式。

6. 提高利益相关者补偿能力及认知意愿

基层是生态补偿机制落实的最终对象,利益相关者及公众的知识、认知和意愿直接影响生态补偿的效果。提高公众资源管理能力的重要因素之一是改变目前自上而下的"一刀切"政策,在制定生态价值补偿机制和规划时要充分鼓励基层公众的参与,采取"边学边做"的方法,通过项目实施提高公众认知能力。尤其是在人、财两缺的贫困地区,通过参与相关的国际及国内成熟项目加强政府部门和基层组织的能力建设,以便更好地进行生态功能区生态价值补偿。

(作者单位:天津社会科学院京津冀及城市群发展研究中心\天津社会科学院城市经济研究所)

滨海新区制造业品牌培育现状、问题及对策

蔡玉胜

品牌发展不仅关系到产品、企业和产业,更对区域和城市的发展起到重要推动作用。品牌集聚效还吸引了许多世界级品牌、跨国公司和大项目纷纷落户,加快了其城市经济国际化进程,大量著名品牌的产生和美誉度对城市和区域形象的宣传、推广和提升具有不可替代的作用。滨海新区品牌的开发和建设,不仅仅对滨海新区自身,更对于天津整座城市的发展具有战略性意义。

一、滨海新区制造业品牌现状

从目前滨海新区的品牌构成看,主要有产品品牌、企业品牌、行业品牌等。产品品牌有空客320大飞机、三星手机、长城汽车等知名品牌,此外还有“红三角”烧碱、“茶淀”葡萄等地域产品品牌。企业品牌有三星电子、一汽丰田、康师傅、泰达股份、津滨发展、滨海能源、蓝星化工、中新药业、金桥焊材、渤海银行、渤海产业基金、大无缝等。行业品牌中,电子通信业、机械制造业、生物医药业、石油化工等行业汇聚了一大批企业和产品。

中国驰名商标中,即有归属于传统产业的灯塔、红三角等天津老名牌产品,也有归属于高新技术产业、新能源产业的天津新名牌产品,如中科曙光、力神等,涉及化工、金属制品、橡胶制品、塑料制品、电子信息、新能源、机械制造、医药、仪器仪表、农用种籽以及纺织等多个行业。

在滨海新区的优势产业中,中国驰名商标企业较为集中的分布于石油化工、装备制造业和生物医药等三个行业中,三个行业中的中国驰名商标企业数占滨海新区中国驰名商标企业总数的77.78%。

电子信息产业、新能源新材料行业、汽车和零部件产业、食品及粮油加工产业以及航天产业在滨海新区经济发展中具有重要地位，但这些行业中中国驰名商标企业数量较少甚至没有，根本原因在于在这些行业中主要以引进的大品牌企业占主导。因此，如何在这些领域培育本地品牌是滨海新区未来推进品牌建设需要重点关注的问题之一。

二、滨海新区制造业品牌培育存在的问题

1. 新区自主品牌的影响力和品牌价值跟其他城市比较尚有较大差距

首先，从数量上看，滨海新区的名牌企业和名牌产品数量和比例偏低，所具有的中国驰名商标不到 30 件，跟北京和广东比较，不在一个水平线上，跟上海、浙江和江苏比较，也低很多。个别名牌产品在国内并没有知名度.只属于“小范围地区性名牌”，在天津市甚至塘沽以外的市场上，就难觅其踪迹了。区域品牌种类比较单一，层次较低。目前区域品牌的发展主要是依托制造业和资源密集型的产业集群。资源与资本密集产业对于依赖性较大，以外资为主的产业集群并没有形成自己的区域品牌，这就造成了区域品牌种类比较单一，层次较低。其次，从品牌的价值含量看，新区的品牌价值跟一线品牌比较，仍处于低位。如品牌价值前 200 名中，都没有滨海新区的自主品牌，最靠前的天工，品牌价值 65. 38 亿元，全国排名 299 位，应大品牌价值 38. 55 亿元，排名 358 位，跟排名前十位的品牌比较，品牌价值相差近百倍。

2. 竞争力较强的本地企业多属传统老企业，新领军企业的综合实力有待提高

在由中国企业联合会、中国企业家协会联合发布的“中国制造业企业 500 强”排行榜中，滨海新区入围企业 6 家，企业主要分布在钢铁、化工、交通运输、纺织、建筑以及房地产等传统行业，并且都是传统的老企业。在电子信息、装备制造业、新能源、生物医药、现代服务业等行业缺少有较强竞争力的本土大企业。新一代领军企业的综合实力还有待进一步提高。

3. 本地大企业中，公有制企业竞争力强，民营企业综合竞争力有待提高

由中国企业联合会、中国企业家协会联合发布的 500 强系列排行榜中，滨海新区入围企业中公有制企业占比处于绝对优势地位，几乎所有企业都是国有企业。由全国工商联发布的“中国民营企业 500 强”中，滨海新区仅有两家入围，与青岛、宁波等地相比，新区的民营企业综合竞争力亟待提高。

4. 新领军企业以传统制造业为主,缺少高端制造业商标品牌

在滨海新区拥有中国驰名商标企业中,属于化工行业的有 5 家,属于生物医药行业的有 6 家,属于电子信息产业的有 3 家,属于金属制品行业的有 2 家,属于橡胶塑料制品的有 3 家,属于机械制造业的有 3 家,属于仪器仪表制造的有 2 家,属于新能源产业的有 1 家,属于农用种籽的有 1 家,属于纺织行业的有 1 家,新一代领军企业中缺少战略性新兴产业和高端制造业商标品牌。

5. 本土品牌匮乏,品牌的技术创新要素含金量不足

新区不缺大企业、大项目,但本土性自主品牌匮乏。虽然有些品牌能够进入国内甚至国际榜单,但这主要得益于滨海新区开发开放对国际巨头企业的吸引,以及大项目好项目的引进,吸引了大批国内知名企业投资入驻。大量外来企业和植入性品牌对区域经济增长效率的贡献,尤其是财政税收的贡献非常有限,这也是制约经济增长效率的重要因素。本土性自主品牌的技术创新含量低,自主知识产权缺乏,商品附加值不高,增长方式粗放等矛盾十分突出,许多部分都还停留在贴牌和代工阶段。许多产品价位处于中等和偏下,远远不能反映出真实的价值。

三、滨海新区制造业品牌发展滞后的成因

1. 国家战略因素

新区作为我国重要的制造业基地,是中国经济传统增长版的缩影,长期以来,对招商引资的重视程度、对进出口贸易的重视程度以及对大项目的重视程度都在一定程度上影响到以自主创新和内生增长为核心的内涵式增长。反映在品牌建设上,形成了外来品牌多,本土品牌少;传统产业品牌多、新兴产业品牌少;品牌数量多、价值含量少等弊端。从战略层面解决品牌发展问题,核心就是转变经济增长方式,变传统的粗放的品牌增长为精细的内涵式品牌发展,逐步实现由于天津创造代替天津制造,推动滨海新区由传统制造业基地向高端制造研发基地转变。

2. 产业因素

新区的产业结构是以制造业为主的,第二产业比重占据主导地位的偏工业化构成,因此滨海新区的产品中集聚了大量的初级品和工业中端产品,制造业多生产中间产品,本身就是面对的企业,而不是直接针对消费者,行业特点决定了对品牌建设的积极性不高。这类产品一般会忽略品牌的培育

和品牌价值的提升,很容易陷入产业链条发展的低端,在工业生产的产业链条中处于不利地位。

3. 企业因素

国有银行对国有企业在金融上提供了许多优惠,使得这些企业即使运行效率较低也很难倒闭。外资企业对品牌的偏好不在滨海新区,而在于企业总部所在地,因此,这两类企业在品牌建设和培育上都有局限性。对新区而言,许多生产制造只是在完成原有品牌的生产替代,知识产权、技术和无形资产的获取非常困难。大型企业虽然重视品牌建设,但是产品类型有限,品牌数量也有限,而大量中小企业没有自主品牌,都在给大型企业做配套或代工,50% 以上的企业没有品牌管理部门,甚至连品牌管理的人员和知识都不具备。

4. 文化因素

从创业文化看,政府对经济的管控程度高,民营企业和中小企业数量少且力量弱,民间创业的氛围不足,且创业环境和条件不如江浙地区。从品牌推广看,作为外向型经济区,很多产品除了是中端过渡品之外,还有很多是对外贸易产品。

5. 政府和协会因素

在品牌培育的协同上,由于缺乏品牌建设过程中利益相关者共同参与和协调的理念和机制,对产品品牌和区域品牌培育的重点不能高度聚焦,如政府部门以区域空间产品为营销对象,追求区域的经济、社会综合发展,而企业则针对一定的产品或服务,以经济目的为唯一目标。在产品营销上,政府部门内部也会产生不同意见,如在景点营销中,旅游部门、文化部门、环保部门在开发人工景点的问题上就可能发生冲突。中介机构对区域产品品牌和城市品牌的培育功能缺失,由于行业协会对区域品牌的业绩评估和价值诊释功能缺位,缺乏行业统计与分析能力,难以为政府制定政策提供可靠依据、为企业了解市场动态提供相关指导。

四、推动滨海新区制造业品牌发展的思考

鉴于滨海新区以制造业为特性的产业结构特征和中间品为主的产品结构特征,新区品牌价值的实现需要考虑以产业品牌为核心,围绕主导产业的品牌,构建从产品到产业链的完整体系。

1. 以产业品牌延伸品牌生命力

产业品牌化一方面强调企业自主品牌的创新，培育持久竞争力和应对各方挑战，同时也对产业品牌建设起着巨大的推动作用。另一方面，在政府优惠政策和行业引导的协调下，对产业集群进行恰当的重组和调整，选择一些生产规模较大，管理水平较高并且有较强产业链发展意识的企业进行重点扶植，使其成为产业品牌的核心，品牌企业作为产业集群里最显著的个体不断强大，将引领产业品牌群数倍扩张，产生乘数效应，引导产业结构的优化升级，从而提高城市的竞争力。

2. 以产业品牌簇群提升产品竞争力

以品牌为纽带，实行相关多元化产品的整合，即代表大量名优产品共同存在，会形成良好的示范作用，带动周边企业进行创新。品牌簇群环境有利于降低企业获取信息和资源、把握技术的成本，有产业品牌化为先导，品牌簇群发展就更加容易。集群内越来越多的企业设立研发机构，就能增强集群整体的创新能力，并且还可以增大对外部市场的技术服务范围。

3. 以产业品牌打造产业集群价值链

品牌价值链不仅涉及产业品牌设计、推广、保护等活动，还涉及其人力资源开发、技术开发、采购、后勤、生产销售、服务等活动。企业自身的价值链竞争力，不仅仅来自于各个部门、环节的效益，还有赖于各个部门之间的协调程度，以及供应商、经销商和最终顾客的价值协同。只有内部价值链和外部价值链和谐统一，产品竞争力的提高才有坚实的基础。

4. 积极推动本土产业转型升级，壮大产业关联度

带动性强的航空航天集群、电子信息集群和装备制造集群的发展，同时改变部分产业过分依赖外资的局面，注重培养本土产业集群的发展，改变区域品牌种类单一，数量和层次较低的局面。

5. 发展产业综合体

产业综合体是一种产业集群与城镇发展的合二为一的复合形态，凭借从业人员的城镇化、居住条件社区化和配套设施的社会化，使得产业集群与城镇发展相互促进，解决了产城不融合等社会问题，也解决封闭式工业园区造成的社会隔离问题。建立产业综合体，能够为产业集群提供更好的制度保障，解决传统产业集群模式遗留的种种产业功能问题和社会问题，进而有助于区域品牌的培育和塑造。

（作者单位：天津社会科学院京津冀及城市群发展研究中心、天津社会科学院城市经济研究所）

京津冀健康产业协同发展策略研究

董微微

健康产业是国民经济中极具发展前景的新兴产业,具有拉动内需增长和保障改善民生的双重功能。京津冀三地在健康产业发展上各具优势和特色,合作互补性较强。深入分析京津冀健康产业发展基础与优势,剖析存在主要问题并提出推动克服矛盾的主要路径和协同发展策略,有助于促进京津冀健康产业协调发展。

一、京津冀健康产业发展现状

1. 优质医疗卫生资源丰富

京津冀三地优质医疗卫生资源丰富,2015 年三地共有医疗卫生机构 93588 家,占全国 9.52%,其中三级医院共有 241 家,占全国 11.35%,远高于全国平均水平。北京、天津、河北三地病床使用率均低于全国平均水平,表明医疗保障设施相对充足,每千人口卫生技术人员数分别为 10.4 人、5.9 人和 5 人,其中京津均高于全国平均水平,河北省低于全国平均水平。社会资本办医实现新突破,社会办医床位占床位总数的比例显著提高,医疗资源所有制结构不断优化,医疗服务与保障能力进一步提高。2014 年京津两市人均卫生总费用分别为 7410 元和 4291.29 元,远高于 2581.66 元的全国平均水平。

表 1　京津冀医疗卫生机构与卫生人员情况比较

地区	医疗卫生机构数	医院	三级医院	病床使用率(%)	每千人口卫生技术人员数
北京	9771	631	109	80.6	10.4
天津	5223	402	54	81.6	5.9

地区	医疗卫生机构数	医院	三级医院	病床使用率（%）	每千人口卫生技术人员数
河北	78594	1543	78	83.6	5
全国	983528	27587	2123	85.4	5.8

数据来源:《中国统计年鉴 2016》

2. 生物医药产业基础雄厚京津冀三地在医药制造领域均具有发展基础,创新资源不断聚集。目前,北京生物医药产业形成了“一南一北、各具特色”的空间布局,即南部以亦庄和大兴生物医药基地为核心的高端产业基地和北部以中关村生命科学园为核心的研发创新中心,构建了生命科学与健康医学前沿技术、生物医药产业、临床研究三位一体的科技布局,在干细胞与组织工程、结构生物学、生物 3D 打印等前沿领域取得了突破性进展。2015 年医药产业主营业务收入达到 1300 亿元左右,成为北京市新增的千亿级产业。

天津市生物医药与健康产业发展迅速,已形成滨海新区生物医药产业创新发展集群、天津开发区西区生物医药产业研发转化集群、天津健康产业园、武清医疗保健产业园、北辰现代中药产业园、西青现代医药产业园等 6 个具有一定影响力的生物医药产业集群,构建了化学药、中药、生物制药为一体的完整产业链,建设了一批高水平、配套完善的生物医药研发服务平台。2015 年,天津市规模以上生物医药及健康产业产值达到 1341.8 亿元,增长 16.4%;实现利润 223.7 亿元,增长 8%。

河北省已形成以化学药品制剂、现代中药、生物技术药物、医疗器械制造为主的产业体系,在青霉素和半合成抗生素、维生素 C 等产品技术工艺、产品成本及生产规模保持国内领先,以石药集团、华药集团、神威药业等龙头企业为代表,医药产业规模不断增大,但是企业创新能力较低,产业附加值仍有待提升。

3. 居民医疗健康消费需求旺盛

按照世界银行标准,人均 GDP 跨过 1 万美元门槛,进入旅游、保健等休闲健康消费快速增长阶段。城乡居民可支配收入大幅度提高,医疗保健支出随之提高。京津两市人均 GDP 均超过 1 万美元,河北省人均 GDP 为 40367.16 元,低于全国平均水平。从京津冀居民医疗保健支出情况看,京津两市居民的支出水平远高于全国平均水平,医疗保健支出占消费支出比重也处于较高水平,表明居民对医疗保健的重视程度在提升,河北省居民医疗保健支出略低于全国平均水平。

4. 养老产业前景广阔

国际上,通常将 65 岁以上人口占总人口比重达到 7% 作为国家或地区进入老龄化社会的标准。京津冀三地 60 岁以上老年人口已超过 1630 万人,其中,北京达到 300 万人,天津达到 215 万人,养老服务业既面临着巨大压力,同样潜藏着巨大空间。特别是随着经济和社会的发展,传统的家庭养老模式已不能完全适应社会的发展趋势,"去哪儿养老"已经成为重要的社会话题,以养老、疗养等为重点的健康服务行业和养老产品的开发具有较大发展潜力。

5. 京津冀医疗卫生协同不断深化

京津冀三地医疗机构开展了不同领域的合作,北京市已有 50 多家医院分期分批与天津、河北的 150 家医疗机构开展合作,签约合作项目 80 余个,并实现了三地临床检验结果互认,建立了突发事件协调联动和血液应急调剂等机制。三地签订了《京津冀卫生计生事业协同发展行动计划(2016 ~ 2017 年)》,将在公共卫生、贫困地区卫生帮扶、人口健康信息平台建设等方面深化合作与发展。

二、京津冀健康产业发展中存在的问题

1. 供需结构性矛盾显现,高端健康服务产品较少

在京津冀健康服务机构供给中,公立医疗机构除了提供基本健康服务之外还提供高端健康服务,导致民营医疗机构的健康服务特别是高端业务规模拓展艰难。现有健康产品和服务供给的同质化现象还比较严重,企业供给侧调整滞后于群众需求结构升级,导致无效供给较多,有效供给不足,供需结构错配的矛盾日益突出,难以满足不同收入群体、不同地域、不同年龄段消费者的差异性和多元化的消费需求。如养老产业的产品结构较为单一,产业链条设计与需求相脱节,中高端健康服务市场份额较小。

2. 三地健康产业缺乏深度合作,产业协同联动不足

京津冀在医疗卫生领域已开展合作,但在健康产业的其他领域并未形成深度分工协作体系。京津在生物医药、医疗资源、前沿技术研发领域均具有领先优势,从规划上看,三地均将医药产业作为"十三五"期间重点产业,产业规模均达到千亿级以上。健康产业涉及医药业、医疗服务、健康促进、康复与维护产业、健康保险等多个领域,三地现有产业内部之间的联系较为松散,围绕产业链条的分工协作尚未建立,区域内应有的产业关联与产业波

及效应难以合理释放。

3.健康产业从业人员素质不高，专业人才匮乏

但由于健康服务业处于起步阶段，市场欠缺规范，市场上推出的不少项目有名无实，从业人员不专业的现象较为普遍。对于相关人才培养的机制尚不完善，整体办学条件和水平较为落后，完善的人才培养机制和保证体系尚未形成。目前，三地医学卫生技术人才水平较高，但健康旅游、健康教育等健康服务管理方面专业性人才较为薄弱，从业人才专科以下学历较多，缺乏正规专业培训，健康服务专业性人力资源无论在数量和质量上均难以满足健康服务业发展的需要。

4.健康产业的法规政策不健全，管理有待进一步加强

健康产业在我国尚处于初级发展阶段，还未形成完整的法规机制，行业发展规范性严重不足。行业管理薄弱，市场壁垒较低，准入制度不严，服务质量无法监控和检查，消费者和经营者经常发生纠纷且得不到有效干预和解决。产品尚未形成服务标准，往往会采取虚假的方式进行宣传。虽然各地企业充分考虑到了老龄化社会的影响，推动老年护理和看护产业快速发展，然而与之相对应的产业服务标准却没有形成，更不可能完成各种产品的定价和实际监督，健康产业的发展受到了极大地限制。

三、推进京津冀健康产业协同发展的对策

1.构建京津冀三地健康产业协调发展机制

在京津冀协同发展背景下，为推动健康产业发展，三地应着力完善协同机制，构建优势互补、各有侧重的分工体系。第一，建立政府间健康产业发展协调机构，统筹制定京津冀三地健康产业中长期发展规划，出台区域性健康产业发展政策。第二，探索建立区域性健康产业发展促进基金，引导民间资本和社会资本进入健康产业，吸引利用外资参与到区域健康产业发展基金当中。第三，健全促进京津冀三地健康产业协同的对话机制，建立京津冀三地政府、企业、科研机构、医疗机构高层常态联席会议制度；定期组织京津冀三地龙头企业、大型集团高峰会议、沙龙，就健康产业发展、产品定位、技术合作与产业并购等展开深层次交流互动，同时，建立三地健康产业行业联合会，为京津冀健康产业集群做大做强、实现产业升级提供咨询服务。

2.制定京津冀健康产业发展规划，完善产业发展配套政策

在京津冀健康产业总体发展规划的基础上，大健康产业发展中的龙头

产业纳入全省重点发展的产业体系，给予重点倾斜和大力支持。在深入调查研究、广泛征求意见的基础上，科学编制出台三地大健康产业发展规划，明确京津冀三地健康产业发展侧重点，基于具体产业领域形成分工协作体系，完善健康产业链条，打造若干健康产业聚集区和示范区。出台健康产业支持政策，放宽发展健康产业的市场准入，实行负面清单和“非禁即入”原则，实施积极财税金融政策，激活健康产业发展动力，促进现有企业做大做强，并加大优惠政策宣传力度，重点引进一批科技含量高、综合实力强、辐射范围广的龙头企业，提升大健康产业层次。

3. 整合京津冀生物医药和医疗资源优势，打造京津冀大健康产业集群

依凭北京、天津在生物医药、技术创新和优质医疗资源优势，充分发挥河北省中药资源、药品生产、人力资源基础，极大地促进三地健康产业相关资源与要素的整合、流动与共享，打造京津冀大健康产业集群。加快推进一批健康旅游、健康食品、健康制造、健康体育、健康养老等基础设施项目建设，为大健康产业发展创造更好条件。增强健康产业核心竞争力，加快新型抗体、多肽等生物药研发和产业化，发展基因治疗、干细胞和免疫细胞等细胞治疗产品，提升健康产业技术创新与研发能力，助推健康产业科技成果产业化。建设一批集健康旅游、生态农业、体育健身、养生养老、医疗康复等于一体的大健康产业综合示范区和大健康产品交易城，打造承接、聚集产业发展的平台，打造高品质的大健康产业集群。

4. 建立健全多层次、多元化和国际化的健康产业服务体系

健康服务业应实施多层次、多元化、国际化发展战略，打破传统的医疗服务模式，提高医疗服务质量，增加医疗服务覆盖面，开发适合不同群体需要的健康项目。针对高收入人群的需求，提供全方位、人性化的以预防为主的健康服务。满足不断增长的老龄化市场需求，大力发展基于优质服务的养老服务业。一方面，政府要及早布局在城区范围内公益性的养老服务机构，提供足够的养老床位，满足市民越来越普遍的养老需求。另一方面，要吸引社会资源进入养老服务业，提供差别化的养老服务产品，满足不同层次的养老需求，择机发展养老外包产业，提高养老服务质量，培养养老服务品牌，做大做强养老服务产业。

5. 加强健康服务人才队伍建设，为京津冀健康产业发展提供保障

要以高等院校和科研机构为依托，支持国内著名高等院校、科研机构在京津冀三地开设健康产业研究分支机构，推动相关科研机构和企业的合作，

积极引进国际著名研究机构、跨国企业在京津冀设立健康产业相关研发中心。充分利用天津、北京医学教育机构培养的各种人才,发挥河北省劳动密集优势,建设医疗卫生、生物医药、医疗仪器、康复保健、健康服务等产业的公共信息平台、专业孵化器、产业标准体系、产品检测等公共平台。要在坚持"培养与培训相结合""走出去与引进来相结合"的原则基础上多途径、多层次造就人才队伍,培养一批高端研发、管理人才和营养师、理疗师、药剂师、按摩师、育婴师、健康管理师等紧缺的专业技术人才,为京津冀健康产业发展提供有力支撑。

(作者单位:天津社会科学院城市经济研究所;天津社会科学院京津冀及城市群发展研究中心)

基于互联网下的天津消费金融发展研究

刘丽莉

投资、消费、出口是拉动经济发展的三驾马车。但三十多年来,我市经济的发展一直呈现出“投资高、出口高、消费低”现象,消费在经济增长中处于薄弱的环节。消费金融是指在消费者在购买商品时由于自身缺乏资金,通过借款进行消费,之后按照约定的时间和利息进行偿还,这一方式既解决了消费者的资金缺乏、又满足了消费者对于商品的需求,同时还实现了商品的销售,成为了非常重要的金融服务方式。

一、天津互联网消费金融发展现状

1. 天津传统消费金融的发展

1997 年亚洲金融危机之后,国家提出发展消费金融。1998 年和 1999 年,中国人民银行发布了《个人住房贷款管理办法》《汽车消费贷款管理办法》和《关于开展个人消费信贷的指导意见》。2009 年提出扩大内需、刺激消费,把居民消费作为扩大内需、保增长、促进我国经济增长模式转变的关键点,实现内需和外需有效互补。2009 年,银监会公布《消费金融公司试点管理办法》,2010 年,批准北银、锦程、中银和捷信四家试点公司在北京、上海、成都和天津四个城市开展消费金融业务。2013 年将试点城市扩大到 16 个。2015 年在全国全面放开消费金融公司试点。

天津捷信消费金融公司成立于 2011 年 12 月,是我国第一家外资消费金融公司。该公司的目标客户群定位于具有稳定收人来源的中低端消费者,公司采用以经销商为主体的间接营销模式,将销售点直接设在零售商网点。消费金融公司和客户之间没有任何现金交易,而是把钱直接给零售商;客户在店面买商品时即可享受消费金融服务。捷信消费金融消费特点:一是授信额度小，期限短，平均贷款额度为3000元，最高达2万元，贷款期限在3个月到2年不等，平均贷款期限为11个月。二是消费信贷产品无抵押、无担保。三是申请方便快捷，从申请贷款到获批时间为30分钟，申请通过率达超过80%。捷信的这种服务模式在一定程度上可以帮助零售商提升10%销售业绩。

2. 互联网消费金融的发展

近年来，互联网已经广泛地渗入社会生活各个方面，改变了传统经济活动模式。互联网消费金融是“互联网+消费金融”的新型金融服务，互联网消费金融既奠基于传统的消费金融，又发展了传统的消费金融。其借助互联网这一高速、高效的信息传播渠道，丰富了消费金融的传统内涵。如今的互联网消费金融主要包含两个层次的内涵：一是传统消费金融行业的互联网化，包括了银行的互联网消费金融和消费金融公司的互联网消费产品；二是互联网平台对消费金融的渗透，包括了互联网企业的消费金融和垂直门户的互联网消费金融。目前主要的消费模式有电商平台、模式、p2p平台模式、信用卡模式、消费金融公司模式。

对于传统银行，其创新体现在将传统的业务与互联网相结合，拓宽了消费金融业务的渠道，包括个人住房抵押贷款、消费贷款、信用卡分期等。凡是持有银行借记卡和信用卡的客户在特约的商户进行消费就能够申请使用该产品，只需要通过手机、网银等渠道进行回复确认，贷款就能够快速到账，其额度大小由各家银行制定，便利性不言而喻。消费金融公司方面，因其以小额、分散为特点，与互联网有着天然的易结合性。

互联网消费金融的业务模式，其创新主要可以归纳为四点。一是改变了消费金融市场现有的格局。因为传统的消费金融市场由于地区经济发展不均衡的原因，经济欠发达地区的消费金融市场不能有效打开，而互联网消费金融打开了更多的潜在市场、满足了被忽略的潜在需求。与此同时，各种各样的新型创新产品也得以推广。二是扩大了消费金融市场的规模。从需求端看，负债消费的观念被渗透，市场的需求量得到扩容；从供给端看，传统金融企业和互联网金融企业纷纷推出产品，为消费者提供了多样化的选择。三是有效地结合了互联网、大数据等渠道和技术，提高了行业的效率。这种效率的提升一方面在于竞争的加剧，另一方面在于技术的进步。两者同时发力，对消费金融市场产生了积极的影响。

二、天津互联网消费金融发展面临的困境

1. 互联网消费金融观念尚未深入人心

在欧美发达国家,提前花未来的钱享受今天生活的消费观念早已深入人心,美国消费信贷在信贷结构占比中超过 60%,中国这一比例低于 20%。受中国传统文化的影响,天津市民更喜欢“低消费、高储蓄”“量入为出”的传统消费观念,对于一些超出自己消费能力的产品与服务很少以信用借贷的方式提前消费。个人消费信贷中住房、汽车信贷占比达到了 80%,而对于普通消费品的消费金融则明显存在不足。

目前我国互联网消费金融的用户主要以年轻人为主:一方面是由于年轻群体在收入不充足情况下的消费金融需求较大,另一方面是由于年轻群体对新事物的接受能力较强。但互联网消费金融的发展,不仅仅要惠及缺少消费资金的年轻群体,更要满足不同阶层群体的需求。因此普及消费金融观念对于挖掘互联网消费金融潜在用户将具有重要的战略意义。

2. 有效的商业模式尚待摸索

互联网消费金融没有既定的模式,也不是简单地将传统金融业务互联网化。普惠金融是互联网消费金融发展的趋势,通过商业模式的重塑,以更低的价格、更好的体验服务更多的人群。这客观上要求从业机构进一步降低息差依赖,通过获取合作商户补贴和为用户创造增值服务来建立可持续的商业模式。首先,在获取商户补贴方面,消费金融从业主体需要具备超强的运营能力和规模足够大的用户,从而具有较强的谈判地位,能否成功有待进一步观察;其次,除了将产品全面、流畅、自然地嵌入到各类消费场景中,为用户提供极致使用体验外,互联网消费金融还能为用户创造哪些增值服务,哪些增值服务可以收费,有待探索。因此,有效商业模式将是行业发展共同面临的挑战。

3. 监管体系有待完善

互联网消费金融发展速度很快,而监管体系的完善需要一个过程。《关于促进互联网金融健康发展的指导意见》出台后,针对互联网消费金融业态的监管细则尚未出台,致使分类监管缺乏具体可操作性,导致从业的持牌金融机构监管过度、其他从业主体监管真空的问题,目前消费金融公司由银监会监管,仅有《消费金融试点管理办法》对消费金融公司的准入与管理作出了规定。而从事互联网消费金融的电商、P2P 等并没有被纳入统一监管。

监管体系的不完善及法规监管条例颁布的滞后性使,得行业发展环境不规范、不公平,不利于金融消费者权益的保护,在一定程度上制约了互联网消费金融领域的拓展和产品服务的创新。

4. 互联网征信体系发展不健全

首先,网络征信评估缺乏统一标准。商业银行与大型电商平台资金实力雄厚,数据积累丰富,在信用评估上相对完善,而一些新兴的互联网消费金融公司在信用风险评估方面则相对欠缺,不仅体现在信用数据的收集与挖掘方面,还表现为信用评估的标准设置方面。由于网络征信评估统一标准的缺乏,新兴互联网消费金融公司在征信评估中很容易处于劣势地位,这不利于行业的健康稳定发展。其次,缺乏跨平台的信用数据合作机制。互联网消费金融的信用数据来源主要是对自身渠道积累的数据进行挖掘与评估,不同的征信渠道各有优劣。商业银行以及与银行合作的消费金融公司线下数据积累时间较长,数据来源丰富,但其信用数据缺乏动态更新,可能难以反映用户的真实信用状况;而互联网平台主要利用自身平台积累的用户数据,虽具备数据的动态变化,但利用大数据进行数据挖掘数据孤岛和非结构化数据难以处理的问题。将不同征信渠道的优势结合起来形成优势互补因此十分必要,构建起商业银行、非银行的消费金融公司、电商平台以及传统征信公司等跨平台的数据合作共享机制,能进一步完善征信体系建设。再次,用户隐私问题。互联网征信需要进行大量的个人信息采集,在一定程度上侵犯了用户的个人隐私,信任数据的盗取、泄露与篡改也将损害用户的利益。因此,互联网消费金融公司有责任对自身用户个人信息和用户信任数据进行保护。

三、天津互联网消费金融发展的对策建议

1. 加大互联网消费金融观念的宣传,培育互联网消费金融消费文化

消费金融观念的普及需要来自多方面的努力,政府层面上对于消费金融的鼓励、支持与引导对于消费金融的推广至关重要。为此,不仅需要政府在政策层面加强互联网消费金融的规范和监管,而且还应从多个层面鼓励消费金融领域的创新。这些举措将有利于推动扩大消费金融的影响力,进而形成良性发展的格局。因为消费金融的发展有利于刺激消费,拉动经济增长,经济环境的改善又能够增强人们对于未来的预期从而促进消费金融服务习惯的形成。一是加大互联网消费金融的宣传。在转变“量入为出”传

统观念的同时,引导树立信用消费不是过度消费的理念。加强征信知识宣传,培育诚实守信的信用消费意识。普及互联网和金融知识,提高社会公众对互联网消费金融服务的认识水平。二是构建失信违约惩戒机制。设置互联网消费金融底线/采取提高借贷利率或违约公示、黑名单、市场禁入等方式增大失信违约成本,督促消费者养成良好的信用消费习惯,促进社会形成合理的金融支持消费理念。

2. 丰富互联网消费金融市场主体

引入更多的市场参与者能够有效提升市场活动和市场服务水平,一是资本来源多元化。在传统金融机构之外,鼓励互联网企业/消费品零售企业、消费品生产厂商等社会资本参与互联网消费金融市场,鼓励各类型资本合作,取长补短,相互融合;二是主体形式多样化,将互联网消费金融监管从机构监管转变为功能监管,在商业银行、消费金融公司等传统主体形式之外,允许其他市场参与者通过成立网商银行、金融服务公司等法人机构或设立消费金融服务部等专项业务部门开展互联网消费金融业务。

3. 构建社会征信体系建设

征信是互联网消费金融风险控制的核心,目前,我国大部分数据分别集中在以央行为代表的政府机构和以互联网企业为代表的民间机构之中,两者之间尚未形成有效的信息共享渠道。在以政府和央行为主导建立征信体系的同时,应鼓励和支持民营机构充分运用大数据、云计算等技术,积极开发完善个人信用评价机制,与央行征信体系形成有效互用环境。构建多元化征信体系,推进行业建立风险联防、联控机制。建议进一步加强个人征信渠道建设,构建以人行征信为主、市场化征信为辅的多元化征信机制,并进一步降低人行征信查询费用,加强公安、司法等政府公共信息分享,提升从业主体征信能力、降低征信成本。同时建议加快行业协会和反欺诈风险联盟建设,鼓励行业协会成员“黑名单”信息共享,构建联防、联控、联动的风险管理合作机制,进一步提升欺诈风险防控能力。

4. 扩宽互联网消费金融市场覆盖范围

互联网消费金融的最终目的是消费,扩宽服务覆盖范围需要通过挖掘和刺激潜在消费需求来实现。一是扩展互联网消费金融适用产品。目前互联网消费金融主要集中在中低端消费品,应将适用品进一步扩大到高端消费服务行业,满足不同收入群体的潜在消费需求。二是加大对弱势群体互联网消费金融服务的政府扶持。互联网消费金融作为市场经济产物,盈利是首要目标。而作为普惠金融的一种,其又承担了对弱势群体提供金融服务的社会责任。对于互联网消费金融机构用于满足无固定收入农民、城市低收入人群消费需求,用于改善弱势群体生活质量的信贷,政府应出台相应扶持政策,通过给予财政补贴/奖励/贴息等措施鼓励互联网消费金融机构向弱势群体提供金融服务。

(作者单位:天津社会科学院现代企业所)

天津市就业形势及前景预测

尹　利

一、2016 年天津市就业形势

截至 2015 年底,我市社会从业人员 896 万人,其中第一产业 66.17 万人,较 2014 年减少了 1.81 万人;第二产业 320.16 万人,较 2014 年减少了 21.35 万人;第三产业 510.47 万人,较 2014 年增加了 42.75 万人。

当前我市就业形势保持总体稳定。实施积极的就业创业政策,多渠道开发就业岗位,截至 9 月末,全市新增就业 36.46 万人,完成全年计划的 75.96%。其中,民营企业新增就业 20.1 万人,同比增长 10.26%。发放创业担保贷款 3.93 亿元,完成全年计划的 98.19%。百万技能人才培训福利计划深入实施,34.6 万人取得职业资格证书。出台劳动关系和谐企业(园区)创建活动实施办法,全市和谐企业达 1.38 万户,劳动关系保持和谐稳定。人社部门会同市财政等部门出台做好化解过剩产能企业人员安置工作、专项奖补资金管理细则等政策措施,做好职工分流安置,截至 9 月底,已分流安置 1.03 万人,完成全年计划的 75%。

今年以来,天津将经济发展与扩大就业相联系,完善各项政策,全市就业情况呈现三个增加、三个减少的较好局面。而就业的三个增加主要表现在,一是单位从业人员增加。今年上半年,实际从业人员净增 6.4 万人,扭转了 10 年来天津市单位从业人员负增长的趋势。二是个体私营企业从业人员已达到 56 万人,比上年同期增加 4 万人。三是灵活就业、自谋职业人数达到 10.6 万人,比上年同期增加 3 万人。

与此同时,天津领取失业保险金的人数明显减少。据介绍,2002 年末,天津市领取失业保险金的有 12.44 万人,到今年 6 月末只剩下约 7.3 万人。

享受城镇最低生活保障的人数减少近三分之一:2002 年末,天津市 30.1 万人享受城镇最低生活保障,到今年 6 月末,靠低保生活的天津人已减少到 21.3 万。此外,新增加的下岗失业人员也大幅减少,今年前 6 个月,全市新增下岗失业人员比去年同期减少 2.4 万人,减幅达 45%。

经济发展速度的放缓和去产能政策的实施以及产业结构的调整,客观上会对劳动者就业结构产生影响。我市第二产业今年比去年所减少的 21.35万人中,制造业占了绝大多数,为 19.90 万人。第三产业 510.47 万人,较 2014 年增加了 42.75 万人。个体私营企业从业人员已达到 56 万人,比上年同期增加 4 万人。三是灵活就业、自谋职业人数达到 10.6 万人,比上年同期增加 3 万人。

主要原因在于,改革新政实施以来,社会反响强烈,投资热情高涨,市场主体登记数量和资本规模快速增长。上半年,本市新注册各类市场主体 6.67万户,注册资本 2020.49 亿元,同比分别增长 53.33%、125.32%。上半年,民间投资热情高涨,民营企业登记数量和资本增长强劲,民营企业登记注册 27507 户,注册资本 1212.90 亿元,同比分别增长 88.08%、145.37%。另外,许可经营项目筹建登记便利市场准入。新政实施以来,全市登记项目筹建企业 392 户。

人才队伍建设步伐加快。出台杰出人才培养计划,支持杰出人才在津创新创业。深入实施"千企万人"计划和人才"绿卡"制度,截至 9 月底,784 家企业通过认定,依托平台引育高层次人才 5831 人;累计发放人才"绿卡" 25288 张。实施加快引进海外高端人才三年推进计划,举办"津洽会"人才智力引进、海外人才智力网上交流洽谈、人才服务月等系列活动,截至 9 月底,新引进海外留学人员 2710 人,同比增长 12.9%,长期在津工作外国专家 3223 人次,同比增长 56.2%。公务员公开招考顺利进行,拟录用公务员 2271 人。居住证积分入户第一期申请 4224 人,第二期申请预计 10 月底结束,目前已受理申请 4100 人。

高校毕业生就业形势依然严峻。高校毕业生的持续增加给就业市场增加了很大的压力。今年我国高校毕业生为 765 万,比去年增加了 16 万,而天津市 2014 年和 2015 年高校毕业生人数达到 14.1 万人和 15.6 万人。同时,作为快速发展的沿海大城市,天津对外地尤其是周边省区大学生的吸引力与日俱增,无疑带来了更大的就业压力。造成高校毕业生就业困难的三个主要因素尚未实现根本转变:一是社会对于毕业生学历层次的需求越来越高。目前我国中高层次的人才严重短缺,社会对高层次的复合型、外向型和开拓型人才的需求日益迫切,呈现对人才结构的需求层次重心上移的趋势。在毕业生就业中研究生已越来越"抢手",本科生还能基本平衡,专科生则较明显地呈现供过于求的趋势。高校、科研单位、大机关、大公司已经基本上以接收硕士生博士生为主,甚至连一些中小型单位都开始希望多接收研究生。这种社会现象致使现在不少用人单位存在"人才高消费"的错误观念,盲目追求高学历人才,因而对毕业生的需求出现扭曲,人为地制造了就业难。二是毕业生的就业期望值居高不下仍然是目前高校毕业生就业工作中的主要难题。毕业生们普遍感到"找不到理想的单位",而同时有许多基层一线的用人单位急需人才但又招聘不到毕业生,这就反映出毕业生求高薪、求舒适、求名气的心态仍较普遍。三是大多数毕业生企求留在大城市、沿海开放城市工作,然而目前实际最需要毕业生的却恰恰是那些边远地区、中小城市、艰苦行业的基层一线中小型单位,这些地区和单位人才奇缺,尽管非常希望能接收到大学毕业生,但需求很难得到实际的满足。即使招到少数高校毕业生也容易流失。这样造成毕业生为一个较优越的职位竞争激烈,从而使不少毕业生错过择业良机。

二、天津市就业前景预测

天津市劳动用工特点与其他沿海经济发达地区相比有很多不同点。由于我市的央业、国企和大型外资企业占比较高,而这些企业具有用工规模大、相对稳定、员工素质和技能水平较高等特点。随着传统支柱产业企业改革的重组加快、淘汰落后产能、部分行业持续低迷及产能过剩将造成结构性失业和转型性失业,部分外资企业撤资也将带来比较大的失业问题。但是,由于这些企业的职业培训较为完备,而且企业员工职业素质与职业能力也远远高于社会平均水平,因而实现转岗再就业的难度不会很大。

目前,天津正在实施航空航天、装备制造、石油化工、冶金、新能源等"十大产业链"构建工程,促进产业聚集,到 2017 年,这"十大产业链"的产业规模将达到 4 万亿元,倍增效应达到 1 比 3.3,可为广大的中小企业创造更多的发展空间,吸纳更多的就业。但是,一些中小企业、民营企业技术创新的能力还比较薄弱,产品结构转型的步伐比较缓慢,受国内外市场竞争、产品技术含量、附加值等因素的影响,企业不得已实施低价竞争策略,部分企业过分控制人工成本,支付给员工的工资待遇偏低,导致员工流失;二是部分企业对近期的生产形势不够乐观,裁员频繁,急于消解成本压力,这在一定程度上伤害了员工对企业的感情;三是部分企业的社会责任感比较欠缺,长期沿袭的"需要就招工、不需要就解雇走人"的用工模式伤害了劳动者的感情,让他们没有安全感和稳定感。中小企业固然缺乏大企业吸引、留住人才的先天优势,但只要中小企业经营者根据自身的实际情况,因地制宜制定相应的人才策略,充分挖掘企业人力资源,提高人力资源管理水平,在实现自身健康发展和贡献就业两个方面都十分值得期盼。

为鼓励、引导和支持更多大学生创业,日前,市人力社保局、市教委、市财政局联合印发天津市大学生创业引领计划实施方案,力争到 2017 年对 30 万名大学生进行创业教育,对 20 万名大学生进行创业培训,引领 3 万名大学生创业。此次出台的大学生创业引领计划针对普通高等院校毕业前 2 年的在校生和毕业后 5 年内的高校毕业生,提供创业教育、培训、孵化、资金扶持、税收减免以及房租补贴、岗位补贴、社保补贴等多项帮扶政策;鼓励大学生参加创业培训,对完成规定的培训内容并独立完成创业计划书的,按照每人 500 元的标准给予培训费补贴。在电子商务网络平台开办"网店",并经工商注册登记的大学生,可享受小额担保贷款和社保补贴等政策扶持。统筹利用大学科技园、科技企业孵化器、高新技术开发区、经济技术开发区、工业园区、农业产业园区以及城市配套商业设施、闲置厂房等现有资源,建立大学生创业孵化基地(园),为大学生创业提供创业孵化服务或经营场所,对入驻的大学生创业者提供创业辅导、创业实训、创业孵化、项目推介、补贴申报、法律维权、政策咨询等一站式创业服务,提高创业孵化成功率。如果以上政策措施完全得以落实,那么天津市大学生以创业带动就业工作必将登上一个更高的台阶。

目前,天津市职业教育已经处于全国领先水平,已形成政策体系完善、工作体系完备、服务体系完好的职业能力建设发展新格局。这无疑对天津实现充分就业提供了有力的支撑。随着我市老龄化进程加速到来,未来青壮年劳动力主要由外来农村务工人员和新毕业大学生所构成。因此,我市职业培训的服务对象也主要由这两部分人构成。建议今后的相关工作应注意以下几个方面:第一,作为外来务工人员输入地的天津市,应进一步加强与输入地特别是周遍省区的沟通与联系,建立长期高效长期合作关系,以实现优势互补,防止教育资源的不必要浪费。根据输入地青年农民工需求、行业发展所需关键工种等情况,将技能培训融入输出和输入地职业技术院校的教育过程。引导职业技术院校调整与产业结构优化和技术升级不相适应,以及与企业需要不相匹配的专业设置和课程,强化实用操作技能训练,增强职业教育的针对性。第二,对已经长期服务于本市或已经落户本市的高技能工匠,应为其提供理论知识的深度学习与进修机会,以充分挖掘其潜能、提高其技术创新能力。第三,对大学生的职业培训应出台新的政策和举措。让大学生参加现场作业与实习,提高其动手能力,充分实现理论与实际相结合,进而成长为实用型创新人才。

(作者单位:天津社会科学院现代企业研究所)

天津海外仓利用"互联网"的定位与发展

田　力

最近两年外贸下行压力较大,跨境电商的发展却颇为火爆。然而,海外物流耗时长、费用高成为跨境电商企业的一大烦恼。致力于降低物流成本、提高配送效率、提供一站式解决方案的海外仓应运而生。李克强总理在政府工作报告中提出:扩大跨境电子商务试点,支持企业建设出口产品海外仓。一时间海外仓成了业内热词,海外仓的发展也进入了快车道。

一、海外仓概念的提出与定义

所谓"海外仓",是指跨境电商企业按照一般贸易方式,将商品批量出口到境外仓库,电商平台完成销售后再将商品送达境外的消费者。本文认为国内企业在国外设立海外仓只是"海外仓"的一种表现形式,跨境电商在国内设立国外产品的仓库则是"海外仓"的另外一种表现形式。基于海外仓利于提升配送时效、节约物流成本、改善用户服务等优势,天津不少电商龙头企业已将建设或租用海外仓作为其海外布局的重要一环。与此同时,在天津自贸区建设国外产品的"海外仓"也大大降低了跨境电商的运营成本。

与传统出口模式一样,制造业生产的产品出关后,要经过外国进口商、外国批发商、外国零售商三个中间环节才到消费者手中。中间环节往往提价两三倍。在传统出口模式下,渠道一直牢牢掌握在外国贸易公司手中,近十几年也没有明显突破。通过跨境电商海外仓,企业直接绕过中间环节,生产商通过网络平台直接与国外采购商面对面接触。海外仓的设立可以免去中间环节的利润以及推销品牌的商机。

海外仓服务商的角色,类似于一个端到端的全程物流整合者。在配送模式上,将拼箱、装柜、报关委托给货代公司,国际物流委托给海运、空运,国外"最后一公里"的上门服务委托给 UPS、DHL 等;通过自营仓储,协助卖家预先调节库存,并提供配送过程中的实时跟踪反馈,在互联网大数据支持下卖家的库存成本和买家体验之间取得了一个平衡。

二、天津海外仓发展的现状,问题与优势

(一)天津海外仓建设发展现状

1. 依托国家自贸区优势,海外仓起步迅速

目前,天津正借助东疆保税港区的海运优势,打造跨境电子商务的"海外仓"平台。未来,市民从网上购买外国商品,可直接从东疆港的快件海淘保税仓发货,不仅大大降低商品价格,提高配送时效,同时还能创造利税。天津在东疆港保税区建设的以"保税仓"模式为主导的快递物流园区,定位于吸引规模以上大型快递企业落户园区,建设境外商品到境内的集散仓储,实现海外购物在天津本土的仓配,税收在本土落地。目前,天津邮政 EMS 和邮政公司已经开展了跨境电子商务试点。

2. 业务量高速增长

截至 2016 年 6 月,天津邮政速递国际(跨境)电商邮件出口业务量已达 10.5 万件,同比增长 258.2%。邮政公司国际小包共收寄 105.5 万件,同比增长 358%。同时,天津还规划建设了空港快递物流园,依托天津机场,构建北方最便捷的航空快递物流综合平台。该物流园区规划面积 7.5 平方公里,总投资额预计在 20~30 亿元。目前共有顺丰、圆通、中通、韵达、中外运空发展、京东、苏宁等 12 家快递企业决定入驻。上述企业将在园区内建设分拨中心、仓储中心、呼叫中心以及信息中心。

3. 龙头企业集中布局

按照相关规划,天津市在武清电子商务产业园区内搭建以服务电商为主导的快递物流园区,实现电子商务快件的仓配集散。目前,阿里巴巴、凡客诚品、当当、苏宁易购、唯品会、京东商城等 60 多家电商龙头企业已经进驻,园区电子商务产业初具规模。

(二)天津海外仓建设发展存在的问题

1. 数量少

据不完全统计,我国超过 200 家企业在境外设立了海外仓,数量超过 500 个。地区分布上,我国企业设立的"海外仓"主要集中在美、欧等发达地区;国别上主要有美国、英国、德国、澳大利亚、俄罗斯、加拿大、荷兰、比利时、西班牙、日本等;形式上,以租用仓为主,自建仓较少;数量上,呈快速增长趋势,2014 年以后设立的海外仓占一半以上。广东、福建、江苏、浙江的企业走出去设仓数量较多。天津设立海外仓的企业还较少,这可能是企业对海外仓的理解与运用不足所造成的。

2. 海外仓规模、标准、分布参差不齐

不少跨境电商企业认为,目前海外仓建设从规模到标准、分布都参差不齐。尽管海外仓建设是企业的自发行为,但海外仓代表了跨境电商的"门面",是天津商品形象和品牌的重要阵地,相关部门还应加以引导和规范。

目前,菜鸟网络正在逐步和各国邮政签订信息共享协议。签订协议后,各国邮政公司可以提早了解菜鸟的物流订单情况,提早报关并安排配送,大大提高物流时效。目前菜鸟网络已经同俄罗斯、西班牙、新加坡等国邮政签订了协议,其他国家也在推进过程中。天津应充分利用这一机遇。

3. 政府支持不足

快天津企业走出去设立海仓的步伐,政府层面可以为企业建立海外仓提供建仓所在国的法律、税务、政策的咨询服务,同时为企业提供更多政策上的便利,如便捷通关、审批手续减免等。对于企业在国外建立海外仓所需的各项材料、资格认证等,应给予积极支持。同时鼓励金融机构对企业建立海外仓提供更多、更低利率的融资支持。

4. 没能充分利用自贸区建设带来的机遇,利用自贸区和北方物流中心的优势把国外的企业引进来

对国外企业在天津自贸区设立海外仓提供政策、人才、税收、相关手续、场地等,应给予全方位支持。

(三)天津在海外仓建设上的优势

海外仓能提升时效、改善服务,"建海外仓,能解决跨国寄件的时效、成本、清关等费用。据测算,海外仓直接发货到当地客户手上的成本将至少降低 30% ~40% 左右;更可观的是,物流成本时间也将提前 15 天左右。"海外

仓绝非只是 B2C 发货直邮集散地。“它还是海外货物集散地、前端货源品质的检验地,另外还是企业展示品牌、咨询和售后的窗口。”以售后为例。原本由于无法处理退货,而直接补寄商品造成的损失已成为跨境电商企业的固定成本。现在海外仓可退货、提供简单维修服务,也能保障第一时间补寄商品,在降低损失的同时还能提升服务质量。天津做为我国北方最大的出海口和物流中心,国际贸易和海外代购的最大集散地使其在海外仓的建设与对外投资中具有相当大的优势具体体现在以下几个方面。

一是自由贸易区的设立为在天津建设海外仓提供了政策与发展环境。国外企业在自贸区设立海外仓物流成本大大低于其在直接发货的物流成本。国外集装箱运到自贸区后进行分装充分利用国内劳动力丰富和报酬低的优势。

二是天津拥有大量的国际贸易公司、海外关系家庭与相当数量的出国留学生为国内到国外设立海外仓的运营提供了足够的支持。

三是在天津设立海外仓直接发货,可以节省报关清关所用的时间,并且大大的缩短了运输时间,加快了物流的时效性。

四是国内最大的几家海外代购网站在天津空港和海港都有自己的仓储物流一体化服务提供机构,并与天津以及国内几大物流公司在互联网下的无缝对接。

四、天津海外仓的运营、定位于长远发展

(一)天津海外仓采取的运营模式

与第三方合作:租用 OR 合作建设跨境电商卖家与第三方“海外仓”的合作方式有两种:一种是租用;一种是合作建设。租用方式会存在操作费用、物流费用、仓储费用;合作建设则只产生物流费用。

“海外仓”适合用标准化的产品。海外仓有它的优势,尤其是在降低成本方面。例如像水龙头这样的标准化产品,就非常适合使用海外仓。但是,有些产品要经过研究和库存分析才能更好使用海外仓。使用海外仓的产品最好是热销的单品,因为库存周转快,卖家不用担心压货的事情。

根据销售数据及变化情况在大数据支持下确定库存数量。借助第三方海外仓,卖家备好货后联系海外仓的运营方,一段时间后,分析出某个 SKU 在过去一个月或者三个月的销售情况以及走势,再根据预测进行补货。如

果销售情况很好，且量很大，可以考虑启用海运，再一次降低成本。

如何开始发货？海外仓”的订单生成后，卖家可以通过 EXCEL 表格或 API 的方式通知第三方进行发货。有一定 IT 实力的卖家建议使用 API 的方式，数据的实时性有所保证。

及时补货。第三方“海外仓”会把实时的库存信息共享给卖家，卖家如果发现货物卖得很好，就需要提前准备往海外仓发货。一般情况下，需要设一个库存预警值。

如果产品滞销怎么办？使用海外仓，一定要集中销售资源，一旦分散的话，海外仓的产品容易滞销。另外，产品一定要热卖，如果在海外仓放着，慢慢销售的话，整体的成本会有所增加。部分产品滞销，或者周转期太长会影响成本上升（租赁费用等）。卖家的销售策略如果更好，则可以提升销售速度，促进当地市场增长。要注意产品的生命周期，如电池存放的时间越长质量会受到影响，所以要把握好库存。卖家对海外仓的发货一定要有监控，因为在本地发货，对于时效的要求会很高，客户对这个事情也会越来越敏感。最后，做好成本核算，调整好利润率，这样整个财务体系会更加健康。中小卖家要对物流多研究和学习，因为以前走小包是邮政的清关方式，没什么大问题。但是，借用海外仓批量发货，走海运的话，是大宗货物清关方式，清关检查严格，要求提供相关证明。另外，借助第三方海外仓的物流输送涉及多个合作方，在周转的过程中，作为卖家的委托方，第三方服务公司有义务做好监管，保证产品的安全送达。

（二）天津海外仓的定位与发展

商务部《“互联网 + 流通”行动计划》的推出和天津自贸区的设立为天津海外仓的发展提供了条件与机遇，做为我国北方的物流中心天津的物流企业应该加快与进出口企业、跨境电商的合作。

与国内外大型企业进行战略合作为其提供海外仓及整体物流解决方案。

在自贸区鼓励国外生产企业和国内物流企业、跨境电商的三方合作，并出台相关扶持政策。

组织大型物流企业或跨境电商建设具有现代化的仓储基地，为国内外小型进出口企业提供大数据支持下一体化的互联网 + 服务。

组织培训各种进出口企业了解海外仓费用、运营方式等，加快企业对海外仓的了解和应用。

为定制型产品设置在自贸区加工优惠服务,使国外企业可以享受海外仓的各种优势。

简化通关、审批手续,减少审批时间,降低物流成本。

将天津打造成我国北方国内外企业进出口及海外仓的最佳服务基地,培养多家一流的进出口服务一体化解决方案物流企业,成为北方进出口企业、物流企业、跨境电商的首先地。

(作者单位:天津社会科学院现代企业研究所)

天津都市农业供给侧结构性改革的关键路径

苑雅文

都市农业是指位于都市及其延伸地带的集约化农业生产方式，紧密依托城市的科技、人才、资金和市场优势，提供绿色优质的农副产品和健康环保的生态环境，是一、二、三产业融合，生产、生活、生态功能融合的新型发展模式。实践中，都市农业的创新发展形式有很多种，如高科技农业园区、家庭农场、教育农园、森林公园、民俗观光园、休闲农庄等。天津作为我国特大型城市，辖区农业是典型的都市农业模式。随着我国社会经济的发展与变迁，都市农业已经成为必须实施专项管理的重要领域。

一、天津都市农业的发展情况

1. 天津都市农业发展的资源禀赋

天津地处暖温带季风性气候区，拥有山、河、湖、海、湿地等丰富的自然生态资源，农林牧渔及服务业综合发展。2015 年，天津市农用地面积6982.29平方公里，占全市疆域的58.6%。天津素有"九河下梢"之称，域内有主要行洪河道 19 条，还有河流湿地、近海及海岸湿地、湖泊湿地以及沼泽草甸湿地等天然湿地资源，这是城市的"健康肺"。天津北部的蓟州区，集山、林、水、关、古寺于一地，优美的风景、良好的环境是天津休闲农业的聚集区域。天津农业地区有着丰厚的文化底蕴，杨柳青、葛沽、西双塘等是民俗名镇，泥人张彩塑、杨柳青木版画、蓟州皮影雕刻等民间工艺在国内外知名度很高。御河古道南北运河以独特的漕运文化而闻名。天津特色农产品种类繁多，盘山柿子、小站稻、沙窝萝卜、茶淀葡萄、宝坻三辣、七里海河蟹、崔庄冬枣等在区域内知名度很高。天津人口基数大、交通便捷、经济实力强，消费群的市场基础强大。2015 年全市实现地区生产总值(GDP)16538.19亿元,人均可支配收入达 34101 元,人均 GDP 居国内先进水平,具备了较强的都市农业市场支撑。

2. 天津都市农业的经营规模与成就

2007 年 8 月,天津市委市政府发布《关于推进城乡一体化战略,加快社会主义新农村建设的实施意见》,标志着天津都市农业进入到发展期。2013 年 5 月,习近平总书记指出天津应加快发展"现代都市型农业"。天津提出大力发展"节水、绿色、高效的现代都市型农业",建设菜篮子产品供给区、现代种业、生物农业、农产品物流中心区,形成立体、高效、高科技的都市农业发展布局。

表 1　2011～2015 年天津农业总产值结构变化表

单位:%

年份	合计	种植业	林业	牧业	渔业	农林牧渔服务业
2011	100	51.5	0.7	28.2	16.8	2.8
2012	100	52.2	0.7	28.0	16.4	2.7
2013	100	52.7	0.7	26.3	17.8	2.5
2014	100	52.2	0.7	26.6	18.0	2.5
2015	100	50.9	1.7	27.9	17.2	2.3

数据来源:《天津统计年鉴》(2016)。

经过二十年的发展,天津都市农业逐渐形成了环城精品生产与服务、远郊大宗产品与就业、滨海渔业与生态、山区休闲与生态的功能区划,涌现出一批有影响力的地域品牌和产品品牌,如蓟州区团山子梨园、宝坻八门城水稻、宝坻黄庄洼水稻被评为中国美丽田园,蓟县郭家沟、武清南辛庄、北辰双街、静海西双塘被认定为中国最美休闲乡村,大港崔庄子枣园被认定为中国重要农业文化遗产,沙窝萝卜、小站稻米、潮白河鲫鱼、独流老醋等获得国家地理标志证明商标或原产地认证。

3. 天津都市农业现存的主要问题

天津的都市农业都存在着很多问题:一是资源基础相对不足,土地成本、劳动力成本较高,污染治理、生态保护责任艰巨。2015 年我市耕地面积 4371.82 平方公里,占全市农用地的 62.6%,耕地土壤盐渍化面积占耕地面积的将近 40%。无论是应对京津冀协同布局、还是承接都市消费需求的提升,天津农业都存在资源瓶颈的制约;二是微观经营主体经营管理水平参差不齐,大型农业项目政策依赖强,成长动力不足,缺乏独立的市场应对能力;

三是现阶段天津农业产业的经营内容和产品同质化严重，高精产品比重小，科技含量不足，创新类项目少；四是文化挖掘深度不够，文化与运营的融合度不高，缺乏在全国或区域范围内有影响的品牌形象；五是市场开发手段欠缺，创新型、大型项目的投资收益水平较低。

二、天津都市农业实施“供给侧改革”的必要性分析

1. 是天津社会经济发展整体布局的必然要求

虽然天津农业生产总值占全市总量的比例很低，2015 年占比仅为 1.27%。但从影响力来说并不低——农业人口占全市总人口的 36.6%，农用地占全市土地总面积的 58.6%，应该说，农业虽然不能决定天津的经济水平，但三农问题对于整个城市社会经济协同与稳定、生态环境改善与保护有着至关重要的作用。农民增收、生态保护、市民消费都需要天津农业的稳步发展。绿色发展已经成为今后必须遵循的原则，作为特大型的工业城市，天津不仅要关注农业本身经济价值的创造，更要把生态环境保护当成首要的责任，要依靠政策扶持和引导，发展安全、环保的都市农业。

2. 是京津冀协同发展的重要方面

在京津冀协同发展大战略下，天津的比较优势在于具有口岸和海洋资源的区位优势，弱势在于比北京低的政策红利和科技支撑，比河北高的人力与土地成本支出。从农业产值构成来说（详见表 2），河北省是农业大省，是我国农产品的主产区，优势产业畜牧、蔬菜、果品的产值占比为 71%，存在的主要问题是经营粗放、农业现代化水平较低。北京的种植业比重稍低，但农业现代化示范性强，2015 年设施农业收入达到 55.5 亿元，在“平原地区百万亩造林工程”带动下，林业产值占比由 2010 年的 5.1% 提高到 2015 年的 15.6%。天津种植业比重居中，设施农业领先。2010 年至 2015 年，尽管种植面积有所减少，蔬菜产量和粮食产量都有提高，从长远来看，京津冀协同发展将迫使天津通过供给侧改革调整农业布局，实现农业资源的高效配置，弥补自身的不足。

表 2 2015 年京津冀农业总产值构成比较

类别		合计	种植业	林业	牧业	渔业	农林牧渔服务业
北京	产值（亿元）	368.2	154.5	57.3	135.9	11.9	8.6
	占比（%）	100	42.0	15.6	36.9	3.2	2.3

类　别		合计	种植业	林业	牧业	渔业	农林牧渔服务业
天津	产值(亿元)	467.4	238	7.7	130.2	80.4	11.1
	占比(%)	100	50.9	1.7	27.9	17.2	2.3
河北	产值(亿元)	5978.9	3441.4	121.5	1904.1	198.7	313.2
	占比(%)	100	57.6	2.0	31.9	3.3	5.2

注:资料来源《中国统计年鉴 2015》。

3. 是应对市场需求变化的有效手段

在都市农业的发展中,由于市场需求变化快,特别是潜在需求难以捕捉,而农业生产周期长,经营方向调整见效慢,这就导致很多经营户以被动经营为主,缺乏市场开拓手段,缺少经营改革的动力。以在天津休闲农业为例,目前仍以低端的农家乐形式为主。据国家统计局天津调查总队调查,天津农家乐的投资效率较高,资产总额与年营业收入的比值为 6.6:1;而较高端的大型休闲农庄,资产总额与年营业收入的比值仅为 28.9:1,投资效率很差。笔者的调查也表明,很多有一定影响力的大型投资项目,每年的运行收入仅够维持当年的成本支出,短期内无力回收投资。由于经营效益一般,投资者也就没有了提升投入的动力,产品供给端变化慢,跟不上市场需求的变化。

三、天津都市农业“供给侧改革”的关键路径

1. 加强顶层设计与制度创新

由于土地与劳动力的“双板”挤压,天津发展生产普通农产品没有发展空间。天津农业不能走粗放型的小农经营模式,必须根据生态和市场的双重目标调整供给结构。要制定积极的政策支持体系,搭建都市农业发展的服务平台,统一布局全市农业的结构调整与机制设计。促进“互联网”、“物联网”与都市农业的深度结合,打通农业产业链条通向生产者的“最初一公里”和通向消费者的“最后一公里”,实现各环节的无缝对接。

2. 构建多元化投资机制,促进外来投资与天津本土市场的融合

针对天津休闲农业高端、大型项目不景气的现状,应积极引进新的管理思想和先进的投资模式,促进民间资本、外部资本进入,搞好外来管理者与本地经营户之间的关系,实现我市都市农业的跨越发展。目前,天津企业化运作的农业项目影响力较低,更缺乏品牌化运作的典范,要积极向先进典型学习经验。如安徽宏村与北京的中坤公司结成良好的合作管理关系,在公

司化正规管理下，宏村的农户在标准下经营，创造了共同繁荣。应鼓励投资向农业以外领域适度延伸，如养老、养生等方向，提高都市农业的服务配置水平和科技含量，实现创新发展。

3. 激活品牌文化要素，提升农业品牌影响力

天津应依托大都市背景，充分挖掘本土文化内涵，让品牌文化成为产品的灵魂。要改变当前存在的“叫好不叫座”的经营怪像，深挖市场需求，创新品牌产品设计，开发潜在的客户资源。如北京游客来天津参与农业活动，一是对天津河、海风光的向往，二是对天津民俗民间文化的探寻，这也是天津高端农业项目的重要客源。先进地区的实践表明，农业文化不能采取简单的灌输、教育等形式，要尊重市场规律，将文化融入到体验活动中，切实提高产品品质，这样才能获得市场认同，项目本身也会更长久的繁荣。如陕西袁家村立足“关中文化”，打造了美食街和文化长廊，经营规范又不失特色。在获得市场认同的基础上又与周边村落结成联盟发展，打造出功能更为强大的旅游集聚区。天津的农业项目一般以自身的资源背景为依据，定位狭窄，视野局限，这也造成了其未来发展的空间明显不足，缺乏成长性。天津农业必须摒弃同质化、低档化的模式，发展品质化、品牌化的现代农业，满足消费者多元、个性、特色的需求。

4. 重视京津冀协同布局，树立低碳可持续发展理念

坚持优势互补、互利共赢，在京津冀整体发展布局中，京津冀三地的农村经济具有梯次互补性，北京采取现代都市农业的开放模式，天津定位为沿海外向型农业，河北省则为基地型农业。天津应根据自身优势，积极发展低碳环保型农业项目。要重视农业科技的作用，借力北京的科技实力和先进管理经验，依托京津市场资源，连接河北的农业资源，发展设施农业、科技农业，实现持续化、集群化和品牌化发展。

5. 重视管理人才的引进，加强本地经营者的素质培养

天津都市农业项目的经营人员主要为农民，务农出身的员工占比较大，管理和服务的素质有待提高。同时，由于管理人员大多本土化，缺乏高水平的高层管理者，导致很多农业项目内部管理松散，关系网密集，管理效率较低。今后，要重视管理人才的引进，助力外部人员与本地组织的融合，向管理要效益，提高我市都市农业的经济效益。要创造更多的学习考察机会，加强对中小经营者的素质培养，提高从业人员的服务素养，提升农业项目的市场竞争能力。

6. 提升都市农业的应急预警能力

要加强经济新常态下都市农业风险的处理能力,建立农业项目的应急预警机制。加强研究与跟踪,成立专家咨询团队,针对可能发生的涉及面广的农产品质量安全问题、品牌商标被侵害问题以及外部市场突发重大事件等,制定可行、有效应急保障方案,建立完备的制度体系,保证应急预警体系运行顺畅。

(作者单位:天津社会科学院现代企业研究所)

天津市农村电子商务的发展路径与优化策略

赵云峰

电子商务产业已成为我国经济贸易发展的重要组成部分,电子商务的迅猛发展促进了以网络销售为主导,集产、供、销为一体的农村电子商务产业的兴起,加快农村电子商务产业的发展,是转变农业发展方式的重要手段,是精准扶贫的重要载体,对促进农村地区经济发展具有重要作用。

一、天津市农村电子商务发展概况

2015 年,天津市电子商务交易规模达到 7371.1 亿元,同比增长40.8%。其中网络零售成功突破千亿元大关,达到 1094 亿元,同比增长 36.2%,双双高于全国平均水平。同时,互联网与传统行业加快碰撞和融合,形成了大众创业、万众创新的新局面,对促进天津经济转型升级,带动就业、拉动消费发挥了重要作用。天津农产品电子商务发展初具规模。农产品电子商务示范项目新增网上销售农业企业、合作社近 400 余家,新增产品品类 300 余种,新增效益 600 万元,2015 年的交易额突破 2000 万元。

天津建设运行"村淘"项目,是天津市商务委推进天津市农村电子商务发展的重要举措。政府部门确定借助阿里巴巴的"农村淘宝"平台,建设一批"村淘"电子商务区县级服务中心和村级电子商务服务站,将电子商务的产、购、销服务渗透到涉农区县与乡村,帮助农民借助互联网解决"买难""卖难"问题,助力推进天津都市型农业发展。采用自试点项目,经过政府与企业间的通力合作,积极共建。在短时间里,高效率地完成了试点自然村筛选,以及合伙人招募、培训,区级服务中心与村服站的选址、装修、建设、试运行等一系列任务,快速形成多功能服务站。

天津市农村电子商务发展的一个新突破,对于天津市探索创新农村电子商务发展模式,激发农村消费活力,“村淘”通过在各自然村设置的村级服务站,将网上商城搬到了农民家门口,极大调动了农民的网购热情。从武清“村淘”试运行情况看,农民网购产品包括日常用品、生产农具、服装鞋帽、家电用品等各类商品。在阿里巴巴 6 月 10 日至 20 日的家电年中大促中,武清“村淘”的销售额在阿里 50 多个上线运行项目中,排名前十位。借助“村淘”发展农村电子商务,能有效改变原来农产品流通上环节多、成本高,农民缺乏议价权的传统模式,通过大数据技术指导生产、降低成本、提高效率,解决农民种难、卖难问题,对提高农业生产的针对性,扩大农产品销路销量,促进农民增收致富将起到积极的促进作用。使农民足不出户就能实现网上销售、购物和在线缴费、在线订票等服务,享受“互联网 + ”给农民生活、工作、娱乐带来的便捷,提高农村、农民的生活品质。

二、天津农村电子商务发展存在的问题

1. 电子商务相关法律文件较少,交叉性法律文件不够完善

无论是淘宝村,还是三方平台,作为市场健康有序运行的一部分,都需要严格遵守国家相关法律以及行业操守。市场经济时代,行业摩擦和竞争在所难免,对于发展迅速的农产品电子商务,法律法规的完善需要比互联网的速度更快。我国自 1994 年进入国际互联网的市场后,对于相关层面的法律一直处于立法呼吁中,仅对现有法律进行更新中。截至 2015 年 10 月 1 日,我国现行的互联网领域的专门性法律有 3 部,行政法规主要有 12 部,部门规章主要有 59 部,司法解释共有 8 部。随着我国“互联网 + ”行动计划的提出,互联网的发展已上升到国家战略层面,与互联网交织的各个领域逐渐频繁,相关纠纷也逐渐增多,需要保障的权益也更加细致。就目前整体情况而言,我国互联网相关领域的立法相对滞后,而有关农业相关的互联网安全、电子交易、电子商务等方面的立法更少之甚少。

随着农产品电子商务、网上交易等的发展,对于可能存在的网上交易诈骗,合同违约处理等方面的专门性法律和交叉性法律相对较少,对于产生的纠纷,执法机关只能借助“相关”法律进行处理。其次,立法主体多,不同部门针对自己领域内可能出现的问题制定规章条例,多个部门的立法的处理尺度不一,对于出现的纠纷,在处理过程中就会出现判决不一的状况,对于从事规模较小的互联网农业电商,一旦出现法律纠纷,对于法律运用便相对

困难,很难保护自己的权益。

2. 电子商务消费理念相对滞后

我市农村市场交易主体,包括农民、农业合作社、农业企业和中介机构等在内,对电子商务发展的认知水平总体偏低。我市大部分农民文化素质不高,对电子计算机和互联网又缺乏基本了解,信息意识薄弱,电商消费理念滞后,认为产品只要卖出去就行。农民传统的“一手交钱,一手交货”消费理念深入人心,对线上交易极其不信任,对支付宝、财付通等电子支付工具的应用也持怀疑态度。很多涉农企业觉得投资电子商务成本高、风险大、周期长、维护起来困难,没有完全认识到其巨大商机,大都对发展电子商务持观望或怀疑态度,只有极少数企业专门设置电商部门,大多数还是选择自建网站或入驻第三方平台,但无论是自建网站还是入驻第三方平台,线上销售额都少之又少。

3. 农村物流发展相对滞后

长期以来,我市农村物流一直发展滞后。由于投入不足、资金短缺,农村物流长期落后于城镇地区。物流技术水平较低。第一,包装技术不发达,农产品在运输过程中容易受到污染和损耗,使农产品很难顺利卖出去。第二,冷藏、冷冻和保鲜技术不发达,很多农产品未经任何保鲜处理就开始运输,导致相当多的农产品容易变质而被浪费。多元物流主体经营规模小、覆盖率低、行业集中度不高。农村物流主体,既有拥有相对完整经营服务体系的国有、私营、合营等大中型企业,比如供销合作社、邮政物流、商业物流等,又有规模小、自给自足的农业合作社、农民运输队伍、涉农企业等,形成了多元化的物流服务主体。农业生产经营主体的储运、配送能力有限,导致我市农村物流运输的经营规模不大、覆盖率不高、行业集中度很低。同时,农村市场比较分散,管理起来也很困难,导致农村物流市场可能会发生无序竞争、恶性竞争等不良事件。缺乏“大市场,大流通”的农产品物流理念。还未形成辐射京津冀乃至全国的大型农产品批发市场,农产品依然主要在集贸市场和小型批发市场上流通,农产品龙头企业也未建成自己的大营销网络,未在城镇地区建立足够的直销农产品超市,主要还是通过中间商将农产品销往传统的农贸市场。因此,发展农业经济除了需要注重生产、加工等环节外,还应树立“大市场、大流通”的农产品流通理念。

4. 农村电子商务人才较为匮乏

农业的发展需要网络化人才,农村电子商务的发展更是离不开电子商务人才。我市农业生产发展中网络化人才严重短缺,农村电子商务人才更是极度匮乏。在天津,大多数的农业人才只是从事教学和科研工作,农村电子商务的发展缺乏领导者和指挥者,导致农村电子商务发展较缓慢。农业网站、电子商务平台的建设与维护,市场信息的采集与发布,市场行情的分析与反馈,都需要专业的人才。另外,农民电子商务知识的培训也缺乏专业人才的引导。因此,需要培养大量既精通网络技术又熟悉农业生产经营的专业人才,以加强农业信息网络的建设,对网络信息进行收集和整理,对市场行情进行分析,从而为农民和涉农企业提供及时、可靠的市场信息,并对农民进行电子商务知识的培训。

四、天津农村电子商务的发展路径与优化策略

1. 建立健全农产品电子商务相关法律法规

互联网发展的逐年升温逐渐上升到了国家层面,随着李克强总理在政府报告中提出"互联网+"行动计划。电子商务作为互联网的主战场,网络安全等问题依旧对个人和企业造成不同程度的安全隐患,而关于这方面的法律法规也在陆续出台,但总体来说,相关法律太少,特别是关于农产品电子商务的相关法律更少。目前,国家已经高度重视,在十八大、政协会议上明确提出要尽快制定和完善相关法律。其次,相关部门在设立法律或制定法规时,需加大相互间的沟通,在法律的权责维度上要保持统一,防止在执法过程中出现不同的审判标准,出现更多问题。第三,相关部门应对现有的交叉性法律进行补充,对空白领域加紧立法,防止不法分子钻法律的空子,破坏相关人员的权益。第四,政府部门应通过多种途径,不定期对农商企业、农民等人进行法制宣传,让更多的人知法懂法守法,将违法行为扼杀在摇篮里。最后,政府部门应加大对网络监管的力度,对网络诈骗、网络黑客进行严厉打击,营造安全的网络环境。

现阶段食品安全问题时有发生,涉农电商、企业和个人都要严格守住法律底线,从源头切断危害食品安全的根源,经营者从思想上认识到严重性,对人民的健康负责。守法的同时电商企业也应该加强自律,树立自己的企业规章制度,打造自身文化。另外成立电商联盟,规范行业,防止恶性竞争,做诚信守法的电商人。

2. 提高农民收入,大力宣传电子商务消费理念

我市农村居民的人均收入水平远低于城镇居民,人均储蓄率则高于城镇居民,农村社会保障体系建设也远不及城镇,严重影响了农村居民的有效

消费需求的增加,尤其是制约了农村"网购"市场的发展。因此,政府应大力提高农民的收入水平,尤其是农民的可支配收入水平。只有当可支配收入水平有了真正的增长,同时农村社会保障水平有了实质性的提高,农民才有能力去尝试网络购物这种新型的消费模式,才会去适应现代消费方式。

大力宣传电子商务消费理念,逐渐转变农民传统的消费观念。目前,我市大多数农民的消费观念仍然停留在传统的实体店消费,心理上一时难以接受网络消费,消费内容也局限于基本生活消费品,尚未完全激发对其他消费品的潜在需求。在我市,农村年轻人大多已接受并参与了网络消费,而中老年人的消费观念和消费需求尚未发生实质性的改变。因而,政府应携手电商企业加大电商消费理念在农村的宣传,以促进农民"网购"观念和"网购"习惯的形成。

3. 建设现代化农村物流产业链,鼓励第三方物流发展

农产品电子商务的快速发展需要完善的物流体系作为支撑。尽管网购的兴起带来快递业的崛起并迅猛发展,但目前部分快递业仅限于快递送件,有些快递行业并未形成完善的物流体系,更没有完备的物流保鲜技术,所以,我国的物流基础建设还需加强。鼓励发展第三方物流,对于以个体农业为主的经营者,依靠物流基地进行配送发货显然不太现实,因此就需要第三方物流作为联系消费者的桥梁。第三方物流的参与主体是产品供应方、需求方和第三方物流企业,通过签订合同制定双方之间的权责,参与者通过合同的签订,通过法律起到约束,保护双方的权益。发展较成熟的物流企业不断开拓运输方式,一些物流企业依靠自身成熟的物流技术和物流布局,开始涉足农产品以及食品行业,从新调整产业发展方向。第三方物流充分运用互联网的优势,依托在物流端的优势,运用大数据分析,对整个互联网发展方向进行分析,政府和企业通过对数据的分析,分析潜在风险,制定应对措施。所以,现阶段发展第三方物流对于我国发展农产品电子商务以及整个"互联网+农业"都具有现实的推动作用。目前一些大型电商逐渐调整发展方向,向线下布局,减少在物流运输上成本和产品损耗。

4. 培养电子商务人才,提高农民信息技术能力

农民是建设农村电子商务的主体,提高农民的信息技术能力,是提高他们的信息素质、信息意识的关键。必须重视电子商务人才的培养,要加快复合型信息人才的培养,培养出既懂技术又会经营的新型农民,从根本上提高农民包括信息技术在内的综合素质。加强农业信息队伍培训,培养农村物流人才。要加强农业部门相关人员的培训,逐步建成一支发展农村电子商

务的专业队伍,加强对农村息员的培训,提高他们采集、分析和传播农业信息的能力,建设起一支高效的农村信息员队伍。逐步建立起全市农村信息化与电子商务远程培训体系,提高农民的信息素质。

5. 强化政府职能,为农村电子商务提供政策保障

我市农产品市场存在着结构性、季节性和区域性过剩等问题,农产品的市场信息流通不畅,农产品流通的设施、网点的数量和规模不能满足农村市场的发展需求。电子商务提供了新的方法来解决农产品“卖难”问题,给农村的市场流通注入了新的生机和活力。因此,政府部门的需要强化其职能作用。首先,制定农业和农村经济发展的总体规划,出台相关政策支持农村电子商务的发展,财政上尽量向农村建设信息化基础设施倾斜;其次,鼓励农业企业多利用电子商务平台进行交易;再次,出台相关法律法规规范交易行为、保护交易主体的权益。

(作者单位:天津社会科学院现代企业研究所)

大数据助推天津普惠金融发展问题研究

沈艳兵

普惠金融(inclusive financial system),是联合国在宣传2005年小额信贷年时特别提出的专业词汇。其基本含义:能够有效、全方位地为社会所有阶层和群体提供服务的金融体系。其核心内涵包括:其一,信贷权是人权,每个人都应有获得金融服务机会的权利。只有每个人拥有获得金融服务的机会,才能有机会参与经济发展,实现社会共同富裕。其二,为让每个人获得金融服务的机会,就要在创新金融体系,包括制度创新、机构创新和产品创新。其三,为传统金融机构忽略的低端客户甚至是贫困人群提供机会,这就是小额信贷或微型金融。

一、天津市普惠金融的发展状况

(一)普惠金融在国内的发展

党的十八届三中全会于2013年11月通过的《中共中央关于全面深化改革若干重大问题的决定》正式提出,“发展普惠金融。鼓励金融创新,丰富金融市场层次和产品”。2015年《政府工作报告》也提出,要大力发展普惠金融,让所有市场主体都能分享金融服务的雨露甘霖。2015年12月国务院《关于印发推进普惠金融发展规划(2016~2020年)的通知》中也给出了普惠金融的定义:“普惠金融是指立足机会平等要求和商业可持续原则,以可负担的成本为有金融服务需求的社会各阶层和群体提供适当、有效的金融服务。”小微企业、农民、城镇低收入人群、贫困人群和残疾人、老年人等特殊群体是当前我国普惠金融重点服务对象。大力发展普惠金融,是我国全面建成小康社会的必然要求,有利于促进金融业可持续均衡发展,推动大众创业、万众创新,助推经济发展方式转型升级,增进社会公平和社会和谐。

（二）普惠金融在天津的发展

天津作为全国的金融改革创新基地和金融示范区,大力开拓金融领域的创新是责无旁贷的。近些年,天津利用自身发展和政策优势做了很多事,如天津产业基金、金融租赁等的发展在全国是最好的。天津要在这个基础上继续发挥优势,争取在普惠金融领域也占有一席之地。天津普惠金融的发展也存在如上所述的一些共性的问题,但是天津普惠金融在支持小微企业等方面还是取得了一些进展。

2014 年 3 月,人行天津分行结合天津实际积极引导金融机构增加对小微企业等薄弱环节的信贷投放,截至 2015 年 6 月末,累计发放支小再贷款 30 亿元。从贷后跟踪检查情况看,支小再贷款政策效应明显,资金全部投向小微企业,取得了较好的使用效果。同时,为发挥支小再贷款政策效应和普惠原则,天津分行制定完善了《中国人民银行天津分行支小再贷款管理实施细则（试行）》,并按照管理制度要求,切实做好贷前调查、贷中审查和贷后检查,特别是对贷后检查发现的问题,及时采取措施加以纠正,确保资金合规使用。

从 2015 年天津两家农商行的运营情况看,已把 10 亿元支小再贷款用于对 76 户小微企业,发放 83 笔 10.04 亿元贷款,涉及制造、批发零售、服务、电力、热力、燃气等行业。天津滨海农村商业银行自使用支小再贷款以来,逐步改变与大银行同质竞争的经营模式,将支持中小企业、“三农”等实体经济作为自身发展的重点方向,还将支持小微企业户数作为考核指标,并围绕支农、支小展开了一系列工作,建立激励约束考核机制,组织研发和引进国外信贷产品等。截至 2015 年 6 月末,该行小微企业贷款余额 167.25 亿元,比年初增加 16.36 亿元,增速为 10.84%,高于同期贷款增速 2.07 个百分点。

天津银行建立了“名单制”营销机制,通过“面对面对接、点对点服务、实打实用力”,较好地支持了小微企业。截至 2015 年 6 月末,该行小微企业贷款余额 619.21 亿元,比年初增加 224.52 亿元,是其小微企业贷款存量的三分之一,增速高于同期贷款增速 46.01 个百分点,为历史最高水平。

天津率先推出可解决中小企业融资难问题的汇富宝金融信息服务平台。汇富宝服务平台利用互联网技术,打破供求信息的不对称,助力中小企业打破其规模制约,克服现行规则和自身成本对于银行贷款的难度,让更多优质的中小企业获得更多的金融资源。

(三)普惠金融体现的政策效应

2016年4月,天津首个外资互联网金融平台“美联投”在滨海新区上线运行,该平台借助新区自贸区等国际化金融政策优势,利用美资和国内资金共同为天津涉农小微企业打通资金瓶颈,支持小微企业健康发展。这些支持小微企业俄措施显现出了四方面的政策效应:

首先,促进金融机构经营理念转变。支小再贷款政策对金融机构经营方向和经营理念产生了影响,使之意识到实体经济发展与机构自身发展息息相关。其次,增强服务实体经济主动性。随着经营理念和工作重心的转变,金融机构从制度层面到操作层面也进行了相应的补充和完善。第三,降低小微企业的融资成本。支小再贷款发放对降低融资成本产生了积极作用。2015年6月末,以支小再贷款资金发放的小微企业贷款加权平均利率为6.27%,低于运用其他资金发放小微企业贷款加权平均利率0.26个百分点,低于上年同期水平0.89个百分点。第四,实现了小微企业贷款较快增长。在支小再贷款政策的引导下,天津市小微企业贷款继续保持较快增长。截至2015年6月末,小微企业贷款余额4496.53亿元,较年初增加474.50亿元,同比多增249.98亿元,同比增长50.48%,高于同期贷款增速39.12个百分点。

二、大数据为天津普惠金融发展带来的机遇与挑战

(一)大数据为天津普惠金融发展带来的机遇

大数据为普惠金融的发展提供了技术支撑。制约普惠金融发展的核心问题是“成本高、风险高”。目前在经济相对落后的区域,广大群众往往未被很好地纳入金融体系的服务范围,而大数据可为普惠金融事业提供最重要的技术支撑。大数据有助于大幅降低普惠金融的事前决策成本。通过整合“大数据”资源,不仅可以全面了解“三农”和小微客户历史信用情况,而且还可降低银企间信息不对称程度以及降低商业银行小贷微贷的业务风险。同时,金融机构在制定各类决策时,利用大数据技术开发出高效、灵活的授信量化模型,将帮助金融机构准确判断市场的发展趋势,作出有效的战略决策。

应用大数据技术可创新金融服务产品,实施精准营销。借助大数据可为客户设计更加个性化、高效化的金融服务方案,从而提升金融体系效率。

大数据可有效降低普惠金融的事后风险。大数据在很多方面正在改变传统的风险管理思路。利用大数据可使得风险定价更加精确,风险防范更为有效,此外,由于大数据决策的客观性,可避免人为因素对于决策的负面影响,可有效解决传统金融中的内部控制问题。

大数据也利于金融机构更好地进行经营管理。利用大数据方法,可帮助金融机构及时深入分析员工的日常操作、交易的每个环节,甚至能够预测可能出现的问题。

(二)天津普惠金融发展应用大数据面临的多重挑战

1. 开放共享的数据平台仍然缺失

建立开放式的大数据平台,在产品和服务层面与其他金融机构形成互补局面,将有利于为用户提供全方位的服务。单独一家金融机构对客户的了解毕竟有限,如果能汇总多家机构的数据,再结合客户的日常经营和生活数据进行信用评估,评估的确信和可靠度会有比较大的提高。

2. 据处理技术有待加强

随着经济行为中产生的数据越来越多,其所包括的数据格从简单的文本文字格式,到繁复的传感器数据、医疗数据、财务数据,再到更复杂的多媒体数据(包括照片、音乐、视频等),不同格式的数据需要用不同的方法进行处理,此外,这些海量数据还包含很多无实际意义的数据。以往的数据分析软件面对这些海量信息数据已显得力不从心,现有的数据存储方案也无法满足金融机构的需求,因此,拥有能高效地处理复杂数据的大数据技术是当务之急。

3. 信息安全领域问题依旧突出

当前互联网为利用金融数据实施犯罪提供了多样性的渠道,各类技术型犯罪手段层出不穷。在数据的收集、挖掘、分析、应用等各个环节都可能遇到用户信息泄露的问题。近年来,国内金融机构一直在数据安全方面不断增加投入,但业务链拉长、云计算模式普及、自身系统复杂度提高等因素,进一步增加了大数据的风险隐患。因此在大数据时代,金融业应进一步加强对数据的保护工作,利用技术手段构建有效的防火墙,切实保护客户个人信息不被非法利用。

四、对策建议

(一)通过完善大数据基础设施建设夯实普惠金融发展基础

大数据基础设施分为硬件和软件两类。就硬件基础设施来看,应建立健全由政府主导推进的组织领导体系和信用信息跨部门采集共享工作机制,以小微企业、新型农业经营主体和农户为重点对象,收集整理政府部门、公共事业、中介服务及社会管理等相关信息,强化信用评价和结果应用。就软件基础设施来看,要大力加强客户信息的收集工作,拓展一手数据信息获取渠道,获得充分、真实、有价值的数据。同时,要让能服务于民的公共数据真正实现共享,引导企业、行业协会、科研机构、社会组织等主动采集并开放数据,从而更好地为尽可能多的民众提供普惠金融服务。

(二)创新金融服务,提高普惠金融的可得性和覆盖面

数据的收集整理分析和应用都需要依赖高度可靠的软硬件支撑体系,需要在信息化建设、升级和技术研发方面投入大量的资金。金融机构应加强大数据技术研发力度,通过大数据分析,对客户进行综合评价,精准定位客户群体,从而覆盖传统金融难以服务到的群体,大幅提升普惠金融覆盖率,同时,结合普惠金融场景化服务,为客户群体设计个性化的金融产品,实现普惠金融服务的精准营销。

(三)通过加强风险管控来确保大数据安全

金融业加快实施大数据应用,不仅对行业整体发展具有极其重要的意义,对推进普惠金融发展,提高金融服务的覆盖率、可得性和满意度也将起到非常积极的推动作用。在实际工作中,要提高对大数据应用重要性的认识,积极稳妥地推进大数据相关基础设施建设,并且从宏观层面对体系建设和方式选择等热点领域进行深入研究,形成金融业在大数据时代的核心竞争力。在数据管理过程中,要完善各种安全机制,充分保护数据安全。同时,需完善数据权限和角色管理。利用角色权限命名授权给角色和用户,从而增强权限管理的安全性,提高管理效率。

(四)搭建多层次融资平台,开展多类型资本对接

坚持把科技型中小微企业作为融资对接的主体,除直接融资外,继续丰

富间接融资内容和活动,推动和促进金融创新,组织基金、银行、融资担保、小额贷款公司等投资机构、金融机构、证券交易所与科技企业对接,为科技型中小微企业发展搭建国际化、专业化、网络化的融资平台。同时,要重点关注不同层次的融资主体,开辟不同类型的对接专区,着重做好科技项目对接专区、创业投资专区、大学生创业项目对接专区、商会重点企业项目对接专区等,更好地为投资机构与融资企业搭建资金融通的桥梁。

(五)完善普惠金融人才的培养机制

大数据时代和互联网金融的发展促进了金融业与非金融业之间的融合。这种融合既需要先进的金融技术来发展现代化的金融市场,同时又需要完善的制度来保障金融市场的良好运转。这一切都依赖于高层次的金融人才作为执行主体。高层次金融人才不仅需要精通金融专业知识,同时还需要跨学科知识来共同促进金融业的发展。语言和计算机是拓展互联网金融以及同国际金融业发展与时俱进的必备技能。大学生作为未来社会经济活动的重要参与者,理应具备更多的金融知识、良好的金融素养、正确的金融行为,使其能更好地融入到普惠金融、互联网金融中。高校应提供根植于世界主流的,接壤国际前沿的金融教育,建立既符合于本土化又能适应经济全球化的高校金融教育培养机制。

(作者单位:天津社会科学院经济社会预测研究所)

以邮轮旅游为带动的京津冀旅游一体化研究

贾艳慧

随着京津冀协同发展上升为国家战略,京津冀三地对旅游合作的重视程度日益加深。2014年2月,中央提出了"京津冀协同发展"的重大国家战略;随后,京津冀三地旅游局共同举办了三次"京津冀旅游协同发展座谈会",京津冀旅游协同发展进入实质性推进阶段。2015年,《京津冀旅游一体化协同发展规划》的发布,为京津冀区域旅游合作带来了新的机遇。2016,京津冀三地的兴隆县、遵化市、三河市、承德、张家口、蓟州区、宝坻区、平谷区、密云、延庆等17个县(市、区)公布了《京津冀旅游协同发展示范区合作宣言》,将共建京东休闲旅游示范区、京张体育文化旅游带、京西百渡休闲度假区、京南休闲购物旅游区、滨海休闲旅游带等京津冀五大旅游示范区。在京津冀协同发展的进程中,旅游产业一体化率先迈出了一步。

天津邮轮旅游产业的发展不仅仅是要建设邮轮母港配套设施和增加旅客吞吐量,更重要的是通过邮轮产业的发展带动整个区域旅游产业的升级与繁荣,从而成为带动京津冀旅游市场一体化的重要引擎之一。

一、京津冀旅游一体化当前面临的问题

1. 区域旅游发展失衡,河北省旅游潜力亟须释放

京津冀旅游资源丰富,据统计,截至2015年10月,三地共拥有5A级景区15个、4A级景区210个,约占全国4A级以上景区总量的15.2%。从旅游资源空间分布现状来看,三地旅游资源各具特色,具有互补性。北京凭借其历史、人文、自然等旅游资源的高度聚集成为全国热点旅游城市;天津历史文化旅游资源深厚,并拥有邮轮母港资源;河北省拥有海滨湖岛、森林草

原、山岳秀水、冰雪温泉等自然风貌,旅游资源丰富多样。统计数据显示,2015 年,京津冀共接待入境旅游者 884.21 万人次,占全国总入境游客的 6.6%;国际旅游外汇收入 85.18 亿美元,占全国总旅游外汇收入的 7.49%。接待国内游客 8.1 亿人次,占全国国内游客的 20.25%。尽管如此,三地旅游发展失衡的问题仍不容忽视。

京津冀区域内的高等级文化旅游资源主要集中在北京,且所占市场份额最大,其次是天津,而河北的旅游资源虽然丰富,但开发程度不高,潜力尚未得到有效释放。2015 年,北京旅游总收入为 4607.1 亿元,接待游客数 2.73亿人次;天津旅游收入为 2794.25 亿元,接待中外游客 1.74 亿人次;河北省全省旅游收入仅约旅游业总收入 3434 亿元亿元,接待旅游人 3.69 亿人次。此外,从表 1 可以看出:北京的旅游总收入远超天津和河北,2008 - 2013 年北京和天津两个城市的旅游总收入均比整个河北省的旅游收入高,尽管近两年河北旅游产业发展迅速,对国内外游客的吸引力仍需提高,与北京、天津仍然有十分明显的差距,京津冀的旅游空间发展较不平衡。

表 1　2008 ~ 2015 年北京、天津、河北旅游总收入比较

(单位:亿元)

旅游总收入	2008 年	2009 年	2010 年	2011 年	2012 年	2013 年	2014 年	2015 年
北京	2219.2	2442.1	2767.9	3216.2	3626.6	3963.2	4280.1	4607.1
天津	880.3	1029.0	1236.0	1487.7	1788.6	2135.6	2555.0	2794.3
河北	554.5	709.7	914.6	1221.3	1588.3	2010.1	2561.5	3434

数据来源:各地社会经济发展统计公报以及政府官方网站

2. 旅游产品互补性弱,特色不够鲜明,区域旅游形象模糊

京津冀三地地缘相近,历史文化相同,旅游资源具有较强的同质性,与发展较成熟的长三角区域相比,市场化程度依然很低。另外,由于目前京津冀的旅游一体化还处于“政府协作的旅游合作阶段”,缺乏对旅游资源开发和旅游业发展的顶层规划,三地之间合作落地的项目不多,没有形成良性的错位发展的局面,甚至存在同质竞争和无序竞争。比如天津滨海新区提出要打造北方最大的游艇产业基地,秦皇岛提出要建设国内最大的游艇建造基地,唐山提出要建设北方最大的游艇休闲基地,未来这些基地的替代性强,无疑造成巨大的浪费。另外,目前京津冀的绝大多数旅游产品都定位为观光旅游,休闲度假产品少,旅游产品特色不够鲜明,区域旅游形象模糊。在旅游产品设计单一、特点不够鲜明的情况下,这些景区只能面对有限的消费市场。

3. 尚未形成合理的梯级网状旅游集散结构

北京作为京津冀地区的中心,它的旅游集散效应并不突出。北京凭借丰富的旅游资源以及全国政治、文化中心的地位成为入境游客的首选目的地,但其引导游客"散"向天津、河北的动力不足。天津历史文化旅游资源深厚,同时作为京津冀接待国际海港游客的出入口,旅游发展潜力未得到充分释放,也没有发挥显著的次中心的集散功能。河北旅游资源丰富,但旅游资源开发程度有待提高,旅游精品线路有待开发,基础设施建设有待完善,对国内外游客吸引效果不明显。国家旅游局入境旅游抽样调查数据显示,在北京调查的524个入境游客,只有25个去天津、14个去河北;而在河北调查的810个入境游客,有478个去北京,196个去天津。可以看出,由于政策分割、交通障碍、旅游产品同质化、旅游产品信息不畅等原因,北京、天津对河北的入境游客输送能力有待提高。京津冀地区尚未形成合理的梯级网状旅游集散结构。北京和天津如何做好旅游产品互补;河北如何处理好与京津地区吸收和释放之间关系将是未来京津冀旅游协同发展的重点。

二、邮轮产业给京津冀旅游一体化发展带来的契机

1. 天津邮轮旅游快速发展推动京津冀旅游一体化向纵深拓展

随着人均可支配收入的增加以及人们消费观念的改变,越来越多的游客选择邮轮出行,邮轮旅游不断升温。国内外邮轮公司十分看好天津邮轮市场,2010年天津邮轮母港开港时仅有歌诗达邮轮公司进驻。2014年,皇家加勒比、海航公司、渤海轮渡公司均在此运营母港航线。2015年天津的母港邮轮航季由之前的8个月延长到10个月。天津国际邮轮母港邮轮接待数量也逐年飙升。据统计,2015年邮轮航季,天津国际邮轮母港接靠母港邮轮96艘次,比2010年增长2.69倍;母港接待旅客42.7万人次,比2010年增长5.57倍。截至11月底,天津港2016年共接待出入境人数100.8万人次,同比增长57.6%,预计2016年将有140艘次国际邮轮停靠天津邮轮母港,同比增长45.8%。与此同时,天津国际邮轮母港积极适应市场需求,与世界知名邮轮公司共同谋划开辟新的航线。2016年,天津国际邮轮母港增加了鹿儿岛、别府、广岛、宫崎、熊本、小樽、函馆、丽水等新航线,使游客有了更多的选择和体验。此外,2016年天津国际邮轮母港还增设了在仁川陆地过夜的航线。预计2017年,天津国际邮轮母港将依托京津冀旅游资源和港口优势,继续增加邮轮航线,估计有243艘次国际豪华邮轮将抵靠

天津国际邮轮母港。这些邮轮与游客的到访,不仅带动天津旅游产业的发展,同时也为京津冀旅游合作找到一个新的切入点,有利于京津冀旅游错位发展互补格局的形成,推动区域旅游一体化向更广阔的纵深拓展。

2. 天津邮轮旅游拉动京津冀高端旅游产业的发展

邮轮旅游属于高端旅游产业,它凭借强大的产品及配套设施投入,可以带动旅游、交通、住宿、餐饮、金融、商业、保险和邮轮修理维护等一系列行业的繁荣,促进经济的快速发展,并成为所在区域发展旅游的重要支撑,带动其依托城市的休闲旅游度假产业发展。根据国际邮轮协会(CLRA)统计数据分析,2011 年,美国每位游客带来的直接经济效益为 1928 美元,为当地带来的总经济效益为 4122 美元;每千位游客将带来 35 个工作岗位。据了解,乘国际邮轮来天津的游客在大都停留 2 至 3 晚,期间他们到附近区域的景区景点游览以及各大商场、超市观光购物,有力拉动了"吃、住、行、游、购、娱"旅游产业链。2016 年 4 月,国家发改委等多个部委发布了《关于促进消费带动转型升级的行动方案》,方案提出了实施包括实施旅游休闲升级行动在内的"十大扩消费行动"。旅游休闲升级行动提出加快发展邮轮游艇等消费,具体包括"将上海实施的国际邮轮入境外国旅游团 15 天免签政策逐步扩大至其他邮轮口岸。规范并简化邮轮通关手续,拓展国内邮轮航线。培育本土邮轮发展,支持国内造船企业与国外造船企业联合生产制造大型邮轮项目"。随着国家对邮轮产业发展的政策支持力度不断加强,天津邮轮母港的邮轮旅游将会迎来爆发发展期,加上京津冀便捷的交通条件,三地旅游合作日益紧密,天津邮轮产业的发展必将带动京津地区高端旅游产业的快速发展。

3. 天津邮轮旅游发展亟需京津冀共同打造国际旅游品牌

目前,邮轮旅游是邮轮度假休闲 + 岸上观光游览的发展模式。岸上旅游是游客参与邮轮旅游中重要的体验之一,丰富多彩且区别于邮轮上的特色旅游产品和服务会吸引游客在岸上进行长时间逗留及二次消费,从而横向延伸邮轮产业,带动港口周边城市的发展。天津邮轮母港作为北方重要的邮轮中心,为京津冀地区带来大量的邮轮乘客和海乘人员,使得旅游需求增加。特别是随着高铁的开通,京津冀地区形成了"半小时都市圈",方便了邮轮游客上岸观光游览。这就需要京津冀三地发挥各自旅游资源优势,对区域内旅游景区、主题公园、旅游线路等进行空间上的组合调整,共同开发邮轮主题旅游专线,打造一个国际旅游品牌,提升旅游形象,从而提高旅游资源的吸引力,促进京津冀区域旅游合作的长期健康发展。

三、京津冀旅游一体化下天津邮轮产业的发展建议

1. 整合区域旅游资源，重点突出天津邮轮特色旅游

京津冀地区旅游资源丰富，一直是国内外游客的旅游热点。京津冀区域整合旅游资源，打造旅游资源优势互补的错位发展格局，共塑强势区域旅游品牌，对于提高旅游目的地形象、提升知名度，增强对国内外游客的吸引力，促进区域旅游一体化有着重要作用。在京津冀协同发展上升为国家战略的背景下，邮轮母港不仅是天津港港口功能的延伸，更是天津得天独厚的旅游资源。因此，天津要充分利用区域旅游资源重新整合的机会，突出天津邮轮旅游特色，加强与北京、河北的合作，整合、提升区域内旅游资源，联合开发跨区域旅游精品线路，构建区域旅游营销在线平台，共同推介京津冀旅游资源，打造世界知名的旅游目的地。借助京津冀的旅游资源，特别是北京优质旅游资源，充分发挥天津的地理优势，推动更多的国际知名邮轮到访天津。

2. 加快培育京津冀地区邮轮旅游市场

邮轮旅游的发展，需要广阔的腹地做支撑。京津冀地区总人口有 1.1 亿，北京和天津两城市人均 GDP 都已超过 1 万美元，且城镇居民可支配收入都呈现出较高水平，庞大的人口基数以及强大的消费能力为天津邮轮旅游带来了巨大的潜在客源。目前，邮轮旅游宣传基本是旅行社在投入，而且仅限于邮轮产品的宣传，而对于邮轮旅游观念和文化普及较少。今后，天津港和京津冀三地旅游部门要抓住发展时机，加强内引外联，加大对邮轮旅游方式的宣传，尤其是加大以电视广播和网络为主的邮轮旅游推介展示力度、加快互动平台建设，加强对游客邮轮旅游观念的引导，共同做大邮轮出入境市场，培植本土邮轮旅游消费群体。

3. 主动对接北京客源市场，引导客源散向周边区域

邮轮产业是一种高集聚性产业，它的发展离不开区域之间的紧密合作，而北京作为天津邮轮旅游最重要的客源市场，更应加大彼此之间的合作力度。北京对于国内散客的吸引力强劲，对于北京来说，应该强化其枢纽功能，分流部分游客到天津和河北。对于天津来说，一方面利用邮轮旅游这一特色，强化滨海都市商贸休闲旅游，加强旅游产品品牌建设，扩大知名度和美誉度，主动对接北京客源市场；另一方面作为接待国际邮轮游客的出入口，发挥好游客的集散功能，引导客源散向周边区域，实现三地客源流动性

共享,从而带动京津冀旅游一体化的发展。

4. 加快天津港口周边基础设施建设

从目前情况看天津已经拥有便捷的立体交通网络:海滨大道、京津塘高速公路、京津塘高速公路二线、津滨高速公路、津塘公路、津晋高速公路、唐津高速公路等高速公路网络为天津国际邮轮母港构建了极为便捷的公路运输条件;津滨轻轨、京津城际、津秦客运专线等轨道交通使港区与京、津城区及环渤海城市群间的交通更加便捷。天津国际邮轮母港已经形成出租车、公交车、旅游大巴等交通工具与港口的衔接,但是,由于天津国际邮轮母港位于天津港东疆港区南端,远离市区,虽然距离津滨轻轨和高速路网并不远,但都未能通达邮轮母港;另外,公交车密度小,交通指示标识不足,难以与周边地区形成便捷的交通网络体系,未能实现邮轮与高铁、邮轮与航空的联运,公共交通体系还有待进一步完善。因此,要下大力度解决交通"最后一公里"问题:在海滨大道、京津高速等主要路口设置交通指示标识;增加 513 路公交车密度,加强与津滨轻轨站点的衔接;适当开设天津国际邮轮母港到天津市区、滨海国际机场的专线巴士;鼓励出租车进入邮轮母港周边区域,实现邮轮母港与主要交通干线的无缝衔接,才能充分发挥天津在京津冀区域的旅游集散次中心的功能。

(作者单位:天津社会科学院经济社会预测研究所)

天津国际化城市建设现状、问题与对策

石森昌

一、天津国际化城市发展阶段判断

首先使用伊斯坦布尔世界城市年会城市国际化指标体系测评天津国际化城市发展水平。在指标测算时，从《天津统计年鉴 2016》中尽量选择与评价指标体系相关性较高的指标，其中：人均可支配收入采用城镇居民家庭人均可支配收入；非农业劳动力比例 = 第一产业从业人员/全体从业人员；人均电力消费量 = 电力消耗/常住人口；人均公共绿地面积 = 城市绿地面积/城镇常住人口；每万人拥有乘用车数量 = 民用汽车中载客汽车/常住人口；每万人拥有电话数采用每万人拥有电话数(含移动)；地铁运营里程 = 地铁运营线路长度 + 轻轨运营线路长度；入境旅游人数占本地人口的比重 = 接待入境旅游人数/常住人口；外汇市场交易量 = 中外资机构外汇存贷款余额；外商直接投资占本地投资比重 = 外商直接投资/地方全社会固定资产投资。由于未能获得"常住外籍人口数"和"市民运用英语交流的普及率"的数据，因此仅考虑 15 个指标，具体测评结果参见表 1。

表 1　伊斯坦布尔世界城市年会城市国际化指标体系及天津的指标对比

伊斯坦布尔世界城市年会城市国际化评价指标及标准					天津市国际化指标取值
序号	指标名称	初级	中级	高级	
1	人均 GDP（美元）	5000	10000	20000	17334
2	人均可支配收入（美元）	4000	7000	15000	5475
3	第三产业增加值占 GDP 的比重（%）	60	68	73	52.2
4	非农业劳动力比例（%）	75	80	85	92.6
5	人均电力消费量（千瓦时）	2000	3000	4000	5502

伊斯坦布尔世界城市年会城市国际化评价指标及标准					天津市国际化指标取值
序号	指标名称	初级	中级	高级	
6	人均公共绿地面积（平方米）	9	14	16	6.95
7	每万人拥有乘用车数量（辆）	1000	1500	2000	1579
8	每万人拥有电话数（部）	3000	4000	5000	11310
9	地铁运营里程（千米）	200	300	400	139.1
10	常住外籍人口占本地人口的比重（%）	6	10	20	-
11	入境旅游人数占本地人口的比重（%）	40	70	100	21.04
12	市民运用英语交流的普及率（%）	40	60	80	-
13	国际主要货币通兑率（%）	100	100	100	100
14	本地产品出口额占 GDP 的比重（%）	40	60	100	19.28
15	进口总额占 GDP 的比重（%）	30	50	80	43.06
16	外汇市场交易量（亿美元）	150	300	600	387.25
17	外商直接投资占本地投资比重（%）	10	20	30	12.01

注:①天津数据来源于《天津统计年鉴 2016》;②“ - ”为缺省值。

测评结果表明,在 15 个测评指标中,指标取值达到或超过初级标准的指标有 10 个,占测评指标总数的 66.67%;指标取值达到或超过中级标准的指标有 7 个,占测评指标总数的 46.67%;指标取值达到或超出高级标准的指标有 4 个,占测评指标总数的 26.67%。

其次从全球城市指数排名来分析天津国际化城市发展水平。表 2 和表 3 分别反映了我国(包括内地和港澳台地区)主要城市在全球城市指数和全球城市展望指数上的排名情况。从全球城市指数排名来看,2016 年天津全球城市指数排名为 94 位,比上年上升 8 位;在内地城市中,天津排在北京、上海、广州、深圳和南京的后面。在全球城市展望指数排名中,天津位于 61 位,比上年下降 6 位;在内地城市中,天津排在北京、深圳、苏州、南京的后面。

表 2　我国主要城市 2015 ~ 2016 年全球城市指数排名

	2015	2016
香港	5	5
北京	9	9
上海	21	20
台北	44	43
广州	71	71
深圳	84	83
南京	92	86
天津	102	94
成都	96	96
武汉	104	107
大连	110	108

	2015	2016
苏州	105	109
青岛	112	110
重庆	114	113
西安	115	114
杭州	113	115

数据来源:A. T. Kearney Global Cities 2016 中的 Global Cities Index results。

表 3　我国主要城市 2015～2016 年全球城市展望指数排名

	2015	2016
台北	28	23
北京	45	42
深圳	50	50
香港	53	57
苏州	56	59
南京	64	60
天津	55	61
上海	65	63
武汉	63	68
杭州	74	69
成都	72	75
广州	72	78
大连	79	79
西安	81	85
重庆	91	90
青岛	84	92

数据来源:A. T. Kearney Global Cities 2016 中的 Global Cities Outlook results,2015～2016。

综合来看,与国内非一线城市相比,天津国际化城市发展水平处于前列,但与北上广深等一线城市相比,天津国际化城市发展水平还有较大差距;从国际视角来看,天津国际化城市发展水平在全球国际城市坐标体系中尚处于中级国际化城市的初期发展阶段。

二、天津推进国际化城市建设的优势与不足

(一)天津推进国际化城市建设的优势

首先,天津对外开放有悠久的历史文化传统。19 世纪 60 年代开始,中华大地上掀起了一场以“师夷长技以制夷”“师夷长技以自强”为口号的自

强和改良运动,史称“洋务运动”。1861 年,清政府在天津设置了三口通商大臣;1870 年三口通商大臣改为北洋通商大臣,负责办理外交、通商、海防、关税和兴办近代工业等各项事务。由此天津成为中国北方开放的前沿和近代中国“洋务”运动的基地。由天津开始的军事近代化,以及铁路、电报、电话、邮政、采矿、近代教育、司法等方面建设,均开中国之先河,创造了近代中国 100 个第一。1984 年,天津被国务院批准为全国第一批对外开放的十四个城市之一,再次成为我国对外开放的前沿阵地。

其次,天津有推进国际化城市建设的经济发展基础。具有雄厚的经济实力是城市国际化的前提和基础。包括拥有相当大的经济总量,人均生产总值达到相当高的水平,后工业化经济结构明显,现代服务业发达等。受益于经济快速增长,天津市经济总量规模与较高能级国际化城市的差距在逐步缩小。2015 年,按美元计算的天津市 GDP 总量达到 2655.287 亿美元,香港为 3099.29 亿美元,新加坡为 2927.39 亿美元,天津与香港和新加坡等国际知名城市和地区在经济总量上的差距正在缩小。

第三,天津有推进国际化城市建设的对外开放基础。作为改革开放后最早实现对外开放的城市之一,天津外向型经济较为发达。2015 年,天津市进出口总额达到 1143.47 亿美元,占当年 GDP 的比重为 33.01%;外商直接投资达到 211.34 亿美元,占全社会固定资产投资比重为 12.01%。世界 500 强企业中 160 余家在天津有投资项目。天津经济技术开发区主要经济指标自 1997 年至今在全国国家级开发区中蝉联首位,成为中国乃至亚太地区最具吸引力的投资区域。天津自贸区天津港片区内的东疆保税港区是国务院批准设立的功能最全、政策最优惠、开放度最高的保税港区。

最后,天津推进国际化城市建设有国家政策支持。《京津冀协同发展规划纲要》明确指出,天津市要建设成为“全国先进制造研发基地、北方国际航运核心区、金融创新运营示范区、改革开放先行区”。建设改革开放先行区,就是要通过大力建设自贸试验区,全面推进滨海新区开发开放,深度融入“一带一路”建设,以开放促改革、促发展、促转型,着力构建开放型经济新体制,增创对外开放新优势,打造营商环境与国际接轨、投资贸易高度便利、示范引领作用强劲的国际化城市。

(二)天津推进国际化城市建设中存在的不足

第一,经济结构需要进一步优化。2015 年,天津市第三产业增加值占 GDP 的比重为 52.2%。2016 年前三季度,服务业增加值占 GDP 的比重为

53.8%。低于国际化城市60%的初级标准。北京和上海的三产比重分别为79.8%和67.8%，远高于天津。加快经济结构调整，大力发展现代服务业是天津市推进城市国际化建设的重要内容。

第二，建设国际化城市的国际化要素发展水平有待提升。2015年天津进出口额占GDP的比重为43.06%，超过国际化城市初级阶段30%的标准但低于中级国际化城市50%的标准；2015年天津口岸进出口总额占GDP的比重为70.59%，而北京、上海和深圳分别为86.44%、181.25%和157.24%，都要高于天津，这反映出天津与世界市场的联系程度、依赖程度与上述城市相比相对较低。

第三，对外交流国际化职能有待加强。在国际性人口流动方面，国际性大都市入境旅游人口占本地人口比重应高于40%，而天津2015年仅为21.07%，表明天津在人员流动方面尚未具备高能级国际城市强大的吸引力和包容性。在国际组织总部入驻方面，天津目前尚无国际组织入驻；在举办国际会议上，除了夏季达沃斯论坛外，在天津举办的国际会议、展览不仅数量较少，而且规模和影响力也较小。

第四，没有推进国际化城市建设的发展规划。近年来，国内不少城市都先后出台了推进国际化城市建设的发展规划。如深圳市早在2011年4月就颁布实施《深圳市推进国际化城市建设行动纲要》；南京市在2012年8月颁布实施《加快推进城市国际化行动纲要（2012～2015年）》；杭州市在2015年5月出台《杭州市加快推进城市国际化行动纲要（2015～2017年）》。目前天津市尚无相关发展规划。

三、天津推进国际化城市建设的对策

第一，做好推进国际化城市建设的规划指引工作。为了更好地应对未来国内城市间的对外开放竞争，提升天津城市综合竞争力，天津非常有必要加快推出适合自身市情的城市国际化行动纲要。依据《京津冀协同发展规划纲要》对天津的城市定位，应加紧组织大学、研究机构以及政府相关部门开展国际化城市建设的规划工作，合理确定天津建设国际化城市的功能定位、发展目标、重点领域和主要任务以及保障措施，形成国际化城市建设行动纲要，加快天津国际化城市建设进程。

第二，以建设高水平自贸区引领天津国际化城市建设。除了充分吸收借鉴国内外其他自贸区建设的成功经验外，天津要率先建成高水平自贸区，一个可行的策略是对天津港片区实行整体封关运行,把天津港片区打造成具有最高开放水平的自贸区领先区,然后发挥其引领带动作用,推动其他片区快速发展,提升天津自贸区的整体发展质量,进而促进天津国际化城市建设。

第三,提高城市建设和管理水平,优化城市人居环境。优化政务法治环境,厘清政府权力范围并明确职责,提高政府运行透明度和办事效率;设立政府大数据管理机构,推进政务数据资源跨层级、跨部门归集、共享、开放和应用;建立涉外事务管理负面清单制度,完善出入境管理与服务。提升公共服务国际化水平,大力发展国际教育和外国留学生教育,深化图书馆国际交流,推进医疗卫生领域国际化合作,建立完善多语种服务平台,实施国际化标识改造工程,推进建设具有天津特色的国际化街区和社区。加强城市智慧治理,充分利用大数据、云计算、物联网、人工智能等信息化技术,完善城市智慧管理服务,提升城市运行效率。塑造城市特色风貌,着力彰显“近代中国看天津”的城市品牌,充分挖掘历史风貌建筑和街区的文化、历史价值。提升生态环境质量,深入实施“美丽天津 · 一号工程”,加强环境保护和生态修复,促进资源节约、循环利用,推动形成绿色发展方式和生活方式,打造水绕津城、城在林中、天蓝水清、郁郁葱葱的宜居环境。培育开放包容的城市文化,加大公共文化服务投入,大力建设“书香社会”,积极营造多元、包容的城市文化,建设国际化公共文化空间与设施,加强“国际理解教育”,拓展国际视野,提升天津政府、企业和市民的国际意识,增强同国际社会交往的能力。

第四,深化城市对外交往,提升天津国际影响力。深化国际文化交流与合作,建立健全对外文化交流合作机制,创新对外传播、文化交流、文化贸易方式。深化发展友好城市和友好交流城市,更好地挖掘友城资源。鼓励社会力量参与对外文化交流事业,支持艺术团体创作富有天津特色和国际元素的作品。加快建设具有国际水平的音乐厅、美术馆、书画院,策划举办一批具有国际影响的音乐节、舞蹈节等重大文化活动。加强与联合国教科文组织、国际知名智库等机构对接,建设具有重要影响的非政府国际文化交流平台。培育国际会议品牌,充分发挥天津夏季达沃斯论坛举办城市的带动效应,加强与国际机构和国家部委的合作交流,着力引进一批有世界影响的国际会议、高端论坛项目。加强与国际组织和机构的交流与合作,积极探索在天津创立区域性国际组织的可能性。大力推广城市形象,通过政府传播、媒体传播和活动传播等途径,开展城市营销,树立天津城市品牌形象。

(作者单位:天津社会科学院经济社会预测研究所)

京津冀城市群科技协同创新研究

——基于天津的视角

王立岩

京津冀城市群区域间人才分布、资金投入及载体配置等创新资源极不均衡，科技创新的机制体制和政策协同还不完善，推进城市群科技协同创新对整合城市群创新资源、促进区域产业结构调整、推动京津冀协同发展具有重要的意义。

一、京津冀城市群科技创新发展现状

1. 科技创新人力资源现状

截至 2014 年底，天津 R&D 人员总计 16. 4 万人，占京津冀区域的 24. 77%，略高于河北省，不足北京的 50%（见表 1）。从 R&D 人员学历结构看，天津博士和硕士毕业 R&D 人员分别占 R&D 人员总数的 5. 75% 和 12. 67%，与北京相差甚远，尚不及京津冀平均水平。北京集聚了 392 个科研机构、26 所 211 高校，拥有中关村、亦庄等高科技产业区，是全国规模最大、层次最高的科技创新聚集区，形成了对创新人才的可持续发展环境，科技创新人才在数量和层次上相比其他区域势必占有绝对的优势。从 R&D 人员分布结构来看，天津和河北的 R&D 人员主要分布在规上工业企业，北京则研究与开发机构的 R&D 人员占比略高。综合京津冀区域科技创新人才分布现状，作为科技创新高端人才聚集区的北京人才规模和层次在京津冀城市群内转移和疏解，短期内津冀两地还不具备足够的吸引力和承接条件。因此，在京津冀协同发展大好机遇下，天津和河北借助城市群发展之势，形成科技创新人力资源共享，补充科技创新人力资源不足的短板。

表 1　2014 年京津冀城市群 R&D 人员统计

区　域	总计（人）	博士毕业占比(%)	硕士毕业占比(%)	规上工业企业占比(%)	研究与开发机构占比(%)	高等学校占比(%)
北京	343165	19.05	23.71	23.29	31.87	22.51
天津	164076	5.75	12.67	67.85	6.24	14.26
河北	155051	3.16	13.10	70.68	5.66	15.06
京津冀	662292					
12.04	18.49	45.42	19.38	18.72		

数据来源:《中国科技统计年鉴 2015》

2. 科技创新资金投入现状

2014 年,天津市 R&D 经费投入强度为 2.96,明显高于河北,但与北京的差距则很大(见表 2)。由于北京在人力资源投入上明显优于津冀,在 R&D 经费投入强度存在如此差距的情形之下,更容易将城市群科技创新优势集中,有利于形成科技创新合作促进区域科技协同创新。但是,这种科技创新资源分布不均衡,不利于城市群整体创新水平的提升。天津和河北 R&D 经费内部支出企业资金比重非常高,分别为 78.74% 和 84.30%;而北京政府资金支出比重较高,为 55.18%,这说明北京企业的科技创新投入相对薄弱,而在河北、天津的创新投入中企业的主体性要高于北京。津冀两地 R&D 经费投入主要以本地区重点产业发展的创新需求为导向;北京的科技创新层次较高,成果转化领域更加广泛,科技创新合作也更加多元化,R&D 经费投入主要以技术创新突破为导向。

表 2　2014 年京津冀城市群 R&D 资金投入统计

区　域	R&D 经费投入强度(%)	政府资金比重(%)	企业资金比重(%)	规上工业企业占比(%)	研究与开发机构占比(%)	高等学校占比(%)
北京	5.95	55.18	34.26	18.40	50.51	11.48
天津	2.96	16.05	78.74	69.47	8.30	12.30
河北	1.06	13.64	84.30	83.26	9.70	3.58
京津冀	3.08	39.94	52.01	39.92	34.69	10.46

数据来源:《中国科技统计年鉴 2015》

3. 科技创新载体投入现状

至 2014 年底,京津冀三地规上工业企业数分别为 3686、5489 和 14799(见表 3),有 R&D 活动的企业数分别为 1140、2046、1086;京津冀三地高技术企业数分别为 805、583、556,相差并不大,但是北京拥有的高技术产业 R&D 机构却比津冀高出两倍还多。这表明,天津和河北的规上企业以生产制造为主,仍然占据产业链低端位置,北京则是科技创新的核心区域。北京的研究机构和高等学校分别为392和135，远高于天津和河北，充分体现了科技创新领域的核心地位。京津冀地区在科技基础条件上拥有其他区域所不具备的优势和基础，但北京与天津和河北存在显著落差，进而造成了区域内部科技创新能力的不平衡。

表3　2014年京津冀城市群科技创新载体投入统计

区　域	规上工业企业数(个)	高技术企业数(个)	高技术产业R&D机构数(个)	研究机构数(个)	高等学校数(个)
北京	3686	805	304	392	135
天津	5489	583	116	60	47
河北	14799	556	148	77	112
京津冀	23974	1944	668	525	294

数据来源:《中国科技统计年鉴2015》

4. 科技创新产出现状

以高技术新产品R&D投入和销售收入比来计算高技术新产品开发效率，2014年天津要明显高于北京和河北。天津万人专利申请和授权数分别为62.98和26.17，结合科技创新人力、财力和创新平台投入分析，产出效率要略优于北京，河北省差距则较大。北京技术输出合同成交额3137.19亿元，为天津的8.07倍，河北的107.36倍；技术输入合同成交额为1234.71亿元，远高于天津和河北。从京津冀三地科技创新投入来看，北京技术输出能力较天津和河北具有很大的优势，技术吸纳能力也明显优于津冀两地，已在京津冀乃至全国科技创新的"虹吸"效应。北京技术市场交易活跃，而天津和河北技术交易市场活跃程度较低，且天津技术输出略高于技术吸纳，河北则以吸纳技术为主，技术吸纳能力不足制约了两地产业技术水平的提升。

表4　2014年京津冀城市群科技创新产出统计

区　域	高技术新产品开发效率	万人专利申请数(项)	万人专利授权数(项)	技术输出合同成交额(亿元)	技术输入合同成交额(亿元)
北京	1.19	65.31	35.30	3137.19	1234.71
天津	4.30	62.98	26.17	388.56	340.77
河北	0.92	4.12	2.76	29.22	152.83
京津冀	1.75	22.24	11.64	3554.97	1728.31

数据来源:《中国科技统计年鉴2015》

二、天津推进科技协同创新现状及存在的问题

1. 科技协同创新机制体制仍需完善

在京津冀协同发展国家战略下,天津市相继建立一批区域技术创新平台和成果转化平台,但科技合作的体制机制还有待完善。天津市高标准打造天津滨海中关村科技园、宁河京津合作示范区、武清京津产业新城、宝坻京津中关村科技城等承接载体,初步形成了以滨海新区为重点、各区县有力支撑的功能承接格局。充分发挥先进制造研发优势,积极对接北京创新资源,主动向河北延伸产业链条,建设天津—河北(涉县、天铁)循环经济产业示范区,天津—河北(芦台、汉沽)协同发展示范区等重点合作平台,宁河区与河北省唐山市签订了共建津冀协同发展示范区合作框架协议。相继出台了《天津市支持科研院所创新发展实施意见》《关于贯彻落实〈国家创新驱动发展战略纲要〉的实施意见》等一系列促进科技创新的举措。目前的问题:一是京津冀三地协同创新机制还没有完全确立,科技创新的功能定位、顶层设计和区域分工尚不明确,支持区域科技创新合作的政策体系和制度环境不完善,协同创新缺乏有效的制度保障。

2. 科技协同创新资源共享有待加强

在产业协同发展方面,天津是重要的创造制造基地,研发成果在天津落地转化。天津市与京冀共同签署《北京市、天津市关于加强经济与社会发展合作协议》《京津冀协同创新发展战略研究和基础研究合作框架协议》,加快科技成果转移转化;与中科院签署"十三五"期间《全面科技合作协议》,引进国家级院所 16 家、国内高水平研发分支机构 2 家,启动天津科技成果转化交易市场建设,与 12 家国外技术转移机构和 8 家国内合作机构签署入驻合作协议,协同推动新型企业家培养工作。天津市积极推进京津双城联动,构建京津冀创新共同体,推动以宝坻、武清等 5 大创新社区为载体的特色产业集群发展,建成国际生物医药联合研究院、国家超算天津中心、中国科学院天津工业生物技术研究所等国家级大平台,引进聚集了一批国家创新人才、创新团队和高成长性企业。然而,天津在产业协同创新、产业链融合等方面仍没有实现有效的资源共享。科技协同创新的落脚点是产业协同创新,天津与京冀的产业协同度不高导致科技协同创新不强,需要增强科技创新驱动,提高产业创新资源共享效率;京津冀城市群创新链、产业链、资金链对接融合不够充分,尚未形成高效的产业和技术梯度转移对接路径,直接

影响科技创新资源共享。

3. 科技协同创新人才结构尚需优化

目前，京津冀三地以及城市群内各城市在支持科技人才创新创业政策等方面仍存在一定的制度壁垒，阻碍了科技协同创新。由于北京科技创新资源拥有绝对的核心地位，导致天津及河北的城市难以聚集高端科技创新人才和团队。天津在推进科技企业发展，如公共服务、发展平台、基础设施等人才环境对科技创新人才缺乏足够的吸引力，致使高端技术人才的培养与交流难以推进。天津市高校的数量和层次与北京相比都存在很大差距，而且本土培养的相当一部分专业人才选择京沪广深等发达城市就业。天津现行政策对高层次人才吸引力不强，创新型人才流失尤其是高层次和领军型创新人才的流失，严重制约着天津的科技创新能力，影响着京津冀科技协同创新。

三、推进京津冀城市群科技协同创新的对策建议

1. 以完善机制体制提升科技协同创新动力

推进京津冀城市群科技协同创新是一个系统的工程，必须全局统筹、有序推进，不断优化城市群科技协同创新机制体制，提升科技协同创新动力。首先，要强化京津冀城市群科技协同创新的主体驱动机制。全力提升创新主体的协同创新能力，站在城市群的高度建立起良好的信任和合作关系，形成以科技协同创新为基础的价值观，建立跨区域科技协同创新的良好契约制度。其次，打造京津冀城市群科技协同创新支撑机制。努力促进区域科技资源外部化、社会化，强化科技资源共享的外部激励，构建京津冀科技资源管理体系。打破区域限制，将科技创新资源纳入统一资源体系进行考量，将不同资源进行组合，最终促进资源协同，建立成本共担与利益共享、实时纠错与反馈监督机制等作为资源共享的保障。

2. 以强化资源共享畅通科技协同创新路径

创新资源共享是京津冀城市群科技创新实现协同的基本保障，不断优化跨区域科技协同创新共享机制，以更好地实现区域创新资源共享。首先，完善科技协同创新组织协调机制。制定推进区域科技创新合作的相关政策，监督实施京津冀城市群科技协同创新落实情况。其次，建立科技协同创新综合服务平台。不断完善京津冀城市群协同创新综合服务和协调机制，探索建立京津冀城市群跨区域财税共享机制，不断深化京津科技的实质性

合作。再次,建立跨行政区域资源共享制度。构建开放化和网络化的科技服务平台,实现科技资源共享,天津应借助北京的空间外溢效果着力搭建协同创新战略研究平台,整合首都有实力的科技研发平台、中关村开放实验室等科技创新资源,为科技资源的自由流动提供基础;建立专家库,为中小企业提供人才智力服务;建立大型科学仪器共享共用体系,加强与京津创新主体协作,形成较完善的科技创新共享服务体系。

3. 以优化人才结构强化科技协同创新保障

人才是推进科技协同创新的主体,大力培养和吸引科技人才,优化人才结构是推进京津冀城市群科技协同创新的重要任务。首先,加大人才引进和培养力度。以现有高校和科研院所为基础,加大力度培养和引进专业创新人才,提升科技创新的层次和水平;促进天津与北京全方位开展教育科研合作对接,承接北京部分教育科研机构疏解,推动城市群知识、技术实现跨区域转移。在京津冀区域内,联合建设"人才特区",集聚人才资源;加快建设新型研发机构,面向海外招聘具有跨学科、跨行业经验和广阔视野的领军人才。其次,建立一体化人才服务保障体系。通过异地人事代理、人才租赁等人才服务项目,搭建区域统一的人才服务体系。再次,构建创新人才激励机制。试点推进知识产权保护、社会保障体系、人事档案管理等制度衔接,尤其是探索实施有利于产业创新发展的高技术人才的社会保障政策改革与衔接。

(作者单位:天津社会科学院经济社会预测研究所)

天津市养老服务业发展现状和对策建议

王会芝　王艳婷

一、天津市养老事业发展现状

1. 养老服务政策法规更加完备

养老服务相关政策法规体系不断完善,2011 年,天津市颁布了发《关于进一步发展我市居家养老服务的意见》,提出构建“973”养老服务格局,即97% 的老年人采用宜居居家社区养老的方式,3% 的老年人通过养老机构进行养老。2014 年,天津市出台了《天津市养老服务促进条例》,将养老服务纳入法制化发展轨道,成为全国首个地方养老服务法规。除此之外,还出台了《天津市养老机构管理办法》《天津市人民政府关于加快我市养老服务业发展的意见》等养老服务相关文件,相关部门也制定了养老服务相关政策文件,涵盖居家养老服务补贴、养老机构延伸社区服务、老年日间照料、养老机构建设及运营等具体政策。

2. 养老医疗保障和社会管理体系不断完善

天津市统筹城乡养老保障体系发展,老年人医疗和社会保障水平有一定的提高,医养结合探索效果初显,天津市持续推进养老医疗保障和社会保障,截至 2015 年,全市老年人健康管理建档率达到 88%,老年健康教育宣传普及率达到 97.5%,可以提供老年医疗保健服务的医疗机构已有 296 所,其中 23 所三级综合医院均设置康复医学科,108 家社区卫生服务中心和 149 家乡镇卫生院为老年提供医疗健康服务。

3. 养老服务设施体系建设持续推进

以居家为基础,社区为依托,机构为支撑的“973”养老服务格局基本形成。全市建成老年日间照料中心 1049 个,实现城乡全覆盖。中心城区和滨海新区实现社区老年助餐服务全覆盖,其他区县城区实现社区覆盖 60%。全市已建设养老机构 428 家,包括供养型 85 家,养护型 343 家,医护型 59 家。我国《国务院关于加快发展养老服务业的若干意见》规定的到 2020 年每千名老人的养老床位数将增至 35 ~ 45。近五年,养老床位年均增长 20%,到 2015 年,全市养老床位达到 68616 张,年均增长率为 20%,达到每千名老人拥有 32 张床位。此外,天津市积极建立智能化社区养老服务平台,通过手机、电视、网络等技术为老年人提供预约服务、老年教育、在线医疗等 28 项服务。

4. 社区养老环境提升,精神文化生活更丰富

天津市基本形成了"就近、便捷、快乐"的老年教育服务体系。全市社区体育健身设施覆盖率和养老场所无障碍率均达到 100%,老年人设施人均用地约为 0.3 平方米。在推动老年人精神文化生活方面,全市老年人大学现有 9 个教学系,747 个班级,参与教育活动的老年人达 92 万,占老年人口的 43%。城镇社区老年人协会覆盖率达 95%,农村社区老年人协会覆盖率达到 82%。全市设有基层老年法律援助中心 267 个,基层老年法律援助覆盖率达 100%。

二、天津市养老事业发展存在的问题

1. 人口老龄化速度加快,老龄人口结构问题凸显

一是老年人口增速较快、老龄人口比重持续增大。"十二五"期间,天津老龄化进程加速,平均每年增加约 10.8 万老年人口。2010 年,我市 60 岁及以上户籍老年人口达到 171 万人,占全市户籍人口的 17.5%,到 2015 年,我市 60 岁以上户籍人口已达到 230 万人,占全市户籍人口的 22.4%,人口老龄化程度位于上海、北京之后,居全国第三。

二是高龄和失能老人增速较快,空巢老人占比较大。2015 年,天津市 65 岁及以上户籍老年人口约 147 万人,占全市户籍人口的 14.3%,80 岁及以上户籍老年人口约 33 万人,空巢老人约占 70%,独居老人约占 10%,失能老人约占 6.7%。从性别看,在各个年龄段中,女性老人的数量都超过男性老人,且随着年龄增长,女性老人超过男性老人的比例也呈上升趋势。

三是人口老龄化问题将持续显现。预测到 2020 年,天津老年人口将达 285 万,占全市人口 26.4%。庞大的老年群体以及由此带来的养老服务需求,将给经济社会发展带来长远的影响。

2. 养老产业布局和结构需优化调整

当前养老产业的发展,主要由政府建设运营,伴随着天津市人口老龄化的程度不断加深,依靠政府补贴发展养老产业不具有可持续性。养老服务布局集中在机构服务方面,养老服务大都局限于吃、住等基本服务,以照顾为主,缺少护理、医疗、康复等服务,老年人精神生活需求的文化娱乐、心理干预、信息教育等综合化服务更为匮乏。此外,养老服务产业化程度相对较低,尚没有形成真正的产业化模式,也没有形成完整的产业链,相比于国外养老服务产业结构,天津市养老产业的经营与发展结构化较为单一,居家养老服务支持系统尚不完善,居家和社区养老缺乏相关的制度和政策保障。

3. 养老服务设施和管理机制尚不健全

一是养老服务设施布局和结构有待进一步的完善。天津市养老设施城乡发展存在不平衡现象,养老设施建设缺乏规划和规范性的指导,市区级的设施环境和服务质量发展较好,乡镇及以下级别的养老设施和服务较为薄弱,在人员配置、设施配置、管理服务水平上都有待提升。当前天津市尚未形成分层次、分区域合理布点的老年服务设施网络,养老服务质量不均衡,出现区域性和结构性的问题。

二是养老机构总量不足与资源闲置现象并存。全市养老机构已达 428 家,其中市级国办养老机构 5 家,区级国办养老机构 15 家,社会办养老机构 289 家。一方面,养老机构不断增加,但是缺口仍较大,不能满足持续增长的老龄化的需求。另一方面,重设施轻服务现象凸显,由于养老机构的服务专业化水平较低、设施配备不完善、管理不健全等问题,目前的养老服务主要是定期体检、公共健身器材,而为老为残服务专业设施少,无障碍化建设不足,导致当前养老机构的闲置与浪费现象严重。

三是专业服务从业人员缺乏。当前养老服务业从业人员存在"两高三低"问题,即服务人员流动率高、劳动强度大,待遇较低、社会地位较低、服务水平和质量较低。养老从业人员总体专业水平较低,中高级养老护理员、心理咨询师、康复人员和社会工作者存在较大的缺口。据测算,当前天津的养老护理人员缺口达到 10 万人。如何吸纳更多的从业人员、提高从业人员的专业水平,是天津市发展严老产业亟待突破的重大问题。

4. 养老产业市场有待创新繁荣

与老年市场的巨大潜在需求相比,天津市养老市场的供给能力远远不够。当前,我市养老产业质量和规模有待提升,养老市场有待创新繁荣,养老产业投资主体单一。现有养老服务多以福利性和公益性为主,来自社会、和民间团体的投资主体较少,影响社会力量兴办养老产业的积极性。天津市养老发展龙头企业和服务社会组织相对欠缺,传统的养老产业占比较大,新兴产业占比较小,尤其是与信息化和科技化相结合的养老服务较少,如何将养老产业与信息化智慧化城市建设、文化娱乐、金融保险、老年教育等融合起来,创新养老产业模式,是我市亟待支持和发展的地方。

四、天津市养老事业发展对策建议

1. 建立完善的养老政策和法律规范

养老事业的健康发展离不开健全的法律政策体系。一是建立健全老龄相关政策制度,加大医疗养老相融合,推动医疗卫生与养老服务的有效对接,完善养老机构分类管理政策制度,建立健全养老服务的标准和规范,提高养老机构的专业化水平。从经济社会发展新常态出发,完善老年人权益保障法配套政策法规,提高老年人社会保障水平。二是制定相关优惠政策措施,鼓励民间资本参与养老服务业,探索建立发挥市场作用的养老政策支撑体系。当前天津市对于养老机构的准入条件尚不明晰,养老机构监管体系不完善,对民营资本的保护制度尚不健全,因此需要建立较为完善的养老机构管理制度和市场准入和管理政策规定等。三是创新养老服务金融扶持政策,完善养老机构土地供给相关政策,建立和完善推动养老服务业创新发展的规划和政策。

2. 积极倡导推动智慧养老

将养老服务与现代科技充分融合,进行顶层设计,探索建立智慧养老服务体系,我国 2015 年发布《国务院关于积极推进“互联网 +”行动的指导意见》提出“促进智慧健康养老产业发展”,将养老与信息技术有效结合。天津市在推进智慧养老进程中,应推动养老服务信息化的标准建设,充分运用物联网、大数据、云计算等智能系统,开展老年人远程健康看护、紧急救助、文化信息等应用,推出针对居家老人的信息平台和传感信息系统,推动老年远程教育、健康服务、康复医疗等网站的建设和互联互通,让养老服务与“互联网 +”融合成为新常态,通过网站、自助服务终端、无线终端设备等渠道,为老年人提供高效智能化的养老服务。完善城市养老服务管理和服务平台,建立养老服务信息平台,提供丰富多样化的产品和服务,扩大有效供给。

3. 优化养老机构和服务质量

完善养老服务供给结构,形成合理完整的养老服务梯度,有效解决养老服务供给不足和结构失衡的问题。一是完善养老服务设施建设,积极开展社区养老设施建设规划,采取公建民营、民办公助等不同方式,鼓励社区老年日间服务中心的建设运营,引导发展医养型、护理型等多种模式的养老机构,探索嵌入型小规模和多功能养老模式,推动居家和社区养老服务的有机融合。二是积极探索专业化的养老机构服务模式,统筹居家养老、社区养老和机构养老,积极推进嵌入式小微养老机构,打造就近、专业、安全的长期照料模式。三是加强养老从业人员能力建设,出台从业人员相关职业规程,在专业设置、技能培训等方面不断加大输入,建设公共培训机理,提高从业人员实际操作的技术水平和整体服务质量,建立完善的养老从业人员的待遇薪酬激励机制,扩大从业人员的规模。

4. 推动养老服务市场化

当前天津市养老社会组织有待进一步的发展,建议建立以政府保障性养老机构为引导,以社会资本投资养老服务为主体的养老服务模式,推动养老产业健康持续性的发展。政府一方面建立健全的养老服务机制,完善提高养老服务设施;另一方面应积极发挥"规划引导、政策扶持、行业服务"的作用,搭建平台,培育社会资本、民间资本和大型企业或集团加入养老服务行业,通过政府购买服务、股权合作等方式增加养老服务和产品的供给。继续鼓励社会资本投资养老服务产业,引入养老市场竞争机制,激发市场活力,创新养老服务的供给方式,扶持发展养老服务产业龙头企业和品牌产品,推动养老产业规模发展,打造养老产业集群,建立完整的老年服务产业链,发展涵盖养老护理、医疗保健、休闲娱乐、文化教育、金融保险等于一体的新型养老产业模式,并通过延伸链条,发挥生态养老养生基地的示范作用,鼓励养老服务向着社会化和品牌连锁化的模式加以发展。

(作者单位:天津社会科学院经济社会预测研究所)

天津市新能源产业发展现状分析及对策建议

屠凤娜

随着国家产业结构的调整,传统能源的稀缺性及环境问题的日益凸显,发展新能源产业成为应对气候变化与能源危机的重要举措。目前天津市的新能源产业发展速度较快,形成了一定的产业规模和产业集群。分析天津市新能源产业发展现状,找出新能源产业面临的挑战和问题,对培育新能源产业、突破能源瓶颈约束,实现天津产业的绿色、低碳、循环和可持续发展,均具有重要意义。

一、天津市新能源产业的发展现状分析

国家政策的支持,使天津市新能源产业战略特征日趋显著。同时,天津相关政策的支持,也新能源产业战略地位不断提升,并由此形成了多个生产基地,这为天津市新能源产业未来的发展提供了良好的发展基石和强大的产业支撑体系。其现状表现为:

1. 天津市新能源产业发展已初具规模,但仍有提升空间

天津市发展新能源产业的基础较好,依托区位优势和技术优势在太阳能、风力发电、贮能电池等多个新能源技术领域吸引了多家世界级企业的聚集,使天津成为新能源产业发展的焦点地区。尤其是在滨海新区高新区,新能源产业集聚效应明显,主要凸显在风力发电、动力电池、太阳能光伏产业三个领域。但是与其他国家以及国内其他省市相比较,仍然在产业规模的壮大、集群结构的稳定性、资金和技术的依附性等方面存在一定的落差。这表明,天津新能源产业还有很大的提升空间,尤其是在核心技术、关键技术的研发和产业化发展上还需要重点发展和完善。

2. 天津市新能源产业发展迅速，但对经济的拉动作用有待提升

从表1可以看出，天津市新能源产业工业总产值由2011年的814.8亿元迅速上升为2015年的2546.79亿元，年均增长42.5%。据我市工信委最新数据显示，2016年前三季度，新能源产业产值达到1622.2亿元，同比增长10.6%。由此可以看出，天津新能源产业发展迅速。从所占比重来看，天津市新能源产业产值所占比重也从2011年的15.00%增加到2015年的36.47%。但近五年来，新能源产业的利税总额却不高，2014、2015年的利税总额分别为42.42、295.11亿元。可见，新能源产业在天津市高新技术产业中的优势产业地位呈现逐年增强的趋势，但还未成为天津市经济的主导产业，对全市经济发展的拉动作用依然不大。

表1　天津市新能源产业指标值

单位：(亿元)

指　　标	2011	2012	2013	2014	2015
新能源产业总产值	814.8	1019.38	1151.73	1294.28	2546.79
工业总产值	5430.84	6123.06	6686.60	7079.10	6982.66
新能源产业占工业总产值比重(%)	15.00	17.15	17.72	18.28	36.47

数据来源：《天津市统计年鉴2012～2016年》。

3. 新能源产业市场需求空间大，但竞争力不强

天津市能源生产无法满足工业生产和民生发展的需要，绝大部分能源主要依靠外省调入。通过对2001～2015年天津市能源生产和消费情况的分析可知，天津市能源生产总量由2001年的1494.84万吨标准煤增长到2015年的5338.18万吨标准煤。但是天津市能源消费量也从2001年的2918.04万吨标准煤增长到2015年的8260.13万吨标准煤，从2001年至2015年的历年能源自给缺口(如图所示)，可以看出：2010年后能源自给缺口在逐年扩大，由2010年的848.77万吨标准煤缺口量扩大到2014年的3418.33万吨标准煤缺口量，增长了4倍之多。可见，天津市能源需求在不断地增加，逐渐扩大的能源自给缺口给天津市带来巨大的能源压力，新能源产业市场需求空间较大，但竞争力还有待进一步提升。

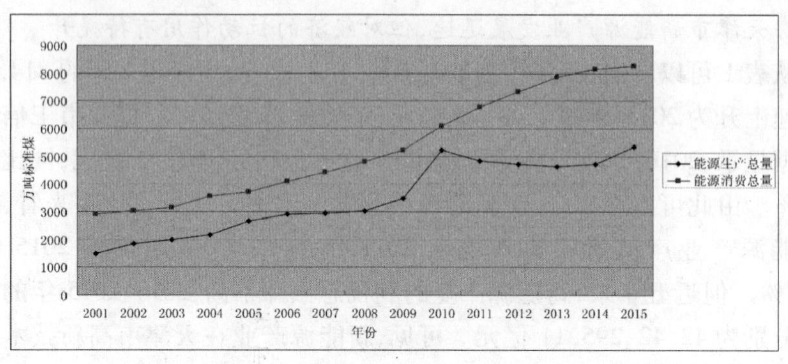

2001～2015 年天津市能源缺口示意图

数据来源:《天津调查年鉴 2016 年》

二、天津新能源产业发展面临的挑战

1. 缺乏新能源产业标准体系建设

对于新能源产业来讲,行业准入、技术标准、检测标准等标准体系是产业健康发展的有力保障。而目前,我国各区域包括天津在内的新能源产业的资源评价、技术标准、产品检测和认证体系还不是很完善,没有形成完备的技术服务体系。虽然在天津新能源行业发展过程中,也有制定了一些相关的技术标准,但都没有形成体系,也不够系统。标准体系的缺乏,不仅影响新能源产业的健康发展,还会制约天津产业的可持续发展。因此,政府、协会、企业和研究机构应尽快速制定新能源产业通用的标准体系,使产业发展得到有利的保障。

2. 新能源产业的技术创新能力不足

新能源产业发展的核心在于技术水平的支撑,这也是制约新能源产业发展转变盈利模式、扩大发展规模、扩张发展优势的根本原因所在。目前,在新能源领域,产业发展过多依赖成本优势,部分产业依靠外需市场,多数产业以加工制造为主,拥有自主技术的较少。以风电为例,虽然天津在国内的电设备制造领域具有产值规模优势,并致力于打造“风能之都”,但在核心技术和关键零部件等方面,几乎都是采用引进路线。这凸显了天津新能源产业发展的核心技术水平和自主创新能力有待提高。

3. 新能源产业发展所需的高技能人才紧缺

新能源产业属于技术密集、多学科交叉的高新技术行业,需要具备新能源产业高端技术研发和技术管理能力的复合型人才。天津在新能源技术领域具有一定的优势，但与国际水平相比，专门从事新能源产业技术研究机构和实验室相对较少，同时，由于天津新能源产业发展较快，需大量的专业技术人才和专门技能人才，造成人才总量不足。人才培养相对滞后，在天津各大院校专业设置较少，培养的人才总体结构不合理，初级人才数量远超过中高级人才，不能满足系能源产业快速发展的需求。此外，缺少新能源产业专门的人才市场，相对制约了专业人才的流动和配置。

4. 新能源产业发展的体制机制不健全

新能源产业作为一种绿色产业，与传统能源产业相比，存在成本过高、效率较低等弱势。我国各区域包括天津的新能源产业政策还不完善，使得国家不得不实行强制性的法规政策，如在推广新能源动力汽车的应用方面，通常采取政府补贴的方式进行推广和应用。对天津乃至全国的新能源产业发展而言，目前都依赖于政府补贴生存，如何针对新能源产业的盈利模式，发挥市场的决定性作用，合理协调政府决策与市场作用的关系，建立符合天津实际的商业运转模式，将新能源产业发展纳入市场化轨道，实现天津新能源产业发展的持续稳定。

三、天津市新能源产业发展的对策建议

1. 完善新能源标准体系建设

围绕评价体系、技术标准、产品认证等方面，重点推进新能源产业相关标准的制定与完善，为天津新能源产业规范化发展提供切实有力的监督与引导。同时，在政府宏观政策指导下，天津要将发展新能源提高到战略高度，健全我市新能源技术标准、产业评价、产品认证体系，促进新能源政策与技术政策结合，完善新能源类产品质量认证标准及监测系统，努力建立国家级的新能源设备检验中心，促进新能源产业有序健康发展。

2. 加强天津市新能源的技术创新力度，实现自主创新，吸收创新与合作创新的协同发展

一是加强产学研联动，利用高校、科研院所的研究力量和优势，组织实施重大技术攻关专项，形成企业、高校、院所等多方主体参与利益共享的技术合作开发机制，建立新能源产业技术创新联盟，切实提高新能源产业的技术创新能力。二是增强科技推动新能源产业发展的能力，提高技术进步对发展新能源产业的贡献率。注重对引进技术的再创新和再开发，弥补亟需

发展新能源产业的技术空白,形成核心技术和产品,提升我市新能源产业核心技术的支撑能力。三是要建立起天津市新能源产业发展的创新与发展机制,通过有效的激励机制,促进我市新能源产业技术的综合实力,提升我市新能源产业的发展竞争力。

3. 加强天津市新能源人才体系的培养

新能源人才体系是技术创新与产业发展的知识载体,因此,要加强天津市新能源人才的培养、引进和使用三个环节,形成促进和集聚人才成长的环境。一是在部分大学内开设新能源专业,培养基础性人才,提高天津新能源人才的总量,做好人才的储备工作;二是制订和实施新能源人才引进计划,重点引进产业突破发展所需的高技能人才,完善人才激励机制,鼓励国内外新能源领域高层次人才来天津服务、创业;三是完善用人机制,加强相关的服务性组织的建设,拓宽我市新能源产业的信息交流平台,并建立新能源人才市场,提供高技能人才库,促进人才交流与合作。

4. 完善新能源产业配套体系的发展

要积极引导我市新能源产业集聚,充分发挥产业的集聚和带动效应,纵向延伸上下游产业链条,横向拓展新能源产业领域,完善新能源产业的配套体系。在注重配套产业发展的同时,还要加强环境保护。天津新能源产业的发展,既要实现客观的环境评价过程,坚持产业发展与环境保护的协调发展,还要客观审视天津市新能源产业成熟的产业链体系,针对上下游产业的发展,进行客观评价和合理投资,促进我市新能源产业的可持续发展。

5. 完善市场环境,理顺决策机制

天津新能源产业的发展需要充分发挥市场的决定性作用,协调市场环境和政府决策的关系,逐渐从政府主导向企业主导转型。一是要给予企业足够的市场参与度,依托市场培育龙头企业,逐步将我市新能源产业发展纳入市场化轨道,引导和调动更多创新型企业涉足新能源产业。二是充分发挥天津新能源行业协会的桥梁与纽带作用。不仅要协助政府加强新能源行业管理,而且要适时提出有关技术创新、节能降耗、资源综合利用等措施建议,还要广泛开展行业交流,建立利益表达、疏通和引导机制,促进新能源产业的规模化发展。三是,要强化国际交流合作意识,优化新能源产业上、下游协作关系,鼓励新能源产业良性竞争,推动新能源产业的发展。

(本文所用数据主要来源:《天津调查年鉴 2016》)

(作者单位:天津社会科学院发展战略研究所)

京津冀装备制造业发展比较分析

陈　钊　戴　颖

制造业是国民经济的主体,装备制造业作为其核心组成部分,为国民经济和国防建设提供生产技术装备,是国民经济发展特别是工业发展的基础。在京津冀协同发展功能定位中,天津建设“全国先进制造研发基地”,河北建设“转型升级试验区”,体现了中央对津冀两地更好发展制造业的期望,津冀分别制定了相应的规划和措施,全力推动制造业特别是装备制造业转型发展。北京建设“全国科技创新中心”,也包含了通过科技研发推动制造业等产业向高端化、智能化方向发展的内涵。本文通过对近两年京津冀装备制造业相关数据的对比,分析三地装备制造业发展情况,并提出了促进装备制造业更好发展的几点建议。

一、京津冀明确装备制造业发展目标

京津冀协同发展战略确立以来,为贯彻落实天津建设“全国先进制造研发基地”的定位,促进重点产业发展提质增效,推进产业结构向中高端迈进,天津出台了《天津市高端装备产业发展三年行动计划》,聚焦高端装备国际发展前沿,重点提升航空航天、海工成套装备、高档数控机床与基础制造装备等十大领域产业优势,加快机器人整机及配套零部件、3D 打印设备和智能医疗仪器设备等三大新兴领域培育,加强智能装置、关键系统部件、基础零部件、先进材料等四大基础部件配套能力,打造“10 +3 +4”的产业发展格局。到 2017 年,天津高端装备产业规模将达到 3300 亿元左右,占全市装备制造业比重显著提升;航空航天、海工装备、智能制造装备等重点产业突破千亿规模,轨道交通装备规模实现大幅提升。

河北明确了建设“转型升级试验区”的定位,出台了《河北省装备制造业发展"十三五"规划》，提出到2020 年，全省规模以上装备制造业企业工业增加值达到4500 亿元，年均增长 11% 左右，其中高端装备制造业增加值达到1800 亿元，重点发展交通运输装备、能源装备、智能装备、工程装备等，推进形成以高端成套装备为主体、关键核心零部件为基础、智能制造装备为引领的河北高端装备产业体系。

北京立足于"全国科技创新中心"定位，制定了《〈中国制造 2025〉北京行动纲要》，发布了《智能制造发展规划（2016 ~ 2020 年）》，提出"三四五八"行动计划，组织实施新能源汽车、集成电路、智能制造系统、自主可控信息系统等专项建设，大力推进绿色制造和智能制造，打造"北京创造品牌"，提出到 2020 年，制造业创新发展能力大幅提升，高端发展态势逐步显现。

二、京津冀装备制造业发展现状

1. 京津冀装备制造业拉动作用凸显

装备制造业在京津冀工业发展中的地位日益凸显。天津工业发展的最主要动力，逐步由原油与冶金等传统行业转向以汽车制造业与电气机械和器材制造业为代表的装备制造业，装备制造业已经成为拉动天津工业发展的第一引擎。2015 年，天津规模以上装备制造业增加值同比增长 6.3%，占全市工业的比重为 36.2%，同比提高 3.2 个百分点；2016 年前三季度，增速提高到 11.1%，拉动全市工业增长 3.8 个百分点，汽车和电气机械行业成为对我市工业增长贡献率最高的两个行业。

河北工业第一大行业长期以来由钢铁业占据，随着供给侧结构性改革逐步深入实施，钢铁业"去产能"力度不断加大，占比居第二位的装备制造业比重日益提升。2015 年，河北装备制造业增加值增长 7.2%，高于规模以上工业 2.8 个百分点；占规模以上工业的比重为 24.6%，低于钢铁业 1.4 个百分点。2016 年前三季度，装备制造业增加值占规上工业的比重达到25.5%，超过钢铁业 0.1 个百分点，成为河北工业第一大支柱产业。

北京加快"调转"进程，加大科技创新力度，不断推进创新成果与产业融合，以汽车制造业、计算机通信和其他电子设备制造业等装备制造业主要行业为支撑的格局进一步巩固。2015 年，装备制造业增加值占规上工业比重达到 40.8%，其中汽车制造业比重为 21.8%。

2. 京津冀装备制造业 8 大行业发展各有侧重

从重点行业看，天津装备制造业中比重排在前三位的行业分别是计算机通信、汽车制造和电气机械，占装备制造业增加值的比重分别为24.2%、23.0%和11.6%，合计占比达到58.8%。河北排在前三位的行业分别是金属制品、汽车制造和通用设备业，比重分别为27.0%、19.8%和15.0%，合计占比达到61.8%。北京排在前三位的行业分别是汽车制造、计算机通信和电气机械业，比重分别为45.5%、16.2%和8.5%，合计占比达70.2%，汽车制造业比重接近五成。

从增速看，天津装备制造业8个行业中增加值增速居前三位的行业分别为航空航天、汽车制造和电气机械业，增速分别为25.2%、13.2%和11.1%，均高于规模以上工业平均水平；河北增速居前三位的行业分别为计算机通信、航空航天和金属制品业，增速分别为13.2%、10.6%和9.5%；北京为汽车制造、计算机通信和仪器仪表业，增速分别为8.3%、7.3%和2.9%。

3.京津冀装备制造业利润较快增长

2015年，天津装备制造业利润总额823.17亿元，同比增长9.5%，高于规模以上工业11.7个百分点，占规模以上工业利润总额的37.0%。河北装备制造业利润总额738.90亿元，增长8.3%，高于规模以上工业19.3个百分点，占规上工业利润总额的31.3%。北京装备制造业利润总额661.74亿元，占规模以上工业利润总额的41.4%。

从利润总额看，装备制造业8个行业中，2015年，天津汽车制造、计算机通信、金属制品和通用设备等4个行业利润超过100亿元，分别为215.75亿元、184.52亿元、113.84亿元和105.89亿元，合计占装备制造业的62.5%；航空航天、电气机械和专用设备等3个行业利润在50~100亿元之间，合计占装备制造业的37.0%；仪器仪表业利润仅为4.57亿元，比重仅为0.6%。河北利润总额排在前三位的行业分别是汽车制造、金属制品和电气机械，分别为185.82亿元、130.03亿元和111.44亿元，合计占装备制造业的57.8%。北京利润总额排在前三位的行业分别是汽车制造、计算机通信和通用设备业，利润分别为349.73亿元、63.76亿元和58.09亿元，合计比重为71.3%，其中汽车制造业利润占装备制造业利润的比重达到52.8%。

从增长速度看，天津装备制造业8个行业利润“六升二降”，其中，金属制品、汽车制造业利润增速超过20%，分别为28.2%和21.7%；电气机械增长14.1%，也高于装备制造业平均增速；仪器仪表和专用设备业利润出现不同程度下降。河北装备制造业8个行业利润“四升四降”，其中，电气机械增速最高，达到2.1倍；仪器仪表业增长31.1%，高于装备制造业平均增速；金属制品、通用设备、专用设备和汽车制造利润出现不同程度下降。北京装备制造业 8 个行业利润“三升五降”,金属制品业利润增长迅猛,达到 99.1%;汽车制造和仪器仪表业分别增长 7.1% 和 6.8%;其他行业利润均呈下降态势,专用设备和计算机通信利润降幅达 20% 以上。

4. 京津冀装备制造业主要产品生产稳定

2015 年,天津在统的装备制造业产品共 158 种,有 64 种产品产量保持增长。其中,生产汽车 53.08 万辆,同比增长 3.5%;汽车用发动机 4352.94 万千瓦,增长 10.9%;电梯 3.72 万台,增长 5.8%;集成电路 14.90 亿块,增长 11.2%;平板显示器 645.75 万台,增长 27.6%;光电子器件 110.82 亿只,增长 13.4%。

河北在统的装备制造业产品共 139 种,有 75 种产品产量保持增长,占比超过五成。其中,生产汽车 112.9 万辆,增长 10.7%;电力电缆 314.7 万千米,增长 8.2%;变压器 1.6 亿千伏安,增长 2.3%。

北京装备制造业代表产品中,生产汽车 221.9 万辆,增长 2.4%,其中运动型多用途乘用车(SUV)42.1 万辆,增长 26.0%;发动机 15065.1 万千瓦,增长 19.4%;环境污染防治专用设备 10.94 万套,增长 37.3%;集成电路 62.7 亿块,增长 15.5%;服务器 25.94 万台,增长 58.0%。

从占全国比重看,京津冀地区部分装备制造业产品在全国占据一席之地。2015 年,京津冀汽车产量合计占全国的 15.8%,微型计算机设备占 6.1%,显示器占 6.7%,集成电路占 7.1%。

三、促进装备制造业加快发展的建议

京津冀装备制造业稳步发展,对工业的贡献率进一步提升,成为工业发展最主要的动力。要抓住京津冀协同发展契机,进一步挖掘装备制造业发展潜力,延伸产业链,做大做强装备制造业,提升地区整体竞争力。

1. 发挥优势力促高端装备产业集群发展

随着我国进入产业转型升级的关键时期,发展高端装备制造业的重要性也日益凸显。国家正在酝酿制定“高端装备制造产业带发展规划”,通过核心城市带动区域产业发展。天津在航空航天、智能制造装备、海洋工程装备、轨道交通装备等高端装备产业领域,已初步形成一定的规模和优势;河北在轨道交通、新能源、环保和资源综合利用装备等高新技术领域开发了一批适应市场需求、具有较好发展前景的产品。下一步,应坚持装备制造的高端、高质、高新化发展，集中力量开发一批标志性、带动性强的重点产品和重大装备，突破产业化瓶颈，抢占工业竞争的制高点。

2. 做强汽车制造业提升整体竞争力

汽车制造业在京津冀三地工业中占据非常重要的地位，增加值比重均排在装备制造业 8 大行业中的前列，利润总额均排在首位。北京拥有北汽、现代、奔驰等企业，天津聚集了一汽丰田、大众变速箱、长城汽车等两百多家汽车生产企业，河北拥有长城、现代沧州基地等企业。京津冀地区从汽车整车到发动机、相关零配件等形成了较为齐全的产业链条，并在新能源汽车研发和生产方面取得了一定的成效，积累了经验，在全国占据了一定的地位。要牢牢把握京津冀协同发展历史机遇，结合三地汽车产业发展现状，完善产业规划，积极引导大型企业集团集中力量加强关键技术研发和品牌建设，同时带动上游研发设计和下游品牌行销企业提供“专、精、特”的服务，把京津冀地区紧密链接在一起，实现区域整体竞争力的持续提升。并以发展汽车制造业为抓手，特别是通过新能源汽车技术和环保优势的持续开发和运用，将新技术、新理念与制造业更加紧密有机地结合，推动装备制造业向先进、绿色制造方向加快发展。

3. 抢占先机着力发展智能制造

《中国制造 2025》明确提出，未来十年我国将把智能制造作为两化深度融合的主攻方向，加快推动新一代信息技术与制造技术融合发展，着力发展智能装备和智能产品。在智能装备领域，天津具有一定的优势，汽车冲压模具国内市场占有率超过 10%，智能装备的复合型压力传感器、汽车焊装生产线和智能化印刷设备国内市场占有率也较高。北京制定了智能制造相关规划，重点打造智能制造产业。要紧紧把握北京建设全国科技创新中心的机遇，发挥北京科技创新资源集聚和创新实力强的优势，有机结合天津与河北高端制造优势领域，形成科技研发到成果转化再到规模产业化的完整产业化链条，大力发展以机器人、高档数控机床、3D 打印、智能控制系统、智能集成服务等为代表的智能制造产业，聚焦智能制造企业，形成新的增长点。

（作者单位：天津市统计局）

新形势下加快民营经济发展的思考

李　娜　刘永明

在市委市政府出台的一系列政策措施引导下,我市民营经济不断壮大,在天津经济发展中的地位日益凸显,成为拉动天津经济增长不折不扣的生力军。新常态下,随着工业化、信息化、城镇化、市场化、国际化进程的加快,蕴藏着巨大的市场需求和发展潜力,为民营经济加快发展创造了更广阔的空间。

一、天津民营经济发展现状

近年来,我市民营经济总量不断提升、质量效益稳步提高、主要指标增速均高于全市平均水平,发展活力持续增强,为全市经济发展提供了有力支撑。

1. 民营经济总量提升

民营经济总量不断增加,占全市经济比重逐年攀升,对经济拉动作用明显。2015 年,全市民营经济增加值 7781.42 亿元,同比增长 13.5%,快于全市经济 4.2 个百分点;占全市经济的比重达到 47.1%,比 2010 年提高 7.9 个百分点。分产业看,第一产业增加值 209.25 亿元,增长 2.5%;第二产业 3344.68 亿元,增长 18.3%;第三产业 4227.49 亿元,增长 9.4%。

2. 质量效益稳步提高

企业效益持续向好。认真贯彻落实供给侧结构性改革,我市出台两批共 40 条降低实体经济企业成本政策措施,支持民营企业在技术改造、设备更新、产品研发等方面扩大投入,为民营企业发展减负提速。2015 年,全市民营工业企业实现主营业务收入 11908.48 亿元,同比增长 13.3%,快于全市平均水平 14.0 个百分点;实现利润总额 1046.69 亿元,增长 26.8%。

税收收入快速增长。2016 年前三季度,全市民营经济税收收入 1215 亿元,同比增长 26.1%,高于全市税收增幅近 20 个百分点,占全市税收收入的 52.7%,拉动全市税收增长 10.9 个百分点。

3. 主要指标好于全市平均水平

从工业生产看,民营企业逐渐成长为支撑全市工业稳定增长的重要力量。2015 年,全市规模以上民营企业工业总产值 12604.53 亿元,增长 15.6%,快于全市平均水平 15.3 个百分点,占全市比重为 45.0%,比 2010 年提升 18.2 个百分点。

从民间投资看,通过一系列政策措施的出台,民间投资保持较快增长。2015 年,全市民间投资 7588.90 亿元,增长 12.5%,快于全市平均水平 0.4 个百分点,比重达到 58.1%,比 2010 年提高 22.8 个百分点。

从商业销售看,居民生活水平的提高促进了消费方式的转变,为我市商业民营经济发展注入新的动力。2015 年,全市限额以上批零业民营企业实现零售额 1758.10 亿元,比 2010 年增长 1.3 倍,占全市限上零售额的 63.8%,比 2010 年提高 3.5 个百分点。

从外贸出口看,面对严峻的国际贸易下行压力,我市对包括民营企业在内的出口企业给予精准政策支持,民营出口保持增长态势。2015 年,全市民营企业出口 111.10 亿美元,比 2010 年翻了一番,年均增长 15.5%,快于全市平均水平 9.1 个百分点,占全市出口比重由 2010 年的 14.4% 提高到 21.7%。

4. 发展活力不断增强

市场主体大幅增加。商事制度改革的深入推进,进一步激发了我市民间创业热情。截至 2016 年 9 月底,全市民营经济市场主体达 75.78 万户,同比增长 19.3%;当年新注册 12.16 万户,占全部新注册市场主体的 98.0%。民营企业 35.95 万户,增长 26.7%;当年新注册 6.50 万户,占全部新注册企业的 96.3%。

科技型企业引领发展。深入推进"千家民营科技型企业提质增效行动",大力培育民营科技型企业。2016 年前三季度,全市民营科技型中小企业新增 1.13 万家,累计达到 8.03 万家,占全市比重达到 95%。拥有有效专利的民营企业超过 9000 家,有超过 1800 家民营企业实现首次专利申请。

亿元科技企业发展势头良好。在民营科技型企业中,亿元科技企业规模大、成长性高、自主创新能力强,对民营经济发展提升带动作用功不可没。2015 年,我市拥有民营亿元科技企业 1336 家,相比 2013 年增长 32.7%;实现研发经费支出 117.82 亿元,拥有研发人员 37447 人,占全市亿元科技企业的比重分别为 58.2% 和 56.1%。

二、我市民营经济发展潜力分析

近年来,我市民营经济快速发展,在稳定经济增长、推进结构调整、促进劳动就业等方面发挥了重要的作用,但与民营经济发达地区相比,我市民营经济发展尚不充分。新常态下,随着工业化、信息化、城镇化、市场化、国际化进程的加快,蕴藏着巨大的市场需求和发展潜力,为民营经济加快发展创造了更广阔的空间。

1. 民营经济还有发展空间

我市国有经济和外资经济比较发达,在一定程度挤占了民营经济发展空间,民营经济比重还不高。从经济总量看,2015 年我市民营经济增加值 7781.42 亿元,占地区生产总值的比重为 47.1%,低于江苏(55%)、广东(53.4%)等民营经济发达地区,与杭州(59.2%)等城市也存在差距。从外贸占比看,2015 年我市民营企业出口 111.10 亿美元,占全市出口的21.7%,不仅远低于外资企业比重(62.8%),与深圳(41.2%)等城市相比仍有较大差距。随着“大众创业、万众创新”的不断推进,民营市场主体“井喷式”增长,市场活力进一步迸发,民营经济发展潜力大有可挖,对全市经济发展贡献也大有可为。

2. 产业层次还有提升空间

我市民营经济虽然发展较快,但结构调整相对缓慢,多数民营企业从事传统产业和劳动密集型产业,处于产业链、价值链的低端。从产业结构看,与全市经济增长第二、三产业双轮驱动的格局相比,民营经济中第二产业的拉动作用更为明显。2016 年前三季度,第二产业对民营经济的贡献率超过 57%,第三产业贡献率为 42%。从龙头企业看,虽然我市民营经济经过多年的发展,已经形成如荣程、天狮、天士力等一批龙头企业,但产业低端化现象还比较突出,高层次领军企业较少。当前,我市民营市场主体中,服务业占比超过八成,制造业服务化转型等利好因素,为服务业继续加快发展提供了有力支撑,做优做强民营服务业企业大有可为。

3. 民间投资还有回升空间

受到投资回报率下降、融资渠道不畅等因素影响,民间资本的投资意愿不足。从投资增速看,民间投资增速回落至一位数,持续低于全社会投资增幅。前三季度，民间投资增长7.8%，低于全社会固定资产投资3.4个百分点。从投资领域看，前三季度，社会事业领域投资占全市民间投资的比重不足2%。当前，我市充分利用京津冀协同发展、自贸区建设等重大战略叠加的机遇，不断引进大项目好项目，可引导更多社会资本为这些项目做好配套和服务，促进民间投资回稳向好。

4.政策红利还有释放空间

民营经济发展地位逐渐提高，但从目前情况来看，民营企业平等竞争的主体地位仍未完全确立。从产业政策看，一些市场领域对民营开放的制度障碍未彻底消除，在已开放领域的非制度障碍仍难杜绝，如在教育、医疗、养老等社会事业领域，放开准入后由于缺少配套政策支持，民营企业难以享受公平待遇。从金融政策看，目前银行贷款仍是民营企业融资的主要途径，但由于缺少可抵押或质押资产，民营企业从银行贷款难度很大，年贷款利率也远远高于正常市场利率。近年来，全国和我市出台了一系列推动民营经济发展的扶持政策，这些导向明确、含金量高、针对性强的政策措施，为民营经济发展提供了强有力的政策支持，要进一步提高政策实施效果，积极推进政策红利释放。

5.带动增收还有发挥空间

我市民营经济发展较快，但由于民营企业大多处于产业链低端，发展效益有待提高。从就业结构看，2015年城镇私营单位从业人员中，从事制造业、批发和零售业、建筑业的从业人员所占比重合计达68.3%。由于民企主要分布在这些劳动密集型行业，出现了人才潜力提升弱化、高学历技能型人才资源缺乏等现象。从工资水平看，2015年私营单位从业人员平均工资53076元，与非私营单位(80090元)有较大差距。根据有关研究，民营经济的增长与居民收入呈现高度正相关，应致力提高从业人员整体素质，推动更多就业人员从竞争比较充分的劳动密集型行业，转向科技含量高、利润率高的行业发展，进一步促进居民增收。

三、促进民营经济发展的对策建议

“十三五”时期是天津民营经济发展重大机遇期，国家一系列重大改革措施不断推进，束缚民营经济发展的体制机制进一步完善，为民营经济发展创造更加公平的市场环境、政策环境和社会环境，进一步提振了民营企业发展信心。天津要紧紧抓住历史性窗口期，采取有效措施，充分激发民营经济增长的内生动力,不断开创民营经济发展新局面。

1. 加大研发支持力度,促进民营经济转型升级

科技进步和自主创新,是推动经济转型升级的核心动力,也是民营企业增强核心竞争力的必然选择。一是通过贷款贴息、投入补助等方式,引导民营企业加大研发投入、建立研发机构、积极开展产业技术创新,提升自主创新能力,推进产业结构优化升级。二是加大对科技创新和成果转化的支持力度,鼓励民营企业与科研机构、高校院所开展产学研深度合作,推进科技成果转化和生产化。积极搭建招才引智平台,支持民营企业培养和引进研发、管理等领域的专业人才,为转型升级提供智力支撑。

2. 加快发展新经济,提升民营经济产业层次

民营经济是最具活力和创造力的经济形态,加快发展新经济是提升民营经济产业层次的重要路径。一是支持民营企业参与重大项目、技术改造,进入高技术产业、先进制造业、大数据产业等领域,提高民营企业在信息、新能源、新材料、生物医药、节能环保等战略性新兴产业配套能力,推动战略性新兴产业与传统优势产业融合发展,培育产业竞争新优势。二是引导民营企业实施“互联网 +”行动计划,探索创新商业模式,着力发展电子商务、信息技术、数字内容、生物技术服务等高技术服务业,促进民营经济向高技术、高附加值的新兴服务业转变。

3. 持续加大政策支持,增强民营经济增长后劲

在当前我市经济转型升级的关键时期,要进一步加大政策支持力度,增强民营经济增长后劲。一是继续放宽民间投资领域限制,降低市场准入门槛,运用政府和社会资本合作(PPP)模式,引导和鼓励更多民间资本进入卫生、文化、体育、养老等领域,为投资持续增长注入活力。二是鼓励和支持民营企业充分利用国际国内“两个市场、两种资源”,优化资源和要素配置,积极融入“一带一路”重大战略,不断开拓国际市场。

4. 优化企业融资环境,缓解民营企业融资难题

融资难已经成为民营经济创新转型的重要障碍,应致力于优化企业融资环境。一是不断完善全市统一的企业公共信用信息数据库,征集企业注册信息、税务等级、信贷融资记录等方面的信息,为金融机构提供借款参考。二是激活和引导民间融资。引导民间资金设立“过桥”基金,为企业还、续、贷提供短期“过桥”服务;鼓励中小金融机构创新金融产品,帮助民营企业拓宽融资渠道。

(作者单位:天津市统计局)

天津市新三板挂牌企业现状及发展建议

黄　瑛　刘永明

大力发展新三板市场，是党中央、国务院为更好的发挥金融对经济结构调整和转型升级的支持作用，进一步拓展民间投资渠道，缓解中小微企业融资难问题做出的重要决策。新三板的全称为“全国中小企业股份转让系统”，是经国务院批准设立的第三家全国性证券交易场所，与上海证券交易所、深圳证券交易所具有同等法律地位。2014 年年初，新三板正式向全国开放，其规模和影响力快速扩大。自 2012 年 9 月天津滨海高新区成为全国新三板市场首批新增试点以来，我市充分把握先行先试优惠政策，经过四年多建设，在新三板挂牌企业数量、质量等方面均取得了积极成效。本文重点分析了我市 171 家新三板挂牌企业的分布特点及企业经营规模，并对加快我市新三板市场发展提出了几点建议。

一、新三板正由量变步入质变

12 月 19 日，新三板挂牌公司突破一万家，一跃成为全球挂牌公司数量最多的股权交易市场。新三板已成为中国最大的中小民营企业市场，是一支不可忽视的重要力量。可以预期，未来不管是政策还是资金方面，都将对新三板加大倾斜，带动挂牌公司乃至整个市场的发展。

1. 全国新三板挂牌企业增长快、范围广

近年来，新三板市场保持迅猛发展势头，挂牌企业已遍布全国 31 个省市。截至 2016 年底，全国新三板挂牌企业达到 10129 家，其中基础层 9177 家，创新层 952 家。总市值接近 4 万亿元，2016 年成交金额超过 1600 亿元，成交量超过 300 亿股。

从行业分布看，制造业中，装备制造业挂牌企业数量较多，专用设备制

造业，计算机、通信和其他电子设备制造业，电气机械和器材制造业挂牌企业数量分别达到676家、654家和587家。服务业中，营利性服务业挂牌企业占据大多数，其中软件和信息技术服务业1517家、商务服务业485家、互联网和相关服务业442家。从重点地区看，新三板挂牌企业数排名前五的省市依次为广州1587家、北京1475家、江苏1241家、浙江896家、上海888家，5省市合计占比超过60%。

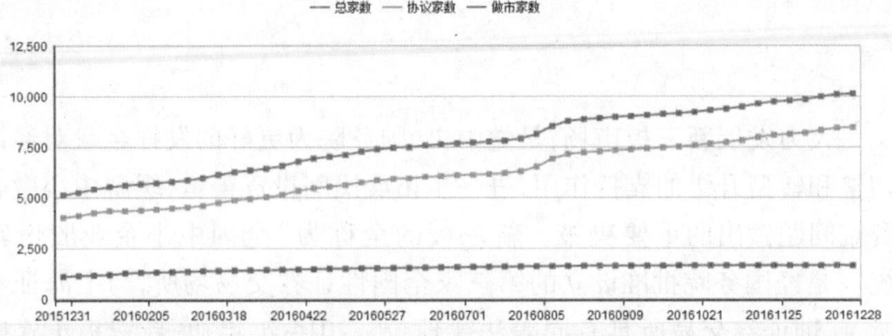

2. 新三板市场进一步丰富了资本市场层次

新三板市场的兴起，不仅是支持高新技术产业的政策落实，更重要的意义在于为建立全国统一监管下的场外交易市场进行了积极的探索，为广大新兴领域企业，特别是中小微型企业借助资本市场，加快自身成长提供了良好平台。

经过多年发展，目前我国资本市场已形成场内市场和场外市场两部分。其中，场内市场包括主板市场（即沪深两市，含深交所上市的中小板）、二板市场（即创业板）、全国中小企业股份转让系统（即新三板）；场外市场包括区域性股权交易市场、证券公司主导的柜台市场等，它们共同组成了我国多层次资本市场体系。主板主要服务于以行业龙头为代表的大中型企业；创业板主要服务于规模相对较小的高成长性企业；新三板则主要服务于创新、创业型中小企业。与主板和创业板相比，新三板没有刚性的财务指标，挂牌实行备案制，具有门槛低、弹性高、流程简的特点。

二、我市新三板挂牌企业数量质量稳步提高

自2012年8月国务院批准天津滨海高新区作为全国首批新增新三板市场试点以来，我市充分利用国家优惠政策，发挥先行先试带头作用，在增

加新三板挂牌企业数量上取得积极成效,挂牌企业的质量效益也稳步提高。

1.171 家企业成功挂牌新三板

2012 年 9 月,久日新材成功挂牌新三板,成为我市第一家在新三板挂牌的企业。截至 2016 年底,我市已有 171 家企业相继在新三板成功挂牌,其中,2016 年新挂牌企业 79 家,接近 2012 ~2015 四年间的总和。从企业类型看,民营企业占据主导地位,合计挂牌 148 家,占比超过 85%;地方国有企业 13 家,其他类型企业 6 家。从市场分层看,根据 2016 年上半年发布的《全国中小企业股份转让系统挂牌公司分层管理办法(试行)》,我市共有 14 家企业符合规定条件,进入创新层,占全部挂牌企业的 8.2%。从地区分布看,滨海新区作为全国新三板市场的首批试点地区,挂牌企业数量处于全市领先地位,累计挂牌企业 87 家,占全市的比重超过 50%;武清、东丽、津南发展迅速,合计挂牌企业达到 37 家。

2.挂牌企业以制造业和现代服务业为主

随着结构调整转型升级步伐不断加快,我市经济已由传统重工业拉动转向工业、服务业双轮驱动,涌现出一大批先进制造业、现代服务业企业,这类企业科技含量高、发展潜力大,成立之初规模偏小,对资本市场融资需求较高,成为我市新三板挂牌企业的主力军。在 171 家新三板挂牌企业中,服务业企业 88 家,工业企业 71 家,建筑业企业 12 家。按行业门类分,制造业企业数量最多,达到 70 家,占全部挂牌企业的比重为 40.9%;信息技术、科学研究、商务租赁等现代服务行业挂牌企业分别为 25 家、18 家和 17 家,合计占比达到 35.1%。

表1　我市新三板挂牌企业行业分布(截至 2016 年底)

行业分类	挂牌企业数量(个)
合计	171
工业	71
#制造业	70
电力、热力燃气及水生产和供应业	1
建筑业	12
服务业	88
#批发和零售业	14
交通运输、仓储和邮政业	8
住宿和餐饮业	1
信息传输、软件和信息技术服务业	25
金融业	1
房地产业	1

行业分类	挂牌企业数量(个)
租赁和商务服务业	17
科学研究和技术服务业	18
水利、环境和公共设施管理业	2
文化、体育和娱乐业	1

3. 科技型企业发展活跃

近年来,我市坚持创新驱动、科技引领,先后出台多项政策,对科技型企业的发展予以大力支持,在市场和政策等多重利好因素影响下,我市科技型企业发展迅速,在拉动全市经济发展、促进产业结构升级等方面表现出巨大的发展潜力,也成为新三板市场中最为活跃的主体之一。在 171 家新三板挂牌企业中,属于科技型中小企业的有 154 家,占比达到 90.1%;国家认定高新技术企业 100 家,占比 58.5%;规模过亿元科技型企业 76 家,占比 44.4%。

表 2　我市科技型企业新三板挂牌情况(截至 2016 年底)

挂牌企业数量	2016 年新增	
合计	171	79
科技型中小企业	154	69
高新技术企业	100	37
规模过亿元科技型企业	76	29

注:表中分组企业有交叉。

4. 47 家企业年营业收入超过亿元

企业在新三板成功挂牌交易,增加了融资渠道,提高了品牌影响力,有助于企业进一步扩大规模、提质增效。在 171 家新三板挂牌企业中,151 家报送 2015 年营业收入的企业合计实现营业收入 150.63 亿元,其中,年营业收入超过 5 亿元的企业有 3 家,合计实现营业收入 19.41 亿元;年营业收入在 1~5 亿元之间的企业有 44 家,合计实现营业收入 95.26 亿元。两者合计,年营业收入超过 1 亿元的企业共 47 家,营业收入占比达到 76.1%。

表 3　我市新三板企业 2015 年营业收入情况

单位:个,亿元

营业收入规模	企业数量	营业收入
合计	151	150.63
5 亿元以上	3	19.41
1-5 亿元	44	95.26

营业收入规模	企业数量	营业收入
0.5-1亿元	26	19.10
0.2-0.5亿元	42	13.86
0.2亿元以下	36	3.00

注:数据来源为新型统计体系中税务部门数据。

三、加快我市新三板市场发展的几点建议

近年来,我市高度重视发展资本市场、深化金融体制改革,《天津市金融改革创新三年行动计划(2016~2018年)》中提出到2018年末,全市上市和新三板挂牌企业数量突破300家。将发展我市新三板市场与推动供给侧结构性改革、实施创新驱动发展战略、深入开展"大众创业万众创新"等各项重点任务结合起来,对于加快我市经济转型升级步伐,提高我市企业特别是中小型、科技型企业的发展规模、质量效益,促进优质创业企业实现跨越式发展具有重要意义。从新三板发展特征看,市场发展空间广阔,新三板公司可望成为未来天津经济增长的新动力。为此,我们提出以下几点建议。

1.多措并举增加挂牌企业数量

截至2016年底,我市新三板挂牌企业171家,占全国挂牌企业总数的1.7%,在31个省市中处于中游地位,落后于北京(1475家)、上海(888家)等金融市场较为活跃地区,相比山东(568家)、湖北(345家)等地数量也相对较少。增加新三板市场挂牌企业数量,一是应鼓励企业加快股份制改造,实施"一企一策",精准帮扶,引导和支持更多企业股改上市,利用新三板市场加快转型升级、技术改造和科技创新。二是完善后备企业资源培育,深入摸查企业股改、上市意愿,挖掘成长性好的优质企业资源,完善有重点、有批次、可操作的企业股改与挂牌清单,充实企业上市挂牌后备资源库。三是加强对挂牌企业的合规监管,完善信息披露制度,减低投资门槛,增加投资者投资意愿,促进新三板投资市场的活跃。

2.培育更多挂牌企业进入创新层

2016年6月,新三板市场公布《关于正式发布创新层挂牌公司名单的公告》,正式将新三板挂牌企业划分为创新层和基础层,截至目前,全国共有952家企业进入创新层,占全部挂牌企业的9.4%,我市仅有14家企业入围。相较基础层,创新层企业经营效益好,交易规模大,更容易受到市场的关注,也有更多机会优先享有各类试点政策的红利。要准确把握进入和维持创新层的各项标准,加强对企业财务数据的监测,鼓励已挂牌企业充分利

用新三板市场交易融资,提升企业经营效益水平,力争有更多企业进入创新层。

3. 鼓励出口型借助资本市场加快自身发展

受国际国内多重因素影响,我市外贸进出口始终低迷。2016 年 1 ~ 11 月,全市外贸出口总额同比下降 12.6%;171 家新三板挂牌企业中,有出口实绩的企业仅 22 家,其中,只有 8 家年营业收入超过亿元。要贯彻落实《天津市促进外贸回稳向好和转型升级工作措施》,积极培育外贸综合服务企业,加大对出口型企业,特别是技术含量高、商业模式新、成长性好的企业扶持力度,鼓励企业通过新三板市场上市融资,解决企业资金困难,有效加快企业转型升级步伐,提高核心产品竞争力,加速抢占国际市场。

(作者单位:天津市统计局)

基于投入产出模型的天津产能过剩问题研究

张　智

2017 年中央经济工作会议指出,在"三去一降一补"五大任务落实推动下,供给侧结构性改革取得初步成效,在去产能方面,要继续推动钢铁、煤炭行业化解过剩产能。要防止已经化解的过剩产能死灰复燃,同时用市场、法治的办法做好其他产能严重过剩行业去产能工作。产能过剩是一个现象,而现象背后的机制、机理是动态的、系统的和发散的,不论研究的出发点如何,其落脚点一定是产能过剩的判定、控制和解决,而产能过剩问题最终是产能过剩的风险控制问题。

一、关于产能过剩的测度方法、标准与测度

产能过剩的测度与产能过剩概念既密切相关,又明显不同。有不少学者指出,由于核算成本难度大、数据信息的获得性低,依据产能过剩的概念从成本的角度来测度是非常困难的,甚至有学者认为用成本判定产能过剩本身就存在缺陷。因此,为了对产能过剩进行测度,在实际数据的处理上,并不是直接从理论界定入手,而是找到了一个便于操作的变量——产能利用率。通常是先核算产能利用率,然后再判断产能过剩是否发生。目前美国主流经济报告(《美国总统经济报告》)中所使用的数据主要是 FRB 指数,具体而言,对于某个给定的行业其产能利用率等于产出指数(经季节调整的)除以产能指数。

国内学术界对产能过剩的测度思路主要有以下两个方面:一是借鉴国外学者的方法对产能利用率进行估算。例如,郭庆旺和贾俊雪从宏观产能的角度,利用消除趋势法、增长率推算法以及生产函数法三种方法估算了我

国 1978 ~ 2002 年潜在产出、产出缺口和潜在增长率。何彬运用非参数方法测算了我国 1992 ~ 2005 年各地区的产能过剩水平。孙巍等人在使用成本函数法测度产能利用率的基础上,应用面板数据协整理论验证了产能利用率和固定资产投资之间存在协整关系的结论。韩国高等人利用成本函数法测度了我国重工业和轻工业 28 个行业 1999 ~ 2008 年的产能利用率,分析了波动特征,并证明了固定资产投资是产能过剩的直接原因。沈坤荣等人设定了包含资本、劳动、能源三种生产要素在内的柯布—道格拉斯生产函数,对我国 35 个工业行业的产能利用率进行了测度,并得出 42.8% 的行业存在不同程度产能过剩问题的结论。二是通过建立综合指标体系来衡量产能过剩程度。周劲提出了产能过剩的判断指标,包括产能利用率、企业存货水平、产品价格、资金利润率、企业亏损面等其他经济效益指标、非市场化因素等。冯梅和陈鹏选取产能利用率、销售利润变动率、价格指数变动率以及库存变动率四个指标利用综合指数法对我国 1996 ~ 2012 年钢铁产业的产能过剩程度进行量化分析,并结合灰色系统理论对未来 3 年产能过剩情况进行预警。

二、天津基础产业投入产出模型分析

天津是我国近代工业发祥地之一,轻纺工业曾在全国占有重要地位。从建国初至 70 年代,天津工业增加值占全国的比重一直在 4% ~5% 之间。改革开放后,天津工业成功实现了战略转型,工业结构基本完成了重化调整,“十一五”期间重工业比重达到 82.5%。进入“十二五”后,伴随滨海新区“现代制造业和研发转化基地”的初具规模,工业及制造业无疑是天津最重要的经济支柱和增长动力源。从逻辑上讲,有产能就有过剩的可能,生产规模越大,经济紧缩阶段的产能过剩问题对宏观经济的损害就越大。天津是否存在产能过剩问题? 如果有,如何缓解和消除之;如果没有,如何避免过剩的发生或降低其损害。这关系到天津市未来实体经济的发展和调整方向。

上述测度方法从不同角度反应产能过剩的程度,为人们认识和解决产能过剩问题提供了有益支撑。但上述测度方法也存在一定不足,即目前的测度一般以行业自身为测算对象,虽然能反映出该行业的产能利用程度,但没有能从产业关联的角度动态的考察产能过剩现象。而产能过剩的发生并非随机发生在任意行业,相反,它们主要集中在基础产业和重化工业领域,如果我们计算各行业的感应度系数,就能够从产业关联的角度考察特定产业产生过剩的概率,从而对重点行业进行监测和防控。

我们应该重点监测哪些行业呢？2006 年 3 月 12 日国务院发布《国务院关于加快推进产能过剩行业结构调整的通知》(国发〔2006〕11 号),《通知》指出,钢铁、电解铝、电石、铁合金、焦炭、汽车等行业产能已经出现明显过剩;水泥、煤炭、电力、纺织等行业目前虽然产需基本平衡,但在建规模很大,也潜在着产能过剩问题。时隔 3 年半,2009 年 9 月 26 日,国务院批转发展改革委等部门《关于抑制部分行业产能过剩和重复建设引导产业健康发展若干意见》的通知(国发〔2009〕38 号),《若干意见》强调,不仅钢铁、水泥等产能过剩的传统产业仍在盲目扩张,风电设备、多晶硅等新兴产业也出现了重复建设倾向。《若干意见》指出,如不及时加以控制,粗钢产能将超过 7 亿吨,产能过剩矛盾将进一步加剧。事实上,2014 年我国粗钢产量超过 8.2 亿吨,而钢材产能在 11.25 亿吨以上。《若干意见》提出了抑制产能过剩和重复建设的主要原则和政策导向,分别就钢铁、水泥、平板玻璃、煤化工、多晶硅、风电设备这几个重点行业列示了详细的产业政策导向。结合天津的产业特征我们认为,天津需要重点监测的主要是钢铁、铝冶炼、煤炭、铁合金、焦炭等行业。

按照产业间相互作用的传递方向,可将产业关联分为前向关联与后向关联,前向关联指某产业通过供给关系与其他产业部门发展的关联,后向关联指通过需求联系与其他产业部门发生的关联。前向关联和后向关联分别用感应度系数和影响力系数加以测定。

由于基础产业对大部分行业具有支撑作用,即多数行业的小幅同步增长将引致对基础行业产品的成倍需求。这就产生一个现象,企业的产能过剩通常不是个别企业的状况,而是行业性的。换句话说,我们可以从微观层面观察产能过剩问题,但微观层面的产能过剩必然走向宏观层面,最终成为一个宏观问题。根据上述发生产能过剩的行业关联过程分析,最易出现产能过剩的应该是感应度系数较高的基础产业。我们采用 2012 年天津投入产出表 42 部门数据进行测算。

测算结果表明,金属冶炼和压延加工品具有最高的感应度系数,事实上,2012 年天津国民经济各部门均增加 1 单位最终使用时,对金属冶炼和压延加工品部门的产品的完全需求为 13.55 个单位。这里实际存在一种杠杆效应:各部门增加 1 单位产量会撬动 13.55 个单位的金属冶炼和压延加工品的需求。而一旦各部门产量小幅同步下降,也会造成对该行业需求的大幅下降。这种产业间投入产出关联倍增效应,也就是为什么"部分基础产品行业周期性产能过剩"的原因,只要这种机制存在,部分基础产品周期性产能过剩就难以避免。数据显示,电力热力的生产和供应、煤炭采选产品和炼焦产品也包括在特定行业中。

为了比较天津时间轴上的产业关联变化,我们分别采用 2002 年和 2007 年投入产出表计算了感应度系数,为了便于比较,我们将 2002、2007 和 2012 年计算的部分重点感应度系数整理为表 1。从表 1 可见,各行业感应度系数从 2002→2007→2012 数值逐渐增大,这说明相关行业受经济环境景气变化的影响程度在不断加大,重点行业出现周期性产能过剩的概率也逐渐增大。观察比较发现,2002 年的感应度系数变异度最低,2007 年其次,2012 年变异度最高。分别计算 3 个年度感应度系数的变异系数,2002 年、2007 年和 2012 年感应度系数标准差分别为:0.293、0.758 和 0.765。

表 1　2002、2007、2012 年部分重点行业感应度系数比较

部　门	2002 年	2007 年	2012 年
金属冶炼和压延加工品	1.53	3.23	4.26
电力、热力的生产和供应	0.91	2.12	2.19
煤炭采选产品	1.33	1.05	1.73
石油、炼焦产品和核燃料加工品	0.97	1.76	1.55

为了观察天津各部门产出的去向分配比例,我们计算了 2012 年 42 部门的使用分配系数。表 2 中计算结果表明,重点行业的流出量合计(出口 + 国内省外流出)系数并不很大,如煤炭采选产品为 24.3%、石油炼焦产品和核燃料加工品为 23%、金属冶炼和压延加工品为 13%。可见,重点行业受外部供需环境变化影响十分有限。

表 2　2012 年天津 42 部门产出使用分配系数(%)

部　门	代码	中间使用	最终消费	资本形成	出口	国内省外流出	最终使用	进口	国内省外流入
农林牧渔产品和服务	1	72.9	23.5	0.8	1.4	1.4	27.1	11.3	55.1
煤炭彩选产品	2	73.4	0.1	2.2	1.2	23.1	26.6	6.8	0.3
石油和天然气开采产品	3	59.9	0.0	0.6	1.2	38.3	40.1	0.0	4.0
金属矿采选产品	4	74.6	0.0	-2.1	1.0	26.5	25.4	63.3	1.8
非金属矿和其他矿采选产品	5	50.6	0.0	0.6	0.8	47.9	49.4	1.1	39.2
食品和烟草	6	28.3	14.4	0.2	1.9	55.1	71.7	7.5	16.4
纺织品	7	48.7	32.8	1.8	12.9	3.8	51.3	3.6	77.0

部　门	代码	中间使用	最终消费	资本形成	出口	国内省外流出	最终使用	进口	国内省外流入
纺织服装鞋帽皮革羽绒及其制品	8	12.9	24.7	8.8	25.8	27.8	87.1	2.2	18.3
木材加工品和家具	9	54.8	12.0	11.5	19.8	2.0	45.2	7.4	49.5
造纸印刷和文教体育用品	10	71.1	7.6	3.5	7.8	10.0	28.9	3.6	31.0
石油、炼焦产品和核燃料加工品	11	68.1	6.3	2.5	2.3	20.7	31.9	4.8	19.7
化学产品	12	69.6	4.5	1.3	7.5	17.0	30.4	12.9	6.6
非金属矿物制品	13	90.0	1.8	3.1	2.3	2.9	10.0	1.4	68.7
金属冶炼和压延加工品	14	85.0	0.0	2.0	3.9	9.0	15.0	1.7	10.5
金属制品	15	66.8	0.5	5.1	11.5	16.2	33.2	3.0	23.0

三、研究结论与对策建议

根据产业关联的理论，我们不从单一企业或行业的产能利用率入手，转而从动态视角研究重点产业存在“关联性过剩”的可能性，从宏观经济运行看，过剩的发生是由于在景气周期影响下，特点产业链甚至是多条产业链“阻滞”所致。

研究的初步结论是，天津重点行业当前存在产能过剩的可能（概率）很小。我们判断是否存在产能过剩的具体标准为以下三个点：是否为基础原材料行业、感应度系数是否很高、是否存在较高的流出使用率。数据表明，天津重点基础行业如金属冶炼和压延加工业的感应度系数虽然逐渐升高（2002～2012 年）到较高水平，但其使用分配系数中流出比例并不太高，说明相关行业的产出大多是在本地被分配使用，即受外部经济环境变化影响较为有限。

尽管我们认为天津宏观上出现产能过剩的概率很小，但部分重点行业感应度系数明显升高的状况表明，特定行业产能过剩的风险依然存在甚至是逐渐增大，其对宏观经济潜在的威胁或损害仍需要我们关注和警惕。

判断一个产能过剩的行业是否会对宏观经济运行产生重大的破坏性影响，其依据是：其风险的集中或分散程度，即风险对宏观经济的破坏性不在于风险本身的大小，而在于风险是不是过度集中或是否集中爆发。比如当过剩产能在量上相同时（如产能闲置 40%），如果这些产能集中于少量大企业，其风险就偏大；如果分散在千万个中小企业之中，其对企业本身的压力虽然与前者相近,但其集中爆发的可能性就偏低(顶不住压力的小企业逐步陆续退出),其对宏观经济的破坏性也较小。依此,建议对一些高风险行业的制定监测和治理控制措施及预案。

首先,短期内采用强制压缩产能的行政应急措施。对产能过剩的重点行业运用专门行政调控手段,强制性停产、限产、转产。这类行业一般包括:钢铁、水泥、电解铝、造船、平板玻璃、人造板等等,要在针对性调研分析基础上提出行业阶段性化解方案。这一类措施短期内可治标但不能治本,因为行政性的管理并没有根本解决产能过剩的深层次问题。

其次,逐步建立产能过剩风险爆发控制机制。由于国内外多种因素相互交织的动态影响,产能过剩的程度是周期性变化的,其风险程度也是起伏不定的,仅靠上面的短期强制行政措施往往不能及时跟踪监控产能过剩风险变化状况。因此,应建立风险调控机制,制定应对预案,针对风险大小的不同采取相应措施。解决产能过剩风险控制的宏观管理科学化和长效化问题。

最后,长远规划,将产能过剩风险调控纳入全球经济增长和波动之中。深入研究世界范围内的产业发展和开放条件下的宏观经济运行相关新特征新规律,结合我国建设发展实际,研究设计提出较完整的实体经济顶层发展思路,即将全球经济发展与我国制造业发展融为一体,《中国制造 2025》战略规划也为我市高端先进制造业发展指明了方向。

(作者单位:天津社会科学院经济社会预测研究所)